ROBERT BETZ

Zersägt eure Doppelbetten!

ROBERT BETZ

Zersägt eure Doppelbetten!

Die »Geistige Welt« zu Liebe, Partnerschaft und Sexualität in der Neuen Zeit

Übermittelt durch Andrea Schirnack

Ansata

Diesem Buch liegt eine CD bei, auf der die Geistige Welt die Leserinnen und Leser unmittelbar anspricht. Darüber hinaus enthält diese CD exemplarische Auszüge aus dem Dialog zwischen Robert Betz und der Geistigen Welt.

Eine Übersicht über alle Vorträge und Meditationen des Autors, die bisher auf CD vorliegen, finden Sie am Ende des Buches.

FSC
Mix
Produktgruppe aus vorbildlich bewirtschafteten Wäldern und anderen kontrollierten Herkünften
Zert.-Nr. SGS-COC-1940
www.fsc.org
© 1996 Forest Stewardship Council

Verlagsgruppe Random House FSC-DEU-0100
Das für dieses Buch verwendete
FSC-zertifizierte Papier *EOS*
liefert Salzer, St. Pölten.

Ansata Verlag
Ansata ist ein Verlag der Verlagsgruppe Random House GmbH

ISBN 978-3-7787-7374-1

Erste Auflage 2010

Einbandgestaltung: Ulrike M. Bürger, Kunst + Grafik
Foto Robert Betz: Brigitte Sporrer, München
Herstellung: Helga Schörnig
Gesetzt aus der 11,2/14 Adobe Garamond bei Leingärtner, Nabburg
Druck und Bindung: GGP Media GmbH, Pößneck
Aufnahme und Bearbeitung der CD:
Philipp Kudelka, München

Mit tiefem Dank und größter Wertschätzung für unsere Brüder und Schwestern der Geistigen Welt, die uns in Liebe und Weisheit begleiten und uns den Weg weisen in ein neues Zeitalter der Liebe, der Freude und des Friedens.

Inhalt

Vorwort

Ich gratuliere Ihnen herzlich dazu, dass Sie sich von Ihrer inneren Führung zu diesem Buch haben führen lassen. Es wird Ihr Leben und Ihre Beziehung zu sich selbst, zu den Männern und Frauen Ihres Lebens und zu diesem Leben auf Mutter Erde in einem Maße verändern, wie Sie es sich heute noch nicht vorstellen können.

Dieses Buch ist kein Beziehungsratgeber, sondern ein Grundlagenbuch über die Liebe zwischen Frau und Mann und über den Sinn unseres zeitlich begrenzten Lebens hier in einem menschlichen Körper. Wer hierzu Fragen in sich verspürt, der wird bei der Lektüre unzählige erfrischende und im besten Sinne aufregende Antworten darauf finden, wozu es überhaupt Frauen und Männer gibt und wie er dieses Leben zu einem großen Tanz der Liebe machen kann.

Ich habe im ersten Band »Wahre Liebe lässt frei!« ausführlich beschrieben, warum wir in unseren Liebes- und Lebensbeziehungen so viel Schmerz und Enttäuschung erfahren. Das vorliegende Buch greift diese Antworten auf und führt weit darüber hinaus. Es stellt den Menschen in einen Sinnzusammenhang zwischen Gott und Mutter Erde und macht erstmals deutlich, was die grundlegenden Unterschiede und Bestimmungen von Frauen und Männern sind. Wenn diese Unterschiede begriffen werden, entsteht in uns ein völlig neues Selbstverständnis und Selbstbewusstsein und die Mann-Frau-Beziehung erhält eine neue Bedeutung.

Unter der »Geistigen Welt«, die der Hauptautor dieses Buches ist, können sich die meisten Menschen heute noch nicht viel vorstellen. Das wird sich in den kommenden Jahren ändern. Wenn Sie sich hierzu ein Bild machen wollen, dann wird Ihnen dies am besten gelingen, wenn Sie sich zunächst einmal einlassen auf die Antworten, die die Geistige Welt auf meine Fragen in diesem Buch gibt. Ich fühle mich hier in erster Linie als Vermittler. Ich stelle eine Vielzahl von Fragen, die viele Menschen ebenso in sich tragen. Die meisten gehen diesen Fragen jedoch nicht hartnäckig nach, das heißt, sie bestehen nicht darauf, gute und sinnvolle Antworten zu erhalten.

Ich bin im Jahr 1995 zu einem Kontakt mit der Geistigen Welt geführt worden, der mich sofort überzeugt hat. Denn mein geistiger »Coach« namens Philippo, den ich damals kennenlernen durfte, ließ keinen Zweifel daran aufkommen, dass er über mich und mein Leben bestens Bescheid wusste. Seine Antworten auf meine Fragen haben mich jedoch nicht nur mental davon überzeugt, dass hier eine große Quelle des Wissens und der Weisheit auf uns wartet. Ganz besonders hat mich die Schwingung der Liebe berührt, die die Worte begleitete und mein Herz geöffnet hat für die Liebe und das Lieben.

Dieses Öffnen des Herzens wünsche ich Ihnen, und durch dieses Buch werden Sie dorthin geführt. Jeder von uns wird begleitet von Kräften des Lichtes und der Liebe, von Brüdern und Schwestern im Geiste und jeder von uns wird unendlich geliebt für das, was er in Wirklichkeit ist: ein Wesen göttlichen Ursprungs, das sich mutig auf einen langen Abenteuerweg begeben hat in die Welt der Polarität, der scheinbaren Gegensätze von Liebe und Angst, von Licht und Dunkelheit, von Gut und Böse, von Opfer und Täter.

Dieser Weg geht jetzt, in diesen Jahren zu Ende. Wir befinden uns mitten in einem ungeheuren Bewusstseinssprung der Menschheit, der viele aufwecken und erwachen lassen wird zu einer völlig neuen Sichtweise ihrer selbst. Für den rationalen Kopfmenschen sind dies nur schöne Worte, für den mit dem Herzen nach der Wahrheit suchenden Menschen aber ist dieses Buch eine Offenbarung.

Fragen, die sein Herz seit Jahren bewegt haben, werden hier beantwortet.

Die Antworten auf meine Fragen an die Geistige Welt wurden während meiner 7-Tage-Seminare »Die Transformationswoche« und »Wahre Liebe lässt frei!« sowie in den Ausbildungsseminaren in »Transformations-Therapie« und in einer Vielzahl von Einzelsitzungen durch die medial tätige Andrea Schirnack übermittelt, durch die der »Strahl des Emanuel« spricht.

Ich danke Andrea Schirnack von ganzem Herzen für ihre wunderbare dienende Vermittlertätigkeit, die sie seit vielen Jahren in hoher Qualität ausübt – ohne die Inhalte durch eigene, persönliche Sichtweisen zu verzerren.

Am Ende dieses Buches finden Sie, verehrter Leser, eine CD, auf der der eigentliche Autor – die Geistige Welt – zu Ihnen spricht. Sie können durch diese CD einen unmittelbaren Eindruck davon erhalten, wie sich solch eine Sitzung mit der Geistigen Welt anhört und das Ganze einmal auf sich wirken lassen. Während einer solchen Sitzung geht es um mehr als nur eine Übertragung von Worten und Gedanken, also von rationalem Wissen. Es handelt sich zugleich um eine Übertragung von Energie, die der eine mehr, der andere weniger bewusst wahrnimmt. Nachdem ich seit fast dreizehn Jahren mit meinem geistigen Begleiter und Bruder Philippo immer wieder über Andrea Schirnack kommuniziere, kann ich Ihnen versichern, dass diese Energie der Schwingung von Liebe entspricht. Wenn Sie also spüren, dass Ihnen das Hören dieser CD guttut, dann legen Sie sie ruhig öfter mal in Ihren CD-Player.

Sollten Sie das gesprochene Wort mit den entsprechenden Textstellen des Buches vergleichen, werden Sie Unterschiede feststellen. Meine Aufgabe bestand bei diesem Buch unter anderem darin, die Sprache der Geistigen Welt in ein flüssiges, verständliches Deutsch zu übertragen, ohne den Sinn der Aussagen zu verzerren. Ich bin sicher, dass dies gelungen ist.

Vorwort der Geistigen Welt

Gott zum Gruße, viel geliebte Menschenseelen, Seelen der Liebe. Es ist uns eine Freude und eine Ehre. Die Verbindung zwischen den geistigen, den spirituellen Freunden, Begleitern und Lehrern auf der Erde ist gesungen und getanzt aus diesen Ebenen der Liebe, und schon vielfältig in Worte gefasst. Geist und Erde werden hier in bester Weise besprochen. Wir sind sehr dankbar über diesen großen Moment der Zusammenkunft.

Wenn ein Dank ausgesprochen ist aus geistigen Ebenen, so bedeutet dies, einen Bindfaden zu halten und ihm schon wissend den Stoff hinzureichen. Alles, was Dank ist, ist zugleich ein Monument von Stoff, von Zusammenkunft und von Schönheit. So sprechen wir gleich zu Beginn über Stoffliches, über Feinstoffliches und über Geist.

Der Emanuelstrahl ist ein Strahl, welcher überall wirkt. Er durchwirkt die Flüsse und Städte und Länder eurer Erde mit dem Wohlwollen, dass alles hier mit den Händen der Liebe gemacht ist.

Wenn hier über Bilder gesprochen wird und wir euch als die »Seelen der Liebe« ansprechen, dann bezeichnen wir die Erde immer als einen See und auch als ein Seelenwerk. Wir möchten hier über das Wort und die Wortbedeutung sprechen.

Stellt euch vor, dass hinter jedem Wort eine Kraft wirkt. Diese Metaphern, diese Bilder sind ähnlich wie auf der Erde ein Sofa, wie Stühle, wie Lehnstühle, auf die ihr euch gemütlich setzt. Ein Lehnstuhl ist etwas, aus dem heraus eine schöne Wahl geschieht. Lehnt euch in die Bilder, in die Metaphern, damit ihr wählen könnt. Das soll bereits andeuten, dass das Sein auf der Erde eine Wahl ist, die ihr getroffen habt. Und der Lehnstuhl ist eine gute Wahl, genauso wie vor dem Fernseher zu sitzen oder ein Buch zu nehmen und zu sagen: »Mir ist es wohl.« Mit mir in einer Teetasse zu rühren, das ist wie ein Lehnstuhl. Lehnt euch in den Stuhl der Bilder hinein, denn dafür sind sie gemacht.

Diese Metaphern und Bilder sollen gemütliche Momente sein. Wählt, wie die Worte für euch gut klingen und wie ihr sie nutzt und weitergeben wollt. **In den nächsten Jahren, in dem kommenden Jahrzehnt wird es sehr stark darum gehen, neu zu wählen.** Es wird hier gesprochen aus der Geistigen, der Spirituellen Welt. Es wird aus Strahlen gesprochen. Das ist eine Konzeption aus Worten, aus Bildern und Gefühlen, die ankommen in den Herzen, in den Worten, Bildern und Gefühlen der Menschen.

Wenn aus diesen Ebenen gesprochen wird, ist es zugleich ein Danken. Dank ist wie ein zusammengefügter Stoff; er besteht aus dem Nähen, dem Erkunden der Farben, aus den Nadeln. Dieser Stoff wird als Dank über einen schönen Tag, zum Beispiel einen Geburtstag, gelegt. Dank wird als Stoff für etwas Schönes auf eine Tafel gelegt oder über die schönen Schultern einer Frau.

So sprechen wir in Bildern, um diesen Dank zu erklären, denn eure Erde ist für Bilder und aus Bildern aufgebaut. Ihr erschafft diese Erde für Bilder, für die Stofflichkeit und als Dank geben wir euch diese Bilder wieder, damit ihr euch in ihnen findet. Ihr sollt euch in diesen Bildern finden, die für euch da sind und die aus euch sind, damit ihr euch einfindet und euch wohlfühlt auf dieser Welt wie in einem Lehnstuhl. Lehnt euch hinein, setzt euch hinein, seid mit ihm und seinem Wohlgefühl.

Diese Bilder sind dazu da, damit ihr wählen, gehen und entscheiden könnt. Wählt euch selbst, wählt die anderen, das andere und euer Tun. Diese Metaphern, Bilder und Worte sollen euch das Gefühl vermitteln, dass es schön ist, auf der Erde angekommen zu sein. Sie sind dazu da, damit ihr wählt, entscheidet und geht und diese nächsten Jahre mit bewusstem SEIN füllt.

Dank also aus unseren Ebenen. Diesen Dank legen wir um eure Schultern, auf eure Knie, um eure Füße, damit es euch wohl ist auf dieser Erde für das Viele, das Licht und Liebe ist. So kommen wir in diesem Fall aus dem Emanuelstrahl, der sich selbst kundtut als liebende, lichte Nadel in den Stoff dieser Welt hinein. Danke an alle Beteiligten, die dieses Buch möglich machten. Jetzt freuen wir uns sehr auf Frage und Antwort und wir danken, denn die Nadel der Liebe ist bereit und verzückt in den Händen des Lichtes.

Frage: Ich möchte euch einladen, dem Leser einführend etwas zum Inhalt dieses Buches zu sagen und zu seiner Bedeutung für Frauen und Männer in dieser Zeit.

Dieses Buch ist wie ein Wasserkessel für eure Küche. Es ist Wasser darin, und sobald aus dem kleinen Verschluss des Kessels Dampf austritt, könnt ihr mit dem heißen Wasser etwas kochen. Die Liebe ist nichts Feststehendes, sie stellt das Wasser in diesem Kessel dar. Mit ihm kann man so viel machen und es kann so viel sein. Die Liebe ist wie dieses Wasser, das zunächst noch kühl ist, das in der Nacht dastand, um am Morgen erwärmt zu werden.

Und dann gelingt sie mit euch, mit dem Hinzugeben eures Feuers, des Feuers eures: »Ich will hier sein und ich will mein Blut, das mein Feuer ist, in diese Erde bringen.« Legt mit dem Lesen, zusammen mit uns, diesen Morgen noch einmal auf. Es ist ein Morgen, an dem die Liebe als Partnerschaftssystem, als ein Mann-Frau-Werk, noch einmal neu durchblättert wird. Warum hier immer das gleiche Getränk kochen? Es kann doch sein, dass wir heute einmal ein ganz anderes Blatt nehmen. Wir nehmen heute den Tee, der so noch nicht aufgegossen wurde, den Tee, der mir gestern geschenkt wurde, einen Tee, der so noch nicht in meine Tasse kam.«

Wir legen mit diesem Buch also zunächst ganz gewohntes Material vor, von dem ihr sagt: »Ja, das weiß ich von Mann/Frau.« Und dann sagen wir: »Lasst uns doch woanders trinken. Lasst uns doch einmal ganz neu trinken. Warum tragen wir die Tasse nicht einmal nach draußen und trinken sie auf dem Balkon und wählen einen ganz anderen Blickwinkel? Oder wir schließen die Augen und lehnen uns zurück.«

Es ist also ein Buch, das sagt: »Wir wollen diese Tasse Tee, ein gewohntes Morgenbeginnen noch mal neu betrachten.« Das ist die Idee. Und in dieser Neubetrachtung findet ihr sehr viel und das Buch hat zum Ziel, dass ihr sagt: »Ja, das Urprinzip Liebe kenne ich, habe ich immer erkannt in jeder meiner Beziehungen, in jedem Schritt meines Liebens, in jedem Kuss. Und doch kann ich es verändern.« So, wie es in einer Partnerschaft schön ist, zu sagen: »Jetzt nehme ich doch mal ein ganz anderes Gefühl, wenn ich meinen Partner küsse oder wenn ich den Menschen hier umarme.« So ist dies eine Einladung, das alte Prinzip des Liebens immer wieder zu sehen und zu verstehen und es immer wieder neu zu wenden. Denn so ist die Liebe. Die Liebe sagt: »Wasser, ich kann ganz viel sein. Ich kann heiß sein und mich hier auf einen Tee geben. Ich kann auch kaltes Wasser sein für eine Blume. Ich kann sehr Vieles sein. Mensch, nimm mich, ich bin da! Ich freue mich auf den Tag mit dir.«

Frage: Eines der Bilder, das sich durch das ganze Buch zieht, ist euer Vergleich, dass die Frau die Erde als »Mondin« repräsentiert und der Mann die Sonne, die Frau die Liebe und der

Mann das Licht. Wollt ihr einführend dieses Bild etwas erläutern, sodass der Leser eine gute Ausgangsbasis hat, diese Bilder durchgehend zu verstehen?

Sehr gerne. Das Prinzip, das Bild der Mondin ist weiblich gekürt – vergleichend mit dem, was der volle Mond ist. Seht, beides ist richtig. Die Mondin ist die halb Liegende, die sich empfangend gibt. Wenn der Mond jedoch zu etwas Ganzem wird, dann ist es etwas Männliches. Er ist dann wie die Sonne, treffender »der« Sonne. Beides legt sich immer wieder übereinander. Und der/die Sonne ist auch das Prinzip, das sich auf die Mondin gibt. Das ist das, was einmal wagte, sich zu trennen. So hat die Sonne, als das Werk des »Ich lege mich auf die Mondin«, etwas gewagt. Mit Mut hat sich das Sonnenprinzip auf das Mondprinzip gelegt.

Warum sagen wir »Prinzip«? Prinzip nehmen wir als das neutrale Werk. Wir sprechen immer dann von einem Prinzip, wenn etwas neutral ist, wenn etwas weder männlich noch weiblich ist. Das Prinzip ist immer etwas, das besagt: »Es ist neutral.« Die Mondin wird zum Mond. Die Mondin, die Erde, wird zu etwas Gemachtem. Und die Sonne, das Sonnenprinzip, als Licht, wird zu einem Schwert, das auf die Erde geht. So ist auch das wiederum eine Wahl von Männlich und Weiblich, wenn der Mann sagt: »Einer übernimmt das Lichtprinzip«, und: »Ich gehe in dich hinein.« So entstanden die Wahl und auch das Wagnis, dem einen das andere und dem anderen das eine hinzuzugeben.

Beide haben also beides in sich. Die Mondin hat den ganzen Mond in sich und »der Sonne« hat auch die Sonne in sich, die Sonne, die sich dann als Strahl hinlegt. Und beide legen sich ineinander und sehen: »Das ist das Gleiche.« Bei der Sonnen- und Mondfinsternis seht ihr dies. Der Mensch ging das Wagnis ein und wählte mutig zu sagen: »Jetzt trennen wir das einmal.« Dieses Buch ist auch ein Gleichnis darüber, dass Mann und

Frau sich zusammenlegen und sagen: »Wir legen uns ineinander und spüren, dass da etwas Gleiches ist. Und wir gehen auch zwei Wege.« Nämlich der Mann, der Sonnengott, das Sonnenprinzip, das Licht, das sich hier scheinend in die Mondin begibt.

Ein Gleiches zieht sich also auseinander in Mond und Sonne. Dieses so wichtige Prinzip, dieses Wagnis wird jetzt von euch erforscht, durch Fragen wie: »Warum habe ich das gemacht? Was ist daran schön? Was kann ich darin erkennen? Was möchte ich daran erkunden?« Hier die Mondin, die Nacht, die Geheimnisvolle, die sich zurückzieht und empfängt, dort »der Sonne«, das Sonnenprinzip, das Sonnenlicht, das gibt? Aus dem Gott-Prinzip gibt der Mann. Wir haben es also mit zwei wunderbaren Prinzipien zu tun. Erfahrt, geliebte Seelen, dass ihr in einem jeden euch selbst seht. Ihr habt ein wunderbares Buch, um beides zu sehen, euch allein und mit dem anderen. Und dieses soll euch gelingen.

Frage: Das große Hintergrundthema dieses Buches ist aus meiner Sicht die Wiederherstellung der bewussten und liebenden Verbindung zwischen Mensch, Gott und Erde. Könnt ihr einleitend etwas zu diesem großen Zusammenhang sagen?

Nehmt noch einmal die beschriebene Wasserkochsituation. Das Wasser, das hier zur Erde kommen sollte, um von euch zu etwas gemacht zu werden – etwas zu Essen oder zu Trinken, einen Tee, eine warme Suppe oder einen neuen Tag –, daran war die Erde interessiert. Sie hat gefragt: »Wie kann ich es anstellen, dass aus mir etwas Neues erstellt wird?« Der Mensch wurde hier angefragt: »Möchtest du das tun?« Die Erde hat den Menschen gefragt: »Möchtest du das tun? Möchtest du auf mir Kaffee kochen? Möchtest du mich bewohnen? Möchtest du das sein?« Und das, worum es geht und was jetzt folgt, ist die Frage: »Wollen wir das noch einmal anschauen? Was passiert genau in dieser Kochsituation?«

Diese Erde ist ein wallendes, ein lichtes Prinzip von: »Komm, wir machen etwas!« Ein Tag wird wärmer. Wasser wird durch das Licht wärmer. Was jetzt geschieht, ist, dass ihr bescheinen wollt, dass ihr euch anschauen wollt. Der Mensch will jetzt wissen, wer er ist. Also kommt mehr Licht auf diese Erde. Also wird gekocht. Also passiert genau das, wofür alles da ist, nämlich die Erde, das Erdwesen, das Erdprinzip. Die Menschenliebe und die göttliche Liebe, im Sinne von: »Ich bin da, das Licht ist da!« werden noch einmal zusammengefügt. Also kocht auf dieser Erde. Geht, empfangt euch, seid, liebt! Das ist das Zusammenkommen in der Liebe, es wird warm, ihr kommt zusammen, es kommen die Körper zusammen.

All dies hier sind schöne Geschenke an das, was gerade ist. Ihr beschaut euch und es wird warm. Ihr seht, dass ihr das Licht seid und dass ihr die Liebe seid. Das ist warm. Das wird schöner. Das alles, was geschieht, ist wie ein aufbrodelnder warmer Kessel. Und in diesem Buch wird das alles beschaut. Gott-Erde-Mensch zusammen sind ein Wesen und ein Werk, das gemeinsam und für sich selbst steht. Für sich selbst ist es etwas, ein Kessel, das Wasser darin, das Feuer darunter, der Mensch, der seinen Tee trinkt und dann die Freude darüber, dass das alles einen Sinn macht. Und diese zwei Freuden gibt es. Das alles zu beschauen, den Kessel, das Wasser, diese Einzelheiten darin – schön, dass das so da ist und gut, dass das alles zusammenkommen kann. Wenn die zwei beschaut werden, habt ihr die Idee der Liebe in euch.

Frage: Zum Abschluss vielleicht noch ein paar Worte an die Leser, die dieses Buch lesen werden. Ich denke, es wird kein Zufall sein, welcher Leser zu diesem Buch greifen wird. Was wollt ihr unseren Lesern vor der Lektüre noch mit auf den Weg geben?

Wir sagen euch, geliebte Seelen, dass eine große Freude aus allen Welten darüber herrscht, dass in den vielen Möglichkeiten der Wahl und auch des Wagnisses, Liebe noch einmal neu aufzukochen, so viele schöne Wahrhaftigkeiten liegen. Es macht uns Freude, wenn ihr durch die Buchläden geht und dem Gelesenen etwas hinzufügt und sagt: »Ich gebe dem etwas hinzu. Da, wo ich etwas finde, wo ich heute etwas gelesen habe, da marschiere ich durch ein Kaufhaus und kaufe mir hier und da etwas hinzu. Da finde ich einen Halm, dort finde ich einen Stein in Herzform.«

Denn das ist die Idee aller Bücher, das ist auch die Idee der Bibliothek der Geistigen Welt, dass ihr Menschen wieder sagt: »Ich setze hinzu. Ich bin der, der hinzusetzt.« Darauf kommt es an. Ihr seid die mit dem Auftrag, die sagen: »Ich setze hinzu. Ich muss nicht hinzusetzen, sondern ich darf.« Das ist mit Wahl gemeint. Wir freuen uns, wenn ihr aufsteht und zu diesem Lehnstuhl, zu eurer Situation (dass ihr ein Tuch über eure Schulter legt, dass ihr euch da wohlfühlt in den Bildern, in den Worten) sagt: »Da werde ich doch gleich etwas hinzusetzen. Da werde ich doch heute zu meinem Lehnstuhl noch eine neue andere Birne hineinschrauben und es etwas lichter machen um mich. Da werde ich ein kleines Mosaik, ein Tischchen kaufen und ich werde dort etwas draufstellen.« Dass ihr hinzusetzt, dass ihr eine ganz bewusste Hinzusetzung tut, das ist die Idee.

Denn Ihr seid die Hinzusetzer. Ihr seid die, von denen die Liebe sagt: »Ihr seid die Übersetzenden, die Hinzusetzenden der Liebe. Ihr seid die Übersetzer der Liebe. Ihr seid die Übersetzer der geistigen Informationen aus der geistigen Bibliothek auf die Erde. Übersetzt und setzt euch hin.« Das ist schön. Geht und dann setzt euch wieder. **Findet dieses Leben schön, denn dann findet ihr so viel schönes Leben.** Das geben wir euch mit. Ihr werdet zu etwas kommen, was die Materialisierung nach diesem Buch betrifft. Materialisierung ist der Weg des Übersetzers. Denn diese Erde und das Leben hier bringen euch immer wieder etwas herbei. Per magischem und per magnetischem Gesetz, per Zaubergesetz sozusagen, übersetzt wiederum durch Elfen und durch Engelwesen und sie bringen euch kleine schöne Zeichen herbei. Dort findet ihr ein Öl, das ihr hinzufügen könnt zu dem Gelesenen. Dort seht ihr ein kleines Buch, ein Tischlein oder einen neuen Tee, und ihr sagt: »Ich bin die Übersetzerin, ich bin der Übersetzer der Liebe.«

Übersetzt es in eure Tage, in eure Partnerschaften hinein, dann seht ihr, was ihr seid. Ihr seid die Übersetzer, die Hineinsetzer, ihr seid die Weitergeher und Weitergeber der Liebe, die ein Wort und ein Bild in das Leben übersetzen. Habt Dank dafür. Dann sitzen wir in dem Lehnstuhl mit euch, die Wissenden, die Haltenden des Geistes, und sagen: »Geht, lauft, spielt, trinkt auf dieser Erde.« Danke. Das sind unsere Leser und Hörer. Wir freuen uns sehr auf alle Worte und Werke, auf euer Gehen, auf dieses schöne Übersetzen. Ihr seid die Übersetzer, die Sitzenden, die Gebenden, die Gehenden der Liebe. Danke für euer Licht, das ihr hinzutut und das hinzugetan wird.

Einführung

Warum haben Menschen, die sich nach einem glücklichen Leben sehnen, nichts Besseres zu tun, als sich das Leben gegenseitig schwer zu machen, sich zu verletzen und zu enttäuschen? Warum erfährt der Mensch dort, wo er am meisten auf Liebe hofft, so viel Schmerz und Leid? Warum finden Männer und Frauen, die es durch die Kraft des Eros zueinander drängt, so selten Erfüllung und Freude aneinander und in sich selbst? Warum haben wir unseren Umgang mit der Sexualität so kompliziert gemacht?

Dies sind einige der Fragen, die mich seit über dreißig Jahren bewegen und viele von Ihnen ebenso, wie ich aus meinen Seminaren weiß. Ich erinnere mich noch gut daran, wie ich damals mit Anfang zwanzig Erich Fromms »Die Kunst des Liebens« und andere Bücher wie »Die offene Ehe« mit meinem gelben Textmarker malträtierte, bis kaum eine Zeile unmarkiert blieb, als wollte ich die Wahrheit geradezu aus den Zeilen herausdrücken wie aus einer Zitrone.

Wie viele von Ihnen musste ich Eltern erleben, die sich nicht in Liebe und Wertschätzung begegneten, mit Dankbarkeit, dass der andere da war und sein Bestes gab. Sie richteten übereinander, stellten Forderungen, klagten an, rissen sich zusammen und arrangierten sich. Später begriff ich, dass sie es nicht besser wussten und nicht anders konnten, weil sie selbst im Innern zutiefst verletzte Kinder waren, die sich nach Liebe sehnten und sie sich selbst nicht gaben.

Und ihr Verstand war vernebelt durch Tausende von modrigen Gedanken – besonders vermittelt durch Vertreter der Kirche – über Mann und Frau, über Körperlichkeit und Sexualität, über Kompromisse, die man im Leben machen müsse, über Aufopfern und Für-andere-da-Sein. Das Ehe-Motto meiner Mutter lautete: »Durchhalten, aushalten, Schnauze halten«. Mein Vater dagegen hielt es mit Disziplin, Fleiß und einem stummen Regiment, was in der Familie eine chronische Angst- und Druckatmosphäre erzeugte. Beide unterdrückten ihre Gefühle, lebten nicht ihre Wahrheit und starben mit Anfang sechzig – nachdem die fünf Kinder aus dem Haus waren – so, wie es für viele Frauen und Männer typisch ist: sie am Krebs, er am dritten Herzinfarkt.

Ich wusste, dass ich das nicht leben wollte. Also studierte ich Psychologie, schloss das Studium mit dem besten Diplom des Jahrgangs ab und war danach so schlau wie vorher. Ohne im Studium je etwas über die Verstrickungen gehört zu haben, die zwischen Kindern und ihren Eltern entstehen und spätere Beziehungen zu Neuauflagen der alten Mann-Frau-Beziehungsmuster machen, ohne etwas über karmische Muster, welche die Menschen über viele Generationen hinweg begrenzen, ohne etwas über die schöpferische Eigenverantwortung und die Macht von Gedanken, Worten und Handlungen schon bei Kindern gelernt zu haben, durchlief ich selbst Jahrzehnte der Unbewusstheit, Selbstverurteilung und Schmerzerzeugung, wie wir alle dies getan haben.

Ich habe in all diesen Jahren nicht geahnt, dass wir in einer der aufregendsten und umwälzendsten Epochen der Menschheitsgeschichte leben, in der nicht nur meine vielen Fragen beantwortet werden würden, sondern in der ein völlig neues Kapitel der Frau-Mann-Geschichte aufgeschlagen wird. Dieses Buch und ebenso das vorherige, »Wahre Liebe lässt frei!«, bieten einen entscheidenden Einstieg in eine neue Ära der Beziehungen zwischen Frauen und Männern.

Wir wissen heute, dass sich ein Problem nicht auf der Ebene lösen lässt, auf der es entsteht, sondern immer nur von einer höheren Ebene aus. Befinden wir uns mitten in einem Labyrinth, werden wir den Ausgang kaum finden. Haben wir jedoch eine Möglichkeit, uns über dieses Labyrinth zu erheben, wird der Weg sichtbar, der in die Freiheit führt. Mit der Befragung der Geistigen Welt und ihren Antworten bin ich auf eine höhere Ebene gegangen, um uns allen gemeinsam diesen Blick von oben zu ermöglichen auf das, was wir hier auf Erden seit Jahrtausenden veranstalten, um zu verstehen und um den Weg zur Liebe und zur Freiheit zu finden.

Die Antworten der Geistigen Welt auf meine mehr als hundert Fragen eröffnen uns den Blick auf ein völlig neues Bild von Frau und Mann und auf das Verhältnis zwischen Mensch, Gott und Mutter Erde. Die Kernaussage des Buches lautet: Das Göttliche entschloss sich, sich selbst auf eine neue Art zu erfahren, als ein Männliches und ein Weibliches. Beide stammen aus derselben Quelle und bringen die Liebe auf diese Erde und machen diesen Planeten zur fruchtbaren Quelle, zum Juwel. Das ist das Gemeinsame.

Aber beide sind zugleich grundverschiedenen und haben völlig unterschiedliche Aufgaben. Die Frau repräsentiert die Erde, die Mondin, die Liebe. Der Mann repräsentiert die Sonne und damit das Licht. So wie die Sonne die Erde und den Mond bescheint, bringt der Mann das Licht zur Frau, zur Liebe und in beiden vereinen sich Liebe und Licht. Aber ebenso wenig wie Erde und Sonne aneinanderkleben, sondern gebührenden Abstand halten, ist auch zwischen Frau und Mann Abstand nötig, um sich anzuschauen, sich zu bewundern, sich zu würdigen und miteinander zu tanzen.

Bereits die Unterschiedlichkeit ihrer Geschlechtsteile geben Auskunft über die Grundverschiedenheit von Frau und Mann. Ihres liegt im Innern, seines im Außen. Sie hält das Wesentliche in sich selbst wie ein Geheimnis versteckt. Sie ist daher die

Expertin für das Innere, er für das Äußere. Sie ist die Energiehalterin, die Empfangende, die das göttliche Wissen in sich trägt; sie dreht sich wie das kleine Mädchen vor dem Spiegel um sich selbst, wie die Ballerina, und bewundert sich in ihrer Schönheit. Sie lässt sich bescheinen von der Sonne und der Bewunderung des Mannes, blüht auf und strömt ihren ganz eigenen Duft aus, so wie jede Blume es tut.

Der Mann hingegen mit seinem nach außen gerichteten Phallus ist der nach außen Orientierte, der auf die Erde kommt, um sich an dieser Erde zu begeistern und daran, was man hier alles machen und gestalten kann. Er ist der Macher, der Zeuger und Erzeuger nicht nur von Babys, sie ist die Gebärende von weit mehr als von Kindern. Wenn er mit seinem Lichtstab in ihre Rose, in ihre quellende Vagina gleitet, dann erinnert sich der Mann an seinen göttlichen Auftrag. Beide sind Mitarbeiter Gottes mit ganz unterschiedlichen Aufgaben und Eigenarten. Aber diese Mitarbeiterschaft liegt seit Langem – wie die Geistige Welt es deutlich ausdrückt – »in der Grütze«.

Dieses Buch soll uns alle daran erinnern, woher wir kommen, warum wir hier sind und was uns als Männer und Frauen auszeichnet, damit wir uns dieser Rolle des Mitarbeiter Gottes wieder erinnern, unsere eigene Schönheit und Göttlichkeit wieder erkennen und gemeinsam den Tanz der Liebe tanzen. Der Tanz ist die Grundformation, in der sich Frau und Mann bewegen. Sie dreht sich im Bewusstsein ihrer Schönheit, er gibt mehr die Struktur, hält und bewundert sie. Das sind einige der Grundbilder von Mann und Frau, die sich durch dieses Buch ziehen. Aus ihnen ist unschwer abzuleiten, was eine »richtige Frau« und einen »wahren Mann« auszeichnet, was jeweils unsere spezifische Natur ist. Die Antworten der Geistigen Welt laden jeden von uns ein, sich daran zu erinnern und dies wieder zu leben.

Das Leben auf dieser Erde war ohne die Liebe möglich ebenso wie die Beziehung zwischen Mann und Frau ohne Liebe möglich war. Und viele Generationen haben diese Wahl getroffen und durchlebt. Aber die Sehnsucht nach der gelingenden Liebe, nach dem gegenseitigen Verstehen von Mann und Frau, nach dem großen Freudentanz ist nie ausgestorben. Das bezeugen schon die vielen Tausend Lieder, die von heiler Welt und erfüllter Liebe handeln. Nur haben wir den klaren Blick dafür, wie dies gelebt werden kann, verstellt durch eine Vielzahl völlig verrückter Gedanken und Moralvorstellungen. Diese habe ich im Buch »Wahre Liebe lässt frei!« ausführlich beschrieben und die wesentlichen Ursachen und Facetten des Leidens in heutigen Frau-Mann-Beziehungen erläutert. Betrachten Sie bitte die beiden Bücher als ein zusammengehörendes Ganzes, als ein umfassendes Handbuch über die Beziehung zwischen Mann und Frau und erkennen Sie, wie Sie persönlich bisher verhindert haben, mit sich selbst und mit einem Partner eine Liebesbeziehung zu leben, die diesen Namen verdient und wie Sie Ihren Weg zur wahren Liebe in Freiheit finden.

Aufgrund der Entstehungsgeschichte des vorliegenden Buches und seiner Frage-Antwort-Struktur, besitzt es keine thematisch abgegrenzten Kapitel und Unterkapitel. Es muss daher nicht unbedingt systematisch von vorn nach hinten gelesen werden. Dennoch habe ich versucht, die grundlegenden Bilder zur Liebe in den Anfangskapiteln zu präsentieren. Als Orientierungshilfe bietet das Buch drei Elemente: In der Inhaltsübersicht anstelle von Unterkapiteln einige der markantesten Aussagen der Geistigen Welt in Kurzform, dann die Übersicht aller von mir gestellten Fragen im Anhang des Buches sowie am Ende jedes Kapitels jeweils eine Zusammenfassung der wichtigsten Aussagen.

Ich empfehle Ihnen, dieses Buch mit Genuss und Muße zu lesen; lassen Sie die tief greifenden, herzerfrischenden Bilder, welche die Geistige Welt uns hier schenkt, auf sich wirken und sich berühren von der Energie, die unter den Worten liegt. Worte, wie wir sie benutzen, können nie die ganze Wahrheit einfangen. Darum benötigen wir Zeit, um vom Wort zur Wahrheit zu finden, die im Herzen jedes Menschen vollständig enthalten ist. Möge Ihr Herz als Frau oder als Mann berührt werden. Möge es sich öffnen für die Herrlichkeit Ihres eigenen Wesens und für die Größe und Schönheit des Frauseins und Mannseins.

1. Kapitel

Von der »Ware« Liebe zur wahren Liebe

Wir möchten euch darin unterstützen, dass ihr das, was wahre Liebe ist, im Bild vom Fluss wiederfindet, dass die Füße stehen in dem Fluss der Zeit und dass die Waden und der gesamte Körper nach einer Weile diese Fröhlichkeit und Frische fühlen. **Die Ware »Liebe« im Sinne von W-A-R-E hat euch hingebracht zu dem »H«, zu der Verlängerung, zu der Wahrheit der Liebe.** Wir möchten euch einladen in diesen Fluss, einladen, die Füße mit hineinzustellen in dieses prickelnde Werk. Gemeinsam zu stehen in dem Fluss, denn so ist die wahre Liebe wirklich gemacht.

Gott zum Gruße. Aus dem Emanuelstrahl wird gesprochen, einem Strahl der Vielfalt, um dem Menschen seine eigene Achtung für sich noch einmal zu lehren. **Wir sind da, um mit euch zu trainieren, dass ihr selbst beachtet eure Achtung.** Und so werden wir sprechen auch in den Worten, was die Liebe betrifft und was ihre Vielfalt anbetrifft. Danke für das Übernehmen der Bilder und Metaphern durch eure Sinne:

In dem Fluss sind die Vokabeln und auch die Töne des Göttlichen zu finden. Ihr hört den Fluss gurren, wenn ihr an ihm steht. Und so ist auch ein warmer Sommerregen, dass sich hier ein gurrendes Werk zeigt. Und so seht auch, wie die Goldgräber etwas ganz Entscheidendes wussten: nämlich, dass sie sich mit dem Sieb stellten und nichts anderes als die Worte, die goldenen Worte aufgefangen haben und sie dann gebracht haben zum Juwelier der Stadt.

So habt ihr es auch gemacht, so macht ihr es auch. Ihr sagt: »Moment mal, ich stelle mich in den Fluss und es wird einen Sinn haben, dass er gurrt. Es wird einen Sinn haben, dass dieses Plätschern da ist – so wie die Gischt des Meeres es tut – und es wirft das Silberne, es wirft den Kristall, das Salz heraus.« Was euch diese Metapher sagt, Seelen der Liebe, ist, **dass die Liebe aufzufangen einfach ist und noch einmal einfacher und noch einmal einfacher.** Wir möchten euch mit diesem Bild bedienen in dem Gefühl der Einfachheit, dass wir sagen: »Liebe ist keine Ware.« Wenn ihr also sagen würdet: »Liebe ist eine Ware«, dann wäre sie kompliziert.

So müsstet ihr, wenn der Wintereinbruch ist, erst einmal hingehen und schauen, wo gibt es einen Laden, um einen warmen Mantel zu kaufen. Es wäre kompliziert und dann ist der Laden geschlossen, weil euer Frieren an einem Sonntag stattfindet. Und dann würdet ihr sagen: »Oh, das ist aber schwierig, an Liebe heranzukommen, weil mir ist ja kalt und ich finde keinen warmen Mantel, in der Gegend ist kein solches Geschäft.«

Wahre Liebe mit »H« ist eine, die sagt: »Wenn dir kalt ist, hast du längst den Mantel dabei.« Denn sie ist die Umhüllende, sie ist so, wie wenn du gut gepackt hast und du sagst nun: »Es ist kalt und ich gehe in mein Zimmer, hole den Mantel und die Mütze. Sie sind bereits da.« Was wir hier am Anfang betonen möchten, ist: Nehmt aus dieser Stunde heraus, dass hier ihr das »H« gerne mögt in dieser Liebe, denn nur dann ist es das, was euch wirklich dient. Wenn ihr immer sagt: »Jetzt muss ich aber schnell die Liebe hinzurufen, weil es mir gerade schlecht geht oder weil ich sie brauche, weil es mir grad einfällt oder weil ich in einer Drangsal bin«, nun, dann ist es so, dass sie ein Bemühen ist. Wir möchten, dass ihr euch legt, dass ihr wisst, dass sie der Fluss ist. Was da heißt in euren Tagen, dass ihr dieses Geschenk hier immer wieder in die Achtung nehmt, bevor ihr es beachten müsst.

Was viele, die auf der Suche nach der wahren Liebe sind, jetzt entdecken, ist die Erkenntnis: »Ich habe es mir schwer gemacht.« **Viele Generationen haben es sich schwer gemacht. Sie haben gesagt: »Ich habe ein Leben, und es ist dieses Leben voller Schmerz, Trauer, Gefühle. Und dann muss ich, wenn mir gar nichts mehr einfällt, doch die Liebe herbeiholen, sie irgendwo kaufen, erbitten, erbetteln, herausquetschen.«**

Wir möchten, dass ihr erkennt: »Ach so, es ist ja ein Fluss!«, dass ihr mal eine Pause macht, euch zurücklehnt und euch fragt: »Warum renne ich eigentlich? Warum gehe ich mit Schmerz und Tod und Trauer in einer so großen Anstrengung um?« Hört, dass die Liebe sagt: »Löse es doch!« Das Sterbensprinzip und das Lebensprinzip, sie haben zwei Wichtigkeiten. Das Sterbensprinzip geht einfach. Es ist einfach eines, das geht, so wenn ihr Wasser in die Badewanne gebt, so ist es, dass das Alte hier einfach hinfortgegeben wird. Nehmt dies für eure Partnerschaften hinzu, dass ihr nicht sagt: »Oh, jetzt muss ich also plötzlich lieben, weil ich vorher nicht geliebt habe.« Denn dies entspricht nicht dem System. Wir dürfen Worte geben, die das System Liebe noch einmal erklären und auch über die Selbstverständlichkeit dieser göttlichen Liebe sprechen.

Frage: Wenn wir – wie es immer wieder heißt – von Natur aus Liebe sind, welches sind dann die wichtigsten Schritte, um in dieses Bewusstsein zu gelangen und die Hemmnisse, Illusionen und Vorblendungen zu verwandeln, aufgrund derer wir das bisher nicht erkannt haben? Wann kommt der Mensch – Mann und Frau – zu der Erkenntnis: »Ja, ich bin tatsächlich Liebe.«?

Der Mensch baut sich eine Illusion, indem er sagt: »Ich parke jetzt einmal in der Garage. Ich kaufe ein Auto und ich stelle es in die Garage und ich mache das Garagentor zu. Ich bitte jemanden, diesen äußeren Türdrücker wegzuwerfen, und dann probiere ich einmal aus, was Liebe ist.«

Liebe ist dann so wie ein Auto, das ihr gekauft habt, das ihr in die Garage stellt; ihr habt den Schlüssel verlegt und der Drücker zu dem Garagentor ist weg. Das ist eine Erfahrung, nicht mehr. Das ist etwas, wo ihr dann sagt: »Seltsam, was ich da gemacht habe. Seltsam, was ich da tue. Seltsam, wie ich mein Geld angelegt habe, denn mit dem Auto stehe ich nun in der Garage herum.« Und dies ist nichts anderes als eine Erfahrung. Diese Erfahrung gibt es in manchen Partnerschaften und im Moment seid ihr in einer Zeitphase, wo ihr sagt: »Das ist aber seltsam. Wie finde ich mit meinem Wagen hinaus aus der Garage?«

Die Liebe steht nicht – sie ist wie der Fluss

Das heißt also: Bucht es ab als nicht anderes als eine Erfahrung, eine Illusion zu sagen: »Ich werde dann mal sehen, wie das ist. Ich werde dann mal sehen, wie die Dinge auf der Erde sich anfühlen, wenn ich nichts mit ihnen mache. Wenn ich also sage: ›Ich parke einfach mal.‹« Oder als ob ihr sagen würdet: »Wir probieren das mal: Wir bauen ein Flugzeug und stehen auf der Startbahn herum.« Das ist etwas, was möglich ist. Ich inkarniere und sage: »Ich werde also nicht leben. Ich lebe lieber das Leben meiner Mutter, weil sie mir etwas vorgelebt hat und gesagt hat: ›Kind, so lebe es auch.‹« Das ist eine Möglichkeit.

Eines Tages kommt ihr und sagt: »Warum lebe ich das Leben meiner Mutter?« Sie hat sich selbst immer wieder die Liebe verweigert, sie hat immer wieder nicht gut Sorge getragen für sich und ihr Herz. So also kommt es, dass ihr auf einmal fragt: »Warum nehme ich eigentlich mein Fahrzeug nicht aus der Garage?« Und dann kann das Gehen beginnen. Es ist also eine Art von: »Dann mach ich das einfach mal, dann parke ich einfach mal in der Liebe. Es muss ja gar nichts Schlimmes passieren.« **Es ist einfach ein Stehen, aber die Liebe steht nicht.** Wenn ihr das Frühjahr seht, dann ist das Werk des Wachstums schon lange angeschoben. Und wenn hier der Krokus hervorbricht und das Schneeglöckchen, da ist ein langes Werk schon geschehen. Ihr fühlt es, dass schon lange vorher die Zündkerze gezündet wurde.

Das heißt: Wenn ihr dies jetzt tut, ist die Liebe ganz einfach, ihr müsst keine Abbitte leisten, ihr müsst nicht demütig sagen: »Entschuldigung, dass ich so mit mir war«, sondern ihr müsst es einfach tun. Wenn ihr sagt: »Ich möchte eine Diät machen«, dann sagt ihr auch nicht: »Entschuldigung, dass ich vorher gegessen habe.« Ihr esst einfach weniger. Das ist etwas, was einfach so getan wird. In dieser Form möchten wir sprechen und euch einladen, es euch möglichst leicht zu machen und zu rufen: »Gebt mir den Türöffner, macht die Garage auf, sucht den Schlüssel mit mir.« Und dann fahrt los. So ist die Liebe. Denn sie zürnt niemandem und sie ist nicht zornig.

Wenn ihr aber sagt: »Ich stehe hier mit dem Fahrzeug und ich werde dann mal sehen, was das mit mir macht, wenn ich den Wagen anlasse und weiter in der Garage stehe«, dann habt ihr den Qualm. Wenn ihr sagt: »Ich bin in der Garage, ich mache mein Fahrzeug an, ich tue so, ich spiele Liebe, ich bin nicht mit dem Leben und gebe mich kraftvoll«, dann könnte die Liebe implodieren, weil sie gehen möchte, weil sie sich zeigen möchte, weil sie diejenige ist, die sagt: »Geh du zur Erde, mach du es!«

Die Liebe schaut euch als Schöpfer an, sie gibt euch Material an die Hand und sagt: »Schenke diese Blume dem anderen, nimm das Wort und gebe es weiter. Gebe dein Lachen weiter.« Sie sagt: »Gebe es weiter wie ich.« Wenn die Liebe dann in euch ist, so wie in der Garage, dann passiert etwas, dann ist das ein Stehen, das wir euch nicht empfehlen in dieser Zeit des sehr starken Flusses. **Wandern, gehen, wandeln, wechseln – das ist das, was das Gehen mit der Liebe ist.** So war es also, dass es zu den Illusionen kam.

Frage: Viele Menschen machen schmerzhafte Erfahrungen, wenn sie sich auf das Lieben einlassen. Kommt der Schmerz eigentlich von der Liebe oder von etwas anderem? Wenn ich in »Der Prophet« von Khalil Gibran das Kapitel über die Liebe lese, dann wird dort der Schmerz der Liebe direkt zugeschrieben: »Sie drischt dich, um dich nackt zu machen. Sie siebt dich, um dich von deiner Spreu zu befreien. Sie mahlt dich, bis du weiß bist«* usw. Wie seht ihr den Zusammenhang zwischen Liebe und Schmerz?

Der Schmerz ist da und er ist auch wichtig. Und er hat auch eine ganz wichtige Aussage. **Wenn versucht wird, der Liebe ihre Mystik zu nehmen, dann tut sie weh.** Wenn die Liebe etwas Göttliches ist, dann ist sie die Rose. Aber wenn die Rose zu etwas anderem genommen wird als zu dem, was sie ist, wenn sie nicht als Ganzes betrachtet wird, dann wird sie schmerzhaft. Es ist immer wieder das Betrachten. Es geht das Tageslicht an, damit ihr seht: Das ist die Rose. Wenn diese Form von Sehen, diese Form von Bewundern, diese Form neugierigen Fragens: »Was ist sie? Welches Mysterium ist sie?« nicht geschieht, wenn hier immer wieder versucht wird, sie zu sezieren und zu sagen: »Sie bleibt schlussendlich nicht ein Wunder, sondern ich muss in sie hinein, ich muss sie auseinanderteilen, ich muss sie zu einer wissenschaftlichen Formel machen«, dann rammt ihr mit euerem Arm dort hinein und bleibt darin stecken.

Wenn ihr der Liebe die Mystik nehmt, tut sie weh

Die Liebe muss immer ein Fluss sein. Sie muss immer dieses gurgelnde Wort in sich tragen, weil das Göttliche das ist, was immer ein neues, gurgelndes Wort gibt. Sie muss immer wieder neu sein. Das, was auf eurer Erde das Privileg hat, neu zu sein, ist die Liebe. Und so muss sie immer ein Mysterium bleiben. Ihr müsst immer wieder fragen: »Was sagt sie jetzt? Was ist es, was das

* Khalil Gibran: *Der Prophet.* Patmos, Düsseldorf 2006, S. 15

Göttliche jetzt in diesen Fluss hineinlegt?« Wenn ihr aber versucht, euch daran zu haken, wenn ihr sagt: »Jetzt weiß ich alles über die Liebe. Hier bleibe ich«, wenn ihr versucht, sie festzuhalten, wenn ihr sagt: »Jetzt weiß ich alles darüber, so mache ich es. Ich möchte nichts mehr darüber hören«, dann kreuzigt sie euch. Dann ist es so, als ob ihr im Dunklen die Rosen anfasst und mit euren Armen an ihnen stecken bleibt. Dann kreuzigt sie euch.

So also, steht auf. Es ist das Mysterium, das aufsteht. Steht immer wieder auf und sagt: »Sie muss neu sein. Sie hat für mich Neues. Der Tag hat für mich Neues.« Aufstehen in dieses Auferstehen, das ist das Bild, das wir euch geben möchten. Nicht an den Dornen der Rosen hängenbleiben und sagen: »Ich weiß alles über sie«, sondern mit dem göttlichen Fluss sein.

So haltet ihr diesen göttlichen Fluss und so kommt in die Frau immer wieder etwas herein. Und der Mann geht zu der Frau, die in dem Fluss ist, und sagt: »Jetzt werde ich wieder von diesem Fluss etwas nehmen, von ihrem Tee und von ihrem Licht, das sie hält. Und ich werde hier wieder neu werden.« Dann kreuzigt sie euch nicht, dann gibt sie immer ihr gurrendes Wort um euch und ihr sagt immer wieder: »Ich höre, ich lausche, ich wache neu auf« und ihr geht. Ihr geht mit der Liebe. Geht, fließt mit der Liebe, das ist ihre Wahrheit. Sie hält immer ein Mysterium für euch bereit. So wie der Fluss. Wenn ihr euch um ihn dreht, dann ist da ein Wasserfall. Die Frische, die ihr habt, ihr werdet sie nie ergründen, weil sie aus der ewigen Kraft kommt. Warum der Fluss immer frisch ist, das ist nicht zu ergründen, weil es so ist. Weil er aus dem Berg kommt und darin entsteht immer wieder neues Leben.

Lasst euch umsprühen von dem Prickeln des Wassers. Es ist eure Wahl, wie tief ihr mit der Liebe umgeht, wie groß das »H« ist, das ihr in die wahre Liebe setzt, nun, das alles liegt an euch. Wie sehr ihr also sagt: »Ich nehme noch meine Hände und lasse ihn an mich heranspritzen, diesen Fluss der Liebe«, nun, das wird die Zeit geben. Wir sind mit euch, wir sind mit der Zeit, wir dürfen euch immer wieder singen von unserer Freude darüber, dass ihr mit einem Element Liebe zu tun habt, das unvergleichlich ist und auch unvergleichlich auf der Erde. Es gibt hier Materialisierungen und viele Verwirrungen, weil hier Dornen sind an den Rosen. Aber ihr habt auch die Rose, die ihr anschauen könnt und sehen, was sie ist. Dass sie die wahre Liebe ist, die ihr in eurer Mitte hattet und von ihr sehr viel gelernt habt. Sie war bereit, euch ihre ganze Energie zu schenken. So dürfen wir sie auch hier verschenken, die Rose der Liebe.

Frage: Sind die Schwierigkeiten, die Männer und Frauen miteinander erleben, zum Teil auch darauf zurückzuführen, dass Männer und Frauen schon Erfahrungen und Verstrickungen aus anderen Leben mitbringen, die sie hier in diesem Leben auflösen wollen? Oder spielt das eine geringere Rolle?

Das spielt eine Rolle. Und zwar spielt das so eine Rolle, wie wenn ihr ein Schreibheft habt und in dem Schreibheft habt ihr schon manche Diktate geschrieben und der Lehrer hat mit rotem Stift angemerkt: »schlecht, schlecht, schlecht, minus, minus, schlechter Ausdruck.« So nehmt ihr das schon mit, wenn ihr das nächste Diktat schreibt, und ihr schreibt darin einen Aufsatz und blättert zurück und sagt: »Oh je, da habe ich schon Fehler und dort habe ich schon Fehler gemacht.«

So gibt es das sicherlich, dass ein neues Leben ein neuer Aufguss ist, und hier gesagt wird: »Was mache ich jetzt? Wie schreibe ich diesmal meinen Aufsatz?« Dann ist es klug, zu wählen: »Jetzt wechsle ich einmal den Lehrer, jetzt werde ich nicht einen nehmen, der immer wieder nur sagt: ›schlecht, schlecht, schlecht‹, sondern einen, der auch sagt: ›schön!‹«

Die Liebe sagt nämlich: »Schön bist du«, und das Licht sagt: »Schön bist du«, das Licht sagt: »Siehe, dein Auge ist hell und ich scheine in dich hinein. So gibt es da zwei Leuchten und zwei Sterne.« **Das heißt, nehmt euch heraus aus den karmisch verstrickten Partnerschaften. Wählt Partnerschaften genau aus und schaut, ob das Licht scheint zwischen euch beiden, ob ihr euch anschauen könnt.** Ob ihr auch mal ohne Berührung sein könnt, ob einfach die Möglichkeit da ist, sich zu sehen, ob ihr in der Lage seid, das zu tun, wofür Mann und Frau gemacht sind, nämlich in der Lage zu sein zu sehen.

Es ist hier der Kuss schön. Er soll aber nicht da sein, wenn Zweifel an dem Sehen sind. Es soll die Sexualität nicht lügen über Zweifel aneinander, sondern sie soll dann sein, wenn wirklich ein Sehen da ist. Wenn die Achtung da ist und der Mann genau verstanden hat: »Was kann ich an dieser Frau achten«, und die Frau ganz genau verstanden hat: »Wenn alles wegfällt, wenn er nicht mehr küssen und nicht mehr mit mir schlafen kann, was achte ich dann noch an ihm?«

Es soll die Sexualität nicht lügen über Zweifel aneinander

Dies ist die Form, in der ihr eine Neuerung erfahrt und auch diese karmische Nicht-Gesehenheit sehr schnell hinfortgebt. Alles, was karmisch ist, bedeutet schließlich Nicht-Sehen. Alles, was zwischen Mann und Frau steht und schwierig ist, rührt davon, dass das Sehen einmal übergangen wurde. Wenn der Mann geheiratet und das Herz der Frau gesehen hat und sich dann entscheidet, es nicht mehr zu sehen, sondern etwas anderes, dann hat er sich gegen das wahre Sehen entschieden, gegen die wahre Liebe.

Wenn er nicht fragt: »Was fließt in der Frau, welcher Lebensfluss ist in der Frau?«, dann entstehen die karmischen Knoten, die hier sicherlich hineinspielen in dieses Leben, und ihr steht dann vor der Frage: »Wie lösen wir das auf?« Und die Auflösung bedeutet zu sagen: »Jetzt werde ich dieses Heft nicht mehr nehmen, ich werde ein neues Heft kaufen und einfach mal einen Aufsatz hineinschreiben. Und ich werde schreiben von meinem Herzen und ich werde es nicht diesem Lehrer mit dem Rotstift vorlegen, sondern einfach mal dem Direktor und sagen: ›Sieh hier, meine Geschichte.‹ Und dieser ist dann ein Lyriker und sagt: ›Eine schöne Geschichte.‹«

Setzt also neu an und dann achtet immer auf das Grundprinzip von Liebe und von Mann und Frau. Es heißt: sehen, schauen. Warum sollte sonst Licht auf eurer Erde regieren? Warum sonst ist es die Königin, die hier auf eurer Erde alles bestimmt? Jedes Wachstum, jede Blume, jedes Essen ist bestimmt von der Lichtzufuhr.

Das Grundprinzip von Liebe heißt sehen, schauen

Und Mann und Frau sind dafür da, auf verschiedene Weise zu wachsen. Die Lichtzufuhr, die Energiezufuhr in den Mann, durch den Mann und die Kraft im Mann ist eine andere.

Licht kann sich spalten in zweierlei, in männlich und weiblich. Es gibt eine einzige Auflösung oder Auftrennung von Licht, das ist in männlich und weiblich. Das seht ihr im elektrischen Strom, da sind ein Plus und ein Minus. Und so ist es, dass sich dieses Licht hier trennt. Und diese Trennung ist spannend und vor allem schön.

Licht kann sich spalten in männlich und weiblich

Es ist ein Unterschied, ob ihr eine Kerze oder eine Wunderkerze anschaut, die ihr an der Kerze entzündet. Die Frau ist diese Kerze, die Frau ist dieses Schwangere in dem Wachs, sie findet sich immer wieder in sich selbst. Und der Mann geht hin – das ist eine sehr ideale Partnerschaft – und sagt: »Du hast das Licht. Langsam sehe ich, dass du das bist. Ich schaue genau hin, wo du brennst, und dann brenne ich mich an dir an.« Und im Impuls der Frau geht er und sagt: »Siehe, wie schön sie ist. Seht, wie schön sie ist.« Wenn der Mann in der Lage ist zu sagen: »Seht, wie schön sie

Die Frau – die Kerze, der Mann – die Wunderkerze

ist, weil ich so viele der Sterne gebe«, dann ist es eine gute Partnerschaft.

Aber sehen, genau hinschauen, ist das, worum es geht. Dann ist automatisch Karma gelöst. Es gibt große Zyklen aufzulösen. Und es gibt den Moment, wo ihr sagt: »So ist das also! Dann setze ich jetzt das Neue darauf. Ich nehme das neue Heft, schreibe den neuen Aufsatz. Ich setze jetzt hier mein neues Gesetz. Ich erkenne wieder, was die Liebe eigentlich ist.« Öffnet euch also für ein neues Verständnis von Licht, und schon ist das Karma gegangen. Das kann innerhalb einer bestehenden Partnerschaft genauso geschehen wie in einer neuen. Hier entwickelt ihr ein neues Verständnis davon, wie Mann und Frau gemeint sind.

Frage: Wir haben hier auf der Erde, besonders im Westen, eine große Verunsicherung von Männern wie Frauen in Bezug auf das, was eine Frau wirklich auszeichnet oder einen Mann. Wann ist ein Mann ein Mann, wann ist eine Frau eine Frau? Was könnt ihr den Männern und Frauen sagen, worauf es ankommt, um Mann oder Frau zu sein, das heißt diese Verunsicherung aufzuheben und etwas zu haben, woran er und sie sich ausrichten können?

Nehmen wir noch einmal das Wachs, das Wachs und die Kerze. Wenn die Frau etwas macht, dass es in ihr rumort, und sie sagt: »Ich muss mich selbst immer wieder fragen: ›Bin ich das, bin ich das, bin ich das?‹«, dann ist sie die rumorende Kerze und schüttet ihr eigenes Wachs, das sie selber erfahren hat, über sich. Und dann muss sie wieder viel tun, um den Docht freizuschaufeln und sich wieder herbeizuführen. Das ist sehr westlich, das ist ein Thema, dass die Frau immer wieder über sich schüttet und sagt: »Ich habe nicht wirklich mein Licht erfahren. Ich fühle mich nicht wirklich.« Wir sagen: Die Aufgabe, die hier liegt, ist das Halten. Das Halten der Energie ist ein Problem geworden. Die Kerze muss den Docht sanft halten. Sie muss immer wieder lernen, zu wissen und ihr Wissen zu durchbringen. Sie muss bleiben, bleiben, bleiben und gleichzeitig das Wachs abgeben. Es kann Wachs abgegossen werden, es kann dann dienen für eine neue Kerze. Es kann dienen, weil das ein Gebärvorgang ist, wenn ihr seht, dass an diesen Kerzen neues schönes Wachs dran ist. Aber das Nichthalten der Frau, das Nichthalten ihres Wissens geschieht durch Ideen wie: Was könnte die Frau noch sein, was könnte die Frau noch sein? Die Frau sagt: »Ach, jetzt schippe ich mein Altes darüber«, und ertränkt sich in ihrem eigenen Wachs und muss dann wieder neu aufstehen.

Frauen, haltet, haltet eure Energie! Auch in der Sexualität ist für den Mann das Spannende, dass die Frau die Energie hält, dass sie sich offen hält, dass sie immer wieder auch hält ihr eigenes Lieben. Die Frau ist die Haltende und Aufhaltende, die sich selbst auch in ihrem eigenen Wachs immer wieder Brennende und neu Brennende, auch die sich selbst Erfindende. Die Frau ist die, die sich selbst immer wieder neu erfinden kann, immer wieder das Licht als ein Neues darstellen kann und darstellt, und das ist natürlich wunderschön.

Gleichzeitig ist die Problematik der Wunderkerze des Mannes auch eine, wenn er immer wieder sagt: »Jetzt brenne ich« und dann: »Und weil ich so gut brenne, werde ich meine Kerze ins Wasser tunken.« Auch er hat dann ein Problem, weil jetzt hier recht mühsam ein trockener Punkt gefunden und wieder neu angefacht werden muss. Das heißt, die Wunderkerze des Mannes hat auch die Haltefunktion, hat aber auch die recht stabile Fähigkeit, zu gehen. Denn die Wunderkerze könnt ihr drehen und drehen.

Der Mann hat die Aufgabe zu gehen. Und der Mann hat die Aufgabe zu sagen: »Siehe, ich werde nicht lange brennen, aber das, was ich da habe, die Zeit, die ich abbrenne, dieses orgastische Gefühl, dieses sinnliche Gefühl, das findet jetzt

statt. Und überall kann ich hingehen und sagen: ›Zauberstab! Zauberstab! Zauberstab!‹« Das ist das, was der Mann hat.

Und auch da ist zu viel Verglühen in der westlichen Welt. Der Mann sagt: »Ach ja, ich hab nichts abgebrannt, dann werde ich also meine Wunderkerze wieder ins Wasser tunken. Das hat nicht geklappt, so werde ich aufhören.« Auch der Mann hat dieses stetige Licht, aber er kann schnell sein und sagen: »Hier ist das, hier ist das, hier ist das. Ich gebe dieses heraus, ich sage das und dann werde ich also wieder zurückkehren und einmal keine Wunderkerze sein und mich ganz still an die Frau legen und mich freuen, dass sie weiter brennt.«

Das ist eine schöne, gute Situation, die hier von der Frau sehr viel verlangt, aber auch von dem Mann, dass er immer wieder aufsteht und sagt: »Ich brenne, ich brenne, ich brenne.« **Der Mann im Urprinzip brennt für die Welt. Es sind die wirklich inkarnierten Männer, die auf die Welt brennen und sagen: »Was kann ich tun? Die Welt ist so begeisterungsfähig. Wenn ich eine Wunderkerze habe, kann ich die andere anmachen.« Das ist der Mann, in dem das gute Herz pocht.**

Der Mann im Urprinzip brennt für die Welt

Und allen Frauen möchten wir sagen: Das sind Jahre der Frau, dass wieder das Halten gelernt wird. Denn die Frau ertränkt die Frau, die Frau der Erde ist ertränkt. Und so ist es uns ein großes Anliegen, ihr zu sagen: **»Siehe, du bist der Trank der Erde. Du bist der Trank für den Mann. Ihr seid der Trank für den Mann. Ihr seid der Trank für die Erde. Ihr seid das Wasser dieser Erde, verbunden mit ihr. Habet Dank, dass ihr halten werdet, Frauen der Liebe.« Danke.**

Frage: Die Geschichte zwischen Männern und Frauen ist seit Jahrzehnten, sogar Jahrhunderten dadurch geprägt, dass die Frau sich ohnmächtig und verletzt fühlt, gedemütigt und missbraucht. Und dem Mann wird von Frauen vorgeworfen, dass er seine Macht missbraucht, die Erde zerstört usw. Andererseits sind all diese Männer in den letzten Hunderten von Jahren von Frauen erzogen worden. Wie sieht dieser Zusammenhang aus eurer Sicht aus? Das heißt, bei uns findet Erziehung fast nur durch Mütter statt, weil die Väter mehr oder weniger abwesend sind; in den Kindergärten und Grundschulen arbeiten auch fast nur Frauen. Was bedeutet das für uns und für die Männer der nächsten Generation? Kann ein Mann überhaupt herausfinden, was ein Mann ist, wenn nur Frauen um ihn herum waren?

Dieses Problem des Sicheintunkens der Frau hatte natürlich hier Relevanz, weil die Frau nicht in der Lage war, die Kinder früh genug herauszuschleudern, und ihnen früh genug zu zeigen: »Das ist dein Stück Wachs, hier ist deine Kerze.« Ein implodierendes und eben »gefährliches System« entsteht, wenn die Frauen nicht in der Lage sind zu sagen: »Jetzt bist du neu«, wenn sie nicht in der Lage sind, das richtige Wort zu finden, das richtige Papier, die richtige Tafel und zu sagen: »Das bist du.« Wenn dieses Klammern da ist, dann geht es rückwärts. Dann steht am Anfang genau dieses Garagenbeispiel oder dieses Insichbleiben, dieses sich selbst drückende Prinzip.

Genauso besteht aber jetzt die Möglichkeit, dies zu ändern, wenn die Frauen, unterstützt von sich selbst, in der Lage sind, zu sagen: »Ich bin Kerze«, und sie erneuern sich fünf Jahre nach der Geburt, zehn Jahre nach der Geburt, fünfzehn oder zwanzig Jahre immer wieder neu, dann ist es, dass sie den rechten Abstand finden. Und sie finden damit auch ihre eigene Prozesshaftigkeit als Frau und können sagen: »Das ist mein Stück Docht, das ist jetzt mein Licht, das ist jetzt mein Lied, das ist jetzt mein Leben.« Dieses Nicht-zur-rechten-Zeit-Herausgeben-aus-dem-Nest und die damit verbundene Wertung und Liebe, die dem Kind gegeben wird, hat dann einen ganz starken

Rücklauf und erzeugt im Mann Ohnmacht. Das bringt ihn – den Sohn wie den Vater wie den Großvater – dazu zu sagen: »Wo soll ich jetzt ansetzen? Wie komme ich jetzt da hinein in die Struktur von Mutter und Kind, von Mutter und Sohn, von Mutter und Tochter? Wie komme ich da rein?« **Es ist ein Herumirren des Mannes, weil sie hier sagt: »Ich brauche das Kind, um mich selbst zu nähren.«**

Wie sieht der Ausweg aus? Der Weg liegt in der kraftvollen Frau. Die kraftvolle Frau, die in der Lage ist, sich selbst zu erneuern, die in der Lage ist zu sagen: »Wenn ich hier also eine Kerze bin« und beginnt zu wandern und zu fragen: »Was kann ich noch anzünden? Was ist es, was ich noch anzünden kann, außer dem Kind?« Dann sagt die Frau: »Welche Kinder kann ich noch gebären? Kann ich also hier hingehen und sagen: ›Die Liebe ist schön.‹? Wo kann ich es tun? Welchen Kurs kann ich geben? Wie kann ich hier mit meinem Körper, mit meinem Geist, mit meinen Händen arbeiten?« Es ist dann wieder die arbeitende Frau, die sich aufmacht. Das ist die, die den Zyklus bricht. Und dann kann der Mann wieder sagen: »Wenn sie arbeitet, dann ist meine Arbeit auch sinnvoll.« Dann können sich die beiden wieder ergänzen. Aber diese Frage ist sehr wichtig, denn die Frauen, die ihre Kinder im Nest halten, die nicht wissen, wer sie sind, die haben eine Problematik erzeugt, mit der ihr natürlich in dieser Generation noch sehr stark zu tun habt, kein Frage.

Frage: Wie wichtig ist in dem Zusammenhang der Kontakt und die Verbindung der Frauen zu anderen Frauen, der Kontakt der Männer zu anderen Männern? Hier gibt es aufseiten der Frau einerseits das Phänomen der »besten Freundin«, andererseits zum Teil schneidenden Hass gegenüber vielen Frauen, und aufseiten des Mannes eine befremdliche Schwierigkeit, sich anderen Männern emotional zu nähern; Kontakte werden mehr über den Kopf gesteuert. Was können hier Männer und Frauen tun? Gibt es in dieser Richtung große Wachstumschancen?

Sehr große, und zwar durch die Wahrnehmung dessen, was ihr habt. Dadurch dass ihr – wir sagen es ganz deutlich – dem Karma seine eigene Rolle zusetzt. Karma ist etwas in sich selbst Gebundenes und auch Bindbares. Karma ist das, wenn ihr sagt: »Ich wurde also so und so erzogen, ich habe das und das gehört, ich habe Gebote gehört, ich habe Verbote gehört, und ich setze mich noch mal in den Fluss und sage: ›Ist hier wirklich Gebot und Verbot? Ist es das wirklich?‹« So kann die Frau hier in eine Souveränität kommen und sagen: »Ist es wirklich so, dass ich hier immer wieder der Familie dienen muss in der Traurigkeit? Muss ich der Traurigkeit meiner Urfamilie dienen, kann ich nicht einfach dem dienen, was ich spüre?« Diese Frauen sind es dann, die beginnen einzuladen.

Die Frau ist die Einladende, die Frau ist die, die zunächst einmal von dem Göttlichen eingeladen wurde auf die Erde und die dann weiter die Einladende ist. Wenn also Frauen – und das ist ein ganz wichtiger Punkt – zum Wein einladen, ist das ein altes Bild von Kirche, wenn sie sich einladen und sagen: »Wir werden jetzt zusammen in dem Fluss sitzen und das Wort, die Musik Gottes hören und singen«, dann werden dies kluge, gute, sich gegenseitig aufladende Frauen, die sagen: »Ich habe dieses Wort gehört, ich habe dieses Wort gehört«, und sie singen miteinander. Das Miteinandersingen der Frauen ist etwas ganz Wichtiges; das Lauschen auf die Urelemente, das Hören auf das Wasser, auf die Blume, die singt, das Öl austauschen – das ist das, was die Frau ist. Also Austausch, Einladung.

Der Schmerz-Wettbewerb der Frauen

Da gibt es das bekannte Phänomen, dass Frauen klagen und weinen und sagen: »Ich habe das verloren, ich habe in der

Familie den Schmerz gehabt«, dann gibt es den Kampf: Wer spricht lauter über den Schmerz, wer hat mehr Schmerz? Es hört sich seltsam an, aber Schmerz ist ein Wettbewerb: Wer hat mehr Schmerz? Wer ist trauriger? Wer kann lauter weinen? Wer kann lauter klagen? Weil der, der lauter klagt, ja auch mehr von den anderen bekommt, im Sinne von: »Du Arme!« Wenn dieses System aufgelöst ist, wenn ihr das anschaut und sagt: »Das ist aber seltsam, die immer lauteren Klagen. Ist das wirklich eine gute Gruppierung von Frauen, die sich versuchen, im Klagen zu übertönen? Ist es nicht schöner, wenn sie singen?«, wenn dieser mutige Austausch stattfindet von einer, von zweien, von dreien, die sagen: »Kommt, wir klagen nicht, sondern wir lauschen und singen und summen ein wenig«, dann ist es getan.

Dann ist auch Karma eingepackt und einfach zu einer Rolle geworden, wie ihr eine Matte zusammenrollt und sagt: »Nun gut, da liegt sie. Sie muss nicht verbrannt werden, sie liegt einfach da, ich kann sie anschauen und ich kann mich auch einmal wieder auf diese Matte legen, wenn ich möchte, und sagen: ›Ich lege mich auf die Matte der Traurigkeit.‹ Ich weine auch mal, aber dann rolle ich die Matte wieder zusammen und setze mich an den Fluss und sage: ›Da sind meine Frauen. Da sind meine Freunde. Da sind meine Freundinnen.‹« So gibt es dann auch nicht eine beste Freundin, sondern eine Frau, die weiß, dass sie sich auflädt in dem Wort Gottes. Und sie lädt sich auch dadurch auf, dass sie weiß, die andere lädt sich auch an dem Wort Gottes auf. Das sind dann wirklich Freundinnen, ja vielleicht sogar für das ganze Leben.

Und die Männer sind natürlich verzweifelt, weil für sie hier sozusagen keine Disziplin der Gemeinschaft mehr vorrätig ist. Die Frauen sitzen in dem Fluss. Für die Männer gibt es nichts mehr, sie fragen sich: »Wo sind unsere Hallen, wo setzen wir uns hin?« Und dann setzen sie sich ziemlich verzweifelt um den Tresen und trinken miteinander. Das ist das, was bleibt. Aber auch hierin findet ihr das Urprinzip. Es ist sehr wohl gut, wenn Männer miteinander trinken, wenn sie etwas tun und sich fragen: »Wie komme ich jetzt an den Trank heran? Wie mache ich es? Die Frauen sitzen in dem Fluss, wir gehen nicht hin, weil sie ja da singen, wir lassen ihnen den Fluss. Aber ein Trank wäre schon gut.«

Und dann gehen die Männer hin und sagen: »Wir nehmen aus dem Hagebuttenstrauch etwas, dann nehmen wir aus dem Aprikosenstrauch etwas und halten es gegen das Licht und brennen uns einen Schnaps.« Und das ist eine gute Idee von den Männern, dass sie sagen: »Wir machen etwas mit der Erde. Wir trinken einen Schnaps zusammen. Das ist Brennen, das brennt in meiner Kehle und ich habe dadurch auch wirklich das Gefühl: Jetzt bin ich hier.«

Das heißt also, eine Männerfreundschaft, die sagt: »Wir stoßen miteinander an«, gibt ihnen auch Kraft, und sie sagen: »Was stoßen wir denn noch an? Wir spielen Kegeln miteinander. Wir stoßen miteinander an, wir stoßen diese Welt an. Kommt, was können wir denn noch anstoßen? Wen können wir denn noch unterhaken und mitnehmen und sagen: ›Schön ist diese Welt.‹« Es ist also durchaus kräftig und gut, wenn die Männer einmal sagen: »Komm, wir gehen miteinander spielen.« Das sind gute Möglichkeiten, weil die Liebe darunter ist, wenn Männer miteinander Sport treiben, wenn sie sagen: »Wir werfen uns den Ball zu, wir erleben Wettbewerb, wir werden kräftiger, unsere Muskeln werden dadurch kräftiger.« Denn mit einer Frau in den Kampf zu ziehen, in die Auseinandersetzung mit der Materie, hat keinen Sinn, weil ein Mann viel kräftiger ist.

Aber diese Kraft im Spiel und auch im Sehen: »Siehst du das, kannst du das?«, im Sich-gegenseitig-Loben: »Wir haben einen guten Schnaps gebrannt, wir haben ein gutes Spiel gemacht!«, das ist eine gute Idee. Und dann kommt ihr alle zusammen, und die Frauen haben einen Tee gebraut, weil sie Licht auf das Wasser gegeben haben, und sie reichen ihn den Männern und sagen: »Seht, ihr könnt euren Durst löschen«, und die Männer sagen: »Wir haben den Strauch gefunden«, und die Frauen sagen: »Schön, wir haben einen Tee von dem Strauch genommen und ihr habt den Schnaps von dem Strauch genommen.« Und dann ist es, dass sie miteinander sagen: »Wir haben die Erde verstanden.« Und dann habt ihr einen guten Austausch miteinander. Also, hier wirklich erneuern, neu machen, aber auch manches Mal an alte Prinzipien herantreten. Das gibt Männer- und Frauenfreundschaften auf neuer Ebene.

Frage: Jetzt versuchen immer noch Männer eine Frau und Frauen einen Mann zu finden, mit der/dem sie möglichst lange, möglichst ein Leben lang glücklich sein wollen. Der Trend aber geht dahin, dass Ehen immer kürzer dauern und Paare sich nach einiger Zeit, mehrheitlich, zumindest auch sexuell nicht mehr attraktiv finden oder sich in ihren Ehen geradezu langweilen. Was bedeutet das für die Zukunft?

Was hier geschieht mit der Ehe, ist sehr spannend. Wie war die alte Ehe? Schauen wir uns einmal das Wort E-H-E an. Da ist in der Mitte das »H«. Das »H« ist ein Verlängerungsprinzip in eurer Sprache. Hier wird also gesagt: »Nun also, da ist das eine »E« und da ist das andere »E«, da ist das männliche »E« und da ist das weibliche »E«.« **Und in einer Ehe, die auf Klauen aus ist, nämlich darauf, vom anderen die Energie zu nehmen, sagt der eine: »Ich nehme dein ›E‹ zu mir« und der andere: »Und ich nehme dein ›E‹ zu mir.«** Das sieht dann schon seltsam aus. Zwei »E« und ein »H« dahinter. Das ist eine Ehe, die dann langweilig wird, die dann »EEH« ist und die dann eben auch nichts Spannendes mehr ist. Denn die Ehe ist etwas, das sich um dieses »H«, um diese Verlängerung, um dieses Große, herumgibt.

Die Ehe, die auf Klauen aus ist, wird langweilig

Dies ist die alte Ehe. Sie entsteht, wenn einer zum anderen springt und sagt: »Da werde ich jetzt weiblich«, oder: »Ich werde männlich«, oder: »Ich habe nicht das Sehen und den Respekt gegenüber diesem ›E‹, das sich auch immer wieder in eine neue Ehe mit der Erde begibt.« Denn dieses »E« will auch wieder Ehen eingehen und sagt: »Ich möchte auch wieder Paare haben.« Das »E« sucht wieder nach einem anderen »H«, nach wieder einem anderen »E«.

Die Menschen, die gute Ehen führen, müssen in der Lage sein, neue Ehen einzugehen, andere Ehen. Ehe ist als Prinzip von Mann und Frau nur ein ganz kleiner Teil. Ihr würdet auf jeden Fall sagen, dass die Aprikose auch mit dem Alkohol eine gute Ehe eingegangen ist im Aprikosenlikör. Und so möge es sein, dass ihr Menschen auch attraktiv werdet für andere Ehen, indem ihr sagt: »Was ist das überhaupt, eine Ehe? Was ist es, wenn ich einen Teil von mir gebe und mich wieder zurückziehe?« Und so ist eine Ehe, dass das »E« sagt: »Hier gebe ich mich, hier gebe ich mich hinein, ich gebe mich hinzu, links von dem ›H‹, aber ich ziehe mich wieder zu mir zurück.«

Es ist eine gute Ehe, wenn jemand sagt: »Hier ist mein ›E‹, ich gebe es hinzu. Dadurch entsteht etwas Gutes. Aber ich ziehe mich immer wieder zu mir zurück. **Das Erste, mit dem ich mich vermähle, mit dem ich das Mahl einnehme, bin ich selbst.**« Wenn ihr esst, seht ihr eine gute Ehe. Wenn ihr esst, dann esst ihr nicht mit anderen, ihr esst nicht für andere. Ihr esst nicht, indem ihr etwas nehmt und sagt: »Die anderen sind wichtiger.« Wenn ihr esst, esst ihr mit euch selbst. Wenn ihr zu euch kommt und in einer Ehe seid und einen Schritt macht und euch selbst antrefft, dann wieder zu euch zurückkehrt, dann ist es ein sinnvolles Mahl und eine gute Ehe.

Es führt zu einer Ehe, wenn ihr sagt: »Ich habe immer wieder selbst ein Mahl. Und dann gebe ich dir ein Stück von diesem herüber. Und ich esse wieder etwas Neues. Und ich bin wieder an einem Strauch. Und ich esse wieder etwas Neues. Und ich gebe dir etwas herüber.« Dies ist das austauschende Prinzip: »Ich habe etwas Neues gesehen, ich zeige es dir«, das werden die Ehen, die hier modern, die neu sind. So also, die abgehakten Ehen der Langeweile, nun, es wird sie immer wieder geben – wenn einer sagt: »Ich gebe mich zu dir herüber, mach du für mich. Iss du für mich, trink du für mich, ich gebe mein Ich auf.« Das ist das, worin hier jeder klug sein soll. Wisst: Die Ehe ist ein schönes Gesetz, darin ist ein »H« in der Mitte; das ist die Liebe, von der ihr wisst: Sie ist diejenige, die in ihrer Mitte die Wahrheit in sich trägt, weil sie euch immer umspült. Und das werden die guten Ehen.

Frage: Da gibt es Millionen Menschen, Männer und Frauen, die gerne mehr Sex hätten oder sich nach erfüllendem Sex sehnen, aber sie erleben das nicht. Was ist das Schwierige an der Sexualität, haben wir sie kompliziert gemacht? Und warum kommen die Frauen und Männer nicht im Bett zusammen und feiern die Liebe in der Sexualität?

Tatsächlich habt ihr es kompliziert gemacht damit. Ihr habt die Schrift versäumt, die damals schrieb: »Es ist zwischen Mann und Frau erst einmal das schöne Sehen da.« Ihr habt es kompliziert gemacht, weil ihr euch gefragt habt: »Warum siehst du nicht das, was ich sehe?« Das macht es kompliziert, wenn Mann und Frau dies tun. Wenn die Frau sich selbst zuschaut in der Sexualität und wenn sie sich so schön zuschaut, dass der Mann ihr zuschaut, dann habt ihr wunderbare Sexualität.

Ihr habt es kompliziert gemacht mit der Sexualität

Das ist ein ganz einfaches Prinzip: Jeder schaut sich selbst zu. Die Sexualität ist erst einmal ganz mit sich selbst, sie ist

eine hohe Erotik mit sich selbst. Diese beginnt beim Eincremen. Diese beginnt damit, dass ihr euch selbst wahrnehmt, diese beginnt bei dem guten Essen und sie endet darin, dass ihr sagt: »Nun, wenn ich mit mir so erotisch bin, dann kannst du mir auch gern zuschauen.« Und dann ist der Mann eingeladen zur Frau.

Tatsächlich habt ihr es kompliziert gemacht, weil der eine zum anderen geschaut und gefragt hat: »Wie machst du es?« Er hat vergessen, dass er selbst das Prinzip ist. Sexualität wurde also abgegeben, sie wurde an den anderen verliehen. Warum sollte einer Sexualität haben, wenn er sie verliehen hat? Ihr habt Sexualität einfach verliehen an den anderen, sie wurde nicht mehr zurückgegeben und der Leihschein vergessen. Das ist es, was passiert ist.

Holt sie zu euch zurück. Jede Rose ist hocherotisch, sie ist so erotisch, dass sie sagt: »Und was kann ich jetzt noch machen? Öl aus mir machen, hocherotisches Öl.« Reibt euch gegenseitig mit dem Öl ein und denkt daran: So holt ihr die Sexualität wieder zurück zu euch. Der ganze Prozess auf der Erde, der im Moment läuft, ruft euch zu: »Holt euch euer Wissen zurück!« Das ist der große, schöne Vorgang, der derzeit passiert und der auch sehr erotisch ist. Ihr habt alles Wissen in euch, holt es euch zurück.

Frau und Mann haben verschiedene Positionen. Die Frau repräsentiert das Erinnerungsprinzip und der Mann das Phallusprinzip. Er ist der, der mit Gott geht und sagt: »Ich ziele auf die Erde.« Und die Frau sagt: »Ich bin schon da. Ich habe das göttliche Wissen schon.« Und wenn sie das wieder begreifen, dann sind die beiden ein wunderbares Paar miteinander und sind munter in ihrer Sexualität. Aber sie haben dann natürlich miteinander schon das eigene Gespiel hinter sich. Holt euch also eure Leihzettel zurück, ihr habt die Sexualität verliehen. Nun, das kann zu nichts führen.

Sexualität ist etwas – und das ist sehr wichtig – was erst einmal in einem selbst stattfindet, das erst einmal ein Selbstprinzip ist. Schaut mal an, wie ihr euch morgens anzieht. Eine Frau beginnt im Idealfall, sinnlich ihre Strümpfe anzuziehen; wenn sie dann sagt: »Auf diese Strümpfe ziehe ich auf dem gleichen Weg den Rock an. Dann ziehe ich diese schönen Schuhe an, die auch in der gleichen Linie sind. Und das Gleiche tue ich von oben, dass ich mich umkränze. Und wenn ich einen schönen Pullover anhabe, dann lege ich noch eine Kette an.«

Das ist das, wie Sexualität im Idealfall ist. Beim Mann läuft es so, dass er beim Anziehen in der Mitte beginnt. Er zieht erst mal eine Hose an. Und so beginnt der Mann von diesem Punkt aus auch seine Sexualität. Sexualität beginnt in sich selbst. Wenn Sexualität zu etwas wird, wo unbedingt der andere gebraucht wird, dann sollte die Frage gestellt werden: »Wo lande ich da? Ziehe ich mich wirklich selbst an? Bin ich wirklich für mich selbst anziehend? Habe ich mit mir selbst nicht genug Befriedigung? Bin ich nicht genug im Frieden mit mir? Brauche ich immer den anderen?«

Hier ist es wieder das Zuschauen, das wir hineingeben. Zuschauen und fragen: »Bist du wirklich sexuell mit dir? Sexuell im Sinne von: Nährst du dich mit dir?« Nehmt Honig. Honig ist ein hochsexueller Trank, weil er sich in sich selbst nährt. Wenn ihr also hier einen Honig habt und einen Löffel davon nehmt, was macht der Honig? Er perlt völlig erotisch in dieses Glas hinein. So seid mit euch selbst. Wenn hier ein Mann zusieht, wie eine Frau ein Honigglas oder eine schöne Schale hat, und dann hier langsam, sinnlich den Löffel nimmt und den Honig da hineingibt und ihn hinunterperlen lässt, das ist der Moment, dass er sie in Ruhe lassen sollte, weil das die Sinnlichkeit der Frau mit sich selbst ist. So wird er darauf begierig, ihren Honig zu bekommen, und es muss der Mann fast festgebunden werden, wenn er sieht, dass sie das tut, weil es hocherotisch ist. Aber sie macht es ganz mit sich selbst. So ist die Frau dieses Wachs mit sich selbst. Die Frau ist dieser Honig mit sich selbst.

Jede Frau sollte hier mit sich sein. Natürlich ist es schön für den Mann, wenn die Frau sich sinnlich ihre Strümpfe anzieht, wenn sie hier das Kleid anlegt oder ablegt, aber auch vor ihm anlegt. Das ist schön. Diese innere Sexualität und Ruhe sollten auch immer wieder von der Natur abgeschaut werden, zum Beispiel vom Honig. Es sollte also nicht zu früh gezupft und gerupft werden. Es sollte sich auch nicht zu einer Gier entwickeln, weil dann hier nicht viel bleibt. Wenn also der Mann sagt: »Ich brauche immer einen anderen für meine Sexualität«, dann bleibt ihm nicht mehr viel Achtung, weil er sagt: »Was habe ich eigentlich mit mir selbst? Wie sehr bin ich eigentlich mit mir selbst im Fluss?« **Ihr seid auf die Erde gekommen, um euch zu verbinden. Aber diejenigen, die sich verbinden können, müssen erst einmal etwas Eigenes sein.** Wir möchten euch sagen, wie schön ihr seid, um euch den Trank selbst zu geben, gerade und auch in diesem Bereich.

Wer sich verbinden will, muss erst einmal etwas Eigenes sein

Frage: Könnt ihr etwas zu dem männlichen und weiblichen Prinzip in der Sexualität sagen? Wir haben bei uns männliche Frauen und weibliche Frauen, wir haben männliche und weibliche Männer. Was hat das für einen Einfluss auf die Sexualität – gerade im Hinblick darauf, dass die Hingabe, das Sichöffnen, das Empfangen das typisch Weibliche ist und das Eindringen, das Tun, das Machen, die Aktivität im weitesten Sinne das Männliche? Wie wirkt sich das aus in der Sexualität vor dem Hintergrund männlicher und weiblicher Frauen, männlicher und weiblicher Männer?

Die Frau hat immer wieder damit zu tun, weil sie etwas gemacht hat und sagt: »Ich decke mich mit dem Männlichen zu. Wenn ich also etwas zudecke, dann decke ich es nicht mit dem Weiblichen zu, sondern es geht schneller, wenn ich mich mit dem Männlichen zudecke.« Das ist etwas, was hier passiert ist. Wenn die Frau in die Sexualität kommt und entdeckt, dass sie sich mit Männlichem zugedeckt hat, dann entsteht Schamgefühl. Denn sie entdeckt, dass sie hier nicht das Erotische, nämlich die Strümpfe des Schönen, die zu ihr gehören, wegnehmen kann, sie muss eine Hose wegnehmen, sie muss das Männliche von sich fortnehmen.

Die Frau hat sich mit dem Männlichen zugedeckt

Dann kommt die Frau in eine Schwierigkeit. Sie entdeckt in diesem Fall, dass sie sich schnell zugedeckt hat mit etwas Männlichem, weil sie nicht bleiben wollte. Weil sie ihre Energie nicht halten konnte, hat sie das Nichthalten abgedeckt. So ist das eben passiert und in der Sexualität kommt es zutage und sie merkt das. Und jetzt versucht sie dann, schnell weiblich zu sein. Ein liebender Mann lässt dieser männlichen Frau Zeit und sagt: »Ich schau dir erst mal zu. Ich schaue dir zu, wie du die männlichen Kleider ablegst und die weiblichen Kleider wieder anziehst.« Das kann auch eine sehr schöne Sexualität sein.

Und auch ein Mann, der hier in irgendeiner Form eine problematische Beziehung zu seiner Mutter hat, die ihn nicht loslassen konnte, kann sich weiblich abgedeckt haben, und deshalb eher weiblich geworden sein. Er hat sich vielleicht Attitüden zugelegt – das muss nicht Homosexualität bedeuten – und er ist lieber weich, anstatt zu sagen: »Hier bin ich.« Er versteckt sich lieber, als zu sagen: »Das ist meine Wunderkerze.« Auch da kann eine liebende Frau sagen: »Ich gebe dir Zeit, ich schaue dir zu. Ich schaue zu, wie du das Weibliche ablegst. Ich habe Geduld und sage: ›Ich weiß, dass die Mutter dich nicht losgelassen hat‹, aber ich schaue dir zu, wie du langsam, Stück für Stück, sagst: ›Da komme ich.‹« Und sie hat dann die Gelegenheit, die Geburt, die Schönheit von ihm zu sehen. Es geht auch hier um das Wiedersehen.

Nehmt das Licht dieser Erde, nehmt den Tag, nehmt die Kerzen dieser Erde, nehmt die romantische Schönheit der Kerzen der Nacht und schaut einander zu. Auch wenn eine Frau männlich ist. Oder wenn ein Mann weiblich ist. Verurteilt euch nicht, sondern nehmt euch die Gelegenheit, zu sagen: »siehe.« Und ein Liebender sagt auch: »Ich schaue dir zu, wie du in der Sexualität schön bist. Ich freue mich daran, wie du das tust. Ich freue mich, wie du liebend deinen Arm um dich legst, das ist schön. Ich freue mich daran, dann leg ich meinen Arm um dich.« Und so kann Schönes entwickelt werden in einer bestehenden Partnerschaft, genauso wie in einer neuen.

Frage: Wie finden wir zu einem ausgewogenen Verhältnis des männlichen und weiblichen Prinzips in uns?

Jeder möge in sich die Kraft der Weiblichkeit respektive der Männlichkeit entwickeln und dann ganz in Ruhe zuschauen, wie hier das Männliche plötzlich von außen auch oft angefragt wird. Ihr würdet auch keine Backform nehmen und sie leer eine Stunde in den Backofen stellen und dann beginnt ihr nach dieser Stunde den Teig anzurühren. Die Reihenfolge ist, dass ihr erst einmal dieses Rühren, die Stimmigkeit in euch selber erstrebt und seht, welche Strukturen hier vorgegeben sind. Denn wenn ihr Frau seid und zu viele männliche Strukturen habt, dann ist es oft genau das, was ihr tut. Ihr tüncht eine Farbe über euch, um äußerlich Weiblichkeit herzustellen. So kehrt zurück, löst die alten Vorgänge auf, die euch zu einer männlichen Frau haben werden lassen, und dann findet sich der Weg zum anderen Prinzip gleich wieder ganz leicht, ohne dass ihr es mühselig mittels Intelligenz nachholen müsst.

Denn es entspricht der Struktur des Weiblich-Männlichen, dass es sich ganz automatisch vereinen will. Sie ist in jedem

Blatt des Baumes und ihr seht oft in der Natur zwei Teile. Hier könnt ihr erkennen, dass das eine mit dem anderen korrespondieren möchte und auch euer Körper, euer System sucht Schnittpunkte. Und in diese fließt dann das andere hinein. Seht diese zwei an eurem Körper, zwei Augen und zwei Ohren und sie wollen zu einem kommen, so suchen die weiblich-männlichen Strukturen sich in dem Eins zu finden. Also arbeitet mehr an der Verlässlichkeit eures Systems.

ZUSAMMENFASSUNG

- Liebe ist keine Ware. Wenn sie es wäre, wäre sie kompliziert. Liebe ist einfach und noch einmal einfacher. Ihr braucht die Liebe nicht herbeiholen, sie ist immer schon da.

- Die Liebe steht nicht, sie ist wie ein Fluss. Aber ihr habt sie geparkt wie ein Auto in der Garage und den Schlüssel weggeworfen. Bucht diese Erfahrung jetzt als eine Illusion ab.

- Wenn ihr versucht, der Liebe die Mystik zu nehmen, dann tut sie weh. Die Liebe ist eine Rose. Versucht nicht, sie zu sezieren oder zu einer wissenschaftlichen Formel zu machen. Sie muss immer ein Mysterium bleiben.

- Wählt Partnerschaften genau aus und schaut, ob das Licht zwischen euch scheint, ob ihr euch anschauen könnt. Der Kuss soll nicht sein, wenn Zweifel an dem Sehen sind, wenn die Achtung nicht da ist. Das Grundprinzip von Liebe und von Mann und Frau heißt: sehen, schauen.

- Licht kann sich spalten in männlich und weiblich, wie der Plus- und Minuspol beim Strom. Und diese Trennung ist spannend und vor allem schön.

- Frauen, haltet eure Energie, haltet euch offen und haltet euer eigenes Lieben. Die Frau ist die Haltende und sie ist die Einladende.

- Der Mann hat die Aufgabe zu gehen und zu brennen. Der Mann im Urprinzip brennt für die Welt. Er begeistert sich an der Welt.

- Eine Mutter sollte die Kinder früh genug hinausschleudern in ihr eigenes Leben. Sie erneuert sich immer wieder und findet hierdurch den rechten Abstand. Weil sie das Kind für sich gebraucht hat, ist der Mann herumgeirrt.

- Die Frauen haben aus dem Schmerz einen Wettbewerb gemacht. Wer am lautesten klagen kann, bekommt am meisten Zuwendung. Schafft neue Gruppierungen und lauscht, singt und summt.

- Männer stoßen miteinander an und sie stoßen die Welt an.

- Die alte Ehe war auf das Klauen von Energie aus. Die Menschen, die gute Ehen führen, müssen in der Lage sein, neue Ehen einzugehen. Ehe ist als Prinzip von Mann und Frau nur ein ganz kleiner Teil. Das Erste, mit dem ihr euch vermählt, seid ihr selbst.

- Ihr habt es mit der Sexualität kompliziert gemacht. Die Sexualität ist erst einmal ganz mit sich selbst, eine hohe Erotik mit sich selbst. Sie findet erst einmal in einem selbst statt.

- Ihr seid auf die Erde gekommen, um euch zu verbinden. Aber die, die sich verbinden können, müssen erst einmal etwas Eigenes sein.

- Frauen haben sich mit dem Männlichen zugedeckt und Männer haben sich weiblich zugedeckt. Findet die Stimmigkeit in euch selbst. Entwickelt das Männliche bzw. das Weibliche erst einmal in euch selbst.

2. Kapitel

Wir möchten euch einladen in jenen Moment, als ihr in diese Inkarnation gekommen seid. Das ist bei dem Thema Liebe ganz wichtig, dass ihr durchdringt zu dem Moment des Anfangens: »Wie kam ich, warum kam ich, was war da?« Dieser Moment macht viel mit der Liebe. Dieser Moment, der das Kommen auf die Erde betreut, ist ein ganz wichtiger.

Mit dem Bild der Wiege kann die Liebe gut beschrieben werden. Sie wiegt das Kind in den Schlaf, gibt ihm Ruhe wie auch das Wiegen der Mutter, das Hin und Her in dem Tragetuch an ihrer Brust. Die Wiege ist dafür da, dass sie eines Tages zu klein wird. Die Wiege ist auch dafür da, dass das Kind aus ihr herauswächst oder eines Tages herauswiegt und sagt: »Ich möchte gehen.« So ist auch die Liebe.

Die Liebe ist wie die Wiege, die fragt: »Wo ist der nächste Schritt? Wo ist der freie Schritt? Was kann jetzt hinzukommen zu meinem Leben? Da bin ich gelegen, jetzt gehe ich.« Nach dem Gehen kommt das Schauen und nach dem Schauen kommt das Einordnen. Und so beschreiben wir die Liebe wie diese Wiege, aus der heraus dann das Gehen erfolgt. Fragt euch: **»Wie ist der Anfang von etwas? Wie ist der Beginn von Sexualität? Wie ist der Beginn der Liebe? Wie kann ich immer wieder neu beginnen?«** Wenn ihr mit Liebe und Beginnen umgeht, mit Liebe und Wiege, seid ihr auf

Die Wiege der Liebe lässt immer frei

einem guten Floß, auf einem guten Boot, seid ihr gut untergebracht in dem Verständnis.

Menschen, die sich diese Fragen stellen, finden sich nicht mit dem ab, was ihnen die heutige Gesellschaft vorlebt in Bezug auf Liebe. Fragt euch: »Wie begann sie, die Liebe?« Und dann kommen die Antworten, die wir hier mit euch teilen. Das Licht grüßt euer Licht in euren Herzen. **Diese Wiege der Liebe – und das ist das Wichtigste – lässt in einer besten Form immer frei.**

Dieser Emanuelstrahl ist einer, der die Bilder formuliert, das ist einer, der wirkt, weil hier Zusammenfügungen sein sollen. Weil ihr wieder zusammenfügt die Bedeutungen: Ihr fügt die Zärtlichkeit, die Fähigkeit eurer Hand zur Zärtlichkeit zusammen mit der Tatsache, dass Zärtlichkeit gebraucht wird auf der Erde und dass sie schön ist. Was ist eigentlich die Zärtlichkeit eurer Hand? Woher kommt sie? Und warum ist es, dass auf der Erde Zärtlichkeit immer wieder gesucht und gebraucht und gewollt wird?

Der Mensch lief fort aus der Drei-Einheit von Erde-Mensch-Gott

Das Anfangen wird jetzt ein großes Runterfahren, denn, geliebte Seelen, dies wird in Zukunft sehr oft gesagt werden, in vielen Büchern und durch viele Münder. **Euer Suchen kommt daher, dass hier in gewisser Form ein Fortlaufen von der Einheit war, von der Drei-Einheit, von euch selbst.** Ihr seid aus eigenem Willen einmal fortgelaufen. Ihr habt gesagt: »Ich gehöre zu mir, zur Erde und zum Göttlichen.« Und so gab es hier – um es in einem Bild zu sagen – eine völlig gleichmäßige Achse der Sexualität im Sinne von »schnelles Licht«.

Und so seid ihr in jede Richtung gegangen, sehr stark zur Erde, dann sehr stark zu Gott, dann sehr stark zum Menschen und jetzt, nach diesem Rennen aus dieser Einheit, ist der Ruf wieder da nach der Einheit. Ihr fragt: »Und wie komme ich denn hier in die Einheit mit mir und mit dem Partner und mit

Gott und mit der Erde?« Denn da ist ja alles Lieben und da ist ja alles Freisein und auch Freilassen. »Und wie ist es denn mit dem Einssein mit mir und auch mit der Zweiheit?«

Wir befinden uns mit euch gemeinsam am einem Punkt, wo ihr fragt: »Wie kann ich denn zurückkehren? Wie ist denn das Rennen? Was heißt denn für mich persönlich ›gutes Rennen‹?« Denn ihr habt Lust und Freude an dem Gedanken, wieder in diesem Komplex, in dieser **Pyramide Erde-Mensch-Gott** zu stehen. Ihr habt Lust zu sagen: »Ich bin auf einem Boot, die Seele ist der Anker und der Mast und das Segel sind mein Geist und der Bootskörper ist mein Körper.« Ihr habt Lust darauf, dass die drei wieder zusammengefügt sind und ihr in euren Körper dann auch andere einladen könnt auf euer Boot. Viele fragen jetzt: »Wie geht das denn mit der Einheit?«

Mit euren Ehen und mit euren Systemen, mit eurem Lieben steht ihr jetzt an einem Punkt, wo ihr merkt: Das ist nicht mehr in der Einheit. In der Zweiheit vielleicht, aber die Zweiheit will nicht zu der Einheit. Und so formuliert ihr die Fragen: »Wie kehre ich denn in die Einheit zurück? Wie mache ich denn meine Beziehung zu Hause wieder mit der Erde kompatibel und mit meinem Beruf?« Wie kehrt ihr denn nun zu dieser Einheit zurück, in der ihr euch sehr wohlfühlt? Das ist Sinn und Grund dieser Wiege, dieser Liebe. Ihr sollt euch wohlfühlen, das soll hier das Thema sein.

Wenn etwas stecken geblieben ist, wenn ihr auf einem Auge blind seid – auch wenn ihr sagt: »Ich spüre die Liebe für mich nicht mehr«, das ist eine große Thematik auf der Erde –, dann ist es gut zu sagen: »Jetzt mache ich reinen Tisch.« Und wir sagen euch: Die beste Bestrebung und die schnellste Wahrhaftigkeit werdet ihr finden, wenn ihr fragt: »Wie begann es denn? Was ist denn bisher da?« Oder ihr fragt: »Was war denn das bisher?« Jeder Schritt zu dem Das-bin-ich-und-das-war-Ich ist sehr wahr.

Denn Freiheit ist eure Wahrhaftigkeit, im Sinne von »Liebe

entdecken«. Der Liebe immer wieder euer Eigenes hinzuzugeben, das bedarf der Freiheit. Wenn ihr euer Eigenes hinzugebt, müsst ihr wählen. Also müsst ihr euch frei fühlen. Viele von euch machen gerade reinen Tisch, sie machen sich frei für die Freiheit. Das sind die, die sich fragen: »Wie liebe ich mich denn selbst?« Sie haben erkannt: »Ich liebe mich nicht mehr. Ich habe mit mir und meinem eigenen Umgang mit mir das größte Problem.«

In eurem Innern gibt es eine Strafe, eine Form der Eigenstrafe, wenn ihr denkt: »Wie konnte ich nur so dumm sein, aus der Einheit zu fallen? Da hatte ich die größte Farbe der Sexualität. Da wusste ich alles, da hatte ich keinen Fehlgriff.« Es gibt dieses innere System in euch, das strafend sagt: »Ich habe das doch einmal alles gehabt, ich habe das doch gewusst und jetzt weiß ich es nicht mehr. Wie dumm von mir.« Diese Nichtliebe kommt sehr stark aus einem ganz inneren großen Strafmechanismus. Macht euch dies klar, gebt dieser Strafe – über Hunderte Jahre ist sie in euch gewachsen – eine Bleibe, bei einem Baum, bei einer Blume, sie schaffen das, sie bewältigen das, und dann geht und freut euch und sagt: »Ich bin so weit gegangen, wie schön! Und jetzt kann ich wieder zum Anfangspunkt gehen und sagen: ›Wie werde ich denn hier dieser großen Liebe gewahr? Wie kriege ich ihre Wahrhaftigkeit in mich hinein?‹«

Frage: Wie seht ihr, aus der Geistigen Welt, unsere bisherige Art, eine Beziehung zwischen Mann und Frau inklusive Sexualität zu leben, und mit der viele von uns nicht mehr im Frieden sind? Und was bedeutet das für unsere Zukunft? In welche Richtung können wir gehen, was die Beziehung und die Sexualität zwischen Mann und Frau angeht?

Das Grundprinzip, geliebte Seelen, ist das folgende: Wenn ihr einen Stuhl, einen Holzstuhl habt und ihr sagt: »Ich habe einen

Körper, in dem Weichheit ist«, dann gebt ihr auf den Holzstuhl ein weiches Polster. Wenn ihr zu etwas geht und sagt: »Dort möchte ich mich hinsetzen«, dann versucht ihr dort drüben etwas komfortabel zu machen. Das ist die Form, in der heute Liebe getan wird. Ihr geht zu dem ungepolsterten Stuhl. Ihr versucht also sozusagen etwas ganz Logisches, ihr versucht, euch in dieser Welt durch den anderen einen Platz zu schaffen, diesen Stuhl da drüben auszupolstern.

So versuchen die Männer, die Frau auszupolstern im Sinne von: »Dies musst du haben, das musst du haben«, und andersherum auch. Wie ihr an diesem Beispiel seht, fühlt ihr euch damit nicht wohl. Und ihr fragt: »Bin ich denn hier innerhalb der Beziehung ein Polsterer, der hier sich anmaßt zu sagen: ›Dein Polster muss so aussehen und du musst ein grünes oder ein rotes Polster haben aus diesem oder jenem Stoff.‹?« Ihr könnt es auch anders machen und sagen: »Ich sage hier dem anderen« – und da macht die Liebe frei – »siehe, ich werde hier auf meinem Stuhl sitzen bleiben und ich werde so lange dort bleiben, bis du selbst dein Polster gewählt hast. Und ich werde fasziniert sein, welches Polster du wählst, ich werde fasziniert sein von den Farben, ich werde fasziniert sein, was du alles machst.«

Mann und Frau als König und Königin

Und dann haben wir König und Königin. In der nächsten Runde zwischen Mann und Frau gibt es die Typisierung von König und Königin auch im Sinne von: Die Königin sitzt da und beobachtet den Mann. Hierin liegt eine Grundthematik, denn die Frau ist in der Schöpfungsgeschichte die Erste, die da ist. Und sie beobachtet das Ankommen des Mannes, das Schnitzen seines Pfeils, die Größe seines Phallus, das Ankommen: Wie setzt er sich auf seinen Stuhl, wie schafft er mit dem Messer und wie schön ist dieser Stuhl dort.

Die Partnerschaften der Zukunft werden das große Beobachten sein – mit dem Licht eures Eigenen – und diesen

Genuss soll ein jeder sich nehmen. Es ist völlig richtig, dass ihr natürlich auch genießen sollt, andere Menschen zu sehen. In der Grundverfassung ist es so, dass die Königin vielen Königen zuschaut. Die Königin, die schließlich in jeder Frau ist. Sie sitzt da und holt die Ernte ein. Die Frau ist die, welche die Ernte einholt und die Ernte empfängt. Aber schafft nicht ab, dass die Frau den Mann sieht, schafft im weitesten Sinne nicht die Ehe ab. Denn in dem einen Mann oder der einen Frau kann gesehen werden, wie hier die Fäden ziehen, wie hier auch etwas repariert wird.

Natürlich ist es möglich, dass dieses Gesehene auch weiter zu anderen geht, dass die Königin sagt: »Ich werde meinen Blick dorthin lenken, wo wieder ein anderer Stuhl ist.« Der Mann schaut immer zur Königin, das heißt: Das Sehen und das Beschauen ist bedeutsam, auch in der Sexualität, die respektvoll sagt: »Was ist mit dir? Wie machst du es?« Der Respekt ist das, was in den nächsten Zeiten sicherlich die Tragfähigkeit innerhalb der Liebe und innerhalb der Partnerschaft bietet.

Die Grundsystematik heißt, dass Mann und Frau auf die Erde kamen als zwei Lichtgenerationen mit unterschiedlichen Farbzusammensetzungen. Das sind nämlich Mann und Frau. Ihr seid aufgrund der Genetik und der Enzymkraft und der Molekularkraft von unterschiedlicher Farbzusammenstellung, von unterschiedlicher Drehlichtfrequenz. Und diesem zuzuschauen, wie der Mann sich bewegt und wie die Frau sich bewegt, ist etwas Großes, das auch in der Partnerschaft und auch in der Sexualität sein soll; das Sichzuschauen: »Wie ist das, wie bewegst du dich, wie gehst du um mit den Dingen?«

Dies erweitert die heutige Partnerschaft, die eher davon ausgeht, dass kritisiert wird, was der andere macht. Das hat dazu geführt, dass einer sagt: »Wie polsterst du deinen Stuhl?«, und der andere hat sich nicht mehr wohlgefühlt auf seinem Stuhl. Die Königin fühlt sich wohl auf ihrem Stuhl. Sie sitzt da und sie weiß und sie ist und sie hat ihre Tragfähigkeit in sich und in ihrem Schoße. Und der Mann leuchtet in seiner Frequenz und er weiß. Dieses Sehen ist das, was jeder zunächst einmal ausbauen möge. Hierdurch lernt er sein Sehen und seine Liebe wieder kennen. Das möchten wir als ersten, wichtigen Schritt in neue Partnerschaften und in neue Wege der Partnerschaften einbringen.

Frage: Rund um die Sexualität, da zieht es Männer und Frauen zueinander hin. Im Zusammenhang mit Sexualität aber entdecken wir sehr viele Unfreiheiten. Was könnt ihr uns empfehlen, um diese Unfreiheiten zu überwinden? Auch taucht immer wieder der Wunsch auf, Sexualität zu mehreren Königinnen oder Königen zu haben. Wie seht ihr diese Wünsche und unsere Wege aus der Unfreiheit?

Sexualität ist zunächst einmal wie das Machen von Honig, etwas fest werden zu lassen. Und in ihr steckt eine Beweiskraft. Wenn ihr Sexualität habt, dann beweist das, dass etwas da ist. So ist der Samen des Mannes eine honigfarbene Angelegenheit. Alles Feuchte in der Sexualität ist hier der Honig. Es bedeutet nichts weniger als die Zusammenfügung von König und Königin. Sexualität ist ein Ankommen, sie beweist: Wir sind auf der Erde. **Wenn ihr diesen Beweis »Ich bin auf der Erde« nicht mehr braucht, kann Sexualität eine neue Form bekommen. Frau und Mann haben zueinander gesagt: »Du musst beweisen, dass du da bist. Und wenn du hier eine Erektion hast, dann beweist du, dass ich da bin.«**

Diese Art von gegenseitigem Beweisen könnt ihr jetzt verlassen zugunsten einer anderen Form, die besagt: **Es geht zwischen Mann und Frau vielmehr um Farbtätigkeit. Und es kommt nicht immer auf Erektion an. Es muss nicht alles orgastisch sein, sondern es geht zunächst darum zu erkennen,**

was die Sexualität im Kern ist. Die Urform der Sexualität bedeutet, dass hier immer etwas Neues entsteht. Diese Sichtweise verlängert auch den Prozess, wenn es um Erektion und Orgasmus geht.

Ihr solltet also in viel längeren Bahnen denken und euch nicht immer schnell den Beweis holen, sondern in einer Partnerschaft die Farben auskosten. Das ist sehr lohnenswert. Und wenn ihr seht, es sind mehrere Partner, die eure Aufmerksamkeit erregen, dann ist dies eine weitere hohe Form, wenn ihr das Schenken erlernt. Denn es ist völlig richtig, dass ihr euch gegenseitig verschiedene Stoffe anreicht.

Erlernt das Schenken, nicht das Nehmen

Erlernt das Schenken. Erlernt hier nicht das Nehmen, denn das alles kommt aus der Armut. Sagt nicht: »Ich muss etwas bekommen. Ich muss etwas Bestimmtes haben.« Sondern lernt, den Mantel zu geben. Das ist es, was Sexualität sehr groß macht. Lernt, dass ihr einander schenkt, das ist eine weitere hohe Form.

Die Urform der Sexualität – sich tanzend begegnen

Und die höchste Form der Sexualität ist, dieses Geschenkte wieder zu verteilen. Dann ist es ein Prozess des Tanzes. Die wahre Sexualität ist die, die sich schließlich in einem dramatischen Tanz äußert, den die beiden auch halten. **Die Urform der Sexualität ist, dass zwei miteinander tanzend sich begegnen.** Bewegt euch und beginnt auch tatsächlich mit Tanzformen in euren Partnerschaften und vor der Sexualität.

Tanz bedeutet, dass die Liebe in der Erde ihre Ursprungsform hat. Denn jeder hat eine andere Lichtbewegung und eine andere Lichtkraft. Und dieses Drehende schaut sich dann an und bewundert sich gegenseitig. Bewundern im Sinne von Wunder: »Wie kannst du diese Drehung tun?« In der Drehung, im Tanz, in der Prinzessin auf dem Eis und in dem Mann, der sie hält, da ist die eigentliche Sexualität, die im Idealfall dann auch in den Betten funktioniert und sich ergibt. Da ist das Schenken nicht mehr da, sondern nur noch ein Wissen, dass die Drehung das schenkt, was die eigentliche Proportion der Liebe ist, die dann stattfindet.

Frage: Warum gibt es Mann und Frau auf der Erde? Und was zeichnet den richtigen wahren Mann, die richtige wahre Frau aus eurer Sicht aus?

Die Frau ist diejenige, die weiß, dass sie im Idealfall die Perle ist. Und die Perle ist nicht mehr die, die zum Meeresgrund geht und sich dort selbst suchen muss. Die sich selbst suchende Frau, die Frau, die sich immer wieder infrage stellt und immer wieder sagt: »Ich bin nicht schön. Ich bin nicht schön«, befindet sich in einem schwindelerregenden Strudel, der sie abwärtszieht. Die Perle hat eine einzige Wahrhaftigkeit darin, dass sie ihrem Wert entspricht, dass sie zu ihrem Wert spricht und gnädig bereit ist, dass andere Perlen an sie herankommen. Sie zieht mit ihrer Schönheit andere Schönheiten an. In ganz alter Zeit wurde eine Perlenkette aus ganz unterschiedlichen Materialien zusammengesetzt. Solche Ketten gibt es auch heute wieder. Silber, Gold, Holz, Elfenbein, das ist es, was die Frau ist. Und so verliert sie nichts.

Die Frau – die Perlenkette, der Mann – der Juwelier

Die Frau, die immer wieder ihren Selbstwert verliert, tut sich ganz schwer, den Anfang der Liebe zu achten oder sie zu fühlen. Die Frau ist auch die, die mit ihrer Sexualität ganz in sich gestimmt ist und sehr viel Spannung hat mit ihrer eigenen Sexualität, mit sich selbst. Das ist ganz wichtig in der Frau. Sie stammt aus der Auster, sie weiß, dass sie vom Grunde ist. Und sie ist da und sie leuchtet.

Die Frau, die mit sich eine hohe Eigensexualität hat, ist für einen Mann deswegen höchst spannend. Denn der Mann ist in diesem Bild der Juwelier. Er ist natürlich auf der Jagd nach der schönsten, nach der spannendsten Kette. Er ist der, der in seinem Laden steht und schön rausgeputzt ist, weil er die Funktion hat, zu sagen: »Natürlich bin ich ständig auf der Suche nach schönen Frauen; je schöner die Frau, desto eher wird sie diese wertvolle, schöne Kette kaufen. Je mehr die Frau auf sich achtet, desto mehr wird sie auf die Schönheit meiner Kette achten.«

Der Mann ist der Juwelier. Auch er geht nicht mehr zum Grunde. Er ist viel zu schön angezogen und sein Gewand und auch sein Laden sind viel zu schön. Der Mann entwickelt im Idealfall seine eigene Schönheit. Der Mann darf Jäger sein, er ist auch Jäger, er ist auf der Jagd nach Schönheit. Und der Mann sagt: »Ich sage, wenn es schön ist.« Der Mann ist der Aufschreiber der Schönheit. Der Mann ist auch der, der sagt: »Jetzt ist es so weit. Jetzt drucke ich dieses Buch.« Der Mann ist der, der schließlich auch entscheiden darf über eine bestimmte Zeit: »Was ist richtig? Was ist heute schön? Was ist in Mode?«

Und so flirten diese beiden immer miteinander. So sagt der Schmuck: »Und, wie gut bist du? Wie schön ist dein Laden? Bist du überhaupt bereit, meine Kette, die so schön ist, zu empfangen?« Die beiden haben also immer einen Flirt miteinander; die Kette, die Frau und der Juwelier, der Mann. So erkennt ihr, dass diese zwei auch unterschiedliche Kraftformen haben. Sie haben unterschiedliche Aussichtsplätze. Der Juwelier ist es, der in seinem Laden ist. Die Kette sagt: »Und was kann noch mit mir werden?«

Beide sind heute und sollten im Idealfall zwei getrennte Figuren sein, die aber ganz entscheidend beitragen zur Schönheit der Erde. **Denn Mann und Frau sind die Schönheit der Erde. Sie sind gemacht für die Schönheit der Erde. Und die Erde ist Sexualität und Liebe.** Die Erde sagt: »Ich gebe hier also zu der Auster schließlich

Mann und Frau sind für die Schönheit der Erde gemacht

einige Kristalle hinzu, einige Salze. Es ist Achat im Meer, es sind Delfinklingen da, und diese haben der Perle das Richtige gegeben.«

Macht euch klar, dass die Frau die Schönheit am Ende einer langen Entwicklung ist, die einst eine kleine Muschel im Meer war. Sie hat sich in sich selbst gesammelt als Schönheitsprinzip, um dann zur Frau zu werden, um dann zu dieser Kette zu werden, die die Frau wiederum trägt, um sich zu schmücken. Tragt den Schmuck, liebt die Farben. Denn ihr seid die Frauen, die der Erde sagen, dass sie Grund hat, dass man ihr dankt für all die Worte und die Kräfte und die Wahrheiten der Schönheit. Das ist das, was hier die Frau ist und der Mann möge sagen: »Ich werde bestrebt sein, sehr groß in meinem Amt zu sein, die anderen Geschäfte zu ermuntern und zu sagen: ›Seid reichhaltig in euch, seid reichhaltig und schreibt Wahrhaftigkeit auf eure Schilder.‹« Das ist das, was Mann und Frau ausmacht.

Ihr habt eine schöne Ansicht über die Liebe, die mit Verbundenheit zu tun hat. Diese Verbundenheit entwickelt sich in Gruppen, oder sie entwickelt sich zu einem Land, sie entwickelt sich auch von Tag zu Tag mit eurem Spiegel. Und ihr habt Bücher, mit denen ihr verbunden seid, und Räume, Tiere und Pflanzen, mit denen ihr verbunden seid. Das ist gut so. Über das Verbinden möchten wir sprechen, das auch einen zweiten Anteil hat, das Verbinden von Wunden. Seht zu, dass ihr jetzt schnell verbindet und sagt: »Ich habe drei Verbände zu Hause, die benutze ich jetzt.«

Eure Schmerzen und Wunden rühren daher, dass ihr gesagt habt: »Wie konnte ich nur versuchen, von der Liebe fortzugehen? Was für ein Unsinn.« **Von der Liebe wegzugehen ist so, als ob ihr sagen würdet: »Ich bin im Wasser, und je schneller ich schwimme, desto schneller werde ich vom Wasser wegkommen.«** Das ist das, was geschieht. Die Liebe geht nicht von euch weg. Und die Angst, dass ihr euch von der Liebe entfernt, ist in diesem Bild beschrieben. Ob ihr nun langsam schwimmt oder schnell, ob ihr nun sagt: »Ich vergesse, dass ich im Wasser bin«, oder ob ihr es nicht vergesst: **Die Liebe ist überall und immer um euch.**

So geht also langsam, seid langsam. Fühlt euch immer verbunden mit ihr. Dies ist der Trick, den wir euch nennen, der hier auch in Bezug auf die Narben, die Wunden und die Verbände funktioniert. Sagt: »Sie ist ja eigentlich immer um mich, denn das ist ihr Geschlecht.« Die Liebe sagt immer: »Ich habe in mir immer diese Öffnung wie die Frau, die sagt: ›Ich bin immer bereit. Ich bin immer offen, so wie das Wasser.‹« Wenn ihr hineinspringt, öffnet es sich sofort. Diese Verbindung, diese Verbundenheit kann im Alltag mit kleinen Tricks ausgekostet werden. So könnt ihr ganz schnell wieder zu eurer eigenen Liebe zurückfinden.

Wenn ihr nicht nur sagt: »Ich esse etwas«, sondern ihr badet in dem Essen. Was tut das Essen? Es verstoffwechselt sich in eurem Körper und bildet eine Aura um euch. Seht zu, dass ihr mit dem Essen schnell lernt. Jede Mahlzeit bildet nicht nur einen Geruch, sie bildet auch eure Aura aus. Und so könnt ihr euch sofort aufs Leichteste mit dem Essen verbinden. Hierin habt ihr das ideale Bild, was die Liebe ist. Die Nahrung bildet und bindet sofort um euch eine Aura, ein Gold.

So empfehlen wir euch: Im Mittelpunkt eures Tages möge bei euren Mahlzeiten immer irgendein Goldanteil sein, ein Kartoffel-, ein Brot-, ein Nudel-, ein Reisanteil. Um diesen dreht sich dann die Frage des Essens: »Wie bauen wir den besten Geruch, die beste Aura auf?« Dieses Verbinden mit der Liebe ist so einfach; mit jedem guten Gericht geht das. Mit diesen Bildern und Worten möchten wir euch unterstützen, euch nicht mehr lange in den Schmerzen aufzuhalten, sondern zu sagen: »Hier bin ich, und so kann ich weiterschreiten und die Liebe entdecken.« Denn dafür seid ihr da.

Frage: Wenn die Liebe uns nicht verlassen kann, dann kann uns auch die Freiheit nicht verlassen. Jeder von uns wünscht sich Freiheit, und der Verstand sagt: »Wir sind ja objektiv frei zu tun und zu lassen, was wir wollen.« Woher kommt die Unfreiheit, und wie können wir die Freiheit erlangen?

Nehmen wir das Bild des Essens. Die Kartoffel hat nach drei, vier, fünf Stunden ausgedient, wenn ihr sagt: »Jetzt habe ich wieder Hunger.« Hierin zeigt sich die Endlichkeit. Das endliche Denken – »die Liebe hört auf« – hatte eine Funktion auf eurer Erde. Als der Mensch entdeckte, und es war eine wichtige Entdeckung: »Ich bin erfindungsreich«, bekam er Angst, dass die Kartoffel zu Ende geht, und er hat den Reis gesucht. Dann ging er zum Getreide und hat gesagt: »Ich muss das Getreide holen, ich muss mich ja um das Gold der Erde binden und ich muss mich daraus nähren.«

Es war in der Schöpfungsgeschichte wichtig und richtig, dass es die Endlichkeit gab. Ihr wisst aber, dass dieses Endlichkeitsdenken zur Unfreiheit führt, wenn ihr sagt: »Ich muss mich an das binden, was ich habe. Ich muss das festhalten, was ich habe.« Von dem einfachen Beispiel der Kartoffel wisst ihr, dass die gegessene Kartoffel ja nichts anderes bedeutet, als dass noch andere Kartoffeln im Keller sind und dass dahinter ganz viele Felder sind und dass das Frühjahr ja erwacht mit seinem neuen Sein. Dann seid ihr sofort in einem Freiheitsdenken und raus aus der Ängstlichkeit.

Wenn die Angst ausgedient hat, kommt die Freiheit

Die Angst hat in jedem eine Kräftigkeit. Es ist eine unbedingte Maßnahme des Menschen, sich an seine Schöpferkraft zu erinnern, an sein »Ich überlebe hier schon. Es wird morgen auch etwas da sein.«

Wenn die Angst ausgedient hat, kommt die Freiheit. Wenn die Angst ihren Dienst getan hat, wenn ihr sagt: »Mir fällt noch etwas ein. Ich habe nicht nur dieses, sondern ich kann weitergehen«, wenn das Weitergehen erfolgt und ihr sagt: »Wenn ich den nächsten Schritt gehe, kommt wieder etwas«, habt ihr das wahre Freiheitswissen wiedererlangt. Denn genau das will die Liebe.

Die Liebe will euch zeigen, was Freiheit ist. Freiheit heißt, immer wieder in dem menschlichen Gehen zu wissen, dass sich etwas mit dem anderen zusammenfügen will. Die Liebe will sich immer neu mit etwas zusammenfügen. Das Einzige, was auf eurer Erde wirklich neu ist, ist die Liebe, die sich selbst fragt: »Und womit kann ich mich jetzt noch paaren?« Jeder Wassertropfen sagt: »Und wie ist es mit dem nächsten Wassertropfen?«, und der Wassertropfen fragt sich: »Und wie ist es mit diesem Kristall und mit diesem Salz?« Diese Frage steckt in jedem von euch. Wenn ein jeder von euch weiß: »Ich werde die Liebe finden, ich bin die Liebe«, wenn ihr eure Schönheit entdeckt, dann entdeckt ihr sofort Freiheit. Freiheit im Sinne von: »Da gibt es etwas Neues.« Liebe und Freiheit sind beide miteinander, so wie hier eine Wasserrinne und ein Wasser. Die beiden geben sich gegenseitig beständig Freiheit. Das ist Liebe und Freiheit.

Frage: Gibt es im Universum andere Formen und Modelle, wie Frau und Mann miteinander tanzen können, und können wir davon lernen?

Oh ja, das ist eine sehr schöne Frage. Die Parallelidee, in Paralleluniversen, gleicht zum Beispiel einer sehr schönen Partnerschaft auf der Erde. Wenn sich zwei schon in einer ätherischen Welt anfreunden und sich dann auch wirklich anziehen, dann erfolgt das im Tanz. Es ist dann so, dass der Mann, der Juwelier, der einen Mantel hält, sein Geschäft hält. Der Mann sagt: »Ich weiß, ich bin auch ausgestattet.« Er ist der, der einer Frau in den

Mantel hilft. Und die Urform zwischen den beiden sieht so aus, dass sie dann diesen Mantel wieder auszieht, dass sie ihn von ihren Schultern gleiten lässt und sie darunter das Perlengewand hat. In diesem Darübergeben des Mannes und im Ausziehen erkennt ihr wichtige Teile der Sexualität.

Das ist ein wichtiger Tanz, das alles, was im weitesten Sinne Wäsche, Spitze, Glitzern ist an der Frau, eine ganz wahre Form ist. Dass der Mann sagt: »Ich nehme meinen Mantel, ich gebe ihn ihr, ich verdecke etwas und dann darf ich dieses aufdecken.« Dieses Entdecken ist der eigentliche Tanz.

Zunächst kommen sie also beide, sie hat noch einen Mantel um, und dann dreht er sie. Und er dreht sie in eine andere Lichtigkeit, als sie sich zeigt. Das ist eine Idealform zwischen Mann und Frau. Also viel mit Stoff, mit Feinstoff auch, und wir sagen es immer wieder: Die Frau ist die, die die Perle aus dem Meer gehoben hat, die dafür steht, dass auf eurer Erde Salz und Schönheit sind.

Dies ist in diesem Urtanz dargestellt. Und zwei, die so miteinander waren, die führen eine sehr gute und auch eine sehr weit gehende Partnerschaft, indem der Mann immer wieder sagt: »Gehe und suche Perlen, Frau.« Der Mann, der seine Frau freilässt, sagt: »Geh in die Welt und suche Perlen, Frau, und komme in deiner Schönheit wieder. Wo auch immer du warst, ich freue mich, wenn du in deiner Schönheit kommst.« Er sagt: »Und ich werde zusehen, dass ich wieder einen schönen Mantel suche«, und er geht auch zu anderen Frauen und sieht zu, dass er für seine Frau den allerschönsten Mantel bekommt.

So ist es, dass sie auch bei anderen Paaren sind, auch die Frauen bei Frauen und die Männer auch bei anderen Frauen und auch bei anderen Männern. Und sie studieren, wie sie diesen Mantel für diesen Tanz bekommen können. Es ist richtig, dass es in einem Leben oft eine wichtige Frau und einen wichtigen Mann gibt. Wenn sich zwei verabreden und diesen Tanz miteinander getanzt haben, wird es diese beiden immer wieder zueinander ziehen oder zum selben Typ Mann oder Frau.

Frage: Wie definiert oder wie seht ihr eine gelungene Ehe, die ja wahrscheinlich nicht auf Ausschluss des anderen beruht, sondern auf Verbindung mit anderen? Und dazu auch die Frage: Wie kann ich in einer Ehe erfüllt leben und mich verbunden fühlen mit meinen Brüdern und meinen Schwestern, das heißt ohne das trennende Denken?

Wir möchten anknüpfen daran, dass der Mann sich wieder aufmacht zu dem neuen Markt und sagt: »Ich werde wieder den Mantel holen. Denn es ist wichtig, dass ich zu jeder Jahreszeit und zu jeder Gelegenheit und zu jedem Inneren, was die Frau hat, einen neuen Mantel finde.« Und er weiß, sie sucht in ihrem Innern immer wieder neu. Die Frau ist immer auf der Perlensuche, die Frau ist immer auf der Schmucksuche. Sie sucht es oft auch bei anderen Frauen.

Gebt der Kraft wieder Raum, dass die Frauen bei Frauen Perlen suchen und auch das Bluten, die gemeinschaftlichen Momente des Teeräucherns miteinander teilen; das möge wieder Einzug halten in den Ehen, dass Frauen sich zärtlich begegnen und sich liebend die Perlen geben, dass sie sich auch sexuell oder liebend zärtlich begegnen. Sie mögen sich trauen, ihre feinstofflichen Körper ineinander zu verweben und auch mit anderen Schönheiten zu sein. Frauen sollen sich auch austauschen, was die Mode oder den Schmuck angeht, aber sie sollen innerhalb ihres Seins, in dem Mond auch ganz still sein. Das ist für eine gute Ehe ganz wichtig. Und auch innerhalb der Sexualität der Frau mit sich selbst, darin schwingen gute Ehen.

Und der Mann schaut im weitesten Sinne: Wie machen es Männer? Es muss hier nicht zu einem sexuellen Akt kommen.

Aber er fragt sich: Wie streben andere Männer nach etwas, wie tun sie es, wie knüpfen sie? Sie beschauen den Stoff, sie bestaunen. Die Männer sind die Staunenden und sie schauen auch ganz gebannt und fragen: »Wie machen es andere Frauen an den Webstühlen, wie nähen sie und wie dienen sie meiner Frau?« Und natürlich sind hier auch sexuelle Begierden, aber es ist dann auch richtig, dass sie das auch dienend tun für ihre Frau zu Hause.

Also keine Abschaffung der Ehe. Ihr träumt in gewisser Form einen Traum von einem immer größeren Vereinheitlichen. Der soll auch weitergeträumt werden durch diese zwei. Aber nehmt diese Stoffe hinzu, die andere Frauen und andere Männer liefern. Und auch das Gehen des Mannes auf den Markt und das Gehen der Frau in den Mond und in die Mondin, das ist hier ganz wichtig. Diese sehr starke Erweiterung ist das, was die Fronten am besten aufbricht und auch gegen die Langeweile arbeitet. Diese darf auf keinen Fall auftreten. **Denn Mann und Frau sind die beiden, die diese Erde zum Leuchten bringen, und wenn sich zwischen ihnen Langeweile ausbreitet, so sollte auf jeden Fall etwas unternommen werden.**

Frage: Viele Frauen, die sich auf den Weg gemacht haben, denken, dass die Männer noch einen größeren Nachholbedarf haben, dass sie jetzt hinterherziehen müssen. Was können Mann von Mann und Frau von Frau lernen, um dieses Zusammenspiel der Liebe zwischen Männern und Frauen zu fördern? Gibt es spezifische Dinge, die Männer mit Männern in Zukunft mehr tun können, lernen können und die Frauen mit Frauen? Denn andererseits gibt es auch unter den Frauen sehr viel Streit und Zwietracht.

Das Ideale und auch die Urform ist, dass sich Frauen gegenseitig unterschiedliche Öle antragen. Die Frau muss immer wieder in der Stille sein und sich fragen: »Was ist mein Öl?«, und sie muss die andere Frau fragen: »Wie kann ich dein Öl mit meinem Öl verbinden?« Hierin liegt eine Urform von Parfum. Es ist diese Stetigkeit, die jede Frau in ihr Herz nehmen und sagen kann: »Dies ist mein Öl.« So nehmt – auch stellvertretend gesagt – durchaus euer Lieblingsöl, euer Lieblingsparfum und bleibt dabei. Die Frau ist die Bleibende.

Was sich hier entwickelt hat, ist, dass die eine denkt: »Sie hat ein besseres Öl«, oder: »Die da hat das Öl, das ich brauche.« Im Idealfall geben sie sich gegenseitig und mischen zusammen. Frauen sind die, die auf der Erde Mischverhältnisse ausmachen und im Idealfall kommen hier mehrere Öle zusammen in einem großen Trog. Aber jede muss bei ihrem Öl bleiben. Es war immer wieder die Angst, die zu den Trennungen führte.

Und die Männer haben in sich eine Fähigkeit, Gott ganz auf ihren Schultern zu tragen. Das ist ein großes Wort. Die Frau weiß das, weil sie das Göttliche verstoffwechselt, durch Öle, durch sich selbst, durch ihre Schönheit. In jeder Perle weiß sie: Darin spiegelt sich das Göttliche. Und der Mann sagt: »Ich bin stolz, dass ich etwas tragen kann.« Es ist ein gewisser Stolz in dem Mann.

Die Frau verstoffwechselt das Göttliche in sich selbst

Was der Mann mit anderen Männern tun kann: Er steht. Es ist dieses leuchtende Stehen, dieser Stolz, auf der Erde zu sein. Auch eine Ehe mit der Erde zu haben, ist jetzt für die Männer wichtig. Das ist noch nicht wirklich ausgebildet, eine Ehe mit der Erde zu haben. Das wird eher den Frauen zugeschrieben, die die Kinder gebären und die mit Öl arbeiten und die die Waschungen mit dem Salz vollführen. Die Ehe mit dem Mann ist, dass er von Ehre, von Stolz weiß; einen Mantel zu tragen, weiterzugeben, Stoffe weiterzugeben, zu kränzen, etwas Stoffliches von Gott weiterzugeben und zu sagen: »Ich bin bereit, hier auch JA zu sagen.« Er ist der, der den Ring ansetzt, er ist der, der

JA sagt, und er ist auch der, der entscheidet: Es wird geheiratet, es wird zusammengefügt.

Es ist das Urbild des Mannes, eine Ehe mit der Erde zu haben und sich gegenseitig diesen Stolz zu zeigen und schön zu sein miteinander, viele schöne Läden nebeneinander zu haben. Da kommt noch wenig Traute auf, das wissen wir. Denn auf der Erde stolz zu sein, das wurde verpönt. **Stolz möge der Mann nicht darauf sein, dass er ein schönes Auto hat, sondern dass er das Männliche, nämlich das Heranbring-Prinzip von Gott, in sich trägt.** Darauf kann er in der Gemeinschaftlichkeit mit anderen wunderbaren Männern – auch Rittern – stolz sein. Daraus sind große Ritterrunden entstanden, indem sie sagten: »Wir sind stolz, das Wappen Gottes zu tragen.« Das ist das Urprinzip. Mögen viele stolze Männer daraus entstehen, die auch ganz in der Freiheit sind, sich zu paaren und JA zu sagen.

Der Mann trägt das Heranbring-Prinzip von Gott in sich

Frage: Könnte man sagen, dass die wichtigsten Eigenschaften und Einstellungen, die Mann und Frau an den Tag legen, sind: die Würde sich selbst gegenüber, die Selbstwertschätzung und das Gefühl und das Wissen: »Das, was ich tue, geschieht aus der Liebe meines Herzens.«? Ist dies der rote Faden, mit dem Mann und Frau zueinander finden und miteinander weiterkommen?

Wir danken für diese schönen Worte. Ja, die Systematik in der Würde sei betont. Die Würde zwischen Mann und Frau ist ein Element dieses Tanzes. Würde im Sinne von: »Es wurde etwas, es ist schon etwas da.« Das ist etwas, was ein ganz großes Element zwischen den beiden ist, dass sie schauen: »Was ist denn eigentlich schon da?«

Es ist eine gute Empfehlung, wenn ihr den Schritt zurück wagt und sagt: »Etwas ist nicht in Ordnung, ich trete zurück.

Was war denn? Etwas ist heute nicht in Ordnung mit meinem Gefühl zu meiner Mutter. Ich trete zurück.« Dieses Zurücktreten zeichnet euch aus: Es wird die Würde zu euch zurückbringen, in die Beziehungen, in die Ehen und die Liebe. Es wird den Stolz in den Mann und die Schönheit in die Frau bringen, weil ihr fragt: ›Wie wurde es denn?‹« Hier seid ihr auf einem wundervollen Pfad.

ZUSAMMENFASSUNG

- Die Wiege der Liebe lässt in einer besten Form immer frei.

- Euer Suchen kommt daher, dass ihr aus der Einheit fortgelaufen seid, von der Drei-Einheit, von euch selbst. Jetzt ist der Ruf nach der Einheit wieder da. Ihr habt Lust und Freude an dem Gedanken, wieder in der Pyramide Erde-Mensch-Gott zu stehen.

- Die unter euch, die jetzt reinen Tisch machen, haben erkannt, dass sie sich selbst nicht lieben und sie fragen sich: »Wie liebe ich mich denn selbst?«

- In der nächsten Runde zwischen Mann und Frau gibt es wieder die Typisierung von König und Königin im Sinne von: Die Königin sitzt da und beobachtet den Mann. Die Partnerschaften der Zukunft werden das große Beobachten mit dem Lichte des Eigenen sein und diesen Genuss soll ein jeder sich nehmen.

- Mann und Frau kamen auf die Erde als zwei Lichtgenerationen der unterschiedlichsten Farbzusammensetzung. Das sind nämlich Mann und Frau.

- In der Sexualität steckt Beweiskraft. Wenn ihr Sexualität habt, dann beweist das, dass etwas da ist. Wenn ihr diesen Beweis »Ich bin auf der Erde« nicht mehr braucht, dann kann Sexualität eine neue Form bekommen.

- Es geht zwischen Mann und Frau um Farbtätigkeit. Und es kommt nicht auf die Erektion an, sondern es geht darum, zu erkennen, was die Sexualität im Kern ist. Die Urform von Sexualität bedeutet, dass hier immer etwas Neues entsteht.

- Erlernt das Schenken. Erlernt nicht das Nehmen, denn das alles kommt aus der Armut. Die Urform der Sexualität ist, dass zwei miteinander tanzend sich begegnen. Denn jeder hat eine andere Lichtbewegung und eine andere Lichtkraft. Und dieses Drehende schaut sich dann an und bewundert sich gegenseitig.

- Die Frau, die immer wieder ihren Selbstwert verliert, tut sich ganz schwer, den Anfang der Liebe zu achten oder sie zu fühlen.

- Mann und Frau sind die Schönheit der Erde. Sie sind gemacht für die Schönheit der Erde. Und die Erde ist Sexualität und Liebe.

- Von der Liebe wegzugehen ist so, als ob ihr sagen würdet: »Ich bin im Wasser und je schneller ich schwimme, desto schneller werde ich vom Wasser wegkommen.«

- Badet im Essen. Was tut das Essen? Es verstoffwechselt sich in eurem Körper und bildet so eine Aura um euch, ein Gold.

- Die Angst hat in jedem eine Kräftigkeit. Es ist unbedingt notwendig, dass sich der Mensch an seine Schöpferkraft erinnert, an sein »Ich überlebe hier schon. Es wird auch morgen etwas da sein.«

- Wenn die Angst ausgedient hat, kommt die Freiheit. Die Liebe will euch zeigen, was Freiheit ist. Freiheit heißt, immer wieder im Weggehen zu wissen, dass sich etwas mit dem anderen zusammenfügen will. Die Liebe will sich immer mit etwas anderem zusammenfügen.

- Alles, was im weitesten Sinne Wäsche, Spitze, Glitzern ist an der Frau, ist eine ganz wahre Form.

- Gebt der Kraft wieder Raum, dass die Frauen bei Frauen die Perlen suchen, und auch das Bluten, die gemeinschaftlichen Momente miteinander teilen.

- Und was der Mann mit anderen Männern tun kann: Er steht und schaut im weitesten Sinne: Wie machen es Männer? Es ist dieses leuchtende Stehen, dieser Stolz, auf der Erde zu sein. Es ist das Urbild des Mannes, eine Ehe mit der Erde zu haben und sich gegenseitig diesen Stolz zu zeigen. Stolz möge der Mann nicht darauf sein, dass er ein schönes Auto hat, sondern dass er das Männliche, nämlich das Heranbring-Prinzip von Gott, in sich trägt.

- Der Mann und die Frau sind die beiden, die diese Erde zum Leuchten bringen. Und wenn sich zwischen ihnen Langeweile ausbreitet, so sollte auf jeden Fall etwas unternommen werden.

- Die Männer haben die Fähigkeit, Gott ganz auf ihren Schultern zu tragen. Die Frau weiß das, weil sie das Göttliche verstoffwechselt durch sich selbst, durch ihre Schönheit.

3. Kapitel

Dieser Tag, der 14. Februar, Valentinstag, an dem Herzen in den Fenstern hängen, ist eine gute Gelegenheit, zu erkennen und zu fragen: Was bedeutet dieses Teilen und auch dieses Verbinden von zwei Herzen; warum besteht ein Herz aus zwei Teilen und was hängt da in den Blumenfenstern und was ist mit den Sträußen, die verschenkt werden? Wir möchten vom Blut der Ehe sprechen, das in dem ganzen Adergeflecht der Erde pulst.

Die Ehe ist wie Windsurfen auf dem Meer: Der Wind und das Wasser kommen hier wieder zu einer sinnvollen Vermählung und der Mensch kann einen Moment auf diesem Surfbrett seinen Sport ausüben. Und zugleich ist das Meer auch eine große Ehe von Salz und Wasser.

Was ist denn die Ehe? Warum gibt es die Verheiratung und warum sind die Menschen zusammen in ihren Häusern? Weil es eine gute Idee war und ist zu sagen: »Wir fügen unsere Komponenten zusammen.« **In dem Moment jedoch, in dem sich einer, nur ein Teil, nur einen Tag, nur eine Sekunde, nur einen Teil dieser Sekunde für Unfreiheit entscheidet, ist es keine Ehe mehr. In dem Moment geht sie sogar auseinander.** Wenn einer sagt: »Ich brauche den anderen, ich kann das, was ich kann, nicht ohne den anderen«, in dieser Sekunde gibt er den Gifttropfen Unfreiheit in das Blut der Ehe.

Die Ehe der Freiheit kommt jetzt explosionsartig auf die Erde

Denn sie ist dafür gemacht, was das »Valentine« [engl.] ist, das »Valentino« [ital.], das von seinem Urstamm aus der Wahl und aus der Freiheit kommt. Damit wird Freiheit gewählt. Es wird gewählt, damit wieder etwas Neues entstehen kann, dass sich wieder ein Schiff auf das Meer begeben kann, dass mit dem Meer viel getan wird, dass aus dem Meer wieder etwas Einzigartiges, ein Salzkorn, gewonnen wird.

Macht euch klar, Seelen der Liebe: Wenn hier eine neue Form der Ehe auf euch zutritt, durch denselben Partner oder überhaupt durch die Thematik einer Partnerschaft, versteht, dass das aufgrund der vorhergehenden Erfahrung eurer Eltern sehr kompliziert werden kann. Wenn ihr das einmal gehört habt, werdet ihr sagen: »Das ist mir zu unfrei, da ist eine Unfreiheit drin.«

Wenn der Mann also sagt: »Frau, ich brauche dich, damit ich hier etwas zu essen habe«, dann sollte die Frau mit den Schultern zucken und sagen: »Moment mal, ist es, dass du durch mich erst das Essen schätzt? Dann werde ich nicht kochen.« Und umgekehrt, wenn die Frau sagt: »Nur durch dich erlebe ich in gewisser Form, dass ich schön bin und Anerkennung habe«, dann muss der Mann sagen: »Halt, stopp, Frau! Geh in die Garderobe, geh in das Wäschegeschäft und schau dort in den Spiegel. Du brauchst mich nicht dafür.«

Wenn ihr jetzt wieder zur alten Ehe der Unfreiheit kommt, werdet ihr brüsk reagieren und sagen: »Halt, stopp! Das ist nicht durchgängig.« Freiheit ist etwas ganz Durchgehendes. **Und wenn die Ehe der Freiheit jetzt explosionsartig auf die Erde kommt – und das tut sie, die Ehe des Valentine – dann wird hier wirklich eine Revolution in den Küchen und Schlafzimmern ausbrechen.**

Frage: Unser Herz sehnt sich nach dieser Freiheit. Was gibt es hier zu tun? Wir haben über viele Generationen und in vielen

Inkarnationen selbst Unfreiheitsenergie in uns erschaffen und gespeichert. Muss die Aufgabe heißen: Transformation des Alten in uns und Lösung von Verstrickungen? Das ist der eine Teil. Welcher andere Teil gehört dazu? Wie stark ist die Frage der bewussten Entscheidung für Freiheit und dieses freie Leben? Das heißt: Freiheit und Leben – wie verhalten sich diese beiden Teile zueinander, und was könnt ihr uns zum Lösen, Transformieren von Unfreiheiten und Begrenzungen sagen?

Fangen wir an mit der neuen Entscheidung zur Freiheit, die viele jetzt treffen. Ihr habt Lust auf dieses Zischen der Kerze und das Abwaschen des Alten. Freiheit bedeutet in der ganz einfachen Definition, weitergehen zu können. Wenn ihr in einer Partnerschaft sagen könnt: »Ich kann diesen Weg weitergehen«, zeigt das schon an, dass hier Freiheit ist in dem einen und in dem anderen. Die Lösung darf dann nicht lauten: »Jetzt werde ich neue Verträge machen, jetzt werde ich hier einen Pakt, ein Bündnis mit der Freiheit machen.« Die Freiheit ist nicht bündnisfähig. Also muss es eine neue Idee geben, eine neue Möglichkeit.

Freiheit ist wie ein Korb, Freiheit ist eine Sammelmöglichkeit. Und eine Ehe ist genau wie ein Korb, wie eine Sammelmöglichkeit, aus der etwas herausgenommen und wieder hineingegeben wird, wie auf dem Markt. Dafür wurde die Ehe erschaffen. Sie hat zwei E und in der Mitte ein H – ein lang gezogenes – und das ist ein Korb. Das ist eine gute Struktur, die die deutsche Sprache hier vorgibt.

Die Ehe hat in keiner Form irgendetwas mit einem Vertrag zu tun. Es gibt schlussendlich nicht einen wahrhaftigen Ehevertrag, weil die Ehe nichts anderes will, als das einzufüllen, was kommt, und sich selber immer wieder zu wiegen in diesen zwei Teilen, in der einen Hälfte und der anderen Hälfte des Korbes, in der einen und der anderen Seite des Herzens. Sie will sich wiegen auf der Welle der Zeit. Und Mann und Frau dürfen sich fragen: »Was wollen wir alles auffangen mit unserem Korb und was wollen wir verstoffwechseln von dem, was wir aufgefangen haben?«

Das ist sinnvoll, weil dann zwei Anteile im Korb sind und die Frau und der Mann sich fragen: »Was ist sinnvoll aufzufangen?« So kommen zwei unterschiedliche Dinge hinein. Die Frau möchte etwas anderes auffangen als der Mann. Dieses Auffangen ist kein Vertrag. Ihr macht auch auf dem Markt keinen Vertrag mit der Verkäuferin, sondern ihr geht einfach hin und sagt: »Ich möchte deinen Ertrag, und ich möchte dies dann forttragen vom Markt.« Da braucht es kein »V« davor, dafür braucht ihr keinen Vertrag. **Der Ertrag einer Ehe ist, dass ihr ihn ganz leicht nach Hause tragen könnt.** Sie ist ein Sammelbecken und das ist das Wichtigste einer Ehe: Sie kann durch Mann und Frau, durch das Weibliche und das Männliche verstoffwechseln. Sie verstoffwechselt das Gesammelte, und zwar sehr gut.

Eigentlich ist eine Ehe ein ganz mathematisches Gebilde, wo der Mann sagt: »Ich muss mich erst mal nicht um das Weibliche kümmern, denn die Frau fängt das ja auf. Und wenn sie es aufgefangen hat und weiß, was es ist und es mir erklären kann, dann kann ich überlegen, wie das zu mir passt.« Die Ehe hat eine ähnlich Funktion wie die eines Portemonnaies. Da fliegt ein Schein rein und da fliegt eine Münze rein. Und so ist das auch ein Sammelbecken und Geld wird verdient. Und dann wird in der Gemeinschaftlichkeit überlegt: »Wie können wir das verstoffwechseln, was können wir dafür kaufen?« Das ist, in einem Bild gesprochen, eine ideale Ehe im Sinne von: »Wir nehmen freiheitlich auf, wir bekommen Weibliches und Männliches und dann werden wir in dem Verstoffwechsel-Prinzip wieder Neues kaufen von dem Geld, das in dieser Börse, in diesem Sammelwerk eingefangen wurde.«

Das, was die schlechte Ehe hervorgebracht hat, war, dass einer gesagt hat: »Ich bin besser.« Der 10-Euro-Schein hat gesagt: »Ich bin besser als der 5-Euro-Schein«, und der 5-Euro-Schein hat gesagt: »Ich bin besser als die 1-Euro-Münze.« Aber wenn ihr vor dem Supermarkt steht und ihr versucht, den Einkaufswagen mit einem 5-Euro-Schein herauszubekommen, dann wird das nicht gelingen. Da ist die Münze gut.

Und wenn ihr etwas holen und an der Kasse bezahlen wollt und nur schwere Münzen habt, dann ist es gut, einen Schein zu haben. Und so ist generationenlang gezerrt worden: Wer ist besser, welches Geschlecht ist besser, welches Geschlecht redet, welches Geschlecht ist der Rhetoriker, welches Geschlecht zieht sich zurück, welches Geschlecht kocht, welches Geschlecht isst, welches liegt oben, welches unten – das ist, was geschehen ist. Und die Lösung ist, wie ihr sagt, sehr vielfältig.

Macht es euch einfach und unkompliziert, indem ihr immer nur seht: »Was bin ich, wie bin ich inkarniert und was ist das Schöne, Freie, Weibliche in mir?« Dann seid ihr auf dem richtigen Weg zu einer guten Ehe. »**Wie kann ich mein Weibliches respektive mein Männliches durchbringen?** Wie trage ich es schön durch Situationen?« Denn das haben sich eure Vorväter nicht gefragt: »Wie trage ich mein Eigenes, mein Lachen, mein Weinen, meine Konstellation, mein Selbst, meine Idee hindurch?« Das ist der zentrale Punkt.

Frage: Mit »Ehe« bezeichnen wir eine bestimmte, vertraglich geregelte Beziehung zwischen Mann und Frau. Wie seht ihr diese Art von Ehe mit Verpflichtung im Vergleich zu dem Ehebegriff, den ihr hier verwendet, und warum benutzt ihr diesen Ehebegriff?

Hier in diesem Ehevertrag bahnt sich eine nette Konstellation an, nämlich dass sich zwei Menschen vertragen – oder ertragen. Ist sie gut genug dafür, dass man sich verträgt oder dann erträgt? Dieses Blut möchte jetzt heraus aus der Ehe, denn sie ist keine Zitronenpresse. Sie ist nicht etwas, aus dem eine andere Konstellation kommt; sie ist immer das, was sie ist. Und so fügt sie sich dann an den Schweif des Göttlichen an, der darin sein muss. Sonst ist für die Welt und für die Erde kaum etwas sinnvoll, wenn nicht ein Schweif, wenn nicht ein Funkeln des kosmischen Gesetzes darin ist.

Das kosmische Gesetz in der Ehe lautet: Es gibt etwas, das immer hochgeworfen werden kann. In diesem Sammeln von zwei Menschen sagt immer einer: »Jetzt habe ich etwas ganz Besonderes gesammelt, jetzt feiern wir das.« Dann beginnt also etwas, das idealerweise in einer Ehe beginnt: Plötzlich beginnt die Frau, beginnt der Mann sich zu feiern und zu sagen: »Jetzt habe ich etwas Besonderes, Gutes verkauft, gekauft, und jetzt bin ich in mir gerade besonders gut geworden.« Das ist etwas, was dann die Ehe in ihrer Ganzheit konzipiert und dann auch göttlich macht, weil klar ist, dass jemand da bleibt und der andere kann aufsteigen.

Und der eine kann sagen: »Jetzt ist etwas Besonderes«, aber der andere macht sozusagen den Alltag. Und dann wird das Normale im Korb eingekauft, das Sammeln bleibt, denn es muss immer gesammelt werden, und der andere sagt: »Jetzt werde ich emporsteigen und ich werde etwas von mir selbst, vom Göttlichen holen.« **Die Ehe sollte von der Grundkonstellation her Freiheit möglich machen, im Sinne von »sammeln« und dass die Frau und der Mann sich besonders feiern.** Feiern ist immer das Entscheidende. Da habt ihr noch mal das »frei« drin in dem Wort. Das freie Feiern ist das, was das Herz der Frau feiert mit dem Göttlichen, ganz alleine für sich, und was das Herz des Mannes ganz frei feiert für sich mit dem Göttlichen. Und diese Freiheit, diese Gelegenheit, diese Kraft sozusagen ergibt die Ehe im Idealfall. So seht ihr, darin sind sehr viele Abschiede von dem »sich vertragen« oder von dem »sich ertragen«.

Frage: Können wir direkt dort hingehen, wonach unser Herz sich sehnt? Ist es notwendig, noch Tausende von alten Inkarnationsbelastungen zu bearbeiten und Rückführungen zu machen, oder gibt es einen direkteren, schnelleren Weg zur Freiheit? Können wir sagen: »So, jetzt entscheide ich mich für Freiheit.«?

Das ist so ähnlich, wie wenn ihr Navigationssysteme benutzt. Es ist gut, ein Navigationssystem zu benutzen, also den Weg der Freiheit zu gehen und zu sagen: »Ich werde also hier einen Punkt setzen, meinen Wunschpunkt, und das Navigationssystem wird mich per Schrift und per Sprache und per Satellit dorthin führen.« Das ist das eine. Aber es ist klug, immer seine eigene Orientierung mitzunehmen, die Karte zu lesen und zumindest die Grundsituationen der Landschaft zu kennen, auch die Schilder zu lesen. Nicht, weil sich das Navigationssystem irren kann, sondern weil es gut ist, sich orientiert zu haben.

Wir empfehlen hier also beides. Ihr werdet nicht einfach sagen können: »Das wird jetzt so.« Es ist auch nicht sinnvoll zu sagen: »Jetzt entscheide ich mich für Freiheit.« Denn wenn ihr sagt: »Ich werde absolut frei«, werdet ihr euch sofort neue Unfreiheiten suchen, ähnlich denen, die ihr vorher gehabt habt, vielleicht noch viel ärger, weil ihr plötzlich sagt: »Dieses eine nehme ich; ich wende mich an das eine.« Dann werdet ihr verrollt ein Haus bauen und nichts anderes tun.

Denn in einem Zustand, in dem sich der Mensch wieder in sein Göttliches zusammenfügt aus dem Vorherigen heraus, kann er nicht plötzlich sagen: »Ich entscheide mich für das Göttliche.« Ihr könnt auch nicht sagen: »Ich komme hier aus der Kälte und stelle mich sofort mitten in das Feuer hinein.« Das muss langsam gehen. Immer, wenn ihr zum Beispiel mit Freunden oder mit anderen Menschen sprecht, von denen ihr spürt, dass sie Verstrickungen haben, dann spürt ihr noch eigene Verstrickungen. Dann habt ihr eine Gelegenheit zu sagen:

»Ja, stimmt, da war noch etwas.« Und die, die dann nur noch leise mitweinen und hier gar nicht mehr ausbrechen, bei diesen könnte sich da leicht ein Band lösen. Aber das ist etwas, das hier ganz leicht nebenherlaufen sollte, so wie ihr sagt: »Ach ja, stimmt, da ist die Landkarte, da ist dieses Schild, ich sehe das auch. Navigiert werde ich durch mein Herz und durch die Liebe in mir.«

Lasst euch navigieren, das ist der Plan von allen. Sobald ihr »Freiheit« sagt, ist gemeint: Ihr wollt an nichts anderes als an die Urkonstellation herankommen, wie es ist, auf dieser Erde zu leben. Denn diese Erde hat sicherlich nicht die Idee, den Menschen an sich selbst zu binden. Die Erde hat die Idee, dass der Mensch kommt und bestimmte Aufgaben für sein eigenes Wachsen, für sein eigenes Feiern erfüllt. Das ist die Idee. Wachsen und Feiern hat dann sicherlich nichts mit Unfreiheit zu tun.

Lasst euch also langsam navigieren zu dem: »Was ist mit mir und der Erde und wie komme ich an das Rezept heran, um dieses Göttliche, dieses Ursprungsverfahren in mein Leben zu integrieren?« Das müssen Strecken sein, die ihr hier langsam durchlauft. Das Ursprungsverfahren heißt: »Wie stelle ich mich in diese Erde gut hinein?« Und ihr navigiert am besten, wenn ihr das bleibt, was ihr seid, wenn ihr auf eurer Strecke bleibt. Wenn ihr das haltet, was ihr erfahren habt. **Lernt, eure Energien zu halten. Seid bereit, zu sagen: »Ja, ich halte meine Energie, ich halte mein Herz, ja, ich bleibe bei mir.« Das Problem der Menschen ist nicht, dass sie nicht das sind, was sie sind, und auch nicht, dass sie manches Mal die Freiheit spüren, sondern, dass sie es nicht halten.** Das müsst ihr jetzt erfassen, denn der Mensch ist dazu da, die Energie des Göttlichen zu halten und hineinzugeben in alles Leben.

Haltet eure Energie, haltet euer Herz und bleibt bei euch

Frage: Könnt ihr das Halten von Energien noch etwas spezifizieren, wie sieht das im Alltag aus? Was kann Frau/Mann tun, um ihre/seine Energie zu halten?

Was dramatisch ist: Wenn ein Mann heiratet und er lernt nun das Weibliche kennen und er lernt es immer mehr und immer tiefer kennen und dann sagt er: »Manches davon brauche ich«, dann wird er weiblicher. Das ist insofern dramatisch, als es genau das Gegenstück zu dem ist, wofür die Ehe da ist. Sie soll für den Mann ein Sammelbecken für Ideen sein, was alles noch männlich ist. Und seine Strecke, seinen eingeschlagenen Weg zu halten heißt, dass hier der Mann zuschauen kann, es dann anders macht und sagt: »Die Frau bearbeitet dies so. Und weil ich so bin, bearbeite ich es anders.« **Also gerade durch das Sehen bei sich bleiben. Ihr schaut einen anderen an und ihr seht, wie er sich kleidet, und ihr sagt: »Und ich kleide mich anders«, und behaltet das Kleid an. Und ihr sagt: »Das ist das, was mir steht.«**

Also verliert nicht das, was ihr gewählt habt. Dieser Verlust dessen, was ihr gewählt habt, macht euch kopfscheu und ihr fragt euch: »Was habe ich eigentlich gewählt, was möchte ich eigentlich anziehen, wie möchte ich eigentlich reden?« Es ist im Grunde genommen unnatürlich, aber die Dramatik auf der Erde war, dass Frauen wie Männer sich nicht in der Lage sahen, einfach stolz und freudig zu sein im besten Sinne, und sich stolz mit Freude darüber auszutauschen, wer sie sind.

Was ihr im Alltag machen könnt, ist, zu lernen, etwas durchzubringen, so wie die Natur es macht. Die Natur bringt sich selber durch. Die Natur beginnt in einer Blume und sie endet mit sich selbst als Blume. Dass ihr die Frische von etwas durchbringt, was ihr bekommen habt, die Frische des Frühstücks, die Frische eines Salats, dass ihr merkt, wie dies sich durchzieht. Sagt nicht: »Ach, du machst das schon, du wirst das schon verdauen«, sondern dass ihr weiter spürt, dass der ganze Verdauungsapparat, dass euer System diese Frische anliefert. Dieses Bei-sich-Sein, diese Stärkung zu spüren, dass ihr euch immer gestärkt fühlt, darum geht es. Die Frau und der Mann sind auf der Erde, um stärker zu werden, um zu sagen: »Schön, wie ich stärker werde durch die Energie der Liebe.« **Das tut die Energie der Liebe, die sagt: »Ich bin bei dir, ich mache dich stärker. Lass dich auf dich selber ein, ich tue mein Eigenes, ich lege mich um dich.«** Das könnt ihr im Alltag tun: etwas mehr Erinnerung, etwas mehr schauen, was gerade schön ist und wissen, das ist etwas, was ihr im Auftrag habt, mitzunehmen und durchzuziehen.

Frage: Welchen Unterschied macht es, ob der eine sagt: »Ich wünsche mir den Frieden Gottes in mir«, und der andere sagt: »Ich wünsche mir, die Liebe zu leben«, und der andere sagt: »Ich wünsche mir Freiheit«, oder: »Ich wünsche mir die Fülle«? Macht es einen Unterschied, ob der eine dies oder jenes will? Und die zweite Frage: Ist das überhaupt notwendig? Kann jemand auch sagen: »Ach, damit muss ich mich gar nicht beschäftigen, ich gehe einfach nach meinem Herzen, ich muss keine Konzepte haben.«? Wie wichtig ist es, sich konzeptionell vorzustellen: »Dieses Leben möchte ich hier leben.«?

Es ist gut. Es ist nicht wichtig, aber es ist gut. Es ist gut, wenn ihr sagt: »Ich wünsche mir Fülle, ich wünsche mir Kraft, ich wünsche mir den Frieden Gottes in meinem Herzen.« Ganz einfach, weil der Rest der Zeit dann einen gewissen Fokus von euch selbst erfahren hat. Ein Wunsch ist so wie ein Sternenfunkeln und bedeutet übertragen: Sterne sind die Exemplare, die Möglichkeiten, auch die Zusammenhangswünsche von Menschen. Die Sterne, die ihr seht, sind Lichtpakete an Wünschen. Es ist nicht unbedingt das, was nötig ist, damit eure Wünsche erfüllt werden, damit euer Leben voll Fülle, voll Frieden, voll innerem Reichtum ist. Dafür braucht ihr schlussendlich die Sterne nicht. Sie blinken nett, ganz einfach deswegen, weil euer ganzes System ohnehin danach strebt, sich mit der Liebe zu verbinden. Aber das Wünschen fokussiert etwas.

Wenn ihr hier also zu dem vollen Markt kommt, erinnert ihr euch daran, dass ihr »Fülle« gesagt habt. Und ihr sagt: »Stimmt. Ich werde gerade zur Fülle geführt.« Und dann habt ihr einen Markt mit schönen Dingen. Und dann geht ihr weiter und ihr seid in eurem System und sagt: »Ah, stimmt, es gibt Fülle«, und plötzlich seid ihr dann in einem Geschäft. Dort gibt jemand sehr günstig die Ware ab und ihr sagt: »Das ist aber eine Fülle, jetzt kann ich mir wirklich viel kaufen für das Geld, das ich noch im Geldbeutel habe.« So also lauft ihr durch die Fokussierung immer an mehr Fülle, sozusagen an Streckenposten, heran.

Es ist aber auch die umgekehrte Weise gänzlich möglich, zu sagen: »Ich weiß ohnehin, in welchem System ich bin. Ich bin ohnehin glücklich in diesem System. Ich habe ohnehin Vertrauen in dieses Leben.« Das ist auch eine sehr gute Möglichkeit, die euch genauso zu den Punkten führen und euch zeigen kann: Wo ist es gut, wo ist es voll, wo ist es schön, wo ist es richtig. Das kann ganz genauso funktionieren, ganz einfach deswegen, weil das Leben selbst an euch interessiert ist.

Ihr braucht euch nicht Licht und Liebe wünschen

Ihr glaubt immer, ihr müsstet der Liebe sagen, dass ihr sie herbeiwünscht. Ihr glaubt immer, dass das Licht nicht weiß, dass es zu euch kommen soll. Ihr müsst euch vor dem Gesetz nicht Licht und Liebe wünschen, denn die beiden haben ein Interesse an euch. Aufgrund des Freudesystems hier zu sein, heißt, aufgrund des Gesetzes alles zu bekommen. Wenn ihr sagt: »Ich freue mich, hier zu sein«, dann folgen die Gesetze von Licht und Liebe auf dem Fuße. Denn es ist die Freude des Menschen, auf der Erde zu sein; es ist die Freude des Menschen, zu sagen: »Ich bin mitten im Wachstum; da ist ein Apfel, ich freue mich, dass er da ist, und ich gebe meine Energie der Freude darüber.« Deswegen blühen die Apfelbäume vorher, bevor ihr sie später aberntet. Der Mensch gibt seine Freude an die Apfelblüte. Er freut sich daran. Und der Apfel braucht die Lebensenergie, die Freude des Menschen, wächst daraufhin in sich, kommt aus der Blüte in den Apfel und gibt sich in die Hand des Menschen.

So wisst, dass ihr nicht welche seid, die einfach die Erde abernten, sondern dass der Apfel sagt: »Wenn du dich freust, Mensch, blühe ich. Dann kann ich wiederum wachsen, meine Süße gedeihen lassen und im Herbst in deine Hände fallen.« Wenn ihr in dieses Verstehen aufsteigt, dass eure Freude eine Mathematik, eine Biologie, eine Biochemie ist, nicht nur etwas Nettes, Anständiges, sondern ein Kraftpotenzial der Physik, dann versteht ihr hier sehr viel. Dann könnt ihr wünschen und von Tag zu Tag vertrauensvoll gehen. Das ist dann beides wunderbar.

Eine Hauptaufgabe ist es, Freude zu sezieren. Schaut es euch ganz genau bei euch an. **Wie und wodurch habt ihr Freude in eurem Leben erschaffen? Ist es eine aktive Freude, ist es eine passive Freude? Woran freut ihr euch? Freut ihr euch daran, dass der Partner etwas macht, daran, dass ihr euch etwas kocht? Freut ihr euch daran, dass ihr etwas geschaffen habt, freut ihr euch an eurem Bankkonto? Freut ihr euch daran, dass euer Auto anspringt? Worüber freut ihr euch?**

Denn Freude ist etwas so Eigenständiges. Wenn es von etwas anderem kommt, ist es mehr oder weniger nett. Aber eben nur nett. Freude ist eine ganz klare Energie. Eine Energie, die in absoluter Weise aktiv ist. Und die sich nicht aus etwas anderem rekrutiert. Wir überrumpeln euch nicht mit Freude, sondern wir zeigen nur auf. **Und das Sezieren der Freude wäre wunderbar, weil ihr dadurch etwas ganz Großes tut: Ihr stellt euch**

neu hinein in dieses Element Erde-Gott-Mensch. Weckt das Interesse für euch selbst und sucht, an die richtige, an die wahre Freude heranzukommen. Verfolgt die Idee, euch wieder freuen zu wollen.

Wie sollt ihr euch freuen können, wie sollt ihr euch bewegen können, wie sollt ihr wieder etwas anfassen können, etwas Neues, wenn eure Hände gebunden sind mit einer seltsamen Unfreude, wenn sich gefreut wurde darüber, dass der andere sich nicht freut? Das gab es ja alles. Hier steht eine Neuorientierung an. Gebt euch ein Tagebuch eurer eigenen Freude, die unabhängig ist und die keinem, die niemandem dient. **Wenn eure Freude niemandem dient**, nicht, um jemanden zu erfreuen und ihr nicht sagt, wie toll euer Humor ist, sondern einfach humorvoll seid, weil es so ist und weil ihr sagt: »Ich bin aktiv bereit, diese Erde in meine Freude zu geben, weil dies das Gesetz ist«, **dann haben wir sehr viel erreicht, Seelen der Liebe.**

Frage: Viele Menschen, die auf dem Weg in ihre Freude sind, haben Partner und fragen sich: »Wie wirkt sich mein eigener Weg auf ihn aus? Was kann ich tun, um den Weg zu integrieren oder ihm die Bahn zu ebnen, damit er auch in der Partnerschaft getragen wird und Früchte bringt?«

Das Beste wäre, euch nicht darum zu kümmern. Wenn der Bauer seinen Pflug einspannt und seine Pferde nimmt und dann sein Feld beackert und der andere Bauer schläft und beackert sein Feld nicht, obwohl dies genau der richtige Tag dafür ist, was wird der Bauer tun? Wird er ausspannen und zu dem Acker des schlafenden Bauern gehen? Das wird nicht gelingen, das wird auch nicht schön. Ihr sollt euren Pflug einspannen und eure Erde beackern. Das tut. Und wenn der andere aufwacht und sich fragt: »Warum hat der jetzt ein beackertes Feld und warum hat der keinen Hunger mehr?«, nun, dann wird ihm schon etwas einfallen.

Fragt immer mehr nach dem Gesetz des »Wie«, nach dem Gesetz der anderen Ehe, nach dem Gesetz: »Wie komme ich denn in meine eigene Ehe? Wie bin ich denn, wenn ich mich sammle? Was sammle ich denn auf? Was hole ich denn als Frau und was hole ich denn als Mann?« Dieses Stehen in eurer eigenen Frau, in eurem eigenen Mann und in eurem Herzen, dadurch könnt ihr das Alte ablösen mit dem Besten, was ihr habt: nämlich mit eurer Liebe im Herzen.

Frage: Wie bekommt die Frau wieder Zugang zu ihrer urweiblichen Kraft und wie unterscheidet sich diese von der typisch männlichen Kraft?

Es ist natürlich in Ordnung, wenn die Frau sagt: »Jetzt werde ich mich weiblicher zeigen. Ich werde ein Haarband tragen, mir eine Kette umlegen und ein gutes Parfum auftragen.« Aber das ist noch nicht das Weibliche, denn hier findet nur ein Auswechseln statt. Hier wird die Frage gestellt werden: »Wie viel kann ich meiner Frau, wie viel kann ich meinem Mann glauben, wenn ein Halsband oder eben ein Zylinder auf dem Kopf einer Frau so viel bewirken?«

Gehen wir also einen Schritt zurück und fragen: »Wie wollte die Frau auf die Erde kommen und warum?« Hier finden sich die Lösung und auch der Weg für die Frau zur Frau und für den Mann zum Mann.

Das Faszinierendste für die Frauen ist der Funke. Der Funke, das ist die Möglichkeit, eine Kerze aufzustellen, in den Spiegel zu schauen und diese Halskette zu sehen. Nicht die Halskette ist in diesem Moment das Entscheidende. Nicht das Zeigen, sondern das Zurückge-

Das Faszinierendste für die Frau ist der Funke, das Sprühen

hen in den Funken ist das, was die Frau ist. Die Frau ist von der Uraussage her das sprühende Wesen der Erde, im Sinne von: »Da, wo etwas ist, da bin ich sofort bereit, es zu sehen.« Das heißt, die Frau ist die, die von der Schöpfung gekommen ist, um zu sehen, was ist. Die Frau ist das, was die Blume sein kann. Sprühen und zeigen: »Siehe, das bin ich! Diese ganzen gelben Blätter in der Mitte, das bin ich.«

Nachdem die Frau in die Abweichung gegangen ist, sucht sie heute wieder stark nach ihrer Frau. Eine Blume sprüht aus sich heraus – und sie tut es aus einem Gesetz heraus und nicht, weil es gilt, laut zu sein, nicht, weil es gilt, etwas Besonderes zu zeigen, weil etwas so schön ist, sondern es ist ein ganz leises tiefes Sprühen. So wie eine Kerze sprüht und wie hier dieser Docht sich langsam gibt.

Dieses Sprühen, dieses Funkeln der Frau rührt daher, weil sie in jeder Sekunde erleben darf, dass sie das Göttliche kanalisiert. Sie ist von der Grundstruktur der Kanal des Göttlichen. Und aus diesem sprüht sie. Und nicht, weil irgendein Essen aufgetragen wird und es so gut ist, der Tag schön oder nicht schön ist oder die Sonne strahlender als gestern, sondern weil sie immer wieder spürt: »Jetzt ist da Lebendigkeit.« Sie ist der Kanal für Lebendigkeit. Sie ist der Kanal – das ist es, was ihr immer wieder sehnt –, um die Lebendigkeit zu empfangen. Und das muss eher still sein.

Die konstruktive Frau, die ihr Frausein fühlt, ist still und gleichzeitig auch sehr gebend der Erde gegenüber. Wenn sie auch in ihrem Beruf sagt: »Ich habe immer Lebendigkeit in mir«, fühlt sie sich geliebt und geachtet von der Erde, vom Leben. Das ist die Ursprungskraft der Frau. **Sie sucht keine Ehrung von woanders.** Sie sucht vor allem nicht die Ehrung vom Mann. Sie hat die Ehrung durch die Erde. Sie funkelt in der Erde Bewusstsein. Dafür ist

Die Frau soll keine Ehrung von außen suchen, vor allem nicht vom Mann

sie gemacht. Gott, das Göttliche sagt zu ihr, was Anfang und Ende bedeutet: »**Funkle! Denn ich gebe dir immer eine neue Idee, was noch alles anfängt.**« Und so empfängt sie die Lebendigkeit im Leben. Und dann wird sie geachtet. Jede Frau, die sich irgendwann einmal in ihrem karmischen Bewusstsein die Achtung abgeholt hat vom Mann oder vom Vater, vom Bruder, vom Nachbarn, hat sich aus diesem System bereits hinausbegeben. Sie muss jetzt zurückkehren in das System der Erde, und das ist teilweise sehr mühsam. Diese Rückholung ist etwas, was jetzt sehr stark wirkt. Und das spüren viele Frauen.

Und wir sagen ganz klar: **Hebt ab – ihr Seelen der Liebe, ihr Frauen – und geht fort von dem Gedanken: »Ich muss mich erden!«** Das ist ein krummer Gedanke, weil er bedeutet, dass der Erde sozusagen wieder ein Zuspruch gegeben werden muss. »Ich muss mich erden, ich muss etwas essen, um mich zu erden«, ist insofern ein Gedanke, mit dem die Trennung noch manifestiert wird. »Meine Erde funkelt nicht in mir, ich muss zu ihr zurückkehren und etwas von außen tun, um wieder zu ihr zu gelangen«, das ist nicht das Gesetz.

Das Gesetz ist mit jedem Schritt, ihr sitzt oder ihr steht ja, ihr fliegt ja nicht. Ihr müsst euch nicht erden. **Und die Erde kann nicht ohne euch. Das ist ein ganz wichtiges Kapitel.** Funkelt in diesem Bewusstsein, und das ist sehr still. Das ist ein Anspruch, der jetzt auf die Frau zukommt, weil diese Lüge der abgetrennten Frau nicht mehr funktioniert, die denkt: »Ich werde mich jetzt ganz lebendig gebärden und ganz viel Schmuck anlegen.«

Und der Mann wird auf solches Verhalten nicht mehr reagieren. Denn es ist die Aufgabe des Mannes, eine Fakultät des Göttlichen zu verwalten. Der Mann verwaltet das, was mit dem Licht gemacht wird. Der Mann kommt aus dem Licht und bringt das Licht. Aus diesem Grund gibt es ein ganz starkes Mann-Frau-Problem in Form von Unterdrückung auf der Erde, weil der Mann der Frau diese Kerze auch wegnehmen kann.

Deswegen haben Frauen oft nach der Achtung und Wertschätzung von Männern gefragt, weil diese eine Mächtigkeit in der Hand haben, weil sie von Gott gefragt werden: »Was möchtest du anstrahlen?« Der Mann sagt: »Das möchte ich anstrahlen, dieses Buch möchte ich rausgeben, dort möchte ich hingehen, dort möchte ich einen Platz kaufen und bauen.«

Und wenn der Mann eine Sekunde lang diesen Platz in seinem karmischen Bewusstsein verlässt und seinen göttlichen Auftrag unangebunden tut, hat sich der Mann verloren. Ein Mann, der also eine ganze Weile nicht weiß, warum er auf der Erde herumjagt und überall Häuser baut und viele Aktien anlegt und sich hier überall verdingt, dieser Mann kommt nach Hause und wird krank, weil er nicht weiß, warum er das tut. Das Rennen selbst macht für ihn keinen Sinn, weil er ja jetzt müde ist.

Einmal dieses Gefühl verloren zu haben: »Ich habe in mir etwas, das Sinn macht, etwas, ein Licht, das ich auf diese Erde gebe«, lässt den Mann zusammenbrechen und trägt ihn irgendwohin, manches Mal in ein seltsam weibliches Geflecht in sich selbst. Manchmal verstrickt er sich dann auch, indem er sagt: »Ich baue gar nichts, ich will nichts für die Erde tun.« Das ist dann der Mann ohne Anbindung an seinen Auftrag im Sinne von: »Ich habe etwas, das ich auf die Erde setze, weil es schön ist, weil ich diesen göttlichen Auftrag im Sinne von Urauftrag habe«. Dieser Mann fällt rasch in sich zusammen, sehr schnell sind ernsthafte Krankheiten in Sicht, auch bezüglich der männlichen Sexualität, sowie Impotenz, das ist eng miteinander verbunden.

Wir laden euch daher ein, wieder in dieses Urbewusstsein zurückzukehren, auf das ihr euch verlassen könnt. Die Frau ist der Funke der Lebendigkeit und der Mann trägt das Licht in die Erde und übersetzt dieses in Tätigkeiten. Das ist die Codierung von Mann und Frau. Da gibt es kein Nebenschema,

da gibt es auch kein »Entschuldigung!«, sondern nur ein »So ist das!«

Und natürlich ist es möglich, dass die Frau auch in das männliche Prinzip geht und zum Beispiel eine Immobilie kauft. Da muss sie sich nicht in Gedanken verheddern: »Wann bin ich Mann, wie bin ich Frau?« Diese tiefe Lebendigkeit in ihr ist so prüfbar, dass über sie keine Lüge, kein Schema, auch keine Eigenlüge gelegt werden kann.

So ist also der Weg zu Mann und Frau. Er scheint einfach und er ist auch einfach, Seelen der Liebe. Denn ihr habt jetzt und hier die Möglichkeit, die Maske der Eigenlüge, die sagt: »Ja, ich bin ja so, ich bin ja so«, wegzunehmen und euch zu fragen: »Spüre ich das Prickeln? Fühle ich es? Habe ich es? Habe ich diese Lebendigkeit in mir?« Und hierdurch entsteht auch Gesundheit in euch und eine Herzqualität, die durch nichts ersetzbar ist, und von der ihr ganz genau wisst: »Das ist sie.«

Wenn ihr diesem Weg zum Urbewusstsein in Frau und Mann folgt, dann gibt es die intellektuellen Fragen nicht mehr: »Wie sind Mann und Frau?« Und dieser Weg ist der allererste, den wir zu gehen haben. Wenn heute Menschen auf der Erde fragen: »Welchen Weg soll ich gehen auf der Erde? Soll ich in die Politik, in die Wirtschaft?«, dann sagen wir: **»Geh in deinen Mann und geh in deine Frau!«** Das ist der erste Weg, alles andere wird dann danach entwickelt und erschaffen.

Frage: Könnt ihr die Aussage, die Frau solle sich nicht erden, noch etwas näher erläutern? Es gibt viele Frauen, die leicht schwebend daherflattern und eben scheinbar nicht ganz auf der Erde sind. Wieso sollen die sich nicht erden?

Es liegt hier ein sich selbst karikierendes Modell vor. **Die Frau ist auf der Bühne Erde. Die Frau steht auf der Bühne und**

sie hat beständig die Aufgabe, sich demgemäß zu fühlen. Die Erde ist die Bühne Gottes. Die Erde ist das Schauspiel und ist auch das, was das Göttliche anschauen möchte. Und darum ist sie hier die Hauptdarstellerin. Wenn sie jetzt sagt: »Ich muss mich erden!«, geht sie von dieser Bühne runter. Die Frau kann durch ihr normales Gehen, durch das, dass sie kocht, durch die ganz normalen Tätigkeiten das erkennen, was sie ist.

Wenn wir jetzt eine zweite Meditation oder etwas Ähnliches einführen würden, damit sie sich erdet, dann würde es bedeuten, dass die Frau sich eine Parallelbühne baut, dass sie nicht da ankommt, wo sie ist. Und das passiert bereits. Die sich erdenden Frauen bauen sich dann oft etwas, das wir als ein Inkarnationsprinzip der Zweiheit bezeichnen würden. Sie würden die Bühne Erde verlieren und sie würden eine Parallelbühne bauen, zu der aber dann niemand geht, weil sie nicht interessant ist.

Frauen, hört auf, euch erden zu wollen

Frauen, die sich mit Erdung beschäftigen, also im Sinne von: »Ich muss jetzt Wurzeln schlagen«, kommen mit Männern nicht gut klar, einfach deshalb, weil das nicht das Urprinzip ist. Ein guter Mann läuft nur nach dem Urprinzip. Einen Mann, der in seinem Mannsein gut steht, würde eine Frau, die dauernd sagt, sie muss sich erden, nicht interessieren, weil er sich immer fragen würde: »Muss sie jetzt das Trinken lernen? Muss sie jetzt das Sprechen lernen? Muss jetzt diese Frau lernen, wie sie mir ihre Sexualität zeigt?« Das würde er sich dauernd fragen. Also unterstützen wir das nicht.

Die Kraft der Erde wirkt genau wie diese Bühne, und dadurch, dass die Frauen sagen: »Ich bin da!«, sollen sie sich drehen. Sie sollen sich durch nichts anderes drehen als durch ihr Dasein. Das ist wie beim Schicken von Licht. Hört auf, Licht zu schicken. Das ist die gleiche Energie, die zu einem sowieso passierenden Prinzip dazugesetzt wird und eine Parallel-, eine Illusionsebene bildet. Und wir bauen jetzt Illusionsebenen ab. Dieser Bau wird deswegen nicht unterstützt.

Oder in einem krasseren Bild gesprochen: Wenn ihr vor einer Ampel steht, die deutlich in Rot, Gelb und Grün aufgeteilt ist, dann haben wir hier eine ziemlich klare Aussage. Und jetzt fängt eine Firma an, eine Parallelampel zu bauen mit fünf unterschiedlichen Zeichen. Da steht in fünf verschiedenen Sprachen Rot darauf, Gelb noch einmal in fünf verschiedenen Sprachen und so fort. Da würden die Frauen davorstehen und sagen: »Jetzt muss ich eine halbe Stunde vor der Ampel stehen und studieren, was da auf dem Rot steht«, anstatt dass sie einfach stehen bleiben oder fahren.«

Diese Energie ist hier auszuräumen. Das ist der Punkt dabei. Erdung ist also das, was hier zu einer spirituellen Parallelwelt geführt hat. Diese Frauen – weil sie vorher ja schon gespürt haben, dass sie flattern, dass sie fliegen, dass sie nicht ganz da sind –, wollen das Nicht-ganz-da-Sein hier auch noch kultivieren. Durch die Kultivierung des »Wir sind Engel« und »Wir sind Engel, die sich erden«, geben sie noch einmal eine Kultivierungsebene darauf. Aber wir fragen euch: Was ist besser als ein Apfel? Ist das Bild eines Apfels besser? Oder ist der Gedanke eines Apfels besser? Oder wollen wir es nicht einfach bei dem Apfel belassen? Das ist der Punkt dabei.

Frage: Nun gibt es verschiedene Wege, zu diesem Mannsein und Frausein vorzudringen. Die Schamanen nutzen hierzu zum Beispiel das Krafttier. Es gibt weibliche Krafttiere und männliche Krafttiere. In meinen Meditationen haben wir den inneren Mann und die innere Frau. Sind das Wege, um mehr Klarheit zu finden oder uns vorzutasten in dieses Mannsein und Frausein? Denn den Worten nach scheint es doch relativ kompliziert zu sein. Ihr aber sagt, es sei einfach. Könnt ihr uns da Hilfestellung geben?

Sehr gerne, denn diese Vorgaben hier sind alle sehr gut durch Meditation und Ruhe nachzuvollziehen. Jede Meditation gibt dem Menschen immer wieder einen ganz klaren Fingerzeig. Ihr habt euren Körper, der zeigt das ganz stark an. Lebendigkeit ist Lebendigkeit. Wenn hier das System der Frau sich hinsetzt und sagt: »Ich spüre mich lebendig. Ich hab da in mir ein Flackern. Ich bin, ich werde eher wach als müde«, dann seid ihr angeschlossen an dieses erdliebesgöttliche Prinzip. Und beim Mann ist es das Gleiche, wenn er fühlt: »Ich habe Lust, ich habe Spaß«, wenn er Spaß hat an dem, was er tut, anstelle des Gedankens: »Ich muss Geld verdienen.«

Es ist also ein ganz einfaches System, das über euren Körper läuft. Die Lebendigkeit ist eine, die auch in eine Gesundung eintritt und sagt: »Ich muss hier nicht gewaltsam mit einer Pille herangehen, sondern ich habe in mir ein System von: ›Ich bin da!‹« Denn die Frau ist ja gewollt als das, was sie ist. Die Frau muss sich mit ihrem Schoß, mit ihrem Schambein auf diese Erde setzen und sagen: »Ich bin da, ich bin bereit«, und dann kann sie über ihren Körper dieses JA gelingen lassen. Das ist das System, und es ist nicht von Engeln abhängig, nicht von irgendeiner Maßgabe. Das ist so, wie wenn ihr einen Stecker in eine Steckdose steckt. Und dann müsst ihr gar nicht mehr kompliziert fragen: »Ist das jetzt so?«, sondern euer Körper sagt: »Ja, lebendig!«

Der Körper reagiert auf jede Genormtheit mit Unlebendigkeit

Und auf jede Unlebendigkeit, jede Genormtheit, wenn ihr sagt: »So muss ich sein!«, antwortet der Körper mit Unlebendigkeit. Auch teilweise mit leichten Symptomen, dass eure Hände einschlafen, dass etwas kühl wird, dass der Kreislauf nicht funktioniert. Also, steckt euch an die Steckdose an! Das ist das, was die Frau hier noch einmal über ihren Körper ganz stark machen kann, und dabei hilft alles: gutes Essen, Meditation – all das führt euch da hin.

Und wenn der Mann Leben und Kraft in sich spürt und merkt: »Ich kann gehen!«, dann stimmt es bei ihm. Für den Mann ist das Gehen sehr wichtig, also auch wirklich ein körperliches Gehen, eine Drahtigkeit. Wenn er sagt: »Ich will das, das Gehen interessiert mich«, dann hat er auch schon das grundsätzlich Männliche. Die Figuren von Mann und Frau sind so groß und so einfach, dass ihr das ganz leicht hier über euren Körper kontrollieren und sehen könnt: »Ja, ich bin da! Lebendigkeit ist zu spüren, Gehen ist zu spüren.«

Frage: Wie kann das bei einer Frau aussehen, die zwei Kinder hat, alleinstehend ist, ihren Alltag bewältigen und alle anstehenden Dinge allein organisieren muss? Ist es dieser Frau aus eurer Sicht genauso möglich, ihr Frausein zu leben wie jener, die sich in einer ganz anderen ökonomischen Situation befindet? Ist das für diese Frau nicht viel schwerer, das Weibsein, die Weiblichkeit zu leben?

Wir möchten hier einen Tipp aussprechen. Wenn eine Frau Ordnung und Struktur benötigt, weil der Tag das erwartet und das Leben der Kinder und mit den Kindern, dann ist es eine gute Idee, am Morgen zuerst das andere Prinzip hervorzuholen, dass also der Tag zuerst strukturiert wird. Und wenn hier das »fremde Prinzip« zuerst organisiert wird und da ist, dann kann die Frau wieder in der Ruhe sagen: »Jetzt kann ich mein Eigenes auch leben.«

Lasst euch nicht überrumpeln davon, dass es hier auch ein männliches Prinzip gibt. Und dass die Frau hier sagt: »Ich bin ja noch damit beschäftigt, mein eigenes göttlich Prickelndes auf der Erde zu erreichen. Und jetzt muss ich mir zusätzlich auch noch Gedanken machen über das Männliche.« Das überfordert. Also, zuerst einmal diese männliche Struktur heranziehen und sagen: »Jetzt ist es, dass ich in diesem Leben stehe, und dann kann ich mir immer noch Zeit nehmen, um mich selbst hier zu fühlen und zu erfassen und die Lebendigkeit und Freude zu fühlen.«

Wir sagen ganz klar: Freude ist das, wenn ihr merkt, ihr kommt langsam an. Freude ohne etwas. Vergesst Freude im Außen, die über irgendetwas kommt. Freude am und im Dasein ist das Erquicklichste für eine Frau. Dass sie sagt: »Hier bin ich, und ich bin froh, dass ich hier bin.« Alles, was nicht so ist, ist eine noch nicht angekommene Frau.

Der Mann kann nur ankommen bei der Frau, die bei sich angekommen ist

Und die Frau, die zwei Kinder hat und keinen Mann, hat noch die Figur des Ankommens, die Frage des Ankommens. Und das Ankommen des Mannes, in dem Mann, bei dem Mann verwehrt sie sich durch Klugheit, weil sie nicht beim Mann ankommen will, sondern bei sich selbst. Und so ist es ein guter Schritt, zu sagen: »Ich komme an bei mir, ich habe mir das verwehrt.« Und dann wird der Mann ankommen können, **denn der Mann kann nur bei der angekommenen Frau ankommen.** Das ist die Situation. Aber sicher ist das wunderbar möglich, und ihr bekommt die vielen Möglichkeiten an die Hand, das eine parallel zu dem anderen zu integrieren.

Frage: Frauen sind über Jahrhunderte abgewertet worden, aus dieser Erfahrung haben sie sich auch selbst abgewertet. Und oft haben sie Mütter gehabt, die selbst ihr Frausein abgewertet und nicht geachtet haben. Ist es nicht so, dass es heute viele Frauen gibt, die ihr eigenes Frausein innerlich ablehnen und eben nicht stolz darauf sind, eine Frau zu sein – aufgrund dieser Altlasten, aber auch wegen ihres eigenen negativen Frauenbildes?

Das ist die eigentliche Schlange auf eurer Erde, die ihr immer wieder spürt, und der ihr sagt: »Ach ja, dieser Schlange weiche ich lieber aus.« Die Schlange heißt, dass die Frau sicherlich bereit war, sich fressen zu lassen: von der Frau vor ihr, von der Mutter, der Großmutter und der Urgroßmutter und auch von der Schwiegermutter.

Es geht hier um viele Versteckheiten. Die Schlange steht ja auch für das Verstecken, steht ja auch für den Hinterhalt, steht ja auch dafür, dass sie plötzlich da ist und erschrickt. Dieses Erschrecken, auf der Erde zu sein, ist etwas, was hier viele Generationen sehr schwer und sehr, sehr müde gemacht hat. Plötzlich zu erschrecken: »Ich bin da!«, das widerstrebt dem Weiblichen völlig.

Das Weibliche wird nicht von der Erde erschreckt, sondern es heiligt die Erde mit seinem Schritt und sagt: **»Dadurch dass ich da bin, Erde, bist du.«** Das ist das Grundsystem. Das heißt, diese vielen verschreckten Generationen haben der Frau einen Schreck vor ihrem Weiblichen vermittelt. Und so steht eine Frau vor ihrem Weiblichen wie das Kaninchen vor der Schlange und sagt: »Da kann ich nicht hin, weil ich werde ja wieder so. Ich werde ja wieder so verschreckt. Ich habe ja wieder Angst vor meiner Weiblichkeit.«

Der Ausgang ist hier nur mit Liebe zu erreichen und auch mit einer wirklichen Klarheit, im Sinne von: »Da sind Energiefresser auf meinem Weg gewesen, auf meinem karmischen Weg, und ich habe mich hineinbegeben. Und schlussendlich bin ich wieder vor meiner Weiblichkeit erschrocken und habe in gewisser Form das kopiert, was ich an Schreck vor der Weiblichkeit gesehen habe.« **Der Ausweg heißt: Liebe für euch selbst! Und der Weg ist in diesem Fall ganz ohne den Mann. Der Ausweg ist völlig ohne den Mann, nämlich wirklich sich noch einmal diese Erde zu Gemüte zu führen.** Und was für eine Frau auch ganz wichtig ist: ihr inneres System von Gebet, ihr inneres System von Jahreszeiten, ihr inneres System von der

Kultur des Wachstums. Die, die erschrocken sind vor der Weiblichkeit, müssen sich jetzt wirklich – und da gibt es sehr viel Hilfe – über das System von »Frauen sind miteinander von Gesängen, von dem Stehen in dem Fluss« wieder zurückholen, sich wieder zurückerinnern und sich wirklich reinwaschen von diesem Schreck. Schreck ist erbbar, Angst ist erbbar.

ZUSAMMENFASSUNG

- Wenn einer glaubt, den anderen zu brauchen, ist es keine Ehe mehr. In dem Moment geht sie sogar auseinander.

- Die Ehe der Freiheit kommt jetzt explosionsartig auf die Erde, und dann wird hier eine Revolution in den Küchen und Schlafzimmern ausbrechen.

- Freiheit ist wie ein Korb. Freiheit ist eine Sammelmöglichkeit. Und eine Ehe ist genau wie ein Korb, zwei »E« und in der Mitte ein »H«.

- Die Ehe hat in keiner Form etwas mit einem Vertrag zu tun.

- Der Ertrag einer Ehe ist, dass ihr ihn ganz leicht nach Hause tragen könnt.

- Was die schlechte Ehe hervorgebracht hat, war, dass einer gesagt hat: »Ich bin besser.«

- Fragt euch: »Wie kann ich mein Weibliches respektive mein Männliches durchbringen?«

- Lernt, eure Energien zu halten und bei euch selbst zu bleiben. Die Energie der Liebe sagt: »Ich bin bei dir. Lass dich auf dich selbst ein. Ich lege mich um dich.«

- Ihr braucht euch nicht Licht und Liebe zu wünschen, denn die beiden haben ein Interesse an euch.

- Wenn eure Freude niemandem dient, dann haben wir sehr viel erreicht.

- Das Faszinierendste an der Frau ist der Funke und das Sprühen. Die Frau ist das, was die Blume sein kann: Sprühen und zeigen: »Siehe, das bin ich!« Die Frau ist der Kanal des Göttlichen.

- Die Frau soll keine Ehrung von außen suchen, vor allem nicht von einem Mann.

- Ihr Frauen, hört auf, zu denken: »Ich muss mich erden.« Die Erde kann nicht ohne euch. Frauen, die sich mit Erdung beschäftigen, kommen mit Männern nicht gut klar.

- Wenn der Mann seinen göttlichen Auftrag unangebunden tut, hat er sich verloren und bricht zusammen.

- Die Codierung von Frau und Mann heißt: Die Frau ist der Funke der Lebendigkeit, und der Mann trägt das Licht in die Erde und übersetzt dieses in Tätigkeiten.

- Geh in deinen Mann und geh in deine Frau, das ist der erste Weg. Alles andere wird danach entwickelt und erschaffen.

- Der Körper reagiert auf jede Genormtheit mit Unlebendigkeit und Symptomen, z. B. dass eure Hände einschlafen, dass es kühl wird, dass der Kreislauf nicht funktioniert.

- Der Mann kann nur ankommen bei einer Frau, die bei sich angekommen ist.

- Das Weibliche wird nicht von der Erde erschreckt, sondern es heiligt die Erde mit seinem Schritt und sagt: »Dadurch dass ich bin, Erde, bist du!«

4. Kapitel

Das Licht ist wie der Gesang, wie die Mühle, die sich hingibt. Das Licht ist nicht etwas, das aufhört und sagt: »Jetzt brenne ich dich nicht mehr ab, Papier.« Wenn ihr angebrannt seid, wenn ihr sagt: »Ich möchte mehr verstehen von mir«, dann brennt das Licht an eurem Papier, und es ist durch den Wind nicht aufhaltbar, es wird eher noch mehr, es ist durch das Gesetz des Feuers nicht aufhaltbar. Deswegen sagen wir: »Brennt Vieles ab.«

Wenn ihr jetzt körperliche Symptome habt, dann zeigt das eine hohe Bereitschaft. Dann sagt ihr damit: »Ich gehe bis an meine Grenze, denn ich möchte, dass das Alte abgebrannt wird, ich möchte nicht mehr nach den Gesetzen einer Zeit leben, die eine Manufaktur besaß, aber noch nicht frei war für die Liebe. Ich möchte diesen Schmerz ganz erleben.« Wir sind nicht die, die sagen: »Wir bringen euch das Licht«, das ist eure ganz eigene Angelegenheit. Versteht die Arbeit der Geistigen Welt. Versteht, dass wir nicht die Lichtbringer sind. Wir sind die, die alles beobachten. Wir sind die Liebe, die beobachtet, wie das Licht wirkt.

Das Licht ist etwas, was ihr ruft. Wenn ihr Licht ruft, ist es genau so, wie wenn ihr einen Lichtschalter anmacht. Es ist eine Elektrizität, und ihr habt gesagt: »Ich will sehen, wer ich bin, ich will sehen, was ist.« Wenn also körperliche Beschwerden da sind, dann dankt euch selbst und bittet, weiterzugehen und geht in die Nähe von Wasser, schmiegt euch energetisch an das Wasser, das da ist, und fühlt, dass das eine große Situation des eigenen Seins ist.

Frage: Wie entstanden die Wesen von Mann und Frau, was war der Anfang? Hat Gott sie erschaffen aus seinem Geist heraus, um sich in diesen beiden Wesen selbst zu erfahren?

Wir wollen dem Menschen energetisch jetzt zeigen: Siehe, dein Gott-Mensch-Punkt ist ganz leicht zu begreifen und einzunehmen. **Das Göttliche hat zum Menschen am Anfang gesagt: »Gehe doch für mich auf die Erde. Halte deinen Fuß in das Wasser und kreische.«** Das Göttliche hat zum Menschen am Anfang gesagt: »Gehe auf die Erde und nimm deine rechte Hand und stäube Mehl durch die Gegend. Das ist doch schön und du hast hier meinen ganzen Segen.«

In jedem von euch steckt dieses »Aha«, dieses Fingerschnipsen. Möge niemand in den heraufbrechenden Zeiten auf die Idee kommen, dass jetzt ein großer Pflug in die Seelen kommen muss, um das Gott-Mensch-Verhältnis noch einmal aufzupflügen. Dem ist gar nicht so.

In der vorbereitenden Quantensituation von 2010, 2011, 2012 ist der Mensch jetzt eingeladen zu entscheiden, was er hier tun will. Es ist dies keine Kür, die die Menschen machen, sie haben es einfach vor. Sie bewohnen ihr Haus, kaufen irgendein Möbelstück und alles ist göttlich. Es ist egal, was sie hineinstellen. Und wenn sie sagen: »Ach, das ist ja schön und das ist neu«, dann ist das bereits göttlich. **Wenn sie sich freuen und kreischen und sagen: »Das ist schön!«, dann ist es das, was wir wollen.**

Bedenkt immer, dass in allem ein orgastisches Prinzip, ein Lustprinzip steckt. So wie der Mensch, der ins Wasser taucht: Egal ob es kalt oder warm ist, da kreischt er und hat ein Gefühl, das »Juhu!« sagt. Das ist das, was hier göttlich ist. **Die gött-**

liche Freude hat also immer wieder mit einem kleinen Sprung zu tun, das ist etwas sehr Wichtiges. Dieses Orgastische, dieses Springen wird auch stark übernommen von Kindern und von Tieren. Sie springen vor Freude, und das ist göttlich. Immer wieder findet sich hier der Sprung, das Orgastische, es ist ein Sprung von einer bisher gleichförmigen Situation in eine sich erhöhende Situation – zu einem Sprung von Frau und Mann gleichzeitig.

Es stellt sich die Frage: Was ist daran orgastisch? Was ist im Göttlichen orgastisch? Hat das Göttliche das überhaupt nötig, orgastisch, freudvoll, springend zu sein? **Nein, das Göttliche hat das nicht nötig! Es ist das, was das Göttliche in sich trägt.** Es hat das in sich. Das Göttliche hat in sich das Gefühl, dass dieses Zu-sich-selbst-Kommen etwas ganz Besonderes ist. **Dieser Weg des Zu-sich-selbst-Kommens geschieht über Mann/Frau, über das männlich-weibliche Prinzip. Das Göttliche will zu sich selbst, und zwar in einer absolut orgastischen Art. Und jedes Mal, wenn das Göttliche etwas von sich selber findet, jauchzt es.**

Es geht also im Urprinzip nicht um eine andere Erfahrung. Es geht um nichts anderes, als sich selbst zu erfahren; es geht immer darum, bei der Freude über sich selbst zu landen. Diese orgastische Form läuft beständig. Die Liebe jauchzt und juchzt ständig über sich selbst, über das, was sie noch alles ist und kann. Und diese Polarität, diese Zwei von Mann und Frau, erzeugt dieses Juchzen, dieses »Juhu!« – auch das sind zwei Silben – und das wurde umformuliert und nicht verstanden. Jetzt ist dieser Freudensprung so schön, jetzt ist dieser Freudenausruf so schön, da werden wir doch als eine dritte Instanz, eine Engelinstanz, dahin gehen und diese zwei nehmen und dies einmal festhalten.

Das Göttliche oder die Engel oder die Geistige Welt haben diesen Jauchzer Gottes über sich selbst festgehalten. Sie haben sich gefragt, »Was ist es, das da vorher war und jetzt da ist,

Das Mann-Frau-Prinzip ist der Jauchzer des Göttlichen über sich selbst

worüber das Göttliche jauchzt?« **Und dieses Mann-Frau-Prinzip ist der ausgesprochene Jauchzer des Göttlichen über sich selbst: »Was kann ich nur alles?«**

Aus diesem Jauchzer und der Frage: »Was kann ich alles?«, aus diesem: »Was ist da alles in mir? Was kann ich noch alles mit mir machen?«, daraus sind Mann und Frau entstanden; aus der Frage: »Wie kann ich diese Welt noch anschauen?« Und aus diesem Freudenjauchzer heraus kam es auch, dass er wieder von dem Göttlichen zurückgezogen wurde. »Wenn ich mich darüber freue, dann muss ich den Weg dieser Freude doch gleich mal anders gehen.« **Und das ist der Weg von Mann und Frau.** Das ist die Liebe zwischen Mann und Frau.

Durch eure Sexualität kommt Gott wieder zu sich selbst

Das Göttliche geht den Weg zu sich selbst wieder zurück und sagt: »Jetzt werde ich mich wieder vereinen!« Deswegen habt ihr so einen starken Vereinigungswillen, weil das Göttliche selbst nachschaut, warum es sich so gefreut hat, warum es sagt: »Wenn ich mich denn so freue über mich selbst, dann muss ich das doch alles mit Liebe pflastern und nachschauen, was das ist.« **Das ist eure Sexualität, das sind eure Jauchzer. Das ist das Liebenwollen.** Gott kommt wieder zu sich durch Mann und Frau, zieht sich in sich, zieht die Leinen ein und sagt: »**Her damit, ich möchte mal meine eigene Liebe anschauen.«**

Frage: Hat es Zeiten gegeben auf der Erde, in denen Frauen und Männer sich besser verstanden, liebevoller miteinander umgingen als heute, und wenn ja, wie und warum ging das verloren?

Es geht in der Fragestellung gar nicht einmal darum, dass sich Mann und Frau gut verstehen. **Es geht erst einmal darum, dass sie für sich selbst stehen. Freude muss erst einmal bei sich selbst stehen. Das bedeutet: Steh für dich! Steh als Frau, steh als Mann! Warum? Weil alles in der Manifestation einen Moment lang sein darf, stehen darf, sein soll.**

Der Wunsch (»Ich habe das Göttliche verloren, möchte es aber über die Frau bzw. über den Mann wieder verstehen«) war so drängend, dass es hier aus lauter Verstehenwollen zu einem Nicht-mehr-Stehen kam. Die Figuren auf dem Schachbrett sind vor lauter Spielenwollen umgekippt und wild durcheinandergefallen. Das ist es, was da passiert ist. Ihr stellt sie jetzt langsam wieder auf und entdeckt: »Ah, Königin, Bauer, schwarz, weiß, Springer.« Ihr entdeckt jetzt die archaischen Prinzipien langsam wieder, die allem zugrunde liegen.

Der Mensch hat aus eigenem Willen heraus einmal gesagt: »Ich mache das jetzt mal alles ohne Gott.« Und wenn hier die Liebe, also Mann und Frau, ohne das göttliche Urprinzip sind, dann weiß das eine nicht mehr, was das andere soll. Dann juchzt jemand, aber er weiß nicht mehr, warum er sich freut. So entstand das Chaos zwischen Mann und Frau, weil es zwar Freudenjauchzer gibt, aber keiner weiß, warum er sich freut. Da steht einer im Wasser und juchzt, hört sein eigenes Echo und findet es völlig seltsam, dass er es macht.

Und das gibt dann völlig seltsame Ehen, ein völliges Missverständnis. Wenn sich jemand freut, dann möchte er wenigstens eine Idee haben, warum er sich freut, sonst findet er sich albern. Und genau dies ist passiert. Und dann ärgern sich Mann und Frau darüber, dass sie sich freuen, und gar nicht wissen warum. Dann finden sie es komisch und freuen sich nicht mehr. Sie werden ernst, führen seltsame Ehen, die keine Angebundenheit mehr haben – weder an sich noch an die eigene Freude noch an einen anderen, weil dieser die Freude auch nicht vermittelt, noch an das Göttliche, das den Grund geben würde, sich zu freuen, hier zu sein. Und da haben wir die Problematik, das große Durcheinander, das jetzt langsam entwirrt wird.

Frage: Was könnt ihr den Männern sagen zum Thema »Mannsein und Freiheit«, wie können sie in das ganze Mannsein gehen und sich von den alten Wegen lösen?

Freiheit ist das Thema des Mannes. Freiheit ist da, wo er sagt: »Immer wenn ich weitergehe, finde ich sofort ein Gesetz.« Das ist etwas, was dem Mann sehr, sehr gut gefällt, dass er sagt: »Je mehr ich in diese Welt gehe, desto mehr sehe ich, wie sich etwas zusammensetzt, desto mehr sehe ich, wie sich das eine mit dem anderen zusammensetzt.« **Zum Thema der Freiheit gehört beim Mann auch die Liebe.**

Das, was ihr Männer jetzt auflösen könnt, ist, zu versuchen, das Gesetz über die Frau zu verstehen oder über die Mutter oder über irgendjemanden, der sagt: »Das ist das Energiegesetz.« Das Gesetz des Mannes heißt: »Das, was du jetzt gleich erfährst, das verstehe für dich und liebe das.« Das Gesetz des Mannes, die Liebe des Mannes, die Freiheit des Mannes heißt: Jetzt wird dir etwas gezeigt, jetzt trittst du in den Schnee raus und mit diesem machst du jetzt etwas. Und du nimmst diesen Schnee und sagst: »Jetzt werde ich ihn von meinem Auto räumen und werde fahren. Und diese Fahrt wird wunderbar sein, weil ich dadurch meinen Weg erfahre.«

»Freiheit und Liebe« ist das Thema des Mannes

Und das Einfache und Schöne ist, dass sich in dem Moment, in dem ihr sagt: »Jetzt mache ich etwas mit der Erde«, dieses sogleich festigt. Sofort kommt auf den Mann etwas zu. Sobald der Mann sagt: »Ich möchte das Gesetz der Erde verstehen«, ist da sofort etwas, was er übersetzen will. **Die Erde ist für das Machen der Männer da.**

Die Erde sagt: »Mann, wenn du das Gesetz verstehst, dann zeige ich dir sofort das Nächste, den nächsten Schritt.« Dann kommen die Männer zurück und sagen: »Ich habe die Liebe entdeckt, wunderbar!« Und die Frau sagt: »Das, was du entdeckt hast, das habe ich in meiner Milch; aber schön, dass du es jetzt weißt.« So also haben die beiden miteinander ein munteres Spiel. Der Mann sagt: »Ich habe es entdeckt«, und die Frau sagt: »Ich musste es nicht entdecken, ich weiß es schon lange.« Das sind Mann und Frau. Der Mann meint immer: »Das ist jetzt etwas, was ich ganz neu weiß«, aber hier muss die klare Trennung von der Mutter erfolgen, die gesagt hat: »Ich weiß das vor dir, ich sage es dir«, denn die liebende Frau würde nicht sagen: »Ich habe das schon längst gewusst«, sondern sie lächelt und freut sich. Der Mann baut aus seinem Gesetz jetzt etwas, dann sagt sie: »Gut, dann werde ich mein Wissen hineingeben.« Der Mann baut einen Zaun, die Frau sagt: »Ja, ich weiß, jetzt können die jungen Kälber da hineingehen.« Das ist das, was hier geschieht. Also: Ablösung ist gut und Freiheit – im Sinne von »Gleich kommt sie« – ist der Weg. Durch die ganz einfache Handlung – im Sinne von »Schön, dass ich in der Erde bin« – ist die Freiheit des Mannes sofort da und möchte sofort zu etwas werden und möchte sofort zu ihrer Energie kommen.

Es gibt so viele Lehren von: »Sei doch mutig und sei doch munter.« Wir möchten, geliebte Seelen, diese Lehren des »Sei doch jetzt so und mach es doch so«, ganz von euch wegnehmen. Ob das vom Mann oder von der Frau kommt, spielt keine Rolle. Nehmt euch diesen Druck weg, der sagt: »Jetzt muss es doch passieren!«

Die Liebe hat keinen Druck, die Liebe wiederholt sich, die Liebe ist da. Ihr bekommt immer da eine Antwort, wo ihr in einer Situation sagt: »Ich begebe mich in das, was gerade ist.« Dieses: »Jetzt habe ich aber Mut, jetzt muss ich aber unbedingt da durch«, bremst sofort. Das ist nicht die Liebe. Die Liebe sagt: »Wenn du da bist, bin ich auch da, und ich wachse mit dir.« Die Liebe ist wie ein Schneeball. Wenn etwas da ist, wächst dieser Schneeball ganz von selbst.

Nehmt diesen Druck weg, indem ihr es einfach einmal probiert. Indem ihr seht, wie weich und warm diese Erde ist. Indem ihr seht: »Ich gehe zu einer Gruppe von Menschen und ich bin nicht mutig und mache etwas ganz Besonderes, sondern ich bin einfach da und lasse einfach mal kommen.« Geht einfach heran und fällt nicht immer neue Entscheidungen.

Es besteht ein großes Interesse zu fragen: »Was ist Mut, wann soll ich mutig sein, wann soll ich eine Aufgabe tun?« Wir sagen euch: Je mehr ihr ein Verständnis von Leichtigkeit habt und davon, welche Gesetze hier wirken, die alle zum Greifen da sind, desto leichter wird es euch fallen. Desto leichter sagt ihr: »Das ist ja ganz einfach gewesen. Ich bin gegangen und wollte eine Praxis gründen. Dann habe ich das und das erzählt, und plötzlich sagte jemand: ›Ich habe einen Platz dafür.‹«

Ihr braucht keinen Mut für diese Erde, denn sie will euch dienen

Versucht, euch noch mehr in den Gedanken hineinzubegeben, dass ihr keinen Mut braucht für diese Erde, sondern dass diese Erde euch dienen will, weil sie euch braucht. Seelen der Liebe, ihr sollt nicht Mut haben für diese Erde. Diese Erde hat so viel Mut angesammelt und so viel Freude darüber, dass ihr da seid. Und sie bringt euch alles heran, was ihr braucht. Denn es ist antizyklisch, wenn ihr sagt: »Jetzt muss ich gehen«, dann kann die Liebe nicht so leicht mit euch arbeiten, ihr brecht euch an der Liebe. Wenn ihr sagt: »Ich gebe mich weich hinein, ich lausche in das, was ist«, dann steht ihr richtig in dieser Erde. Löst euch von dem Gedanken: »Ich muss jetzt mutig bahnbrechend in die Erde laufen.« Nehmt das Gefühl und sagt: »Die Liebe kommt uns entgegen«, denn genau das tut sie.

Frage: Könnt ihr die Aussage näher erläutern, dass die Erde den Menschen braucht? Viele sehen es so, dass die Menschheit eine Belastung für die Erde sei und sie zerstören würde. Inwiefern braucht Mutter Erde uns?

Der Mensch ist für die Erde, für die Mutter Erde das, was die Idee des Feuers für das Streichholz ist. Ihr seid die Idee des Feuers und die Mutter Erde ist das Streichholz. Sicher gibt es hier Missbräuchlichkeiten. Wenn einer sagt: »Ich muss den Funken überhaupt nicht ansetzen, aber ich nehme die ganzen Streichhölzer und zertrete sie«, ist das sicher ein Missbrauch.

Die aber, die begonnen haben, ein Gefühl zu haben, ein Gefühl für Pflanzen, ein Gefühl für Tiere, ein Gefühl für die Natur, diese werden nicht mehr grundlos auf die Erde eintreten. Ihr werdet nicht hingehen und sagen: »Wenn ich jetzt hier ein Tier habe, dann schlachte ich es und werfe es sofort ganz bewusst in den Müll.« Das wäre tatsächliche Zerstörung. Das, was unbewusst geschieht, nennen wir schon nicht mehr Zerstörung, das wird schon aufgefangen.

Die Erde braucht euch für diesen Funken. Die Erde weiß genau, was ist. Jeder Apfelbaum existiert, weil er durch dieses Licht wächst, durch die Augen des Menschen, dadurch dass der Mensch das Frühjahr bewundert und sagt: »Schön ist das Frühjahr.« Durch diese Energie seiner Freude im Herzen ist das Wachstum gewahrt. **Ihr seid von der Grundkonstellation, von eurer Grundnatur her die Energieerhalter dieser Erde. Und ihr habt die Tiere an eurer Seite, die die Energie per Gesetz erhalten.** Auch die Tiere sind die, die die Energie halten auf der Erde, jede Gattung für sich, vom Delfin bis zum Huhn und zum Pferd.

Und ihr seid die, die sich auf die Energie der Tiere setzen, mit der Freude darüber, dass sie sind, mit der Freude darüber, dass hier Natur ist. Ihr gebt die Initialzündung des Göttlichen auf der Erde in dem Moment, in dem diese Energie frei wird.

Diese Energie wird frei durch euch, und es passiert automatisch. Von zehn Menschen freuen sich neun im weitesten Sinne am Frühjahr, das blüht, das aufbricht. Jeder Mensch, selbst ein verbitterter, freut sich, wenn er ein kleines Kind im Kinderwagen sieht, und die Freude am Leben gibt er in gewisser Form aus sich heraus. **Das ist die Energie, die nur durch den Menschen produziert wird und nur durch den Menschen produzierbar ist. Die Freudeenergie des Menschen wird also von der Energie der Erde gebraucht und auch verbraucht.** Und es braucht neue Freude auf der Erde. Wenn hier zu wenig Freude in den Herzen der Menschen produziert wird, dann ist es tatsächlich, dass dies auf anderen Ebenen passiert. Aber das ist ein nicht wünschenswerter Zustand, denn der Mensch ist es, der den göttlichen Funken in sich trägt.

Frage: Zum Umbruchs- und Veränderungsprozess auf der Erde: Ist dieser bedingt durch einen Prozess des Höherschwingens im ganzen Kosmos und mit einem konkreten Ziel? Auf welche Weise verändert sich Mutter Erde und die Menschheit durch diesen Prozess des Umbruchs?

Wir mögen aus unseren mit euch arbeitenden Regionen den Gedanken des »neu«, im Sinne von »Chacka Mood«, nicht besonders. Wir sagen: Die Prozesse sind weich. Wenn hier [es war im Winter mit viel Schnee] die kalten Kristalle jetzt auf die Erde kommen, dann hört ihr nachts keinen Laut. Obwohl massenweise Schnee kommt, ist das leise. Die Energie der Liebe ist so wie Schnee auf eurer Haut und es ist ein leiser Prozess, wenn sich dieser auflöst.

Wenn ihr denkt: »Jetzt muss es aber anders werden«, dann arbeitet ihr gegen die Erde. Das ist dann so, wie wenn ihr, unzufrieden mit eurem Auto, sagt: »Jetzt werde ich aber mal kräftig mit der Hand auf diesen Motor schlagen, damit er viel schneller wird.« Das ist dann gegenläufig und wirft euch in eurem Leben zurück. So fragt ihr euch: »Wo ist denn überhaupt die Liebe? Jetzt habe ich doch schon so viel gemacht.«

Diese neue Erde, dieses andere, was jetzt entsteht, ist immer auch eine Rückerinnerung daran, dass ihr gesagt habt: »Da tanze ich mich jetzt hin, da laufe ich jetzt hin, da wachse ich jetzt hin. Ich werde ganz viele Mischformen ausprobieren, ich werde Transvestit in mir selber werden, ich werde männlich sein, ich werde weiblich sein. Und was jetzt läuft, ist, dass ganz viel Freude und ganz viel Spaß auch an Gesetzmäßigkeiten da ist. Ihr fragt wieder: »Wie ist eigentlich der Tanz im Tanze und wie ist es, wenn hier der Mann der Mann ist und die Frau die Frau?« Das läuft gerade. Ob das als neu zu bezeichnen ist, das möchten wir in eure Hände legen. Es ist eine Rückkehr ins Neue. Ihr sagt jetzt: »Ich habe nun mit Frauen getanzt, mein eigenes Weibliches hat mit dem Weiblichen getanzt, Männer haben mit Männern getanzt, ich habe gar nicht getanzt, ich habe geschlafen, ich war gar nicht da.« Und jetzt sagt ihr: »Ich bin da!«

Die Erde ist nur dadurch entstanden, dass der Mensch JA gesagt hat

Und das ist eine Rückerinnerung, denn ihr wart schon mal da. Die Erde ist nur dadurch entstanden, dass der Mensch JA **gesagt hat.** Aber jetzt noch einmal bewusst JA zu sagen, noch einmal bewusst zu sagen: »Ich tanze. Und ich tanze in dem Rhythmus dieser Erde«, ist für viele eine neue Anforderung, ist für viele ein großes Gesetz, aber es ist sicherlich etwas, was die Erde neu bauen und umstrukturieren wird in ihren Zellstrukturen. **Was vor allem gebraucht wird, ist der Mensch der Weichheit, der Mensch, der sagt: »Das, was jetzt kommt, ist so.«** Und dies ist die Hauptstruktur, die Hauptumstrukturierung von allem, was jetzt hier läuft. Und wenn ihr so wollt, ist das dann eine zurückgekehrte, ins Selbst wiedergekehrte Erde.

Die Aufgabe zwischen den Inkarnierten und denen, die hier die Botschafter der Gesetzmäßigkeiten sein dürfen, lautet, dass ihr eins um das andere nehmt und es integriert, ganz leise, Stück für Stück, wie der fallende Schnee.

Frage: Könnt ihr einmal grundsätzlich erläutern, was in diesem Zeitalter der Transformation auf der Erde stattfindet? Was genau wird hier transformiert?

Was auf eurer Erde immer wieder stattfindet, ist das Gleiche wie in einer Autowerkstatt. Ihr geht nach einem halben oder einem Jahr immer wieder hin und sagt: »Jetzt gilt es, die Zylinder zu wechseln, jetzt gilt es, das Wasser einzufüllen, das Öl zu wechseln.« Das ist das, was hier passiert. Wenn es routinemäßig gemacht wird vom Menschen, dann ist es eine gleitende Erde. Wird es nicht gemacht, dann habt ihr in einer Woche sehr viel zu tun, ihr macht dann sozusagen einen großen Kundendienst. Es ist hier ein gutes und richtiges Modell, wenn die Erde wie ein transformatorisches Prinzip betrachtet wird. Wenn hier einer nachhinkt und drei Jahre nicht zum Kundendienst geht, nun, dann muss hier durchgepflügt werden an jeder Schraube und an jeder Zündkerze.

Das transformatorische Prinzip der Erde ist nicht alt oder jung. Es ist einfach das, was die Erde als Bursche, als Knecht, als Freund, als Kellner in sich trägt. Die Liebe hat die Transformation im Sinne von Wandlung, im Sinne von »neue Form«, als Lehre in sich. Die Liebe sagt: »Ich gehe doch nicht allein.« Die Liebe ist eine Frau, die sagt: »Ich nehme an, ich nehme an, ich nehme hier immer wieder an.« Und die Transformation als ein Lichtprinzip sagt: »Gut, dann werde ich immer wieder Neues hineingeben.« Die beiden arbeiten großartig zusammen. Die Liebe sagt: »Was noch, was noch, was noch?« Und dadurch kommen neue Formen. Die Liebe sagt: »Ich bin die Rose! Licht, was hast du für eine Idee? Dann gib also eine neue Energie dazu und dann kommt Öl.«

So ist dieses Transformieren eine ganz normale Tätigkeit, die in jeder Rose in jedem Frühjahr stattfindet, die ihr in jedem Essen findet, das ihr kocht. Da geschieht Transformation. Ihr habt Stücke des Gemüses, ihr transformiert sie und habt danach ein warmes, gut gemischtes Gemüsegericht. Und es liegt an euch, wie achtsam ihr dabei vorgeht.

Jetzt hat hier, aufgrund des Wahlprinzips, der Mensch in der Transformation geschlafen und gesagt: »Wir überlassen das den anderen«, so wie jemand sagt: »Ich koche nie, ich gehe immer ins Lokal.« Aber das seid ihr nicht. Ihr seid die Mitkochenden, ihr seid die, die diese Transformation liebt. Ihr wachst selbst. Eure Haare wachsen, euer System wächst. Es ist diese Freude an der Transformation, zu sagen: »Was gibt es noch? Wo ist noch eine Energie? Was kann ich noch hinzutun?« Wenn diese Freude wieder wächst, haben wir die neue Transformation, die sagt: »Wo ist noch mal die heilige Freude in mir?«

Die Freude ist die Mutter der Liebe

Die heilige Freude, das ist die Transformation. Die heilige Freude im Herzen ist der Gral. Der Gral, das ist die immerwährende feststehende Kraft in euren Herzen. Die heilige Freude ist das, was darin ist, dieser eine Lichtfunke im Herzen. Und dieser will dauernd etwas haben. Der festeste Begriff auf eurer Erde ist die Freude. Und die Freude will sich dauernd drehen wie das Kind, das Freude hat. Es purzelt sich rund in der Freude. Sich purzeln, das ist ein Drehen, ein Drehwerkzeug. Die heilige Freude in euch, in eurem Herzen, will sich drehen. Das ist die neue Transformation. Ihr schaut der neuen Transformation zu und seid hier schön, ihr müsst nicht fleißiger, schneller, beweglicher, sportlicher sein. Ihr müsst nur der sein, der zuschaut, wie sie sagt: »Ich möchte mich drehen. Ich bin in dir als feststehender Begriff. Ich möchte mich bewegen.« **Die Freude ist die Mutter der Liebe. Und die Liebe sagt: »Ich bin die Tochter, hurra, wir werden uns drehen!«** Danke.

Frage: Wenn wir im Rahmen dieser Transformation auf eine neue Erde zugehen, dann wird es auch eine neue Frau und einen neuen Mann geben. Was könnt ihr über diese beiden sagen?

Der neue Mann ist der, der ganz eigenständig das erste Mal in das Konfektionsgeschäft geht und sagt: »Ich hätte gerne einen Frack!« Und dann nimmt der Verkäufer einen ganz alten Frack und sagt: »Das hier ist die klassische Form.« Und der Mann sagt: »Ich will heiraten, ich will keine klassische Form.« Und dann strengt sich dieser Verkäufer wirklich an. Am Ende geht dieser neue Mann hinaus und sagt: »Nein, ich will nicht die klassische Form. Ich will beginnen mit meiner neuen Frau, muss ich da ein schwarzes Gewand tragen? Nein, ich habe die Wahl, etwas anzuziehen, in dem ich mich wohlfühle.«

Und so nimmt er ein weißes Hemd und eine Hose, die ihm gefällt, und dazu gibt er etwas Weibliches, eine Blume, eine Rose an sein weißes Hemd. Kein Smoking mehr, sondern seine Lieblingsjeans, die noch einmal schön hergerichtet wurde, oder vielleicht eine neue, und an seinem Hemd, auf der linken Seite, ihre Lieblingsblume.

Ebenso geht sie, die neue Frau, und sagt: »Ich werde jetzt einen Brautschleier kaufen und ein weißes Kleid.« Und dann sagt die Verkäuferin: »Ein klassisches weißes Kleid mit Schleppe.« Dann sagt die Frau: »Ich will kein klassisches Kleid. Ich gehe wieder.« Und dann geht sie nach Hause, hat nichts gekauft und sagt sich: »Wie ist meine Farbe? Wie drücke ich mich aus, in welcher Farbe? Ich suche meine Farbe aus.« Und so geht sie in ihre Märchenwelt. Die Frau geht und nimmt die Märchen ihrer feinstofflichen Welt, in der sie ist.

Die Frau ist in beiden, die Frau ist auf der Erde und sie ist in Märchenwelten, sie ist mit dem Einhorn, sie ist mit dem Pegasus zusammen, und deshalb zieht sie sich bunt an. Sie hat in ihrem Kleid diese Buntheit und diese Farbe, die er an seiner linken Brust hat. Die beiden gehen nicht in die Kirche, sondern die beiden setzen sich auf die Balustrade und schlecken ein Eis und heiraten in diesem Moment. Das ist das, was die Liebe von Mann und Frau ist. Und der eine sagt zum anderen: »Was machen wir hier? Wir transformieren ein Eis. Das kommt aus der Süße und wir nehmen es in uns und machen es warm.«

So ist die neue Ehe. Und er gibt ihr nicht diese Blume, sondern er behält sie. Er behält das Stück ihrer Weiblichkeit. Und so wie er ist, geht er an seine Arbeit. Es wird nicht mehr getrennt. Und sie geht in ihrer Buntheit an ihre Arbeit. Auch an ihrem Hochzeitstag gehen sie und sagen: »Wir gehen weiter.« Der neue Mann und die neue Frau – das ist eine sehr weise Weise in einem fließenden System. Es ist eine Weise des Fließens in ihnen, die sagt: »Du hast etwas von dir, du hast etwas von mir und ich werde mich diesem selbst geben.«

Und am Abend, wenn sie heimkommen und ihren Braut- und Bräutigamtag haben, dann gehen sie hinein und sie erzählen sich. Sie erzählen sich von der Vernunft, von der Struktur des Tages, die sie gesehen haben. Die Frau erzählt, wie sie die Struktur des Auf- und Zugehens erfahren hat, und der Mann erzählt von seiner Struktur, wie er das erfahren hat. **Das gegenseitige Wissen davon, wie ein jeder eine Verheiratung, eine Gemeinschaft, eine Verbindung erfährt, ist das, was Mann und Frau sind. »Wie erlebst du Gemeinschaft, Frau? Wie erlebst du Gemeinschaft, Mann?«**

Männer und Frauen erleben Gemeinschaft anders. Männer erleben die Gemeinschaft mit Bäumen anders als Frauen die Gemeinschaft mit den Beeten, weil sie in anderen Qualitäten leben, weil das Männliche etwas ist, das sich beständig an die Erde gibt, und weil die Frau eine ist, die sich die Erde nimmt.

Sie erleben Gemeinschaften anders. Das Erzählen, wie unterschiedlich sie Gemeinschaft erleben, mit geistigen Kräften, mit sich selbst, mit der Ruhe, mit den anderen, mit der Arbeit, wie das Heiraten geht, wie sie heiraten, das ist das, was die neue Mann-Frau-Beziehung, die neue Mann-Frau-Thematik ist. Danke.

Frage: Woher kommt der Wunsch eines Menschen, mit dem einen Partner – oft Seelenpartner genannt – möglichst ein Leben lang glücklich zusammen zu sein? Ist das etwas, was aus der Seele kommt? Kommt diese Sehnsucht aus der damals aufgegebenen Symbiose mit der Mutter oder wird sie durch das romantische Beziehungsideal künstlich erzeugt?

Alle drei Gründe fließen hier ein. Aber am meisten ist es die romantische Vorstellung, die zu siegen versucht, aber dann doch nicht siegt. Am meisten geht es um die romantische Vorstellung, das eine möge mit dem anderen für immer verbunden bleiben.

Seelenpartnerschaft ist eigentlich Mathematik. Wir haben es schon gesagt, es ist ein gutes Hinschauen, es ist auch ein mutiges Hinschauen. Es ist auch überhaupt nicht auf zwei Partner gemünzt. Es ist die Situation, dass einer mutig genug ist, alle Seiten zu beschauen, jeden Körperteil anzuschauen, jedes Verhältnis von dem, was der andere tut, anzuschauen.

Seelenpartnerschaft ist überhaupt nicht auf zwei Partner gemünzt

Es kann auch sein, dass ein Seelenpartner sagt: »Ich habe dich als Seelenpartner, und weil ich das als so groß empfinde, nehme ich noch zwei, drei andere Seelenpartner dazu.« Und daraus werden dann auch wirklich gute Gruppierungen. Das werden dann Seelenpartnerschaften im besten Sinne. Das ist durchaus gut. Es ist von gutem und großem Belang, dass das so ist.

So geht es hier nicht darum, die »Zwei« heroisch hochzuhalten. Es geht darum, dass der Mensch gut sieht und seine eigene Situation baut. Seelenpartnerschaft ist neu, wird neu bemessen und hat neue Kategorisierungen. Aber es ist damit sicher nicht das mutlose Miteinandersitzen gemeint, das Sich-gegenseitig-in-einer-Partnerschaft-langweilig-Finden. Das ist sicherlich keine Seelenpartnerschaft. **Die Seele ist die, die alles angeschaut hat. Seele ist die Alles-angeschaut-Habende.** Und wenn das innerhalb der Partner passiert, dann haben wir eine Seelenpartnerschaft.

Frage: Wie bewertet ihr den Gedanken mancher Menschen, den einen Seelenpartner in diesem Leben finden zu sollen und zu müssen?

Er ist einer, der wieder Grenzen setzt. Er ist wieder einer, der für sich selbst eine Konfrontation und auch einen Druck, einen Stress bildet: »Wo ist er denn, mein Seelenpartner?« Und es liegt dem immer wieder der alte und falsche Gedanke zugrunde: »Ich muss mich durch einen anderen ausfüllen.«

Was wir als Möglichkeit anbieten, und die auch schon viele ergreifen, ist, wirklich zu fragen: »Was ist denn das, woher kommt das, was ist diese Andersartigkeit, wie freut sich etwas über etwas anderes?« Ihr habt die Möglichkeit, ganz neutral zu sein, die Freude eines anderen anzuschauen und sie nicht gleich für euch einzuheimsen. Belasst die Freude des anderen als die Freude des anderen, dann habt ihr eine Einfahrt zur Seelenpartnerschaft. Aber die, die nach Seelenpartnerschaft schreien, suchen nach einem ihnen vermeintlich fehlenden zweiten Teil.

Frage: Welcher Gewinn kann darin liegen, dass sich eine Frau und ein Mann exklusiv aufeinander einlassen und ihr Leben zusammen leben?

Diese Konstellation bietet vor allem der Frau Ruhe. Oft ist es wichtig, dass die Frau ruhig wird und sich selbst in ihrem Eigenen anschauen, ihrem Eigenen nachgehen kann. Denn sie sieht sich hier in gewisser Form in einer Schutzsituation, ähnlich einer Rittersituation. Für viele Frauen ist das sehr wichtig, auch sehr effektiv, auch nützlich und gut, weil sich die Frau hier einen Moment lang aus dem Jagen nach sich selbst herausnimmt und wieder das tut, was sie im Moment dringend zu tun hat: nämlich zu sich selbst zu kommen, mit sich selbst zu atmen, in sich selbst ihre eigene Kreation zu haben und zu entwickeln. Das ist gut so.

Hier schaffen Mann und Frau für sich selbst eine ausgeruhte Situation, im Sinne von: »Ich kann mich finden, ich werde nicht gleich wieder auf das Meer der Welt geschossen, um wieder herumzufahren, sondern ich kann einfach mal bleiben und mein eigenes Frausein genießend annehmen.« Das ist für viele nützlich, und deswegen ist es auch eine praktikable Form zu sagen: »Wir beide bleiben einfach mal zusammen, weil sich hier, im besten Sinne, Sicherheiten bieten, die für die jetzige Situation gut sind.«

Frage: Könnt ihr in diesem Zusammenhang einmal den Begriff der »Bindung« beleuchten; Bindung auch im Verhältnis zur Freiheit. Bindung und Freiheit – wie seht ihr die beiden? Und welchen Gewinn kann der Mensch davon haben, Bindung zu erforschen, Bindung zu gestalten und zu leben?

Bindung ist das, was hier beständig passiert. Das ist ein menschliches Prinzip. Das Menschliche kommt auf die Erde und sagt:

»Ich werde hier den nächsten Schritt an mich binden.« Das heißt, das Menschliche macht etwas und bindet es an sich. Das ist ein Urprinzip.

Bildlich gesprochen heißt das Prinzip: »Ich komme aus dem Meer zum Strand und werfe mich – nass wie ich bin – auf den Sand und ruhe mich aus. Und schon habe ich durch das Wasser den Sand an mich gebunden.« Das ist ein absolut normales Wort. Wenn die Blume wächst und bindet in sich Materialien, den Honig, die Milch, die in der Rinde das Harz ist, das ist Bindung. Es ist etwas ganz Kräftiges.

Jede Bindung muss immer wieder eine Perspektive haben

Und so gilt das auch zwischen Mann und Frau im guten Sinne, wenn jeder sagt: »Was binde ich aneinander? Ich binde das, was für mich, für den nächsten Schritt gut ist. Ich habe etwas vom Mann verstanden. Ich habe verstanden, dass er so, wie er hinausgeht in die Welt, für mich etwas ist, was ich von der Welt verstehen kann. Er kommt zurück und erzählt, was er erfahren hat. Und ich binde das an mich. Ich habe eine Erfahrung hinzugewonnen.«

Wenn das in einer großen Reinheit gemacht wird, ist es nichts anderes, als dass der Mann sagt: »Ich komme aus der Welt und ich habe im Innern etwas, was ich dir zeigen möchte. Ich bringe dir Leder und ich freue mich, wenn du mir das zu einem Schuh bindest.« Dann sind das alles gute Materialien, weil das Bringen und das Anbinden zusammengehören.

Was dann aber gut ist, wenn aus dem Leder ein Schuh wird, dann geht es wieder ans Laufen. **Jede Bindung muss wieder laufen. Alles, was einmal eine kurze Bindung hat, muss wieder in das weitere Prinzip gehen.** Genauso geht ein Kuchen, der einmal gebunden ist, jetzt in eine andere Form; er wird auseinandergeschnitten und es werden Stücke daraus. **Bindungen müssen auch immer wieder eine Perspektive haben, um sofort zu sagen: »Was machen wir damit?** Wenn wir eine Wohnung zusammen haben, dann muss sofort geschaut werden, dass jeder auch seine Wege aus dieser Wohnung findet.«

Frage: Ich möchte überleiten zu der Situation, noch bevor Männer und Frauen zusammenkommen und zusammenleben. Es gibt ja viele, die aus dem Elternhaus sofort in eine feste Beziehung mit gemeinsamer Wohnung oder in eine Ehe wechseln. Oder andere, die sich von einer Beziehung ohne große Pause auf die nächste Beziehung einlassen. Wie wichtig ist aus eurer Sicht das zeitweilige Mit-sich-alleine-Leben für die Beziehungsfähigkeit von Mann und Frau?

Es gibt auf der Erde niemals wirklich die Alleinheit. Der Auftrag lautet hier: »Sei gleich mit etwas! Komm aus dem Meer, binde dich und verbinde dich mit Sand!« Hier gibt es also immer wieder ein Anschauen und ein Erfreuen, wenn sich etwas zusammenbindet: Weil das das Grundprinzip ist, weil das die Liebe ist, die sich verbinden will mit dem nächsten, weil das eine hier gleich nach dem anderen fragt.

Und das Ideale wäre, wenn die Menschen eine Weile in der Frage blieben: »Was ist Liebe?«, wenn sie durch das Zusammenleben nicht sofort sagten: »Ah, jetzt habe ich ganz schnell wieder Antworten!« Es ist völlig in Ordnung, Menschen können sofort heiraten, sich zusammenbinden, wenn sie in der Frage bleiben: »Was bin ich?« In dem BINDEN ist das BIN enthalten.

Wenn hier dieses ICH-BIN darin ist und erhalten bleibt, wenn jeder – ob im lockeren Zusammenleben oder nach einer Blitzhochzeit – in seinem Fragen nach dem ICH-BIN bleibt, ist die Form aus unserer Sicht völlig egal. Ob ihr jetzt 200 Kilometer auseinanderwohnt oder ob ihr in einer Ein-Zimmer-Wohnung wohnt, wenn die Frage nach dem BIN bleibt, ist das egal. Aber diese Grundfrage wurde oft ausgeblendet aus der

Partnerschaft, weil jeder gewartet und gedacht hat: »Du sagst mir jetzt, wer ich bin.« Wenn die Frage nach dem ICH-BIN an den anderen gerichtet wird und nicht an das Leben, dann haben wir den entscheidenden Unterschied. Wenn das Leben der einzelnen Partner bleibt und nicht einer vom anderen erwartet, dass er ihm die Antworten gibt, dann haben wir das richtig gute und wahre Verhältnis.

ZUSAMMENFASSUNG

- Das Licht ist etwas, was ihr ruft. Wenn ihr Licht ruft, ist es genau so, wie wenn ihr einen Lichtschalter anmacht.

- Das Göttliche hat am Anfang gesagt: »Geh doch für mich auf die Erde. Halte deinen Fuß in das Wasser und kreische.«

- Das Göttliche will zu sich selbst kommen, und zwar in einer absolut orgastischen Art. Und jedes Mal, wenn das Göttliche etwas von sich selbst findet, jauchzt es. Das Mann-Frau-Prinzip ist der ausgesprochene Jauchzer des Göttlichen über sich selbst: »Was kann ich nur alles!« Aus diesem Jauchzer sind Mann und Frau entstanden.

- Es geht für Mann und Frau erst einmal darum, dass sie für sich selbst stehen. Freude muss erst mal dastehen bei sich selbst. Steh für dich als Frau, steh als Mann!

- Der Mensch hat aus seinem Willen heraus einmal gesagt: »Ich mache das jetzt mal alles ohne Gott.« Und wenn Mann/Frau ohne das göttliche Prinzip ist, dann weiß das eine nicht mehr, was das andere soll.

- »Freiheit und Liebe« ist das Thema des Mannes. Was ihr Männer jetzt auflösen könnt, ist euer Versuch, das Gesetz über die Frau oder über die Mutter zu verstehen, oder über irgendjemanden, der sagt: »Das ist das Energiegesetz.«

- Die Erde ist für das Machen der Männer da.

- Ihr braucht keinen Mut für die Erde, denn sie will euch dienen. Der Mensch ist für die Erde das, was die Idee des Feuers für das Streichholz ist. Ihr seid die Idee des Feuers und die Mutter Erde ist das Streichholz.

- Ihr seid von eurer Grundnatur her die Energiehalter dieser Erde. Und ihr habt die Tiere an eurer Seite, die die Energie per Gesetz erhalten.

- Die Freudeenergie des Menschen wird von der Energie der Erde gebraucht und von ihr verbraucht. Freude ist die Energie, die nur durch den Menschen produziert wird und nur durch den Menschen produzierbar ist. Die Freude ist die Mutter der Liebe. Und die Liebe sagt: »Ich bin die Tochter, hurra, wir werden uns drehen!«

- Ihr wart schon mal da. Die Erde ist nur dadurch entstanden, dass der Mensch JA gesagt hat.

5. Kapitel

Wir möchten einmal ganz bildlich zeigen: Wenn ihr über die Liebe nachdenkt, sprecht, mit ihr kommuniziert, auf sie hinkommuniziert, dann ist immer der Geist erhoben, das heißt, immer in einer Wachstellung und in einer Wartestellung, immer auch in dem Wissen, dass etwas gleich ganz anders und neu kommt. **In diesem Buch wird der Durchbruch beschrieben, den viele zu tun haben und viele tun, nämlich, jetzt aus einer Starre herauszutreten – die überall sichtbar ist und gesehen wurde – in die Weichheit und in das Fließen hinein. Denn die Erde war und ist auch ohne Liebe möglich.** Die Erde ist, weil sie Physik, Mathematik, Biochemie und die Generation des Wissens überhaupt darstellt, auch ohne das Gefühl, ohne das Flimmern der Liebe einstmals möglich geworden. Der Durchbruch bedeutet, das zu ändern. Dieser Durchbruch bedeutet noch einmal eine andere Menschheit, eine Menschheit, die ihr Wissen geparkt, gebettet, eingefunden hat in der Liebe, die gelebt ist, die gefühlt ist und die jeden Tag auch neu ist.

Die Erde war und ist auch ohne die Liebe möglich

Dieser Durchbruch wird neu, groß, weitreichend und auch wunderschön sein. Wenn dieses bisher nicht Bekannte, wenn dieses Flirrende, was oft auch in den Augen der Frau ist, wenn dieses Prinzip sich nun auf die Erde begibt, dann ist ein sehr schnelles Gehen der alten, der starren Strukturen möglich. Das seht ihr auch in den Seminaren, wenn die Liebe erwacht als etwas, was niemand kennt. Niemand weiß dann, was jetzt wirklich gerade passiert. Ihr merkt nur, wie sich hier ein Becken auftut und die alten Strukturen gehen. Das ist so ähnlich wie beim Bleigießen, das ihr von Silvester kennt, wo gerade noch ein Stück Blei ist, entsteht plötzlich ein fließendes Ereignis. Etwas Neues ergibt sich daraus. So ist die Liebe.

Die Liebe ist wie dieses fließende Ding, das dann zu einer Figur wird an Silvester, die auch noch nicht genau weiß, die nur durch das Schütteln des Menschen weiß, was sie gerade wird. **Denn die Liebe hat zwei Sachfaktoren, und die möchten wir kurz benennen. Sie hat zwei Seiten: Da ist zum einen diese biochemische, nachvollziehbare Ereigniskraft, die ihr in jedem Instrument, in jedem Essen seht, in jedem Nahrungsmittel. Und das Zweite ist, dass sie durch das Schütteln des Menschen, für den die ganze Schöpfung bereitgestellt wurde, noch eine neue Dimension bekommt.** Dieses Musenprinzip ist sehr wichtig – durch seine Bewegung, durch seine Herzbewegung, durch die Frage: »Was wird im nächsten Jahr?«, macht der Mensch in der Liebe etwas neu.

Verbindet diese beiden: einmal das große Wissen, dass die Liebe diese Erde als Schöpfungsprinzip erschaffen hat, weil der Mensch, der das Schöpfungsprinzip ist, sie anfragt, und dieses ganz leichte Element, das hier dazukommt, nämlich zu fragen: »Und, was willst du jetzt? Was machst du jetzt? Welche Närrin willst du jetzt sein?« Wir schreiben immer wieder die Geschichte eures Silvesters auf. Und was ihr mit diesen Informationen macht, wird in euch auch immer wieder etwas Neues erwecken. Wir haben hier also eine ganz klare Zweiteilung der vorhandenen Liebe und der sich immer wieder gebenden Liebe. Denn so hat sich selbst das Göttliche aufgestellt für den Menschen.

Frage: Greifen wir einen Punkt auf, der für manche Menschen bestimmt sehr überraschend und für Frauen vielleicht unangenehm sein wird: Der Mann repräsentiert Gott, die Frau repräsentiert die Erde. Kommen die beiden zusammen, dann entsteht etwas Neues. Könnt ihr das noch näher erläutern?

Das, was Licht und was Liebe ist, ist aufteilbar in zwei Dinge. Licht und Liebe, das könnt ihr erst einmal als etwas Zusammengefügtes erfassen, wie zum Beispiel bei einem Wassertropfen: Hier ist das Salz das Licht und herum das Wasser, die Liebe. Licht ist aber auch der Mann und eben Gott, dieses Wissen per se, das das Wissen in sich trägt und mit sich selbst umgeht, um dieses Licht dann in die Vulva, die Frau, hineinzugießen. Und in der Frau löst sich das Licht auf, in der Liebe löst sich das Licht auf zu einem ganzen wissenden Tropfen, der informiert ist mit Salz, der informiert ist mit Wissen.

Das ist ähnlich wie Gott und Erde; die Erde, die sich hier selbst in die eigene Kenntnis setzt und durch das Meer symbolisiert wird. Um ein anderes Bild zu gebrauchen: Nehmen wir ein ganz normales Ehepaar, deren Kinder bereits ausgezogen sind. Ihr sagt völlig richtig: Wenn ihr diesem Manne, der abends in der Stube sitzt, dann zum Fernseher geht und ein Programm wählt, und der Frau, die sich in der Küche zu schaffen macht, um das Abendbrot wegzuräumen, wenn ihr denen sagt: »Du bist Gott und du bist die Erde«, dann erkennen sie sich darin nicht.

Der Mann gibt das Licht in die Frau, in die Liebe hinein

Wenn ihr eine einfache Reduktion vornehmt und sagt: »Das Männliche holt sich hier die Information über das Fernsehen und die Frau ordnet wieder«, ist auch das ein richtiges Prinzip. Der Mann ist der, der sagt: »Ich werde jetzt einmal die neuesten Börsenkurse anschauen«, und die Frau die, die sagt: »Ich bereite die Küche für das neue Gebot des Tages.« Ihr sagt jetzt völlig richtig, da würde man hier das Heimchen am Herd und den Pantoffelhelden propagieren.

Was wir hier tun können, um diese beiden aufzuwecken, ist, ihnen zu empfehlen, einmal die Rollen zu tauschen, einmal wirklich zu fühlen – das passiert ja auch schon – und zu sagen: »Frau, geh hinaus, geh in das Kleid; geh und schau einmal, was da ist in dieser Welt.« Und: »Mann, gehe hinein, bereite einmal die Pforten für den neuen Tag und sieh zu, dass am nächsten Morgen der Frühstückstisch gedeckt ist.« Dadurch bringt ihr jeden in die andere Position. Und das ist gut so.

Die Liebe wechselt natürlich und sagt: »Fühlt euch einmal als Mann und fühlt euch einmal als Frau.« Dahinter steckt die Neugier auf das Prinzip, wenn ihr fragt: »Was ist eigentlich das andere Prinzip?« Dann haben wir das sehr Gute, dass das eine das andere ansieht. Dann fragt die Frau: »Was macht dieser Gott, warum will der überhaupt das Neue, warum will er die neuen Börsenkurse auf der Erde, was will er damit?« Und der Mann beginnt zu begreifen, wenn er sich fragt: »Was tut sie eigentlich?«

Wir haben den Auftrag, Mann und Frau neu aufzustellen. Mischt immer wieder neu, aber dann kehrt wieder zurück zu euch selbst. So ist die Liebe, die sagt: »Begebt euch in alles. Seid etwas, aber begebt euch in alles hinein.« Denn das ist das, was das Licht tut. Es begibt sich ja in alles hinein, es begibt sich im Idealfall in alle Teile der Frau hinein. Die Strahlen treffen überall hin, das ist Gott. Und so laden wir die Frau ein, die die Erde ist, und sagen: »So, erhebe dich einmal. Sei wie die Blume und wachse, und sei wie der Duft und werfe dich wie das Öl hinaus.«

Erkennt das Grundprinzip des Mannes und das Grundprinzip der Frau und dann geht Mischverhältnisse ein. Geht aus eurem Grundprinzip heraus in das andere Prinzip hinein, aber kehrt immer wieder zu euch zurück. Wir wollen jeder Frau und jedem Mann Mut machen: Erkennt euch an, geht aus eurem Prinzip raus, denn dann seht ihr das andere Prinzip. Fühlt es und kehrt wieder zu eurem zurück. Wir wollen euch Mut machen, damit Mann und Frau experimentieren. Zu diesem Experiment ruft dieses Buch auf.

Frage: Viele Frauen sind jetzt berufstätig, gehen hinaus in die Welt, wollen erfolgreich sein, tun es den Männern gleich oder handeln ähnlich, passen sich männlichen Verhaltensweisen an. Sieht die Geistige Welt eine Alternative im Zugehen der Frau auf das männliche Prinzip, um dabei ganz Frau zu bleiben können? Viele Frauen sagen: »Nein, wir müssen uns da anpassen, sonst überleben wir nicht.« Wie seht ihr das? Welche Alternative hat diese Frau, wenn sie nicht zu einer männlichen Frau werden will?

Die Alternative ist schön und sie entwickelt sich auch; nämlich, dass die Frau geht und sich auch informiert über die Welt und dass sie sich dieser Welt auch völlig zeigt. Sie hat natürlich genau die gleiche Intelligenzausstattung, im Sinne von Sehen, sie hat die gleichen Ausstattungsmerkmale. Es ist nicht so, dass die Frau ein Klebgummi auf der Erde ist und der Mann hingegen am Himmel klebt. Am Regen könnt ihr es ablesen: Ein Teil fällt auf die Erde und der andere steigt als Dampf nach oben; es ist alles ein Mischprozess. Die Frau, die in die Welt geht und in ihr etwas erschafft, soll absolut erfolgreich sein. Das Einzige, was hier wichtig ist, ist, dass sie sich selbst mitnimmt bei diesem Gehen und weiblich bleibt. Und durchaus auch immer ganz plakativ bei ihren Reizen bleibt.

Wenn sie sagt: »Ich werde mich dann in einen Hosenanzug hüllen und eher eine Krawatte anziehen und meine Reize völlig verdecken – meine Haare, meinen Körper«, dann würde sie sich natürlich selbst verraten, um irgendwann selbst raten zu müssen: »Wer bin ich eigentlich?« Die Frau aber, die sich hier beständig selbst mit

Die Frau braucht ihre Weiblichkeit auf dem Bürostuhl nicht zu verlieren

ihrem Körper, mit ihrem System, mit der Kraft ihrer Ausstrahlung weitergibt, weiß: »So gehe ich. Ich gehe aus dem Grundprinzip der Frau hinaus.« Sie kann sich nicht verlieren. Und das ist genau die Frau, genau das Institut, genau die Firma, die jetzt gebraucht werden.

Eine Frau braucht ihre Weiblichkeit auf dem Bürostuhl nicht zu verlieren, sondern sie kann sie erhalten, sie kann sie ausbauen, eine Frau kann zur Entsprechung ihres Prinzips werden und hinaus auf die Erde gehen. Das ist das Idealbild der Frau. Natürlich soll sie auch hinausgehen, denn die Erde ist ja nicht an sich selbst gepinnt. Sobald etwas auf der Erde ist, springt es ja hinfort. Sobald der Regen als Wasser auf der Erde ist, springt er sofort als Dampf hinauf.

Die Frau ist da, um alles springen zu lassen, die Kinder sollen hinausspringen, nichts soll sie halten. Sie soll selber gehen, sie soll die Erde lehren, was Liebe überhaupt ist, sie soll auf ihrer Erde herumgehen. Sie ist die, die ein Floß hat und dauernd an ihrem Fluss sagt: »Hier ist sie auch und hier ist sie auch, die Liebe.« Sie ist der Springball der Kraft, und wenn das erkannt ist in den Büros, dann werden die Männer gut daran tun, sich auf einem anderen Bürostuhl dazuzusetzen. Dann ist das Verhältnis genau richtig; sie anzuschauen, wie sie ihre Weiblichkeit durchgebracht hat bis zu ihrem Bürostuhl, bis zu ihrem Erfolg, bis zu ihrem gut gefüllten Bankkonto. Sie hat dann sich, ihr Prinzip, ihr Springprinzip, ihr absolutes Kräfte-Reise-Prinzip durchgebracht **und der Mann hat die einzige Aufgabe, das zu bewundern. Dann bewundert Gott die Göttin.**

Frage: Hilft uns das Yin-Yang-Zeichen, um das Verständnis für diesen Zusammenhang zu vertiefen? Das männliche Yang-Zeichen birgt in sich einen weiblichen Kern und umgekehrt das weibliche Yin-Zeichen einen männlichen Kern. Das heißt, ich bleibe als Mann männlich, feiere das männliche Prinzip, dieses sich bewegende, aufbauende, entwickelnde Prinzip, und ehre in mir selbst das weibliche. Bringt mich das in die Balance und auch in ein gutes Verhältnis der Frau gegenüber?

Das ist ein sehr schönes Bild, denn dieses Ehrprinzip ist das, was als Einziges dann nicht wandern will. Wenn der Mann hier immer in der Ehre bleibt, hält er – und das ist ganz wichtig – den richtigen Abstand und er ist dann immer in der Lage, die Frau anzuschauen und zu bewundern. Dies ist dann der Kern der Kerne, der hier als Kern wirklich symbolisiert ist, dass dieses Bewundern bleibt, dass der Abstand bleibt. Das genau ist in diesem Prinzip hier entwickelt worden.

Wir haben schon einmal einen ganz wichtigen Kern gegenüber der Frau genannt: **Lächelt euch zu, bewegt euch ineinander, aber nehmt Abstand und haltet die Möglichkeit, euch zu bewundern.** Wenn einem Mann – im Idealfall auch jeder Frau, der er auf der Straße begegnet – das Yin-Yang-Zeichen in Erinnerung kommt, dann symbolisiert dieser Abstand genau das Richtige: die Möglichkeit des Abstandes von Gott und Göttin. **Die Möglichkeit, dass die beiden sich anschauen, dass sie sich als eine eigene Wertigkeit verstehen und sich in ihrer Unterschiedlichkeit bewundern.** Hier macht sich der Regen aus der Wolke auf, und da ist ein See, der ihn empfängt. Bleibt in der Kraft und bewundert, und steht dazu. Hierdurch kommt ihr dem Mysterium und der Kraft sehr, sehr nahe.

Lächelt euch zu, haltet Abstand und bewundert euch

Das Größte ist, dass ihr in der Bewunderung bleibt. Denn genau das ist es: Gott und Göttin haben die Fähigkeit, in der Bewunderung und in der Freude zu bleiben. Das sind die übergeordneten Prinzipien über der Liebe. **Wundern und Freude, das sind die beiden Großen.** Wenn ihr wisst, dass das die übergeordneten Prinzipien sind, dann habt ihr das Yin-Yang-Zeichen gut verstanden, dann habt ihr Gott und Göttin verstanden.

Frage: Das Yin-Yang-Zeichen formt sich jedoch mit den beiden Hälften zu einem Kreis. Hier liegt die Schlussfolgerung nahe, dass die beiden nicht allein für sich und in sich stehen und beständig sein können. Wie seht ihr das?

Was hier nicht die ganze Wahrheit ist in dem Schöpfungsprinzip, das ist der Kreis. Ein Kreis ist in der Schöpfung immer ein aufbrechender Kreis. Ein Kreis, der ein Kreis bleibt, ist für die Schöpfung zu nichts nütze. Ein Ei, das am Ende ein Ei bleibt, ist etwas, das hier dann kein Ei mehr ist, weil weder ein Dotter noch ein Küken herauskommt. Jede Fruchtblase ist für sich auch keine Fruchtblase, wenn sie nicht irgendwann aufgeht. So ist es bei jedem Kreis.

Ihr seht das, wenn ihr einen Stein ins Wasser werft. Da entsteht ein Kreis, aber er hat auch gleich das Bestreben, sich zu öffnen. Also nicht der sich schließende Kreis ist das, was die Wahrheit ist, sondern die Möglichkeit, dass der Kreis sich öffnet, der sich öffnende Kreis. So habt ihr in einem Bild das Mysterium der Liebe im Urprinzip, im Schöpfungsprinzip verstanden. Alles war einmal in dem Kreisgebilde. **Das Urprinzip ist Kreis und Tanz und Beginn.** Und was für die Erde machbar ist und eben Schöpfung ist, ist der aufbrechende Kreis, ist der tanzende Kreis. **Die Frau tanzt und bildet eine Energie um sich, und holt dann den Mann dazu und macht einen größeren Kreis daraus.** Und die zwei tanzen wie im Walzertakt und machen wieder einen größeren Kreis, eine größere Tanzrunde auf.

In diesem Tanzbild findet ihr eine schöne Allegorie für die Liebe. Auch die Sexualität ist ja nichts anderes als ein Tanz, ist nichts anderes, als dass die Frau beginnt, Energie zu bekommen, sich in Energie zu tanzen, erst einmal selbst zu tanzen, allein zu tanzen mit sich, und dann den Mann in ihre Energie, in ihre Tanz-, in ihre Rundenergie einzubinden. **Liebe entsteht als Schöpfungs-**

Liebe entsteht als Schöpfungsprinzip durch Tanz, durch Sichdrehen

prinzip durch Tanz, durch Sichdrehen. Jede Blume ist deswegen rund. Das Tanzen und immer das Aufbrechen, das Hineinnehmen, das Hinzunehmen, das Noch-etwas-mehr-Tanzen ist das, was ihr schließlich als Liebe bezeichnet. Also der runde Kreis, der aufbricht, ist das richtige Prinzip.

Frage: Ihr empfehlt Frauen und Männern, dass sie mit ihrem falschen Stolz aufhören sollen, der eine Liebesbeziehung behindert. Könnt ihr das etwas näher erläutern?

Ja, der Stolz gehört in das Wasser oder in das Feuer, weil Stolz immer mit Starre zu tun hat. Es ist für euch nicht gut, wenn ihr auf etwas Geleistetes eine Woche oder ein halbes Jahr stolz seid. Wenn ihr euch also, bildlich, auf einen Stein setzt und sagt: »Ich bin jetzt eine Woche lang stolz auf diese Leistung, auf diesen Geschäftsabschluss oder auf jenes«, dann geht ihr nicht weiter. Stolz ist ein Momentfaktor, genauso wie ihr sagt: »Im Moment esse ich.« Aber die Nahrung, die ihr jetzt esst, wird vier Stunden später weitergegeben und aufgelöst sein, und ihr habt neuen Hunger, und das ist gut. Ihr habt sofort, am Abend oder am nächsten Tag erneut einen Grund, stolz auf euch zu sein und euch zu freuen.

Der Stolz ist etwas, was wirklich dringend in die Müllverbrennung gehört. Denn Stolz findet den Weg zum Göttlichen nicht. Die Anerkennung hingegen ist eine viel größere Form als der Stolz, denn er isoliert in der Partnerschaft und wird in der Liebe zum Hohn. Der Stolz muss verbrannt werden. Die Menschen hängen oft sehr lange an der Liebe, wie sie ihnen vorgelebt wurde. Seid bereit zu sagen: **»Ich gebe das alte Denken meiner Mutter über Ehe und über Partnerschaft in den Müll.« Gebt das ins Feuer. Stolz gehört absolut in dieses Feuer hinein.**

Wenn ein Mann noch nicht ganz Mann ist, dann versucht er den Weg zu seinem Mannsein über die Frau zu erreichen – und bleibt hängen. Das ist nutzlos. Das hat zu einem großen Irrweg geführt. Eigentlich wollte der Mann seinen Mann finden, er wollte die Ehre zu sich selbst finden und ist bei der Ehre zur Frau hängen geblieben. Das hat ihn dann verwirrt auf dem Weg zu seinem Mannsein.

Die Blume kann auch nicht sagen: »Ich muss den Weg erst einmal unbedingt über das Wasser gehen.« Die Blume hat auch aus ihrem eigenen Prinzip heraus, ohne Wasser, die Möglichkeit, Blume zu werden. Und dann kommen als Möglichkeiten die Sonne und der Regen dazu. Aber jede Konstellation, jede Kartoffel kann auch die Feuchtigkeit für sich selber bewahren.

Liebe ist eine saubere Grundhaltung im Sinne von: Der Mann lebt seine Männlichkeit und findet sie zunächst einmal ohne starke Anlehnung oder Heirat oder gar Familiengründung. Denn gerade der Mann ist schnell verführt, seine Männlichkeit auf seinem Weg abzuladen, und dann bis zum Ende nicht mehr Mann zu werden. Dann ist er in der Ehe ein weiblicher Mann, der getreten wird von einer Frau, die den Mann in sich sucht.

Das andere Geschlecht hat ein Besuchsrecht

Die intensive Arbeit mit dem eigenen Geschlecht und mit sich selbst wirft dann die Frage auf: »Wozu brauche ich das andere?« Das andere hat ein Besuchsrecht. Und dieses Besuchsrecht ist sehr klar gekennzeichnet: »Jetzt kommt das Männliche, jetzt nehme ich dieses.« Dann kommen nicht diese seltsamen unklaren Verquickungen zustande: »Wann bin ich eigentlich männlich, wann bin ich eigentlich weiblich?«

Und jetzt kommt das Wort, das hier lebendiger ist als Stolz: Freude. Denn die Freude ist etwas, was das eine mit dem anderen mitnimmt. Das heißt für Mann und Frau: Eine Frau, die ständig stolz auf das ist, was sie gerade gemacht hat oder gerade sagt, ist in der Gefahr, in ihrem Stolz zu verharren. Wenn sie in der Freude ist über sich selbst, dann fließt sie. Nur eine fließende Frau ist eine, die wirklich zu einer Frau wird, auch zu einer erfolgreichen Frau. **Eine Frau, die stolz auf sich ist, bleibt irgendwo stehen. Ersetzt also den Stolz auf euch durch Freude.** »Das, was ich gerade erlebt habe, das, wo mein Herz am Klingen war, das nehme ich mit in das nächste Ereignis hinein.«

Die Liebe auf der Erde war ohne Liebe möglich. Ihr könnt eine Hochzeitskutsche ausstatten mit den schönsten Girlanden, mit Blumen und mit Pferden, die schön gesattelt und frisch herausgeputzt sind. Aber es ist eine Hochzeit ohne die Liebe. Die beiden sagen JA, aber sie haben die Liebe nicht. **Die Liebe ist ohne Liebe lebbar. Der Umbruch auf der Erde bedeutet, dass dies jetzt zu Ende geht. Das ist ein großer Sprung und ihr habt die Möglichkeit, diesen Sprung, diesen Freudensprung jetzt mitzumachen, dass Liebe mit Liebe gepaart ist.** Und das ist etwas Neues, und das springt jetzt immer mehr Menschen an, aber es holt sie auch in ihre Tiefen, zu ihren Wurzeln.

Es wird neu sein, dass die Liebe mit der Liebe geht und dass der Mensch Gott versteht, dass der Mensch das Göttliche nicht nur ahnt oder es nicht nur als Bild an der Wand sieht, sondern tatsächlich daran mitwirkt. Das ist neu. Dass Gott an einer Wand hängt als ein Götzenbild, das ist bekannt. Das ist eine Erde, die aus ihrem naturwissenschaftlichen Gesetz heraus funktioniert; aber dass Gott in die Herzen hineinkommt, dass die Schöpfung in die Herzen hineinkommt, dass die Menschen, weil die Blume blüht, aus Freude auf den Boden knien und weinen, weil das so schön ist, geliebte Seelen, **das wird das große Ereignis und es erschüttert diese Erde bis ins Mark.**

Frage: Könnt Ihr grundlegend etwas über die drei großen Themen Liebe, Sexualität und Partnerschaft sagen?

Die Thematik der Liebe kann am besten betrachtet werden über den Aspekt der Natur. Liebe kann über die Natur verstanden werden. Liebe ist ein Grundsystem, das einfach da ist

und wächst wie eine Blume. Die Tatsache, dass von der Blume oder von einem Gemüse etwas herausgenommen werden kann, zeigt, dass das menschliche Prinzip ein anderes Liebesprinzip ist. Der Mensch gibt sein Liebesprinzip in das Wachstum der Zitrone hinein. Dadurch hat die Zitrone eine Kraft, sich zu geben, und kommt per Saft, per großen wichtigen Saft zum Menschen zurück und ernährt ihn.

Es muss verstanden werden, welche Prunksituation der Mensch hier innerhalb von Liebe innehat, damit er sich wirklich einschwingt und sich klarmacht: »Was bedeutet eigentlich die Situation ›Liebe‹? Was ist das eigentlich?« Und am besten wäre es, wenn der Mensch sich klarmacht, welch aktive Funktion er in der Liebe hat. Liebe ist etwas durch und durch Aktives und nichts Passives, das abgeholt wird. Die Erde ist nicht für das passive Abholen der Liebe gemacht. Eine Zitrone hätte, um bei diesem praktischen Beispiel zu bleiben, gar keine Idee, zum Zitronensaft zu werden. Sie wäre wunderschön, sie hätte eine Strahlkraft und sie wäre eine Grundaussage, sozusagen eine denkmalgeschützte Grundaussage des Göttlichen.

Die Erde ohne Menschen wäre nur Zeitmaterial des Göttlichen. Dadurch dass der Mensch einwirkt und hineingeht in das Wachstum der Zitrone, sie und ihren Saft für sich erdbar macht, kann der Mensch sich und seine Sichtweise der Liebe völlig neu betrachten. Das soll die Verantwortung des Menschen unterstreichen.

Genauso ist es mit den Tieren. Der Mensch ist dem Tier gegenüber nicht einfach in einer Abholsituation, das ist eine grundfalsche Auffassung. Nicht einmal beim Schnitzel auf dem Teller ist es so, dass der Mensch, wenn er korrekt steht in der Liebe dem Schnitzel gegenüber, in einer Abholsituation ist. Das ist völlig unkorrekt gesehen.

Bevor der Transfer zu Mann und Frau kommt, muss das erst verstanden werden. Wenn die Liebe zu Tieren und die Liebe zu Pflanzen nicht verstanden ist, ist es nicht möglich, die Liebe zu Menschen zu verstehen. Die grundsätzliche Situation der Mensch-Tier-Beziehung bedeutet, dass der Mensch hier die absolute Aufgabe hat einzuwirken. »Frömmigkeit und Dankbarkeit«, denkt der Mensch. Das ist viel zu kurz gedacht. Das Wesentliche ist hier, dass der Mensch das eigentliche Nahrungsmittel, das eigentliche Lebensmittel hineinbringt und per Gesetz des Frischseins, des Neuseins dem Tier eine Idee vom Leben gibt. Und das Tier hat das Spiel dabei. Das Tier, das Haustier hat oft das Spiel dabei.

Die Tiere lehren den Menschen, was das Spiel ist, aber die Grundenergie von: »Wir machen was, es passiert irgendwas«, die bringt der Mensch herbei. Der Mensch bringt die Liebe auf diese Erde. Und sofort wirft das ein ganz anderes Licht auf Mann, Frau und auf die Liebe von Mann und Frau. Denn hier passiert Folgendes, und muss hier de facto passieren: Jeder von ihnen muss immer wieder neu schauen: »Welche Impulse gebe ich aus der Liebe heraus?«

Wir haben es schon gesagt, die Liebe, die aneinandergekettet ist und sagt: »Ich warte mal ab, was die Frau oder was der Mann an Liebe bringt«, ist zum Scheitern verurteilt. Sie steht in dieser Sekunde schon auf dem Scheiterhaufen und vor dem Scheidungsrichter. Immer muss dieses Impulsholen aus dem Geist der Liebe, aus der Tränke, aus dem Verstehen heraus erfolgen, warum die Erde überhaupt ist.

Die Übernahme der Verantwortung wird aus geistiger Sicht nicht laufen, wenn innerhalb der Partnerschaften versucht wird, zu schieben und zu brechen und zu ändern. Und was heißt das? **Jetzt kommen wir zur zweiten Thematik, der Partnerschaft.** Innerhalb einer Partnerschaft gilt es, jede Konstellation anzuschauen und aufzubrechen. Mann und Frau müssen für sich immer wieder kritisch und völlig neu durchdenken: »Woher hole ich meine Impulse? Woher hole ich mein Essen?«

Wenn zum Beispiel der Mann sagt: »Ich koche und du kaufst ein«, haben wir eine prekäre Abhängigkeitssituation. Der, der das macht, der sich dazu entscheidet, muss das auch holen. Der Mann ist genauso in der Lage, vom Markt etwas zu holen, einfach deshalb, weil er sich dann ganz neu aufstellt. Er würde anders kaufen. Er würde zu einem anderen Händler gehen. Er würde eher zu einer Frau gehen, die dann mit ihm flirtet, und dann beginnt schon Liebe. Das heißt: Das Wagnis zu wagen und zu sagen: »Ich schere innerhalb der Partnerschaft aus und nehme das Blut nicht aus der Partnerschaft, sondern aus dem Leben selbst, aus der Kraft der Liebe«, das führt ganz schnell zu einer neuen Erde, die wir hier anstreben. Wir wollen, dass sich wieder dem Richtigen angeschlossen wird.

Die Menschen aber, die von dem Tier, von der Natur oder von dem jeweiligen Partner die Kraft abziehen, werden sich ganz neu aufstellen müssen. Und genauso ist es, wenn der Mann sagt: »Jetzt bin ich müde vom Kochen und überlasse dir das Abwaschen.« Auch das ist eine völlig falsche Haltung. Der Mann muss sein eigenes Element durchziehen.

Genau wie die Frau, die hingeht und sagt: »Jetzt werde ich die Wäsche nehmen und dann den Mann den Waschkorb schleppen lassen.« Das ist keine Lösung. Sie hat die Wäsche gehabt, als diese schmutzig war; wenn sie wieder trocken ist, ist die Wäsche nicht schwerer oder leichter. Genau die Frau ist diejenige, die die frische Wäsche dann wieder in den Schrank legt. **Seine Energie durchziehen, darum geht es in der Partnerschaft. Die Menschen müssen sich durchziehen, sich selbst, ihr eigenes Prinzip durchziehen. Sie fallen um, sie sagen: »Hier mache ich die Hälfte, da mache ich die Hälfte.« Da kommen sie nie zur Sexualität.**

Die Partner müssen sich selbst, ihr eigenes Prinzip durchziehen

Und dann kommen wir zum dritten Punkt. Sie kommen nie zur Sexualität, wenn sie sagen: »Ach, auf dieser Hälfte bleibe ich stehen. Ich koche die Kartoffeln und du kochst die Soße dazu.« Wenn die Sexualität so wäre, dann würde die Frau sagen:

»Ach, jetzt kann ich nicht mehr, bis du deinen Orgasmus hast. Jetzt kann ich nicht mehr unter dir liegen. Du bist mir zu schwer.« Oder: »Ich kann mich nicht mehr bewegen, denn meine Beine sind eingeschlafen.«

Genau das führt zu einer müden, faden, schlaffen Sexualität, bei der entweder nur jeder für sich irgendeine Form von Gymnastik betreibt, oder dieser Energiefluss von sich selbst nicht mehr geschieht. Was bedeutet für dich als Mann eine Frau, die ihren Energiefluss nicht durchhalten kann, keine viertel, keine halbe, keine Stunde lang? Du willst eine Frau, die ihren Energiefluss durchspürt, die sagt: »Ich will von meiner Frau zur Frau gelangen. Ich will die Sexualität haben, so wie sie geboren worden ist. Ich will in jeder Sexualität neu gebären. Ich will durch die Sexualität erfahren, was die Geburt eigentlich ist.« Natürlich ist Orgasmus eine neue Geburt, jedes Mal neu. »Und diese Geburt will ich noch einmal durchlaufen«, sagt die Frau. Die Geburt kann nicht geschehen, wenn hier der eine dauernd den Störungsmechanismen des anderen unterliegt, nach dem Motto: »Und wenn du nicht mehr atmest, atme ich auch nicht mehr. Und wenn du dich nicht mehr bewegst, bewege ich mich auch nicht mehr …«

Die Sexualität ist da, wenn das andere sich gerade weiterbewegt. Wenn der Mann ganz ruhig ist und die Frau sich weiterbewegt in sich selbst, und sie mit jedem Atemzug und mit jeder Kraft noch mehr Sexualität in sich hineinholt, weil sie die Geburt in sich hineinzieht. **Die Frau zieht durch die Sexualität, durch das Öffnen des Schoßes immer wieder neu die Geburt hinein. Und sie hat in der Sekunde eine erotische Geschichte mit dem Göttlichen, weil das Göttliche sagt: »Frau, ich habe dich gerufen, um mit mir gemeinschaftlich diese Erde zu gebären.«**

Und der Mann in der Sexualität, er versteht Gott. Der Mann in der Sexualität versteht und hört Gott zu und sagt: »Was sagst du zu mir?« Er ist der Lauschende, der während

der Sexualität auf das Göttliche lauscht. Wenn er das durchzieht, wenn er sagt: »Was hast du mir alles zu sagen, was hat die Liebe mir alles zu sagen?«, dann hat er ein gutes Lauschen auf die Frau. Der Mann hört das Göttliche, diesen Phallus in sich. Er hört seine Erregtheit. Denn das Göttliche hat zum Mann gesagt: »Ich errege dich, auf die Erde zu kommen. Komm mit mir auf die Erde. Ziele mit mir, sammle mit mir, ernte mit mir, gehe mit mir!« Das ist das, was das Göttliche durch den Mann sagt. »Richte deinen Phallus auf, geh mit mir in die Erde und schieße deinen Pfahl in die Erde. Mache einen Zaun und weide die Kühe, denn sie werden dich Neues lehren.«

Das ist die Sexualität des Mannes, die er dann auch durchzieht. Und dann kann er wieder ganz still werden, auch seinen Phallus ganz hineinnehmen und sagen: »Jetzt warte ich auf die Frau, denn sie ist im immerwährenden Eros mit dem Göttlichen.« Die schönsten Frauen sind die, die vierundzwanzig Stunden im Eros sind. Sie sagen vierundzwanzig Stunden lang: »Ich bin mit Gott. Ich spüre dieses Element in dir.« Das sind Frauen, die alle zehn Minuten sagen: »Ich hätte Lust.«

Wir führen euch in diesem Buch Schritt für Schritt an die Urprinzipien heran. Wenn ihr dies nur ansatzweise spürt: »Wie ist denn mein Mann, wie ist denn meine Frau«, dann seid ihr auf einem guten Weg.

ZUSAMMENFASSUNG

- Die Erde war und ist auch ohne die Liebe möglich.

- Der Durchbruch bedeutet eine neue Menschheit, die ihr Wissen in der Liebe gebettet hat; eine Liebe, die gelebt ist, die gefühlt ist und jeden Tag neu ist. Dieser Durchbruch wird neu, groß und wunderschön sein.

- Der Mensch macht durch seine Herzbewegung und durch die Frage: »Was wird im nächsten Jahr?« etwas neu mit der Liebe.

- Der Mann gibt das Licht in die Frau, in die Liebe hinein. Und in der Liebe löst sich das Licht auf zu einem Salztropfen, der informiert ist mit Wissen.

- Wechselt einmal die Rollen von Mann und Frau. Erkennt das Grundprinzip des Mannes und das Grundprinzip der Frau und geht dann in Mischverhältnisse. Aber kehrt immer wieder zu euch zurück.

- Eine Frau braucht ihre Weiblichkeit auf dem Bürostuhl nicht zu verlieren; sie kann sie erhalten, sie kann sie ausbauen und dadurch zu einer Entsprechung ihres Prinzips werden.

- Lächelt euch zu, bewegt euch ineinander, aber haltet Abstand und bewundert euch. Das Größte ist, dass ihr in der Bewunderung bleibt.

- Liebe entsteht als Schöpfungsprinzip durch Tanz, durch Sichdrehen.

- Liebe ist eine saubere Grundhaltung: Der Mann lebt seine Männlichkeit und findet sie zunächst ohne zu starke Anlehnung oder gar Heirat.

- Es wird neu sein auf der Erde, dass die Liebe mit der Liebe geht, dass der Mensch Gott versteht, dass er das Göttliche nicht nur ahnt, sondern es wirklich mitmacht. Das wird neu sein. Und dieses Ereignis erschüttert die Erde bis ins Mark.

- Liebe ist etwas durch und durch Aktives und nichts Passives, das abgeholt wird. Die Erde ist nicht für das passive Abholen der Liebe gemacht.

- Die Liebe, die aneinandergekettet ist, ist zum Scheitern verurteilt. Immer muss dieses Impulsholen aus dem Geist der Liebe, aus dem Verstehen heraus, warum die Erde überhaupt da ist, erfolgen.

- In der Partnerschaft geht es darum, seine Energie durchzuziehen. Die Menschen müssen sich selbst, ihr eigenes Prinzip durchziehen. Ohne das kommen sie nie zur Sexualität.

- Die Frau zieht durch das Öffnen ihres Schoßes die Geburt immer wieder neu hinein. Und sie hat in dieser Sekunde eine erotische Geschichte mit dem Göttlichen, weil das Göttliche sagt: »Frau, ich habe dich gerufen, um mit mir gemeinschaftlich diese Erde zu gebären.«

- Der Mann in der Sexualität versteht Gott. Er hört Gott zu und sagt: »Was sagst du mir?« Er lauscht während der Sexualität auf das Göttliche. Es hat zum Mann gesagt: »Ich errege dich, mit mir auf die Erde zu kommen. Ziele mit mir, sammle mit mir, ernte mit mir, gehe mit mir!«

6. Kapitel

Wir möchten beginnen mit einem Bild, das dienen kann, das Verhältnis von Gott zu Frau und Mann zu erläutern. Gott hat die Arbeit begonnen, als er Lust hatte, ein gewaschenes Kleid auf ein Bügelbrett zu legen und dazu ein Dampfbügeleisen zu erfinden. Dieses Bild bedeutet, dass das Göttliche ein Interesse hat, etwas Gewaschenes, etwas Frisches zu bügeln, und es brauchbar zu machen für den Alltag eines Menschen. Das Göttliche hat ein Interesse. Das bedeutet, das Göttliche hat eine Energie von etwas Daseiendem [lateinisch »inter-esse« = da sein, dazwischen sein].

Frau und Mann sind die Mitarbeiter Gottes

Und dieses Göttliche stellt den Menschen an wie einen Mitarbeiter, egal ob Mann oder Frau, und sagt: »Bügle du für mich die Klamotten, damit hier jemand in die Welt gehen kann.« **Dieses Bild besagt, dass Mann und Frau in dem ganzen Buch eine neue Stellung erfahren, indem sie sich immer als Mitarbeiter Gottes empfehlen können; als Mitarbeiter dieses göttlichen Prinzips, das Lust hat, etwas aus etwas zu machen.**

Das Göttliche ist also nicht etwas, das irgendwo thront, sondern bedeutet eine ganz starke Mitarbeiterschaft. Mann und Frau holen sich immer wieder etwas ab. Das ist ein ganz konkretes Zusammenspiel zwischen Gott und Mensch. Denn eine frisch gewaschene Wäsche, die jetzt gebügelt wird, um sie dann in den Alltag zu geben, bedeutet eine Mitarbeiterschaft. **Und diese Mitarbeiterschaft liegt heute – wie ihr es ausdrücken**

würdet – völlig in der Grütze. Das heißt: Mann und Frau agieren in ihren Familien, ohne diese Mitarbeiterschaft anzuerkennen, und das gibt zu viel Sumpf. Dieser Sumpf wurde im ersten Buch (»Wahre Liebe lässt frei!«) wunderbar beschrieben. Dieser Sumpf, diese Grütze, dieser Eintopf bedeutet, dass hier nicht mehr klar ist, dass diese frische Wäsche als eine Anreichung Gottes kommt, der sagt: »Du, lauf in die Welt mit deinem neuen Hemd.« Wir empfehlen euch, diese Erde als eine Abholstation zu betrachten; etwas abzuholen von jemandem, der gute Ideen hat, der prima Ideen hat, nämlich frische Wäsche, Material, Baumwolle auf die Erde zu geben, und der sagt: »Lauf und mach was draus mit deinem frisch gestärkten Hemd.« Wenn das verstanden wird, dann sind wir an einem guten Punkt, dass Mann und Frau wieder Lust haben, Mann und Frau zu sein. Wir verneigen uns vor euren Inkarnationen und vor eurer Bereitschaft zu sagen: »Und, Gott, was sagst du dazu? Betrachtet euch, Frauen wie Männer, als die Mitarbeiter Gottes.

Frage: Anknüpfend an die Formulierung vom Mitarbeiter Gottes: Wie steht diese Formulierung im Verhältnis zu der, die ich im ersten Buch (»Wahre Liebe lässt frei!«) verwendet habe, nämlich: »der Mensch als Ausdruck Gottes«?

Der Drucker ist der Mitarbeiter, und da haben wir dann den Ausdruck. Die beiden sind sehr nah beieinander. Du hast einen Kopierer, den Mitarbeiter für die Situation, dass hier gleich eine Kopie rauskommt. Dann kommt der Ausdruck, dann kommt die Kopie und das kann man auch auf den Scanner und viele andere Dinge der Materie übertragen. So ist auch das gebügelte Hemd für eine kurze Zeit ein Ausdruck.

Der Mitarbeiter ist also die allergrößte Liebe und Flexibilität aus dem göttlichen Willen. Um es deutlich zu sagen: Das Göttliche hat an sich selbst das allergrößte Interesse. Und etwas, was an sich selbst ein so großes Interesse hat, hat auch zugleich eine Möglichkeit.

Wenn ein Mensch an sich selbst Interesse hat und will etwas mit sich selber tun, dann beginnt er, sich Schuhe zu kaufen, um in die Welt laufen zu können. Wenn er selbst an sich Interesse hat, dann kauft er sich ein Auto und beginnt, an sich selbst und der Bewegung Interesse zu haben, die er beständig erfährt. Das heißt, Gott ist an sich selbst interessiert. Und dieses Selbstinteresse ist ein ganz zentrales Ereignis, steht noch vor der Liebe, steht noch vor dem Prinzip Liebe.

Wir können hier auch noch unterscheiden zwischen Interesse und Freude. Interesse ist der erste Schritt von der Freude weg, Freude ist das dastehende Prinzip. Freude ist also das Grundmaterial. Und das Interesse ist das nächste Material. Gott hat Freude an sich und an dem ersten kleinen Schritt Interesse. Und danach kommt Liebe und danach kommt Licht. Dieses Freudematerial bedeutet also, dass Gott gesagt hat: »Was mache ich jetzt damit?«, und sich dann die Mitarbeiter gewählt hat. Wenn also die Freude und das »Grundmaterial« Ausdruck genommen werden, dann sind die Freude und der Ausdruck eher die statischen Situationen, das Interesse und der Mitarbeiter die gebenden Situationen. Wenn also etwas da ist, sucht sich dies sofort etwas Gehendes. Dies könnt ihr immer wieder sehen: Ein Prinzip ist da und sucht sich das Gehende, das selbst Gehende. Der Wind ist ein Da-Seiendes, er sucht sich sofort den Weg, die Bewegung, er sucht sich sofort das Gehen.

Und genauso schildern wir auch immer Mann und Frau, und ebenso das Männliche in der Frau und das Weibliche im Mann. Etwas, was da ist, sucht sich sofort etwas. Die Freude sucht sich das Interesse. Und da habt ihr den Mitarbeiter und den Ausdruck. Da habt ihr etwas, was sofort für etwas handeln will. Der Drucker will für die Freude handeln und ist interessiert an der Freude und sucht sich dann den Ausdruck, den Druck dort. Und so steht der Mitarbeiter für dieses Interesse.

So hat sich das Göttliche, das an sich selbst interessiert ist, die Freude, den Mitarbeiter, den Gebenden, den Gehenden, den, der mit der Liebe geht, ausgesucht. Und dieses Spiel ist heute aktueller denn je. Denn die Freude hat immer wieder ein Interesse an sich selbst. Und die Freude darf Gas geben. Die Freude darf mit sich selbst Gas geben. Die Freude darf stärker werden. Das seht ihr im Sommer. Das seht ihr an Ländern wie Griechenland, wenn die Sonne für sich als eigenständige Kraft Gas geben darf. Das darf die Sonne, das tut die Sonne; das darf die Freude, das tut die Freude.

Die Freude gibt jetzt Gas

Glaubt nicht, dass die nächsten Jahre freudlos werden. Das stimmt nicht. Die Freude gibt Gas. Die Freude vermittelt sich. Die Freude ist interessiert an sich, und darin wird sich das ganze Prinzip abspulen, was jetzt schon lange läuft auf eurer Erde. Die Freude sucht sich im Menschen den spielerischen Mitarbeiter, der Lust hat, etwas auszudrücken, etwas mit der Erde und mit der Materie zu machen.

Frage: Wozu braucht Gott Mitarbeiter? Ist es, um sich selbst zu erfahren? Und welche Aufgaben haben Frau und Mann gemeinsam und im Unterschied zueinander?

Zunächst ist eine ganz wichtige tiefe Unterscheidung zu treffen zwischen dem Selbstinteresse Gottes an sich selbst und seiner Idee, Mitarbeiter anzufragen. Hier geht es um eine andere Instanz. Wenn also etwas aus einem Prinzip heraus von sich selbst sagt: »Ich möchte selbstverliebt sein«, dann ist das einen Moment lang ein Verbleiben. Das Göttliche hat ein Verbleiben. Das ist auch in vielen anderen Sternensystemen so. Es ist wie eine Welle, die keine Auster mit sich führt, um sie auf die Erde zu legen. Es gibt sehr viele Wellen. Es gibt sehr viel Arbeit. Es gibt sehr viel Gottesarbeit. Es gibt sehr viel Freudearbeit in eurem Kosmos, der mit sich selbst bleibt.

Das heißt, das Nicht-Verbleiben in der Selbstliebe ist eine Wahl; es ist eine von vielen Wahlen – wie eine Welle wählt, ob sie eine Auster mit sich nimmt, die eine Perle in sich trägt. So gibt sich die Welle auf die Erde hinaus. Mathematisch gesehen macht das ungefähr jede dritte bis fünfte Welle. Alle anderen Wellen ziehen sich einfach wieder zurück. Sie geben eine Mischung aus Salz und Sand ab, eine kristalline Struktur. Alles andere, was sie als Strandgut herausgeben – Algen, Materialien, Kleintiere – bedeutet dann, dass Gott sagt: »Ich werde hier den Mitarbeiter anfragen.« Und diese Mitarbeitersituation, dieser Weg war eine Wahl. Auf der Erde steht das Interesse des Göttlichen, aus der Eigenfreude, aus der bleibenden Freude herauszugehen, im Verhältnis von eins zu zehn zum nicht herausgehenden Prinzip.

Die Erde ist also ein Zehntel Freudeherausgabe, also ein Zehntel Mitarbeitersuche und neun Zehntel Freudeverbleib von Gott selbst; das heißt Liebe im Sinne von magnetischem Freudeprinzip ohne Liebe und Licht als herausgebendes Prinzip; als rein tönendes, als rein schwingendes Prinzip. So könnt ihr euch die Schwingungssituationen ungefähr vorstellen. Warum geschieht das Herausgeben, warum verbleibt die Freude nicht immer in sich? Weil der Magnetismus hierdurch in sich eine Neuerung erfahren kann.

Man kann also sagen, die Erde ist Kür und Pflicht zugleich. Es muss also eine Schwingungserneuerung geben. Es muss zu den Freudeverbleib-Gott-Prinzipien neben der Pflichtsituation eine Schwingungssituation geben. Wenn Magnete über Millionen von Jahren nur zusammen verbleiben würden, würden sie Kraft verlieren. Dadurch dass sie immer wieder auseinandergezogen werden, gewinnen sie Kraft. Wie ein Motor, der nie läuft: Obwohl ihm das nicht schadet, nach zehn, zwanzig Jahren ist es ungünstig. Er muss Reibung bekommen, er muss zur Schwingung kommen.

Das heißt, das ganze Mann-Frau-Erde-Prinzip ist in einer Form eine Pflichtsituation, weil hier Magnetismus durch das Abgeben, durch das Gehen, durch Liebe und Licht, durch die ganzen Kraftverhältnisse, durch die Schwingungsverhältnisse der Menschen sein muss, um das Freudeverbleib-Prinzip wiederum in sich zu halten. Es muss also etwas gehen, damit das andere bleiben kann.

Die Erde ist daher die Geherin, die Geberin, und die Mitarbeitersituation ist dazu da, das ganze Mitsystem im Sinne von »Die Freude ist mit sich und bleibt mit sich« zu erhalten und andersherum. Also, die gebende und die nicht gebende und die gehende und die nicht gehende Situation haben miteinander eine verlässliche Beziehung.

Die Kürsituation in der Mitarbeiterschaft bedeutet, dass das Göttliche mit denen, die jetzt wählen, Mitarbeiter zu sein, noch einmal eine Absprache trifft. Hier wird jetzt nicht nur eine reine Pflichtsituation absolviert im Sinne von Unfreiheit, im Sinne von Nichtwillen, sondern weil diese Erde in die Wahl gegangen ist – diese Menschen in Gott –, ist das Freudesystem selbst in die Wahl gegangen. Dadurch hat die Erde – Mann, Frau, Mensch, Situation, Tier, Kraft – als »Zuckerl« und Möglichkeit auch Wahl bekommen. Weil hier Wahl dahinterstand, wurde jetzt auch Wahl verteilt.

Und mit dieser Wahlverteilung, dieser Mitarbeitersituation, bei der nicht nur gesagt wurde: »Du musst jetzt pflichtmäßig mitarbeiten und auf einer Schiene fahren«, mit dieser Wahlsituation habt ihr es heute zu tun.

Als erstes Ziel wollen wir, dass die Menschen sich wieder an diese Freiwilligkeit ihrer Mitarbeiterschaft erinnern und sich an ihr hochziehen können, dass sie diese großartig finden und sich nicht selbst strafen. Wir wollen nicht, dass sie sich abstrafen und geißeln, denn ihnen wurde ja durch die Inkarnation, durch das Karma die Freiwilligkeit, die Wahl gegeben. **Das ist das zweite Ziel, dass wir sie auffangen wollen im Sinne von: »Ich bin gut zu mir, weil ich die Kür gelaufen bin.« Ihr lauft die Kür. Ihr lauft die Kür in der Wahl aus der Gott-Freude.**

In diesem Zusammenhang erklären wir euch, dass es eine Zweiterde gibt. Es gibt eine Zweiterde, eine völlig parallele Erde, die so ist wie eure Erde, nur hat sie nicht dieses im guten Sinne genannte Chaos und Durcheinander wie auf der Erde, denn sie hat den Pflichtteil übernommen. Ihr Menschen hier, ihr habt nicht den Pflichtteil übernommen. Ihr, die jetzt Inkarnierten, die sich sehen, sich treffen, miteinander sprechen, ihr habt alle den Kürteil übernommen.

Es gibt eine zweite, völlig parallele Erde

Es gibt eine Parallelwelt, eine Parallelerde, die parallel zu dieser Erde existiert. Dort gibt es das Gleiche wie hier und die gleiche Technik. Dort arbeitet das Prinzip Licht-Liebe und alles, was hier sozusagen »falsch« gemacht wird (auch wenn das nicht der wirklich passende Ausdruck ist), wird aufgehoben. Alles wird von dieser Parallelerde jetzt in dieser Sekunde gleichzeitig aufgenommen und neu ins Freudeprinzip erweckt. Das heißt, wenn ein Mensch denkt: »Oh, jetzt habe ich etwas Falsches gemacht«, dann gibt es einen Parallelmenschen von ihm in einer Parallelwelt, der genau das Gleiche im Freudegesetz macht, bloß richtiger. Das bedeutet: Diese Parallelwelt ist euch gerade eine Sekunde voraus und macht es im Gesetz richtiger.

Um ein Bild zu nehmen: Der eine läuft eine Kür, hat drei Pirouetten gedreht, und ist dabei hingeflogen. Auf der zweiten, parallelen Bahn gibt es jemanden, der die gleiche Drehung gemacht und sie gestanden hat. So wählt das Freudeprinzip das eine ab und sagt: »Bestanden!« Auf diese Weise wird gerade das völlig gepuffert, was auf der Erde im Wahl-Chaos-Prinzip durcheinanderläuft. Es wird aufgefangen im Freudeprinzip. So könnt ihr euch dieses Parallelwerk vorstellen.

Das heißt: Gott hat für das göttliche »Freude, ich will mich geben«-Prinzip und das »Ich soll mich geben« aufgrund der Schwingung des Magnetismusprinzips eine absolute Auffangstation geschaffen. Darum sagen wir euch: **Diese Erde kann nicht untergehen aufgrund dieser Zweiterde, die völlig in der Pflicht steht.** Sie steht völlig im Gesetz und setzt sich selbst für diese Erde im besten Sinne ein, für diese »Kürerde«, auf der ihr seid, für diese »Karma-Erde«. Soweit zum Mitarbeiter Gottes.

Diese Erde kann nicht untergehen

Frage: Das heißt also, diese beiden Erden arbeiten in einer perfekten Form zusammen; und die Möglichkeit, hier im freien Willen Erfahrungen zu machen, auch aus der Ordnung hinauszugehen und damit Erfahrungen zu machen – eben die Erfahrung einer Kür im Gegensatz zu der eines Pflichtprogramms – hat eine produktive Seite, die wiederum die andere Parallelerde impulsiert, etwas damit zu machen. Sehe ich das richtig?

Genauso verstanden, genauso ist es. Wir mögen den Begriff »impulsieren«. Aus dem »Kürcharakter« mögt ihr verstehen, dass es hier um nichts Schlechtes geht. Das ganze Denken in Begriffen wie »schlecht« und »gut« wird jetzt ins Feuer gelegt und eingeschmolzen durch diese Parallelwelt. Wenn dieses Denken, dieses Trennen in »gut« und »böse« überwunden wird, dann setzt dies Energie frei.

Ihr seid da, um Energie freizusetzen. Ihr seid genau für diesen Kürcharakter da. Ihr seid auch dafür da, dass der Purzelbaum nicht funktioniert und hier jemand aufschlägt. Und dann geschieht es, dass die Parallelwelt gleichzeitig das Bild in den Menschen legen kann, dass der Purzelbaum, dass die Pirouette funktioniert. Und genau das passiert. Das Bild von der Parallelwelt, von den Parallelmenschen, vom Parallelpartner legt sich in sich hinein. Die Parallelpartner, das sind bitte nicht die Engel und nicht die Geistigen Welten. Das sind nicht wir. Das ist dieser höhere Aspekt des Menschen, an den ihr schon oft gekommen seid, das Innere Kind, das zweite »Höhere Ich«.

Hier legt sich das zweite Ich hinein und manipuliert – und es ist wirklich eine Manipulation im besten Sinne. Das nimmt den Menschen ganz schnell aus dem Gut-Böse-Prinzip heraus und setzt ihn gleich in die Wahl hinein. Und die Menschen gehen im Idealfall, wenn sie die freie Wahl richtig neu und als wertvoll erkennen und sich ganz gemütlich fügen – und viele tun das jetzt und das geht jetzt viel schneller – in die Kürwahl hinein. Und sie bekommen Lust am richtigen Schwingungsgesetzprinzip, das wir euch niederschreiben in diesem Buch.

Dieser Spaß, sich in der Pflichtsituation zu bewegen, macht natürlich Sinn, weil keiner Lust hat, während der Pirouette auf den Hosenboden zu fallen. Jeder hat Lust, diese Pirouette zu beherrschen, und dieses Buch hilft euch, zu erkennen: »Es ist doch schön, eine Pirouette zu schaffen und sie zu stehen«, das heißt, im Gesetz der Schwingung zu stehen und das Gott-Erde-Mensch-Prinzip begriffen zu haben. Hierdurch wird das Gut-Schlecht-Prinzip aufgelöst, und ihr seid in der Kür. Und dann steht ihr in der Kür sogar das Pflichtprogramm und könnt sagen: »Klasse, diese Wahl! Jetzt bin ich das, was ich bin.«

Wenn das geschieht – und es geschieht bereits –, dann haben wir ein Schwingungsgesetz, das so viel Energie durch die Lust der Menschen freisetzt, die Lust aufzustehen, die Pirouette zu stehen und im Gesetz zu stehen, dass daraus wiederum jetzt schon eine dritte Erde gemacht werden kann, die die beiden zusammenzieht, und auf die jetzt alle eingeladen sind. **Das ist tatsächlich das, was ihr jetzt schon immer wieder als neue Erde erfahrt, dass also aus zweien ein Ganzes gemacht wird.** Das ist ein ganz einfaches Prinzip, das

Alle sind jetzt eingeladen auf eine dritte Erde

ihr immer wieder erlebt. Wenn hier eine Stimme singt, dann kommt die zweite dazu, und ein Drittes entsteht hier. So wie ihr sagt: »Alle guten Dinge sind drei.« Es gibt dann also eine dritte Erde, die jetzt schon aus dieser Energie, aus dieser Schwingung gebildet wird. Dazu können wir später in der Zeit mehr sagen.

Frage: Das wird ja spannend. Zurück zu der Frage: Welche gemeinsame Aufgabe haben Frau und Mann und welche Aufgaben haben sie getrennt als Frau und als Mann?

Wir greifen noch einmal das Bild von den Eiskunstläufern auf, die sich hier einfinden. Wir haben die Pirouette benutzt in diesem allgemeinen Bild der Kür und der Pflicht. Die Frau findet sich am leichtesten in ihrem Urprinzip ein, wenn sie sich – das mögen ja die Frauen – in dem Taftkleid sieht, wenn sie sich in dieser Schönheit sieht, aber auch in der bemerkenswerten Weise, mit der sie angeschaut wird. Die Braut ist die, zu der das andere dann hinschaut; sie in Weiß und der Mann, eher zurückgenommen, im schwarzen Frack oder Smoking. **Aus diesem Bild kommt die erste Uridee.**

Die Freude, das Interesse an sich selbst, die Selbstliebe Gottes, hat eine ganz einfache Eigenschaft, nämlich die, schön sein zu wollen. Das möge man – mit einem Augenzwinkern gesagt – der Freude anerkennen, dass sie sagt: »Ich habe Lust, schön zu sein.« Das heißt also: **Da ist ein Augenzwinkern zwischen Mann und Frau, weil die Freude gesagt hat: »Als Erstes möchte ich einmal schön sein.« Und dann hat das weibliche Prinzip gesagt: »Da werde ich den Finger heben, da werde ich mich anstellen.«**

Wenn wir jetzt von Mitarbeiterschaft sprechen, da gibt es den Grundzyklus einer inkarnierten Frau, den Grundzyklus der Frau an sich. Und wenn ein Mann inkarniert ist, gibt es eine eher größere Tendenz, dass er im Urprinzip Mann ist. Das muss jetzt anerkannt werden.

Das bedeutet für die anderen Inkarnationen: Wenn da ein Mann als Frau inkarniert war, dann wollte er dort sein Karma aufarbeiten. Aber die Grundinkarnation von einem Mann ist immer, dass er hier der Mann war, der als Mitarbeiter die Hand gehoben hat. Und ein jetzt inkarnierter Mann ist immer einer, der für karmische Zwecke auch Frauenkleider angenommen hat, aber dennoch tickt der Mann in ihm.

Und dort ist die Frau, die gesagt hat: »Ja, ich bin die mit dem Schönen, ich bin die für die Schönheit. Ich bin die, die die Liebe zur Schönheit hat.« Und der Mann hat gesagt: »Und ich bin der, der die Schönheit beleuchtet und belichtet und hochhebt.« Die Frau ist also die, die sich zeigt in dem größeren Kleid, weil sie sagt: »Jemand muss hier mal anfangen, die Freude auszubreiten. Irgendjemand muss ja hier mal den Schmuck in die Welt bringen.« Das ist im Kern das weibliche Prinzip. Und der Mann hat demgegenüber einen kleinen Dienstcharakter: »Wenn da schon etwas so Schönes ist, wenn die Freude schon Lust hat, Liebe im Sinne von Schönheit rauszugeben, dann bin ich da, um den Scheinwerfer anzuschalten.« Und das beschreibt im Kern das männliche Prinzip.

Frau und Mann haben die Kleider vertauscht

Der größte Knoten in der ganzen karmischen Folge dieses Grundprinzips ist natürlich, dass die beiden hier die Kleider vertauscht haben. Und so kam es zu diesem Knoten. Dann weiß der Mann in dem Schönheitsprinzip nicht mehr, was seine Aufgabe ist, und versucht, ganz er selbst zu sein. Der Mann, der hier nicht in der Bereitschaft ist, die Frau anzuleuchten – dies ist der größte und auch der dunkelste Knoten im Karma. Wenn der Mann im Frauenkleid ist und gleichzeitig versucht, schön zu sein und sich selbst zu beleuchten, dann habt ihr den Egoisten, den Machtmann. Dann habt ihr auch den Dämon, der in sich alles bunkert, der in sich ein Bunker ist. Der sagt: »Ich habe die Schönheit in mir, aber ich beleuchte sie nicht, ich gebe sie nicht hinaus.«

Dann stehen die beiden wie ein Knoten auf dem Eis und rühren sich nicht. Das ist das, was hier geschehen ist, und darum ist dieser Mann als Dämon, als dunkelster Knoten im Karma gefunden worden. Wenn dieser wieder an seinen Platz zurückfindet in die Fähigkeit, die Frau schön zu finden, dann löst sich das Karma wieder auf. Das Ganze spiegelt sich in vielen Vater-Mutter-Themen. **Und der zweite Knoten, in dem die Frau sich in der karmischen Idee völlig verknotet, ist dann gegeben, wenn die Frau sich nicht bescheinen lässt durch den Mann.** Wenn die Frau keinerlei Interesse hat zu sagen: »Ich lasse mich bescheinen in meiner Schönheit.« Was nützen ihr der ganze Schmuck und ihre Schönheit, wenn sie sich drei Meter unter der Erde in einer Höhle versteckt? Das ist der weibliche Dämon, das weibliche Monster auf eurer Erde. Das ist der Knoten des Karmas, der jetzt gelöst wird. So möchten wir euch hier den Kern von Frau und Mann, also die zwei Leuchten und die zwei Verknoteten, aufzeigen.

Frage: Um hier erst einmal den Frauen eine Brücke zu bilden: Manche Frau wird sagen: »Also, das soll das Wichtigste sein, dass ich schön bin und dass ich strahle und dass ich mich bewundern lasse? Das kommt mir aber etwas wenig vor. Habe ich nicht mehr zu bieten?« Was sagt ihr diesen Frauen?

Wir wollen das Wort vom »bieten« hier aufgreifen. **Diese Frau, die sich in ihrer Schönheit bietet und anbietet, hat den Gottaspekt so verstanden, dass sie eine ganz starke Bewegung hin zu Gott ist.** Wenn dies nicht verstanden ist, haben wir eine praktisch tote Frau. Die Frau, die eine Schönheit ist, und die in sich diese Gottmitarbeiter-Schönheit bunkert, ist die tote Diva.

Da haben wir die Göttin, die keine mehr ist. Da haben wir die, die mit Schmuck behangen ist, die lange Fingernägel hat und ein Zerrbild ist. Wenn diese Schönheit, diese Käuflichkeit, diese Verkaufbarkeit nicht in Bewegung ist, wenn Schönheit für sich genommen wird, oder um dem Mann zu gefallen, dann haben wir es mit der toten Diva, mit der toten Göttin zu tun, die eine Weile funktioniert, aber die in sich natürlich die Frage stellt: »Wer bin ich eigentlich?«

Diese Nur-Schöne, die nicht nach Gott, nach dem Göttlichen fragt, die sich nicht dieser Mitarbeiterfunktion stellt, die also mit ihrer Schönheit nichts macht, hat das größte Lebensproblem. **Hier könnt ihr den Ursprung der ganzen weiblichen Krebskrankheiten finden. Krebs ist vorwiegend eine weibliche Krankheit, weil die Schönheit in sich implodiert.** Wenn die Frau nur sich selbst anschaut, wenn sie den Gang zum Göttlichen nicht geht, im Sinne von: »Ich biete an, ich mache mit dir eine Auktion, ich gebe dir«, wenn dahin nicht die tiefste Bewegung der Frau geht, kommt es zu einer Implosion, einer Krankheit, zu dieser Schönheitskrankheit in der Frau, so können wir es nennen. **Der Krebs in diesen Frauen besagt: »Ich komme nicht weiter, ich trete auf der Stelle, ich gehe zwei Schritte vor und einen zurück.« Dem gilt es schleunigst entgegenzutreten. Wenn die Brustkrebse, wenn die Gebärmutterkrebse, wenn die Eierstockkrebse in den Frauen verstanden und geheilt sind, dann sind sie wieder mit dabei. Dann können sie zur Diva aufsteigen.**

Krebs ist eine vorwiegend weibliche Krankheit, weil die Schönheit in sich implodiert

Das sind die Frauen, die jetzt ganz stark herangenommen werden. Sie können und müssen der Liebe wieder einen völlig neuen großen Aspekt abgewinnen. Sie haben die Aufgabe zu sagen: »Das werden wir jetzt nachholen.« Sie haben eine ganz schnelle Inkarnation und müssen eine ganz schnelle

Inkarnation haben, um aus dieser Verblutung der Frau herauszukommen.

Und die Brücke heißt Mitarbeiterin sein, um zu bieten und zu bieten und zu bieten; das heißt, Schönheit zu verkaufen, Schönheit zu geben und auszustrahlen. Das ist eine Kraft, die ihr bei sehr guten Schauspielerinnen seht. Und zweifelsohne wird jede Frau sagen: »Oh ja, gut.« Hier liegt die Ursache für die Zickigkeit, wenn die Frau in den Wettbewerb geht und fragt: »Und, wie schön bin ich?« Diese Kraft kommt, wenn sie sagt: »Ich bin dann schön, wenn ich die Erde mit produziere«, und noch besser – an den schönen Schauspielerinnen seht ihr es –, »wenn ich diese Erde mit verstoffwechsle, wenn ich die Erde, das Schöne der Frau zeige«.

Die höchst angesehenen Frauen, die ihr heute in euren Magazinen seht, die den Frauen als Vorbilder dienen, sind diejenigen, die als Schauspielerinnen Erde verstoffwechseln. Das sind die alten Huren. Sie haben nämlich verkauft. Sie haben Schönheit verkauft. Sie haben Schönheit dargestellt. Die Schauspielerinnen stellen Mann-Frau-Prinzipien dar. Sie stellen Liebe dar. Das zieht sich durch alle Märchenbücher der Kinder, durch alle Liebesfilme eurer Zeit. Überall dort findet ihr es, wo die Frau die Schöne, die Wunderbare, die Zauberin ist. Die Frau verkauft die Schönheit, und sie heilt, sie lehrt, sie spielt, sie verkauft sie, sie macht etwas damit, sie bunkert sie nicht für sich selbst.

Die Schönheit zu bunkern ist das Gegenteil von dem, was wir sagen, nämlich: »Raus mit der Schönheit!« Wenn die Frau diesen einen Schritt tut und sagt: »Ich drehe mich mit«, hat der Mann sofort mit seinem Licht anzukommen und zu sagen: »Ich gebe den Scheinwerfer und zeige, dass du dich drehst.« Also, die Frauen sind die Mitarbeiter, weil sie die Schönheit zeigen und mit ihr sehr viel tun können. Das ist die Brücke.

Frage: Es kann aber nicht jede Frau eine Diva oder Schauspielerin sein. Was sagt ihr den Rechtsanwältinnen, den Architektinnen, den Bürogehilfinnen usw.? Wie können sie dieses Schönheitsprinzip denn für sich umsetzen, leben und ausstrahlen? Und in welchem Verhältnis können hier männliches Prinzip und weibliches Prinzip gelebt werden, denn hier ist ja auch das männliche Prinzip gefordert, wenn die Frau in ihrem Beruf ihren Mann stehen will?

Tatsächlich haben wir da einen Knackpunkt. Denn die Zurückrufung der Steuergehilfin in diejenige, die da etwas findet, was schön ist, die geschieht jetzt. Ihr habt es jetzt mit einer Arbeit zu tun auf eurer Erde, mit einer Rückholarbeit. Genauso wie jetzt Geld zurückgeholt wird (denn um nichts anderes geht es auf eurer Erde in der Wirtschaftskrise: um die Zurückholung an den Wert »Geld« und die Zurückholung an den Wert »Wirtschaft«), werden jetzt auch die Steuerfachgehilfin und die Anwältin zurückgeholt werden in das, was sie sind, damit sie hiervon die Schönheit zeigen.

Wenn sich also eine Juristin im männlichen Kleid zeigt und kämpft und arbeitet und sich da draußen verdingt, nein, das ist nicht der Weg. Da zeigt sie nicht Schönheit an, da zeigt sie Kampf. Das ist jetzt ein ganz stringentes Prinzip: **In allem hat sie die Aufgabe – auch als Juristin – das Schöne zu zeigen. Und das Schöne ist hier in dem Fall, wenn die Dinge richtig sind. Das heißt, die Juristin hat sich so hinaufzuarbeiten, dass sie sagt: »Ich zeige zwei Parteien das Schöne darin.«** Wenn es ein Scheidungsverfahren ist, dann zeigt sie ganz simpel, wie schön es ist, ein Kind zu haben, und wie schön es ist, Mann und Frau zu sein. Das ist es. Und das ist jetzt Sisyphusarbeit. Das ist Kleinarbeit, die jede zu tun hat.

Wenn sie also meint, sie müsse die kämpferische Juristin sein und da vorne toben wie die Anwältin, die sich männlich gibt und bestimmt: »So muss es sein, so muss es sein!« – nein.

Sie darf natürlich da draußen sein, aber sie muss ganz ruhig dasitzen, schön sein und sagen: »Das ist die Schönheit von Kind, Mann und Frau.« Und dann kann sie den Scheidungsprozess gewinnen als Anwältin.

Es gibt eine ganz einfache Regel: zurück zur Prostituierten, zurück zu dem Sichzeigen, zurück zu dem, was sie tut. Die Frau kann jede Arbeit annehmen. Die Putzfrau hat eine absolut perfekte Arbeit. Sie muss nicht Model sein, sie muss nicht Schauspielerin sein, aber sie hat die Aufgabe, die Erde schön zu machen. Sie ist die schönste Schauspielerin der Welt, die Putzfrau, weil sie die Welt schön macht. Weil sie die Welt verstoffwechselt. Weil sie die alten Blumen herausnimmt und die Vase saubermacht und neue Blumen hineinstellt. Sie ist dort wie das hoch bezahlte Mannequin.

Und wenn sie sich dann auch noch schön macht, wenn sie dann auch noch sagt: »Ich habe etwas Schönes an«, dann hat sie die ganze Erde verstanden, genauso wie das Mannequin die ganze Erde verstanden hat, indem sie sagt: »Da ist ein Kleid, und in diesem Kleid werde ich zeigen, wie schön die Erde ist. Durch das Baumwollstück, das in diesem Kleid ist, zeige ich es.

Der Mann wiederum hat zu sehen: »Die Frau, meine Putzfrau zu Hause, meine Hausfrau zu Hause, meine Frau zu Hause hat verstoffwechselt. Sie hat die neuen Blumen hineingebracht. Es gibt keinen einzigen Beruf, der von der Frau nicht ausgeübt werden kann und darf. Aber der Gleichklang, im Sinne von: »So ist es, so soll es sein«, der ist natürlich absolut da. Und dieser sollte hier gewahrt sein.

Die schönste Diva ist die, welche die Göttin in der Blume sieht, welche alles über dieses Prinzip des Verstoffwechselns der alten Blume in der Vase und der neuen Blume weiß, und diesem Prinzip ihr JA gibt. **Sie ist eine Jasagerin zur Schönheit, darauf wird die Frau – wir sagen es sehr klar – festgenagelt in jedem Beruf der Welt. Sie kann jeden ausüben, sie kann Fluglotse sein, aber sie muss das Gesetz des Fliegens in sich tragen.** Die

Männer dürfen das jetzt noch eine Weile vergessen haben, die Frauen nicht. Das wird jetzt hier ein Festnageln der Frauen auf ihr Innerstes sein; das ist das Allerschnellste, was gerade passiert.

Frage: In diesem Zusammenhang interessiert mich der Aspekt der Wildnatur der Frau sehr. Neben dieser Kraft der Schönheit und der Ausstrahlung gab es – und ich denke, nicht nur in der Historie, sondern auch heute – eine starke Kraft in der Frau, die ich nicht männlich nennen möchte, aber die doch vielleicht zum männlichen Prinzip gehört. Eine Kraft, die die Frau vorantreibt, die sie ganz in ihrem Urwildnaturelement leben und beben lässt. Wie seht ihr diese Energie im Zusammenspiel mit Schönheit und mit Ausstrahlung?

Wenn du eine Lilie siehst oder eine Rose, da siehst du die Wildheit. Sie hat nichts anderes zu tun, als mit sich selbst zu bleiben. Nehmen wir einmal ein klassisches Beispiel: ein wildes Tier. Seine Wildheit beruht am meisten darin, dass es seine Kraft und seine Energie zusammenfügen kann.

Wenn eine Löwin läuft, hat sie die meiste Kraft, wenn sie angespannt ist. Wenn sie bereit ist, ihre Kinder zu verteidigen. Die größte Wildheit besitzt ein weiblicher Panther dann, wenn sie ihre Kinder hat und weiß: Dies ist der Moment, jetzt werde ich angegriffen. Jetzt seht ihr die geballte Wildheit. Wenn sie dann den Sprung zum Angriff gemacht hat, ist die meiste Wildheit schon nicht mehr da, weil jetzt der Akt der Energiefreisetzung läuft.

Wenn ein Jäger klug ist, dann achtet er nicht darauf, wenn sich etwas bewegt. Er achtet darauf, wenn sich etwas nicht bewegt. Und wenn die Bewegung läuft, dann ist schon alles vorbei. Dann findet Energieauswurf statt. Die größte Wildheit ist in der Frau, wenn sie Energie halten kann. Wenn sie Energie erhalten kann. Alle Tiere achten darauf, wenn es ganz still ist.

Und wenn die Frau ganz still ist und wenn sie Energie hält und wenn sie für diese Erde Energie hält, dann ist das Göttliche – nennen wir es ganz stark – einen Moment lang entmachtet. Dann fügt sich in die Frau Gott ein. Dann nimmt diese weibliche Urkraft alles aus Gott. Dann ist Gott einen Moment so kräftig, aber auch so atemlos, dass er sich sozusagen hineingibt. Dann fügt sich Gott in Gott in dem Moment der Wildheit. Das hat nichts mit Springen, das hat nichts mit dem männlichen Prinzip: »Ich nehme etwas und mache etwas daraus« zu tun. Das ist eine Ballung. Vor dieser Ballung atmet die Welt.

Wenn die Frau ganz still ist und die Energie hält, dann fügt sich Gott in sie ein

Wenn ein Lied da ist, und ihr habt einen Ton und ihr wisst, gleich geht dieser Ton in ein »Die Liebe ist« über, bevor dieser Ton kommt, ist die größte Kraft da, und das ist die Wildheit der Frau. Und diese Wildheit existiert darin, dass die Frau die Energie halten kann. Sie wird diejenige sein, der hier für Momente die Welt gehört. **Und auch beim Sexualspiel, dem Spiel zwischen Mann und Frau, da gehört der Frau ein Moment lang die Welt der Sexualität, die Welt dieses Zimmers, die Welt dieses Bettes, weil jetzt ihre Wildheit, ihr Halten da ist.** Weil sie in dem Moment sagen kann: »Jetzt spiele ich mit dir. Jetzt gehe ich mit dir um.« Und sie tut das leise.

Und wenn die Frau dann ruft und wenn sie schreit und wenn sie herausgeht, dann ist das schon ein Abgesang der Energie. Das ist das, was hier geschieht. In diesen Sekunden, in diesen Minuten, da ist die Wildheit der Frau zu Hause, da ist die Erde zu Hause, da ist Gott zu Hause. Wenn die Frau die Welt einen Moment lang anhält, sie statisch macht, schön macht, sich selbst gewähren lässt, das ist die Wildheit der Frau. Da herrscht ein Moment lang die größte Kraft, die geballte Kraft, wenn Gott sich legt und sagt: »Jetzt bin ich selbst atemlos.« Das ist es.

ZUSAMMENFASSUNG

- Frau und Mann sind Mitarbeiter Gottes, dieses göttlichen Prinzips, das Lust hat, etwas aus etwas zu machen. Diese Mitarbeiterschaft liegt heute völlig in der Grütze. Da gibt es zu viel Sumpf zwischen Mann und Frau.

- Das Göttliche hat an sich selbst das allergrößte Interesse. Gott hat Freude an sich und an dem ersten kleinen Schritt Interesse. Und danach kommt die Liebe und dann kommt Licht.

- Glaubt nicht, dass die nächsten Jahre freudlos werden. Das stimmt nicht. Die Freude gibt Gas.

- Die Erde ist ein Zehntel Freudeherausgabe und neun Zehntel Freudeverbleib von Gott selbst. Warum verbleibt die Freude nicht immer in sich? Weil der Magnetismus hierdurch eine Neuerung erfahren kann.

- Die Erde ist Kür und Pflicht zugleich. Ihr Menschen habt nicht den Pflichtteil übernommen. Ihr habt alle den Kürteil übernommen.

- Wir wollen, dass die Menschen sich wieder an die Freiwilligkeit ihrer Mitarbeiterschaft erinnern und sich an ihr hochziehen, dass sie diese großartig finden und nicht sich selbst strafen.

- Es gibt eine völlig parallele Zweiterde, die völlig in der Pflicht steht. Aufgrund dieser Zweiterde kann die Erde nicht untergehen.

- Alle sind jetzt eingeladen auf eine dritte Erde, die jetzt schon gebildet wird.

- Die Freude, die Selbstliebe Gottes hat eine ganz einfache Eigenschaft, nämlich schön sein zu wollen. Und da hat das weibliche Prinzip gesagt: »Da werde ich den Finger heben, da werde ich mich anstellen.«

- Der Mann hat demgegenüber einen kleinen Dienstcharakter. Er hat gesagt: »Wenn da etwas so Schönes ist, wenn die Freude schon Lust hat, Liebe im Sinne von Schönheit rauszugeben, dann bin ich da, um den Scheinwerfer anzuschalten und sie zu beleuchten.«

- Der größte Knoten in der ganzen karmischen Folge ist, dass Mann und Frau die Kleider vertauscht haben. Der Mann, der nicht bereit ist, die Frau anzuleuchten, der Mann, der versucht, schön zu sein und sich selbst anzuleuchten, das ist der dunkelste Knoten im Karma.

- Und der zweite Knoten, in dem sich die Frau völlig verknotet hat, ist dann gegeben, wenn die Frau sich nicht bescheinen lässt durch den Mann. Dann haben wir die praktisch tote Frau.

- Krebs ist eine vorwiegend weibliche Krankheit, weil die Schönheit in sich implodiert. Der Krebs in diesen Frauen besagt: »Ich trete auf der Stelle.«

- Die höchst angesehenen Schauspielerinnen auf eurer Erde, das sind die alten Huren. Sie stellen die Liebe dar.

- Die Frau ist eine Jasagerin zur Schönheit und wird darauf festgenagelt in jedem Beruf der Welt. Sie kann auch Fluglotse werden, aber sie muss das Gesetz des Fliegens in sich tragen.

- Wenn die Frau ganz still ist und für diese Erde die Energie hält, dann ist das Göttliche für einen Moment entmachtet. Dann fügt sich Gott in die Frau ein.

7. Kapitel

Heben wir zu Anfang den Mann auf die Höhe, wo er hingehört. Und das ist bei dem Wäschestück, das das Göttliche, im Sinne von: »Ich bin, was ich bin«, bereitet hat, und nehmen wir den Bügeltisch hinzu. **Hier hat der Mann die Aufgabe, in der Freude alles zu erfragen; er hat die Freude, nach der Freude zu fragen. Dies ist eine hohe, eine höchstgestellte und auch immer wieder die erste Aufgabe des Mannes.** Auf dem Fundament der Kür, in dem Licht, hat der Mann die erste Wahl. Mann, du hast die Aufgabe, in allen Nischen der Gottesfreude herumzuleuchten und zu schauen: »Wie ist das?«!

Die Freude des Mannes, etwas zu tun, wiegt sich mit der Freude der Frau völlig auf. Die Frau hat die Möglichkeit, sich mit der Liebe darüberzulegen, aber der Mann hat die Lichtaufgabe, in der Freude Gottes herumzustöbern, und zwar da, wo sie in der Zelle angefangen hat. Seine Aufgabe ist es, das Wäschestück zu nehmen, die Baumwollfäden zusammenzufügen, die Baumwolle auf den Feldern wachsen zu lassen, die Farbe der Blumen herauszufinden, zu erforschen: Wie ist das alles gemacht?

Wie macht Gott sich die Freude? Wie ist das Beet, wie sind die Felder der Freude bereitet? Das ist die Aufgabe des Lichts, das der Mann repräsentiert. Er darf an alles herangehen, was er will. **Und der Mann, der nicht an die Gottesfreude herangeht mit seinem Schwert, mit seinem Phallus, mit seiner Frage, mit seinem dritten Auge, der wird auf eurer Erde jetzt ange-**

stupst werden. Er wird sich nicht mehr damit begnügen können, dass er sich einfräst in sein eigenes Licht, dass er das, was er kennt, aushöhlt; dass er bei der Freude, die er hat, bei dem einen Auto, dem einen Hobby hängen bleibt.

Der Mann wird von seinem Sitz geschleudert werden mit dem Appell: »Geh hinaus! Sei der, der Frieden stiftet mit dem Unfrieden! Das darfst du.« Und der Mann darf sagen: »Ich habe Freude daran, alles auseinanderzunehmen«, weil es genau das ist, woran auch das Göttliche seine Freude hat. Natürlich hat das Göttliche die Idee, sich selbst interessant zu machen. Da gibt es eine Instanz, einen Mann, der stöbert darin herum wie ein Junge in einer Kiste stöbert. Dann kommt ein zweiter Junge dazu. Wie interessant ist das, in dieser Kiste herumzustöbern und alles zu finden; hier etwas auseinanderzunehmen, da etwas auseinanderzunehmen.

So ist hier der Mann, der männliche Partner an der Seite, der Mitarbeiter, der ganz hoch in der Gunst, der im allerhöchsten Gesetze der Inkarnation, der Schöpfung steht. Und die Frau daneben ist dauernd interessiert zu fragen: »Was bringst du Neues mit?« Sie steht abends an der Tür und fragt: »Was bringst du Neues mit von Gott? Was berichtest du? Was kannst du berichten von der Gottesfreude?« Dann nimmt sie den Bericht und sie klebt ihn in ihr Journal. Sie macht ihn sofort zum Hochglanz für die Welt und sagt: »Das hast du gefunden von der Gottesfreude? Da werde ich doch sofort meine Schönheit, die ganze Erdschönheit, dazunehmen. Ich werde meine ganze Spannkraft um das legen, was du da heranbringst. Und ich werde meine Freude an der Erde und deine Freude dazulegen.«

So legt sich die Liebe der Frau um die Lichtigkeit des Mannes herum. Und die Lichtigkeit sagt: »Ich habe die Gottesfreude gebracht, ich habe sie in die Scheide, in die Vagina deiner Liebe gebracht. Ich habe sie in die Erde-Freude-Frau deiner Liebe hineingebracht.« Und so scheinen die beiden zueinander und sie sind ein Glanz im Glanz. Sie haben sich im Anstrahlen gefunden.

Dann bewundert der Mann wieder die Frau und sagt: »Was hast du Schönes aus dem Freude-Essenzen-Prinzip gemacht!« Da habt ihr den Mann in seiner großen wichtigen Rolle. Und wir sagen es gleich: Dieser Phallus ist fast besiegt. **Dieser Phallus der Gottesfreude in dem Mann ist fast besiegt. Und wir werden jetzt auf eure Erde Heilung aufbringen, damit der Phallus des Mannes, der Gott-Phallus des Mannes wieder herauskommt.**

Der Phallus der Gottesfreude im Mann ist fast besiegt

Es geht hier und jetzt darum, wieder ein neues Mann-Frau-Bild auf eurer Erde zu schmieden und hiermit eine neue Gesellschaft. Wo steht der Amboss für die neue Frau und für den neuen Mann in der Gesellschaft? Er steht dort, wo die beiden aufeinandertreffen: Wenn abends der Mann heimkommt von der Arbeit und die Frau macht ihm die Tür auf; wenn der Mann in die Frau hineindringt in der Sexualität; wenn der Mann jetzt nach der Kündigung, nach der Kurzarbeit nach Hause kommt; und wie der Mann hier aufgenommen wird, wenn er sagt: »Jetzt habe ich einen neuen Job, eine neue Idee für mich.« **Auf eurer Erde findet jetzt eine Art von Zerfallen des alten Phallus statt.** Dieser alte Erdphallus steckt hier wie ein monotones, wie ein unerigiertes Glied in der Erde und wird jetzt mit eurer Wirtschaftskrise herausgezogen.

Der Mann, der sich hier aufmacht und der seinen Phallus natürlich in die Frau gibt, in die Arbeit und Kompetenz der Familie, der seinen Phallus auch an die andere Seite gibt, der sagt: »Frau, ich werde jetzt meinen Phallus, mein Schwert, meine Idee, meine Fähigkeit, die weibliche Kraft, die Essenzkraft, auch diese Gottfreude zu spüren, die weiblich ist, die aus einem ganz tiefen Grund weiblich ist, hineinlegen.« Dieses Phallus-Prinzip Mann legt sich jetzt in das göttlich-weibliche Prinzip, in die Freude, und bringt diese auf die Erde. Der Mann muss wieder verstehen, wie man das macht, wie er gute und richtige Informationen bekommt aus dem Weiblichen, aus dem Wasser, aus der Maria, aus der heißen Quelle, aus dem warmen Prinzip.

Dieses neue Holen, diese neue Frage: »Gott, wie sieht deine Bügelwäsche aus, wie machst du das?«, wird jetzt wieder auf die Erde gebracht. Da werden die neuen Männer, da werden die wieder erigierten Glieder, da wird die Potenz wieder da sein auf eurer Erde. Da wird die Mächtigkeit im besten Sinn auf der Erde sein, wenn der Mann wieder fragt: »Und wie nehme ich die Informationen und bringe sie heran und dringe ein in die Frau und bringe sie in die Erde hinein?«

Übersetzt in das Alltägliche bedeutet das, dass der Mann hingehen und herangehen muss für eure Dritterde, die gerade aufgebaut wird. Und er sagt: »Ich habe aus meinem Tag etwas, von dem ich erfahren habe, dass ich es noch nicht weiß.« Und die Frau sagt: »Erzähl doch mal.« Die Frau muss in der Fähigkeit sein zuzuhören. So, wie sie auch in der Sexualität zuhören muss. **Alles, was hier neu aufgebaut werden muss, könnt ihr auch in der Sexualität finden und muss auch dort stattfinden. Die Sexualität könnt ihr betrachten als die Kompetenz dafür, wie sich Mann und Frau wieder richtig zueinander stellen können.**

Um ein anderes Bild zu nehmen: **In der Sexualität, wenn der Mann in die Frau eindringt – dabei ist es ganz ursprünglich zu spüren –, liegt das größte Problem im Karma, in der Langeweile dieses Moments. Hier liegt der größte Bruch vor, wenn sie sagt: »Ach, das langweilt mich, dass er schon wieder in mich eindringt. Denn er bringt ja nichts Neues.«** Das hat die Frau in die Langeweile gegeben. Und der Mann sagt: »Ach, ich hab ja nichts Neues zu erzählen. Warum sollte ich überhaupt in sie eindringen?« So also entsteht hier die absolute Langeweile, die dem Karma noch einmal seinen Sockel zugewiesen hat.

Der Amboss des Neuen geht von einer erweiterten Sexualität aus und von der Frage: Wie dringt der Mann in die Frau ein? Wie wird dieser mit Gott getränkte Phallus hier für den Mann so spannend, dass er sagt: »Ich hab da was.«? Das ist die Ausstrahlung des Mannes, die natürlich auch ganz selten auf eurer Erde vorkommt. Und wenn sie vorkommt, dann ist der Erfolg da. Dieser Phallusstab sagt: »Ich hab da was.« Die Männer werden fragen: »Wie ziehen wir unseren alten beschwerten Phallus aus dieser Erde heraus?« Dies war die alte Erzgefahr auf eurer Erde, dass das alles stecken bleibt. Das wird jetzt herausgezogen.

Der Grundstock wird sein, dass dieser Akt, dieser Moment wieder spannend wird, und die Frau sagt: »Das ist aber spannend, dass du in mich eindringst. Was hast du zu erzählen von dem Göttlichen?« Und dass der Mann sagt: »Das ist aber spannend, weil ich in eine Erde einsteige, die jeden Tag neu ist.« Jeden Tag hat die Frau sich selbst völlig neu erkannt, sich der Erde mit ihrer Schönheit gezeigt. Und der Mann sagt: »Frau, was hast du wieder erkannt? Frau, wie kann ich dich und deine Erde noch bedienen?« Und die Frau sagt: »Mann, was ist es heute? Was bringst du mir wieder?« Und der Mann fragt: »Womit darf ich dich und diese Erde wieder neu bescheinen?« Dort liegt der Schlüssel und das ist der Amboss. Der Amboss ist dieser Moment.

Frage: Dann wird der Mann fragen: »Was ist es, was meinen Phallus so schwer gemacht hat? Was hat mir die kraftvolle Begeisterung über mich selbst und über meine Männlichkeit genommen? Wie habe ich mir das selbor gonommen? Und wie komme ich wieder in diese Begeisterung über mich hinein und über das, was mich als Mann ausmacht?«

Der Grund für die heutige Entwicklung des Mannes liegt darin, dass er vergessen hat, die zweite Frage nach der ersten zu stellen. Seit Atlantis haben dies die Männer vergessen. Der Mann der Azoren hat es noch gewusst. Er hat die Erde als Quelle tiefster Weisheit betrachtet. Von hier ging diese Idee aus.

Der Mann hat vergessen, die zweite Frage zu stellen: »Was ist dahinter?«

Die Atlantismänner haben nicht die zweite Frage gestellt, die dahinter. Sie haben sich mit der ersten Frage bzw. mit der ersten Antwort der Erde begnügt. Der Mann hat also gesagt: »Ah, jetzt habe ich verstanden, wie ein Motor gebaut wird.« Und dann bleibt er eine Inkarnation, zwei Inkarnationen, drei Inkarnationen an diesem Motording hängen. Er hat sich in diesen Motor verliebt und damit in das Auto. Und durch seine Faszination blieb er an dem Auto hängen.

Der Mann kann nur weitergehen, wenn er erkennt, dass nicht das Auto das Faszinierende ist, sondern die Fähigkeit, die Bewegung zu übersetzen. Wenn er sich damit auseinandersetzt und einfach die zweite Frage stellt: »Herr, Gott, wie machst du das mit der Bewegung?« Wenn er nicht ein Segelflieger bleibt, sondern hier auch geistig zu Gott aufsteigt: »Ich bleib doch nicht bei der Materie, bei meinem Segelflug hängen. Ich frage, wie du die Bewegung machst.«

Die zweite Frage hinter dem autoverrückten Mann, hinter dem segelflugverrückten Mann, hinter diesem Hobbymann zu stellen, darauf kommt es an. Er hatte es fast in der Hand, aber dann hat er nicht die zweite Frage gestellt. Das war Atlantis. Die zweite Frage lautet: »Woher kommst du und wie war es?« Die Frage: »Wie bediene ich den Motor? Wie mache ich den Motor schneller?« ist nicht die zweite Frage. Die zweite Frage ist die einfachere Frage und sie heißt: **»Was ist dahinter? Mich interessiert die Bewegung. Mich interessiert der Weg.«**

Die Frau muss diese Frage nicht stellen. Die Frau hat Antwort um Antwort um Antwort. Die Frau hat die Landkarte. Die Frau sagt: »Hier ist noch ein Restaurant, da können wir hinfahren. Hier ist noch ein Plattengeschäft, da können wir Platten aussuchen.« Und wenn der Mann jetzt auf die Frau schaut, dann verliert er Gott.

Das ist das zweite Prinzip. Der Mann hat über Inkarnationen hinweg nicht die zweite Frage nach dem »Warum« gestellt. Und so wurde er natürlich zu diesem Pantoffelhelden, wie ihr ihn nennt. Dann hat er die Frau gefragt. Und die hat ihn auch nicht gelehrt, wie man die zweite Frage nach Gott stellen muss, weil das nicht ihre Aufgabe ist. Sie repräsentiert Gott. Sie demonstriert Gott. Sie ist die Liebe, im Sinne von: »Erhalte mein Prinzip.« Sie ist das Erhaltprinzip von Gott. Warum sollte sie die Frage stellen? Sie sagt: »Bring du doch!« **Das ist die größte Langeweile zwischen Mann und Frau, wenn sie sagt: »Ja, er bringt ja nichts. Er bringt ja nicht den Samen. Er ist impotent. Er bringt's ja nicht.« Das ist genau das, was passiert ist.**

Wie geht der Weg zurück? Wie kommt der Mann zurück zur Begeisterung? Er muss sich trauen, mal einen anderen Mann zu fragen. **Er muss beginnen, die Gemeinschaften zu bilden zwischen Männern. Die Männer müssen losziehen und Männer fragen. Sie müssen das Männliche wieder anfragen.** Die Männer müssen wieder den Baum fragen und allein sein. Sie müssen die Natur anfragen.

Die Männer müssen losziehen und Männer fragen

Wenn sie versuchen, über die Frau die Natur zu befragen, ist das Unsinn, weil die Frau eine andere Antwort über die Natur hat. Die Frau erhält die Natur. Die Frau ist die Erde. Die Frau nährt die Erde. Die Frau wird von der Erde ernährt. Der Mann wird von seiner Frage ernährt: »Was ist die Erde?«, kommt dann und umgibt sich mit der kompetenten Antwort der Frau.

Um das Männliche, den Entdeckerdrang wiederzufinden, müssen die Männer – im übertragenen Sinne – jetzt wieder in den Wald. Er darf nicht der Schreinermeister bleiben, der sich zu Tode langweilt, weil er immer nur Hölzer verarbeitet. Er muss in den Wald. Er muss an sein Blut, er muss sich natürlich auch mit der Axt in die Hand schneiden. Er muss auch Schmerzen haben, weil er dieses Ding Erde sonst nicht knackt, diese Frage: »Warum bist du da, Erde?«

Das ist der Mann, der einfach am Strand sitzt, sich den Stein nimmt und sagt: »Den Stein werfe ich in das Meer« und der sich den Schlüssel erarbeiten will und fragt: »Was bist du?« Das ist die Frage, die gestellt werden will. Ihr müsst natürlich nicht in den Wald gehen. Ihr müsst nicht die Gemeinschaften bilden. Wir sagen euch nur: Ihr müsst die Gemeinschaft durch dieses Aufbrechen tun, mit der Frage: »Wer bricht mit mir etwas auf?« Das In-den-Wald-Gehen symbolisiert das Archaische. Da sind Männer gemeinsam in den Wald gegangen und haben Bäume geschlagen, einfach deswegen, weil es allein nicht zu schaffen ist. Da kann nicht einer einen Baum schlagen und ihn gleichzeitig auffangen. Da müssen welche stehen, die den Baum auffangen und das Gebiet absichern.

Das ist das Prinzip, hier liegen der Anfang und die Wirkstätte, von hier aus laufen dann die Meisterschaften. Es ist die Aufgabe des Mannes, in die Welt zu laufen und die Welt zu hinterfragen: »Welt, wie kannst du das?« **Begnügt euch nicht mit dem, was da ist. Macht das, was ihr tut nicht zum Selbstzweck. Männer, bewegt euch, aber bewegt euch geistig! Ihr müsst keinen Sport machen und daran hängen bleiben.** Setzt euch nicht einfach in ein Segelboot und fahrt jeden Sonntagnachmittag dumpf auf dem Meer hin und her, sondern fragt: »Gott, wie hast du das mit der Freude gemacht?«

Findet diese Begeisterung zu sagen: »Hier ist das Salz und da ist das Wasser.« Da hat der begeisterte, der nicht müde Mann etwas ganz Kluges gemacht. Er hat gesagt: »Ich nehme das Salz und mache damit einen kleinen Laden und verkaufe Salz. Ich trenne die Prinzipien. Ich bin begeistert, dass das so ist, und ich werde daraus etwas machen. Und dann bringe ich es abends der Frau.« Dann erzählt er voller Begeisterung: »Stell dir vor, ich habe eine Welle angetroffen. Ich bin so lange gesessen, bis da ein Salzkorn lag, und ich habe es schmecken können; damit konnte ich etwas machen, damit konnte ich meinen Reis salzig machen.« Und dann pulsiert er in die Frau hinein und sagt: »Das ist er. Gott sind zwei. Gott ist immer mit Salz und Wasser, das ist wunderbar.« Und dann vereint die Frau wiederum in sich die Welle zu sich selbst, die dann wiederum die Auster trägt.

Es geht also um die Begeisterung des Mannes darüber, dass die Welt sich trennen kann, dass die Welt sich schlägt, dass die Welt teilbar ist, dass die Freude ein Teilungswerkzeug ist. Der Mann muss aufhören, beim Hobby der Anwendung, beim Hobby der Materie zu bleiben und sich sagen: »Ich hinterfrage alles.« Das ist der entscheidende Schritt. Dann macht er diese Begeisterung wieder für sich erlebbar. Dann haben wir sofort den potenten Mann, der in die Frau dringt und sagt: »Hurra, ich bin da!«

Frage: Wie seht ihr das Thema der Aggression beim Mann? Aggression habe ich bisher verstanden als eine Kerneigenschaft des männlichen Prinzips, aus dem Verständnis von »an etwas herangehen, mit etwas was machen, etwas Neues machen«. Wie seht ihr diese Definition und das Verhältnis der Männer zur Aggression? Eine These ist, dass die Männer über viele Äonen ihre aggressive Kraft missbraucht haben – auch zum Leidwesen und Schaden der Frau – und deswegen heute sozusagen kastriert oder zumindest gehandicapt sind, um überhaupt wieder einen Zugang zu einer urig-archaischen, männlichen Aggressivität zu bekommen, die jetzt nicht destruktiv angewendet wird.

Wir möchten euch anleiten, die Hauptantworten nicht aus – im weitesten Sinne – karmischen Prozessen abzuleiten. Das sind immer nur Teilantworten. Wenn der Mann durch eine Situation in etwas hineingeführt wird, ist das für eine Weile etwas, das möglich ist. Das ist so wie Schokolade und Früchte. Wenn ihr Schokolade esst, dann ist dies eine gewisse Lüge für den Blutzuckerspiegel. Und so ist es auch, wenn ihr sagt: »Aggressivität kommt daher, weil der Mann sich bestätigen, sich bestärken musste und weil er – ganz allgemein gesagt – ein bestimmtes Verhältnis zur Frau hatte.« Das ist Schokolade, weil der Mann dann sagen kann: »Ah, es beruhigt mich, dass ich deswegen Aggressionen habe.«

Unsere Antwort kommt natürlich aus der Natur. Sie kommt daher, weil diese Aggression des Mannes in der Natur ihre Sinnstärke erfährt. Als Bild nehmen wir hierzu den bekannten »Zauberwürfel«. Wenn man ihn ein paar Mal dreht, entsteht hier ein Mosaik an Farben und der Würfel hat in sich keinen Zusammenhang. Das ist etwas, was hier die Aggression der Menschen herausgeführt und ein Ordnungsprinzip hergestellt hat. Der Mensch hat gesagt: »Ich möchte dieses Ding drehen, diesen seltsamen Würfel mit den unlogischen Farben. Ich möchte ihn drehen und drehen, so lange, bis dies alles wieder in einer Wertschätzung und im Besten ist.«

Dieser Würfel kann aufs Beste das Thema Aggression, die göttliche Aggression des Menschen, erklären, wenn der Mann sagt: »Ich will das mit meiner ganzen Kraft und mit allem, was ich habe. Ich will mich so zusammenstraffen und eine Ordnung herstellen.« Es gab ja wirklich Wettbewerbe, diesen Würfel herzustellen, um die Ordnung auf eurer Erde wiederherzustellen. Wenn dieser Würfel in weibliche Hände kommt, dann ist das nicht stimmig. Die Frau hat nicht die Aufgabe, die Erde in die Ordnung zu bringen im Sinne des Urprinzips.

Die Frau ist die Nacharbeiterin. Die Frau sagt: »Wenn das Haus steht, wenn die Grundstruktur des Hauses steht, dann

ordne ich die Dinge hinein.« Aber die Frau hat nicht die Aufgabe, die Steine zu setzen. Und so ist Aggression gleichzusetzen mit der Ordnung in diesen Farben wie bei einem Regenbogen. Das aggressive Material des Mannes bedeutet, – nach diesem ganzen Streit, wo alles in einem Grau war – nach dem Regen kommt wieder die Sonne, dann zeigt sich der Regenbogen und sagt: »Und hier ist es.«

Das ist diese Grundaggression. Eine perfekte Grundaggression findet ihr in dem Regenbogen, wenn ihr das Gefühl habt: Und jetzt hat die Sonne, das Lichtprinzip, das Sonnengottprinzip, wirklich alles gegeben und schiebt einen Regenbogen auf die Erde über das ganze Material.

Aggression ist ideal, weil hier nur die Sonne gewinnen will. Die Sonne (der Mann) will die Freude (die Frau, die Erde) unbedingt bescheinen. Und so kann die Aggression im Mann positiv verstanden werden: »Ich möchte an das Licht kommen.« Die Ur-Idealaggression des Mannes sagt: »Ich möchte an mein Licht herankommen. Egal ob mir das Wasser hier dazwischenkommt, egal ob mir hier irgendwelche Regengüsse dazwischenkommen, ich komme wieder an meine Farbe heran. Ich drehe mir meinen Würfel wieder so. Ich mache diese göttliche Ordnung. Ich mache die Brücke, ich werde meinen Weg zur Erde finden.«

Das ist der Regenbogenmann, der mit seinem Licht, seinem Regenbogen hier zur Erde gekommen ist, der schließlich männlich ist. Das ist der Spaziergang des Sonnengottes auf die Erde. Gott spaziert über diesen Regenbogen auf die Erde. Und genauso stellt sich die Aggression des Mannes dar. Die Sonne scheint. So ist es. Punktum. Die Freude ist bescheinbar. Punktum, so ist es. Das ist das Bild dazu.

Frage: Auch auf die Gefahr hin, noch mal an das Karmische anzuknüpfen: Seht ihr den Archetyp des Kriegers als eine reale

Existenz im Feinstofflichen oder im Muster, in der Blaupause des Mannes? Und damit verbunden: Was bedeutet es für den Mann heute, dass er über so viele Generationen als Soldat marschiert ist, nicht aufgefordert war, selbstständig zu denken und zu handeln? Wie überwindet der Mann, der das noch in seinen Zellen hat und es sogar noch bei seinen Vätern und Großvätern erlebt hat? Wie findet er den Anfang, um wieder selbst zu gehen und nicht mehr für andere zu kämpfen, keine Auftragsarbeit zu leisten, nicht Auftragsabwickler zu sein, nicht mehr für Befehlshaber Länder zu erobern und Menschen zu töten?

Der Krieger ist ein sehr ideales Bild. Versteht unseren Zungenschlag richtig. Wir benutzen das Karmische immer als ein Erklärwerkzeug dafür, wo wir hinwollen. Wir wollen die Grundgesetze niederschreiben, damit die Orientierung da ist. Und wir benutzen hier – zum Verständnis der Leser – das »Karmische« als einen idealen Übergang dafür, dieses zu erklären und es aufzuarbeiten und immer wieder den Blick zu klären dafür, wie sich das alles herausgeformt hat. Dafür hat der karmische Blickwinkel eine ideale Funktion.

Also, der Krieger ist der, der – das ist richtig gesagt – mit inneren Handschellen im Heer geht. Aber, es ist auch so, dass die Basisposition dessen, was der Mann in sich trägt, hier völlig richtig bewertet und auch völlig richtig genährt worden ist.

Der Krieger, der Soldat ist der, der immer wieder das Entfütterungsmaterial der Freude ist. Hier findet also auch immer wieder ein Freiwerden, ein Freirufen von Energiequalität statt. Und die Männer, die sich als Krieger, als Soldaten in den Generationen gefunden haben, haben ein Rufwerkzeug. Dieses Rufwerkzeug, dieses Posaunenwerkzeug gibt es in allen Kriegsbildern, ihr seht das auch auf Gemälden. Grundsätzlich kann man sagen: Der Krieger kriegt das Licht. Der Krieger, der Mann hat sich selbst kleingemacht und gesagt: »Ich krieg das nicht.«

Dann ist er auf die Idee gekommen und hat gesagt: »Na ja, wenn da mehr sind, die da marschieren, dann werde ich es vielleicht wieder kriegen.«

Und ein weiteres gutes archaisches Prinzip: Der Mann ist sehr wohl der Stadtwolf, der Alleingänger, derjenige, der allein den ganzen Strand entlanggeht. Der ganz allein durch die Kneipen der Stadt zieht und zu sich sagt: »Ich krieg das schon. Ich krieg das schon.« Und in seinem archaischen Prinzip sagt er: Die Freude ist natürlich etwas. Gott, du hast da etwas gemacht, was ich wirklich erst mal kriegen muss, wo ich wirklich erst mal hinmuss, wo ich erst mal einen Auftrag haben muss. Wie krieg ich dich denn?«

Wir wollen den Mann hier nicht abwatschen, der karmisch etwas getan hat. Aber hier hat er diese kleine Veränderung gemacht, im Sinne von: »Na ja, wenn ich es nicht allein kriege, dann muss ich eben im Tross durch die Städte ziehen und durch den Wald laufen.« Das heißt, es ist sehr wohl dieses aggressive Material, dieses: »Da komm ich hin, da will ich hin!«, dieser Biss des Mannes, der im Idealfall aus dem Alleinsein herauskommt, aus dem: »Ich werd dich dann schon finden, Gott. Ich werde dich schon überall finden.« Und dann geht er – nochmals als der Stadtwolf – und er betrinkt sich nicht, weil alles so langweilig ist, sondern er forscht alles durch und sagt: »Ich werde das Ordnungsprinzip darin schon finden.« Er klappert zehn Kneipen ab und sagt: »Ich werde schon finden, was in dem Prinzip Trinken drin ist.«

Er will also immer herausfinden, warum die Dinge so sind und warum zum Beispiel die Freude am Trinken da ist. Und dann kommt er wieder an und sagt: »Das ist es also.« Er kommt an Alkohol, er kommt an Nikotin und fragt: »Was ist das? Welchen Kick gibt das? Gott, warum hast du das erfunden?« Und er kommt aus der Wertung heraus und sagt: »So ist das also! All das hier ist erfunden.« Er kommt an die Urorganisation heran und sagt: »Deswegen hast du das erfunden.« Und er lässt sich nicht vollaufen in den zehn Kneipen, sondern er entdeckt, warum dieses Göttliche diesen Alkohol, diesen Gärungsprozess erfunden hat. Und das kriegt er.

Und so ist er ein Krieger. Er jagt es und geht so lange, bis er es gefunden hat und der Mann sagt: »Jetzt habe ich das mit dem Alkohol verstanden. Jetzt habe ich das mit dem Nikotin verstanden.« Mögen dieses und die anderen Bilder dazu dienen, dass die Grundgesetze auf dieser Ersterde verstanden werden.

Frage: Hieran anknüpfend möchte ich das Thema »Führung und Dienen« ansprechen, verbunden mit dem Vorwurf besonders vieler Frauen an die Männer und an unsere Führungskräfte in Politik, Wirtschaft und in anderen Gesellschaftsbereichen, sie hätten den Karren in den Sand gesetzt. Und zweitens verbunden mit der Tatsache, dass Führung und Führungskraft bei uns keinen hohen Stellenwert und keinen guten Ruf mehr haben, aber dennoch an allen Ecken wahrhafte Führung vermisst wird. Wie seht ihr diese Zusammenhänge zwischen Männlichkeit und der Fähigkeit, führen zu können, einerseits und andererseits, als polares Gegenstück dazu, natürlich auch das Dienen der Führungskraft selbst?

Dieser Moment, wenn der Stadtwolf sich plötzlich allein fühlt, wenn er also den Bogen überspannt, allein zu gehen, hat zur Niederschlagung der männlichen, der tatsächlichen Führungsqualität geführt, die wir jetzt in diesen zwei Bildern beschrieben haben: in dem Regenbogenmann und in der – sagen wir es ruhig einmal – in der Geilheit über die Freude. **Die Führung ist in dem Moment zerschlagen und funktioniert nicht mehr, wenn nicht sofort das Weibliche hinzugezogen wird. Jetzt kommt das Weibliche ins Spiel.**

Die Führung, die also nur Führung ist, die nichts zeigt, die nichts aufzeigen kann, die das einfach nur macht für sich selbst, ist nichts wert. Oder um noch mal das Anfangsbild zu nehmen: Wenn der Mann sagt: »Jetzt habe ich verstanden, weshalb Gott das Wasser herausgefunden hat«, und er kommt dann nicht sofort zur Frau und sagt: »Bitte hebe das für mich auf und denke daran, einen Teich anzulegen. Ich habe Samen für dich, bitte sei so gut und mach deine Beine breit und nimm meinen Samen heraus«, wenn der, der Führung hat, sich nicht sofort dafür einen Platz sucht, ist hier die Erde nichtig. Er hat die Erde damit weggesprengt. Sie wird nicht gebraucht.

Die Führung, die nichts aufzeigen kann, ist nichts wert

Der Mann muss wissen, dass alles, was er da herausgefunden hat, seine Idee, seine Neuerung, seine Möglichkeit, was er da aufschreiben will, null und nichtig ist, wenn er es nicht in das Boot, wenn er das nicht in die Liebe, wenn er es nicht in die gebreiteten Beine der Frau bekommt. Wenn der Mann sagt: »Ich habe einen Samen, und das könnte ein Kind werden«, und er diesen Samen in die Erde buddelt, ist das genau das gleiche Prinzip. Das wird kein Kind.

Der Mann, der die Verantwortung dafür nicht sofort der Frau überträgt, hat dann den Niedergang der Führung zu verantworten, die ihr jetzt habt. **Es ist dieses zersprengte Frau-Mann-Prinzip, das die Wirtschaftssituation in dem Erdprinzip noch verschärfen wird. Das liegt dem zugrunde. Der Mann muss die Fähigkeit haben, etwas Gefundenes sofort in etwas einzubringen.** Das ist wichtig, um Antworten auf die Fragen nach Wirtschaft, Geld und Entwicklung zu finden. Hier wird auch eine kluge Mann-Frau-Führungssituation in den Firmen eine wichtige Rolle spielen.

Denn was nützt das schönste Gold, wenn damit nichts gemacht wird? Gold hat nur dadurch auf eurer Erde irgendeinen Belang, weil etwas damit gemacht werden kann. Wenn da ein Apfel ist und mit ihm wird nichts gemacht, dann schimmelt er und wird braun. Wenn er aber genommen und daraus Apfelmus gemacht wird, kommt er in das Glas. Das weibliche Prinzip, dass die Frau so etwas mit dem Apfel des Adam macht, bedeutet, dass daraus etwas wird, wenn sie es in die Tiefe, in ihre Tiefe, in ihre Gebärmutter nimmt. Den Apfel bringt sie in den Keller, dann wird da was draus. Dann ist der Keller voll von guten reifen Äpfeln das ganze Jahr über. Das ist das weiblich-männliche Prinzip.

Der Mann muss sofort mit der Frau zusammenarbeiten, solange das Ding reif ist. Er darf den Apfel nicht drei Wochen in seinem Auto durch die Gegend fahren von A nach B. So reif, wie dieser Gottesapfel ist, so schnell muss er ihn auch in den Uterus, in die Vagina der Frau bringen, damit das was wird. Der Samen, der hier ist, er muss schnell hinein, damit das Kind kommt. Damit soll deutlich gesagt sein, dass der Mann sofort mit der Frau zusammenarbeiten muss.

Die Firma von morgen muss wie eine Perlenkette aussehen: Mann-Frau-Mann-Frau …

Eine Gesellschaft, eine Firma von morgen muss wie eine Perlenkette aussehen – Mann-Frau-Mann-Frau … Um es am Wort »führen« festzumachen: Der Mann muss es irgendwohin führen. Wenn er es bei sich allein führt, ist das verlorener Samen, der zertreten wird. Der Samen muss in die Erde gegeben werden und nicht auf den Felsen. So sieht es das archaische Prinzip vor. Dort, wo Männer jetzt auf den Felsen gebaut haben, nun, diese Firmen gehen ein. Das ist die jetzige Situation. **Eurer ganzen Wirtschaftskrise liegt zugrunde, dass der Mann es nicht der Frau übertragen hat, und das Gesetz von Frau und Mann unbeachtet ließ.**

Frage: Aus dieser Sicht heraus zusammengefasst: Heißt das, wir werden morgen männliche Männer haben, die begeistert sind von ihrer Männlichkeit und von der Kraft, die wieder in Verbindung stehen mit Gott, Frau und Erde. Ist das so richtig?

So ist das richtig. Genau so!

Frage: Wie würdet ihr die Polarisierung in »starkes Geschlecht« hier und »schwaches Geschlecht« dort kommentieren?

Nun, wenn ihr es ganz genau wissen wollt, in der Wertung ist das Unsinn. Auf der Erde hat sich ja nun nichts als wirklich schwach oder wirklich stark gezeigt. Oder würdet ihr eine Erde, die etwas aufnimmt, als schwach bezeichnen? Sie ist hier in einer enormen Stärke. Sie nimmt auf, sie macht etwas Großes. Sie nimmt Wasser auf, wird dadurch stark, und daraus erwächst etwas. Genauso der Sonnenstrahl. Auch er wird im Umkehrschluss zu etwas ganz Schwachem. Er ist ja nur ein kleines Kristall, dieser Sonnenstrahl, und vergeht, sobald er auf die Erde tritt. Und wenn hier ein brennendes Streichholz ist und ihr gebt es in nasse Erde, nun, was geschieht? Es verlöscht.

Was ist das, »stark«? Und, was ist das, »schwach«? Beides hat in sich beides. Ist der Sonnengott, der in eine Pfütze fällt, wirklich noch der Sonnengott? Und ist die Erde, die hier überall weich ist, noch die Erde? Nein, beides hat Schwäche und Stärke in sich. **Das ist ja die ganze Idee, dass beides in sich beides trägt.**

Und ihr habt das Aufspaltungsprinzip in der Hand, das Aufspaltungs- und gleichzeitig das Verbindungsprinzip. So sieht der Mann sich richtig, wenn er sagt: »Ich bin schwach und stark.« Und wenn die Frau sagt: »Ich bin schwach und stark und ich kann aufspalten und verbinden.« Und beide sind ganz in ihren Systemen, beide stehen ganz in ihrer eigenen Kompetenz.

Dann kommen die beiden in der Sexualität zusammen, die hier »schwach« und »stark« gleichzeitig haben. Und die Sexualität besteht hier gerade darin, dass die Frau in einer Weise vom starken Halten plötzlich ganz in das Schwachwerden geht. Es gibt natürlich die Schwachheit in dem Sinne, dass hier die Frau schwach wird, indem sie sagt: »Jetzt spüre ich die Stärke des Pulsierens, das Pulsen des Mannes.« Und sie spürt, dass sie schwach wird, im Sinne von: »Jetzt bin ich das, das Schwachwerden.« Das ist genau das richtige Wort dafür. »Jetzt gebe ich mich diesem hin. Jetzt, einen Moment mache ich mich ganz auf, weil dann die Stärke hereinkommt.« Da mischen sich Stärke und Schwäche. Und die beiden haben dadurch eine ganz große Aussage miteinander.

Die Frau weicht dem Pulsen und dann kommt gleich wieder ihre Stärke und sie hält das Pulsen. Sie hält den Phallus in sich. Hier sind Stärke und Schwäche in einem symbolisiert. Wir sagen es in Bildern der Sexualität, die jeder Mensch kennt. Und hier zeigt sich, dass sich die Ebenen von »schwach« und »stark« natürlich aufheben.

Die schöne, liebevoll gelebte Sexualität ist nicht in »stark« und »schwach« einzuordnen. Da hat der eine einmal die starke Position, im Sinne von: »Ich bin da«, und der andere sagt: »Ich bin da.« Beide zeigen ihre eigene Präsenz, und da mischen sich Geben und Nehmen. Da mischen sich Stärke und Schwäche in einem. Und genauso ist es geregelt auf eurer Erde.

Die Bilanz des Menschen soll sein: »Schwach und stark waren heute gut vereint.«

Und so regelt sich auch jeder Wassertropfen, so regelt sich jeder Kristall, die in sich beide Prinzipien haben. Und so regelt sich jeder Regenbogen, der beides vereint. Und so arbeiten Frau und Mann, und wissen, dass sie – von der Tendenz her – immer ein in sich drehender Kristall sind. Ihr habt an einem Tag schwache und starke Momente. Und das ist auch gut so. Und wenn ihr am Abend sagt: »Beide Momente hatte ich heute«, dann empfindet ihr es als gut. Und so ist es.

Die Bilanz des Menschen soll sein: »Schwach und stark waren heute gut vereint.« Genau das ist auch die Bilanz eines jeden Regentropfens an einem jeden Tag. »Ich habe mich schwach gegeben, ich habe mich einfach aus der Wolke fallen lassen. Aber ich habe mich stark mit der Erde verbunden, und aus dieser Stärke kam dann hier die Pflanze heraus.« Diese Bilder sind so vielfältig. Denn das zeigt die Polarität, die Idee dieser Erde auf, aus der dann Blühen und Kür erwachsen.

Frage: Was würdet ihr der alleinerziehenden Mutter sagen, die jetzt einen Sohn hat, der dreizehn oder fünfzehn Jahre alt ist? Was kann sie tun, um ihm die besseren und besten Möglichkeiten als zukünftigem Mann zu geben? Denn viele haben Schuldgefühle, weil sie keinen Mann mehr haben und keinen Vater bieten können.

Sie sollten sich sehr schnell an die Heilung der eigentlichen Verbindung zu sich selbst machen. Da ist das, was diese Frau aber schon tut, wenn sie diese Frage stellt. Indem sie das Schuldgefühl hat, ist sie ja schon bereit, es über Bord zu werfen. Der Mann will seinen Phallus nicht in das weibliche Schuldgefühl legen. Wenn sie die Verbindung zu sich selbst heilt und die Schuldgefühle verwandelt, dann bekommt sie auch bald einen neuen Partner. Sie heilt sich und heilt sofort auch die Beziehung dem Kind gegenüber.

Warum will der Mann nicht in Schuld? Der Mann hat dann das Gefühl, dass die Erde etwas Schlechtes ist. Die Schuldgefühle der Frau, die sie jetzt entlassen kann, sind der Dreh- und Angelpunkt. Denn der Mann hat sonst das Gefühl, er legt seinen Phallus in Schuld. Und das ist überhaupt nicht sein Interesse.

Frauen, die hier ein Schuldgefühl haben, verursachen auf der Erde energetisch eine Verschmutzung. Schuldgefühle passen aber nicht zur Erde, denn die Erde ist völlig heil. Die Erde heilt sich dauernd. Die Schuld kam nur daher, dass die Frau gesagt hat: »Ich habe mir das Karma ausgedacht«. So kam das Schuldgefühl in die Frau.

Also, die Frau mit dem vierzehnjährigen Sohn soll möglichst schnell schauen, dass sie wieder einen Mann ins Bett bekommt. Wenn das wieder stattfindet, wenn hier wieder Bewegung, wieder Wärme da ist, dann heilt das sofort das Kind. Also gebt den schulderzeugenden Gedanken auf: »Ich habe ja den Vater des Kindes nicht mehr da.« Es geht nicht um diesen speziellen Mann, sondern um das männliche Prinzip, dass da wieder jemand ist, der männlich ist. Das genügt dem Teenager völlig, um seinen Weg zu machen.

Frage: Zur Sexualität der Männer: Wenn Männer zusammenkommen, zum Beispiel in Männergruppen, dann stellen sie sehr schnell fest, dass die meisten – wie Männer sagen – »Bock auf Sex« haben bzw. »geil« sind. Gleichzeitig haben sie aber auch ein schlechtes Gewissen deswegen und wissen nicht, wie sie das leben sollen. Die meisten von ihnen fühlen sich nicht in der Lage, mit der Frau darüber zu reden. Und sie haben ein schlechtes Gewissen, wenn sie Spaß daran finden, zu stoßen oder zu »bumsen«, obwohl sie merken, dass auch Frauen das mögen. Wie seht ihr dieses Dilemma, diese Geilheit der Männer auf Sex, und ihre Art, damit umzugehen?

Noch ist es ein Dilemma und wird es auch eine Weile noch bleiben. Es ist nur auflösbar, indem der Mann erkennt, dass er – und das liegt am Karma – oft auf dieses dumpfe Schuldgefühl der Frau gestoßen ist. Und da wollte er durchdringen. Er wollte sagen: »Das bist du doch nicht! Das ist doch nicht die Erde!« Eine Erde mit Schuld macht für den Mann überhaupt keinen Sinn. Wenn ein Mann an solche Gefühle herankommt, kann er sofort deutlich fragen: »Wie ist das hier, stimmt das noch? Ist das noch im Regelkreislauf? Lebe ich hier das Mannprinzip?«, das – wie gesagt – ein Freude-Gott-Prinzip ist.

Der Mann hat nur dann ein schlechtes Gefühl, wenn er das nicht mehr kann, was er eigentlich ist. Er will ja durchdringen. Er will ja, er will stöbern, er will stochern, wie schon gesagt. Aber dann ist er auf Frauen getroffen, die das Schuldgefühl in sich haben, und der Mann kam hierdurch überhaupt nicht mit der Erde klar. Dann hat er Schuld auf die Erde übertragen und gesagt: »Die Erde ist ein Schuldgefängnis oder ein Schuldprinzip.« Aber dennoch will er rammeln. Dann will er doch da durch bei der Frau. Weil er aber dennoch seinen Job machen will, seine Aufgabe machen will, nimmt er das, was sich ihm gerade anbietet.

Der Mann kann hier zwei Dinge machen. Er kann hier – das wäre eine Möglichkeit – eine Weile die Abstinenz wählen und in die Liebe gehen und seiner Frau wirklich einmal die Zeit lassen. Und er kann auch das Gespräch suchen und sie ermuntern, das Schuldgefühl abzugeben und wieder ihre Erde zu nehmen, an ihre Erde voller Liebe heranzugehen. Er kann sagen: »Ich schau mir das an, ich warte ab, bis du wieder dein Liebesprinzip lebst, und dann mach ich das mit dir neu. Dann werde ich das mit dir verbinden.«

Dann muss er nicht gegen einen Widerstand in die Frau hinein, sondern er kann rund werden. Es ist ein Unterschied, ob der Phallus immer so wie ein Bohrer in die Frau hineingeht oder in einem Rund, immer wieder in der Frau ein Rundes macht und mit ihrer Bewegung geht. Das wird dann in der Sexualität gehen.

Der Mann, der diese reine, gerade Geilheit will, der will zu seinem eigenen Prinzip, aber er glaubt nicht an sein eigenes Prinzip. Er will da unbedingt hin, aber lebt das aus einer Angst heraus. Er will unbedingt durch das Schuldgefühl der Frau durch. Also kann er selbst wieder rund werden und sagen: »Wenn ich hier meinen Gott-Phallus lebe, dann muss ich das nicht alles mit der Frau erleben.« Er kann tatsächlich sagen: »Ich dringe in die Erde ein. Ich dringe direkt in die Erde ein. Ich kann in die Wälder gehen. Ich kann ins Meer springen.« Dann ist eben diese Geilheit auch mit dem Meer da. Auch wenn der Mann mit seinem Phallus ins Meer springt und seine Textilien auszieht, ist das genau das Gleiche. Dann kann er eine Erektion haben, weil das Meer warm ist. Das ist das Gleiche. Wenn er sagt: »Ich bin im Wald und ich mache die Sexualität mit mir selbst, weil hier das Moos ist«, ist das das Gleiche.

Der Mann kann also diese Gott-Geilheit wieder mit sich selbst entdecken. Und dann kann er die Frau hinzuziehen und sagen: »Komm, wir machen runden Sex. Wir machen Bewegungssex. Wir sind wie ein Karussell.« Dann kommen sie wieder, die richtigen und guten Gefühle. Hier darf nicht der eine nur bei sich oder nur bei dem anderen wirken, sondern hier kann der Mann für sich selbst etwas tun und wieder seinen Kreislauf empfinden und die Frau dann dazuholen. Das ist der Weg.

Frage: Welche Bedeutung gebt ihr der Selbstbefriedigung des Mannes? Das Schimpfwort »Wichser« wird besonders unter Jugendlichen sehr oft gebraucht. Das zeigt doch: Hier haben viele Jugendliche und Männer kein sehr reines, frohes, fröhliches Verhältnis zu einer Sexualität mit sich selbst, obwohl es so gut wie alle tun. Wie seht ihr das energetisch und in Ergänzung zum Sex mit der Frau?

Wir halten die Selbstbefriedigung für eine sehr gute Sache

Wir halten die Selbstbefriedigung für eine sehr gute Sache, weil hier das andere, noch nicht gelebte Verhältnis zustande kommt. In weiblichen Fantasien kommt oft die andere Frau dazu. Die Frau spürt: »Ich kann mich hier trauen. Ich kann etwas tun, was ich bisher noch nicht getan habe.« Und der Mann kommt in seinen Fantasien auch oft an anderes heran. Er sieht – in guten Bildern ist das dargestellt – den Apfelkuchen, er sieht das Moos. Er sieht auch mal etwas anderes als nur die Frau und ihre Öffnung. Das ist etwas, was ganz gut ist. Und so sollte das hier noch einmal hochgehoben, noch mal verstanden werden.

Und noch einmal nehmen wir den Stadtwolf, den Mann, der sich ins Alleinsein traut. Der nimmt dann eben das weiche Moos, die Erde, die Heilerde und den Honig und fühlt das einmal. Das ist alles gut. Viele Männer, die früher keine Frau hatten und monatelang, jahrelang allein waren, haben sich so mit der Erde verbunden. Die Erde ist die, mit der der Mann hineingeht, mit der für sich erfahrenen Erde.

Der Mann darf hier auch allein sein. Er ist der, der sagt: »Gott, wie machst du das mit dem Wasser? Wie bringst du jetzt diese gewaschene Wäsche auf dieses Bügelbrett herunter?«, um noch mal das Anfangsbild aufzunehmen. Und dann zeigt Gott ihm ganz allein das Wasser. Und dann dringt er mit seinem Phallus in dieses warme Wasser ein. Und dann sagt Gott: »Und so, jetzt werde ich in dieses Wasser mehr Erde geben und dann ist es dieses Moor.« Und der Mann dringt in das Moor ein. Und genau das ist es, wie hier die Selbstbefriedung mit einem großen JA geschieht. Denn er ist mit sich selbst befriedigt. Und das ist auch gut so. Und er ist mit seinem Auftrag selbst befriedigt. Und wenn er selbst befriedigt ist, dann kann er diese Erfahrung wiederum mit der Frau teilen. Dann kommt die Teilung, so muss jeder erst einmal für sich selber sein. Wir sagen das immer wieder als Grundidee: Im Mit-sich-selbst-Sein liegt die Gemeinschaftlichkeit verborgen.

ZUSAMMENFASSUNG

- Der Mann hat die Freude, nach der Freude zu fragen. Das ist die erste Aufgabe des Mannes. Der Mann, der nicht an die Gottesfreude herangeht, wird auf eurer Erde angestupst werden. Er wird sich nicht mehr damit begnügen können, dass er bei der Freude, die er hat, bei dem einen Auto hängen bleibt.

- Die Frau ist dauernd interessiert, zu fragen: »Was bringst du Neues mit von Gott? Was berichtest du von der Gottesfreude?«

- Der Phallus der Gottesfreude im Mann ist fast besiegt. Und wir werden jetzt Heilung auf die Erde bringen, damit der Gott-Phallus des Mannes wieder herauskommt.

- Es geht jetzt darum, wieder ein neues Mann-Frau-Bild auf eurer Erde zu formen und damit eine neue Gesellschaft.

- In der Sexualität bedeutet es den größten Bruch, wenn die Frau sagt: »Ach, das langweilt mich, dass er schon wieder in mich eindringt. Denn er bringt ja nichts Neues.«

- Der Mann hat vergessen, die zweite Frage zu stellen: »Was ist dahinter? Was steckt hinter dem Auto? Mich interessiert die Bewegung. Mich interessiert der Weg.«

- Die Männer müssen losziehen und Männer fragen. Sie müssen das Männliche wieder anfragen.

- Männer, begnügt euch nicht mit dem, was da ist. Macht das, was ihr tut, nicht zum Selbstzweck. Bewegt euch, aber bewegt euch geistig! Ihr müsst keinen Sport machen und daran hängen bleiben. Hinterfragt alles! Das ist der entscheidende Schritt.

- Die Frau ist die Nacharbeiterin. Die Frau sagt: »Wenn das Haus steht, dann ordne ich die Dinge hinein.« Aber die Frau hat nicht die Aufgabe, die Steine zu setzen.

- Die Führung ist in dem Moment zerschlagen und funktioniert nicht mehr, wenn nicht sofort das Weibliche hinzugezogen wird. Die Führung, die nichts aufzeigen kann, ist nichts wert.

- Es ist das zersprengte Frau-Mann-Prinzip, das die Wirtschaftssituation noch verschärfen wird. Eurer ganzen Wirtschaftskrise liegt zugrunde, dass der Mann das archaische Prinzip nicht der Frau übertragen und das Gesetz von Frau und Mann nicht beachtet hat. Die Firma von morgen muss wie eine Perlenkette aussehen Mann-Frau-Mann-Frau …

- Die Polarisierung in »starkes Geschlecht« und »schwaches Geschlecht« ist Unsinn. Beides hat Schwäche und Stärke in sich. Das ist ja die ganze Idee, dass beides in sich beides trägt. Die Bilanz des Menschen soll sein: »Schwach und stark waren heute gut vereint.«

- Die Schuldgefühle der Frau, die sie jetzt schleunigst entlassen kann, sind der Dreh- und Angelpunkt. Denn der Mann hat sonst das Gefühl, seinen Phallus in Schuld zu legen. Und das ist überhaupt nicht sein Interesse.

- Der Mann, der die reine, gerade Geilheit will, der will zu seinem eigenen Prinzip. Aber er glaubt nicht an sein Prinzip. Er will da unbedingt hinein, er will unbedingt durch die

Schuldgefühle der Frau durch, aber er lebt das aus der Angst heraus.

- Der Mann kann die Gott-Geilheit wieder mit sich selbst entdecken. Und dann kann er die Frau hinzuziehen und sagen: »Komm, wir machen runden Sex!«

- Wir halten die Selbstbefriedigung für eine sehr gute Sache, weil hier das andere, noch nicht gelebte Verhältnis zustande kommt. In weiblichen Fantasien kommt oft die andere Frau hinzu. Und der Mann kommt in seinen Fantasien auch oft an anderes heran.

8. Kapitel

Wenn wir über die Beziehung zwischen Mann und Frau sprechen, dann bedarf es einiger Worte über die unterschiedliche Machart der Schmerzen des Mannes und der Schmerzen der Frau. Diese unterscheiden sich voneinander und sind auch oft unterschiedlich zu bewerten.

Jetzt kann der Liebesschmerz von Frau und Mann geheilt werden

Wir möchten euch hier eine Einstiegserklärung geben, auf der wir dann aufbauen können. Ein Rückzug aus den Schmerzen, um eine gestaltete Mann-Frau-Beziehung zu bilden, ist nicht möglich. Denn der Schmerzfaktor ist sehr wichtig, er ist im besten Sinne ein explosiver Stoff. Der Schmerz der Frau und der Schmerz des Mannes sind aus einem von zwei Machtprinzipien gestaltet, nämlich entweder aus der zurückgeschlagenen Liebe oder aus der zurückgenommenen Liebe.

Die Liebe hat blaue Flecken oder auch Dellen, im Sinne von hineinziehen, ähnlich den Schnecken, die ihre kleinen Schneckenhörner eingezogen haben. Wenn das geschieht, dann bleibt eine zerdellte Liebe übrig. So eine Liebe ist wie ein Tischtennisball, wenn er eine Delle hat, dann kann nicht mehr mit ihm gespielt werden. Dies ist sehr wichtig zu verstehen.

Das heißt, jede Frau, die klar sagt: »Ich gehe in eine neue Beziehung, auch wenn ich noch Schmerzen aus der vorherigen Beziehung habe«, die hat hier ein Spielproblem, ein Sich-zeigen-Problem, ein Geradheitsproblem.

Und beim Mann ist das anders: Der Mann erlebt sich hier nicht als reduziert, der Mann erlebt den Schmerz im Sinne von: »Ich bin nicht angenommen worden«, oder: »Ich habe Liebe gegeben, aber sie ist nicht genommen worden«, oder: »Ich habe meinem Vater Liebe gegeben, aber er hat mich immer zurückgewiesen.« **Der Mann verstoffwechselt den Schmerz anders.** Er geht aus diesem Schmerz oft nach vorn und sagt: »Gerade weil ich nicht angenommen worden bin, werde ich jetzt meinen Phallus doppelt und dreifach herausziehen und auf die Erde gehen und es der Erde zeigen, mich auf der Erde zeigen.«

Aus diesen beiden ganz unterschiedlich verstoffwechselten Schmerzprinzipien heraus geschieht es dann, dass der geschmerzte Mann mit seinem Phallus in die Delle der Frau hineingeht. Diese Vereinigung ist zwar im ersten Moment nicht schmerzhaft, aber die beiden hängen dann fest. Das heißt, der Tischtennisball kann nicht gespielt werden, weil der Mann jetzt in dem nicht spielbereiten Tischtennisball festhängt.

Und diese beiden Schmerzfaktoren haben miteinander eine »tödliche« Wirkung insofern, dass hier wirklich noch einmal eine neue karmische Baustelle aufgemacht wird. Denn da ist kein Spiel möglich, kein Sexualspiel, kein Lebensspiel, kein Lernspiel, keine Art von wirklicher Verwandtschaft, im Sinne von Liebe und Liebeskraft.

Jetzt in dieser Zeit – und darum geht es in diesem Buch ganz wesentlich – können der Liebesschmerz der Frau und der Liebesschmerz des Mannes wirklich geheilt werden. Und hierbei geht es um nichts anderes als um Ordnung. Ordnung ist Ordnung, ob nun ein Zimmer von einem Mann aufgeräumt worden ist oder von einer Frau. Männliche Ordnung und weibliche Ordnung sind dann wiederum gleich.

Mann und Frau können sich, auch wenn sie noch Schmerzen haben, in der Ordnung treffen. Sie können sich treffen und sagen: »Komm, wir ordnen die Welt.« Das ergeben dann gute Partnerschaften. **Der Schmerz der Frau liegt im Moment nicht**

so tief wie der Schmerz des Mannes. Der Schmerz des Mannes ist oft derart, dass er sich weit in die Erde gelehnt und gesagt hat: »Die Erde ist ein wissendes Ding, die Erde ist ein Lichtding, die Erde ist mit Licht. Also werde ich hier viel Wissen auf die Erde pumpen, ich werde hier den Macker geben, ich werde sehr viel auf die Erde geben.« Es sind sehr viele Atlanter auf der Erde, die Seelen derjenigen, die auf dem versunkenen Erdteil Atlantis inkarniert waren. Sie stellen sich dem alten Wissen noch einmal brüstend und wollen es auf die Erde geben.

Sie wollen das Licht, ihr Wissen noch einmal auf die Erde geben, aber es geschieht aus dem Schmerz heraus. Sie wollen besonders sein, und sie sehen nicht, dass das Ganze leicht gehen muss. Der Mann muss jetzt lernen, sein Licht dosiert zu geben. Er muss wissen, was sein Wissen ist, und er muss es einordnen. **Männer müssen hingehen und sagen: »Ich ordne jetzt mein Wissen.« Dafür gibt es eine Menge Kurse und es wird immer mehr geben.** Männer müssen Männern zeigen, wie sie ihr Wissen ordnen, und nicht sagen: »Jetzt weiß ich etwas und ich schieße los in die Welt.« Das machen viele, weil so viel Verletzung darunter ist. Hier muss zunächst geordnet werden.

Und die Frau auf der anderen Seite muss sich in sich selbst ordnen. Sie muss sagen: »Jetzt werde ich mich wieder einmal mit meiner Erde ordnen. Ich gehe jetzt erst einmal und ordne mich hier ein. Ich finde einen Platz und bin hier zufrieden.« **Das Rennen der Frauen zeigt an, dass hier der Schmerz noch da ist, und das ergibt keine guten Beziehungen.**

Das heißt also, die Schmerzfaktoren bei Mann und Frau werden ganz unterschiedlich verstoffwechselt. Aber der Arbeitsmodus, das Ordnungschaffen, bleibt gleich. Und zwei, die schon ordnen, ergeben eine gute Partnerschaft. Das sei so einmal grundsätzlich gesagt zur Thematik von Mann und Frau, ihrer Beziehung zum Schmerz und zur unterschiedlichen Begegnung mit dem Schmerz. Denn hier liegen große Unterschiede in ihrer Urkraft und Gestaltung.

Im Unterschied zu den Männern liegen bei den Frauen diese Schmerzen nicht so tief. Sie sind der Erde begegnet, aber nicht daher rühren ihre Schmerzen. Sie haben sich auf die Erde begeben und haben hier kein Haus gebaut, und das hat Schmerz erzeugt. Aber dieser Schmerz ist nicht so tief greifend, dass sie jetzt wie die Männer sagen: »Jetzt muss es aber sein!«, oder dass sie sagen: »Das klappt nicht auf der Erde.« Sie haben sich selbst immer weiter durchgetragen. Dieses Wissen über die Unterschiede beim Schmerz von Mann und Frau soll den Blick dafür öffnen, dass aus Schmerzen sehr wohl Partnerschaften gebildet werden können. Aber die beiden müssen hier irgendetwas in der Gemeinschaftlichkeit ordnen, und dann gibt das gute Partnerschaften.

Natürlich gibt es die Partnerschaft von morgen, auf die wir dann abzielen werden. Das ist die Partnerschaft, in der sich jeder bereits geordnet hat, in der jeder bereit ist, sich selbst immer wieder zu sich zu ziehen und sich zu betrachten. Das ergibt die Partnerschaft, die dann wirklich beziehungsfähig ist, um die es wirklich geht. Das ist die Beziehung, in der jeder bereit ist, sich mit dem Nächstliegenden zu verbinden, mit dem eigenen Atem, mit dem eigenen Ursprung, mit der eigenen Schöpferkraft. Dann vermischt sich Schöpferkraft mit Schöpferkraft. Hier werden dann die neuen Beziehungen zu finden sein, die auch tragfähig und wieder erlebnisfähig sind, auf denen die Häuser der Energie gebaut werden können.

In der Beziehung zum Schmerz wird jetzt die Wäsche gewaschen, um noch einmal dieses Bild aufzugreifen. Dies ist ein Waschvorgang, ein Reinigungsvorgang, ein großer Transformationsprozess. Wenn jemand bereit ist zu sagen: »Mir tut es weh«, dann wird er ganz schnell reingewaschen. Diese »Desinfektion« geht ganz schnell, denn dieses Reinigungsprinzip, dieses Freude-will-zu-Freude-Prinzip läuft jetzt. Die Bereitschaft der Erde zu waschen, ist groß.

Frage: Knüpfen wir an den Schmerz an. Ist dieser Schmerz, von dem ihr sprecht, ein weitergehender Schmerz als der individuelle, emotionale Schmerz, den Mann und Frau sich in diesem Leben zugefügt oder zugezogen haben? Oder ist das ein generationenübergreifender Schmerz, den der Mann und die Frau über Inkarnationen aufrechterhalten haben? Und was mich wundert, ist, dass zwei ungeordnete Menschen, ein Mann hier und eine Frau dort, gemeinsam Ordnung schaffen und den Schmerz heilen lassen können. Ist es nicht so, dass der Mann in sich und für sich heil werden kann, wenn er mit sich ist, wenn er mit Männern ist? Wie kann das gehen, dass zwei Menschen im Schmerz gemeinsam Ordnung schaffen und gemeinsam Schmerz heilen können?

Zuerst möchten wir gerne die zweite Frage beantworten und dann die erste. Es ist schon richtig, dass die Beziehungen mit ungeordneten Partnern nicht so tragfähig sind. **Wenn sich Paare finden, die sagen: »Wir haben noch Schmerz« – und das geschieht ja –, dann finden sie hier im Ordnen die Paarung. Sie finden nicht in der Geordnetheit, sondern im Ordnen zusammen.** Deshalb bauen Menschen dann Häuser. Sie verstehen sich, während sie das Haus bauen: bei Anordnungen für die Bauarbeiter, beim Ordnen der Steine und des Mörtels. Hier finden sie sich in einem Ordnungswunsch.

Wenn alles geordnet ist und nichts mehr zu tun, dann passiert es oft, dass es zur Trennung kommt. Natürlich handelt es sich hier um eine relativ verlässliche Beziehung, aber es ist doch eine Zwischenlösung. Denn wenn auf eurer Erde noch Gestaltung ist wie jetzt, dann gibt es eben den Paarungswillen. Und es wäre nicht sinnvoll und kaum erreichbar, hier gleich die Idealversion anzustreben und zu sagen: »Mann und Frau sollten sich nicht verbinden, solange nicht ein jeder für sich den Gleichklang erfahren hat.«

Richtig ist natürlich, dass hier Spannungsverhältnisse auftreten, weil die Frau sagt: »Ich habe ein anderes Ordnungssystem als du. Wir wollen zwar das Gleiche, wir wollen zum Beispiel ein Bücherregal einordnen, aber manches Buch lassen wir waagerecht liegen.« Und der Mann sagt: »Nein, alles muss so eingeordnet sein.« Da treffen sie dann wieder auf eine nicht spektakuläre, aber dennoch unterschiedliche Bodenständigkeit des einen und des anderen, und das birgt natürlich ein Konfliktpotenzial in sich.

Das betrifft nun die erste Frage. **Wenn es ein solch starkes Konfliktpotenzial gibt, dass jeder hier sagt: »Das Ordnungssystem hilft uns nicht; es reicht nicht, um hier wirklich eine tragfähige Beziehung zu haben«, und sie sich trennen, dann weist das darauf hin, dass es sich hier um einen epochalen Schmerz, um einen Generationenschmerz handelt.** Und da kann sehr schnell aufgeräumt werden. Hier geht es darum, wie das männliche Geschlecht oder das weibliche Geschlecht simpel gehandelt hat.

Hier können wir zwei Fliegen mit einer Klappe schlagen. Auf der einen Seite können wir einer Frau oder einem Mann zeigen: »Schau, das hast du gemacht.« Aber auf der anderen Seite kann auch – tiefer gegriffen – gesagt werden: »Wenn du das korrigierst, korrigierst du auch die Ururgroßmutter und ihr System, das schon damals nicht in der guten Aufstellung war«, und die Frau sagt: »Ah, gut, wenn das so ist, dann hängt das ja nicht nur an mir.« Dann atmet sie auf, weil sie erkennt, dass das sozusagen schon ererbt war. Auf der einen Seite können wir durchreinigen, auf der anderen Seite kann sie sagen: »Ich bin ja nicht allein dafür verantwortlich.«

Warum machen wir diesen Griff zurück? Weil es im Moment tatsächlich um eine Achsdrehung geht, für die wir euch brauchen. Da brauchen wir das bereite Herz und die bereite Liebe, die ihr habt. Die Achsdrehung heißt: Es wird jetzt knacken. Wenn der Mensch aus dem Gesetz von sich selbst herausgegangen ist und er viele Male gesehen hat, eine Beziehung hat nicht geklappt, eine Ehe hat nicht geklappt, es hat nicht geklappt, dann kommt der Moment, wo er in das Gesetz hineinrutscht: Das ist eine andere Bewegung, als wenn der Mensch sagt: »Das ist es noch nicht.« Das kennt ihr: Da hakt es. Da klappt die Beziehung nicht und dort klappt die Beziehung nicht.

Und dort ist etwas, was nicht hakt. In dem Moment, in dem es dann klappt, kommt es zu einer Bewegung, die sich wie ein freier Fall anfühlt. Viele Menschen fühlen sich allein. Sie sagen: »Es ist nicht mehr so wie vorher. Ich bin vorher von Fehler zu Fehler gelaufen und plötzlich funktioniert gar nichts mehr und ich bin im freien Fall.« **Hier findet jetzt ein epochaler Absprung aus diesem alten Muster statt. Jetzt kann dieser Mensch wieder in sein Prinzip zurückkehren.** Er muss jetzt nur erkennen, dass dieser Sprung wichtig ist, dass er gut ist, und dann können wir diesen Absprung machen. Wenn er dieses: »Schau, jetzt stehst du im Gesetz!« versteht, dann knarrt die Tür plötzlich nicht mehr. Der eine Öltropfen ist da, plötzlich schlägt die Tür zu, und sie klemmt nicht mehr.

Das ist es, was jetzt erreicht werden soll. Dann sagt der Mann plötzlich – und das ist die Intention dieses Buches: »Ah, das ist mein Absprung!« Ihr müsst hier gar nicht mehr lange in den Schmerzen herumwühlen, wenn der Mensch versteht: »Ah, ich bin ja schon fast da, ich stelle mich ins Gesetz und dann stimmt das. Dann bin ich Mann. Dann bin ich Frau.«

Frage: Zu dieser Schmerzfrage möchte ich noch einmal die These in den Raum stellen, dass der Mann über Äonen hinweg seine Kraft, seine Aggressivität missbraucht hat, und mit Wut, mit Aggression in die Frau wie in Mutter Erde gedrungen ist, sodass er am Ende voller Schuldgefühle dasteht. Und dass dies auch ein verzerrtes Denken bezüglich seiner männlichen Aggressivität erzeugt hat, sodass er heute in der Breite kein freies Verhältnis, keinen freien Zugang zu seiner Grundaggression und auch nicht zu diesem Schmerz hat. Zugleich hat die Frau über Inkarnationen hinweg gelernt, das typisch Weibliche oder ein typisch Weibliches, nämlich die Hingabe, das Zulassen, nicht leben zu können, aus dem Bewusstsein heraus: »Wenn ich mich hingegeben habe, dann bin ich verletzt worden.« Ist dies ein wesentlicher Punkt des Schmerzes, um den es geht?

Ja, das ist ein wesentlicher Punkt des Schmerzes, um den sich jetzt sehr Vieles dreht. Das heißt auch, dass die Frau sich jetzt um diese Hingabe und der Mann sich jetzt um diese seine Kraft drehen müssen. Wir sagen es deutlich: Es wird nichts anderes übrig bleiben. Wenn die Frau dies intellektuell versucht, wenn sie es nur medial versucht, über das Gefühl, wird es nicht klappen. Die Frau muss in das heiße Wasser. Die Frau muss die Frau spüren. Die Frau muss die archaischen Dinge tun. Die Inkarnierten haben die Aufgabe, wenn sie einmal das Inkarnationsprinzip verlassen haben, sich als Frau auszubreiten und sich mit der Erde ganz in eine Tatkraft zu begeben. Es ist nicht anders möglich, als das wieder zu tun.

Genau das Gleiche gilt für den Mann. Beim Mann geht es genauso um die Tatkraft. Dort ist es die Tatkraft der Frau, die sagt: »Ich bin aktiv tätig, indem ich da bin«, und hier ist es der Mann, der sagt: »Hier ist etwas, was ich tatkräftig in die Welt gebe.« Da sind nur Zentimeter dazwischen. Da sind die Zentimeter des Phallus dazwischen. Die Frau sagt: »Hier bleibe ich«, und der Mann sagt: »Und das gebe ich heraus.« Das ist völlig richtig gesehen.

Vor dem vollen Buffet ist der Mensch verhungert

Dieser Schmerz des Versagens, des Nichtstuns, des Nichtherangehens ist der Schmerz der Schmerzen. Denn hier wurde etwas, was da ist, nicht genommen. Der Mann als Gottpartner, als Freudepartner hat sich – vom Grundprinzip her gesagt – selbst nicht genommen und gerufen: »Hurra, ich gehe auf die Erde!«

Und die Frau hat gesagt: »Hier ist die Erde, aber ich langweile mich in ihr, und ich werde hiermit gar nichts machen. Ach, es ist ja egal, da sind ein paar Perlen, aber ich werde sie nicht einmal aufziehen.«

Und so entstand der große Schmerz: an etwas so nahe dran zu sein, vor dem vollen Buffet verhungert zu sein, das reicht hier ganz tief in alle Schuldgefühle, in alle Schamgefühle, die nicht mit Mutter und Vater zu tun haben, sondern einfach mit dem eigenen Prinzip. So einer läuft los und sagt: »Ich bin verhungert, ich bin auf meinem Weg verhungert.« Und dann schaut ein anderer nach und sagt: »Der stand doch vor zehn Minuten noch vor dem vollen Buffet.« Und der, der verhungert ist, geht in das Jenseits und kann sich das gar nicht verzeihen.

Dieses Vor-dem-Buffet-Stehen und die Erde als Prinzip abgelehnt zu haben, ist so schamvoll für die Menschen, dass sie dann auch oft gesagt haben: »Ach, der andere ist ja schuld.« Die Schuldfrage, nicht einfach das Eigene, das Inkarnationsprinzip genommen zu haben, sitzt so tief, weil es doch so einfach war. Das ist eine Perversion in sich selbst, und Frauen und Männer haben sich das bis heute in der Tiefe nicht verziehen.

Frage: Das heißt, es ist nicht nur die fehlende Selbstliebe des Mannes und der Frau zu sich selbst, die eine erfüllende, beglückende Beziehung verhindern, sondern – darüber hinaus – die nicht erlangte Selbsterkenntnis des Mannes als Mann, der Frau als Frau, sowohl individuell als auch als Geschlecht. Ist das richtig gesehen?

Genauso ist es, dieses Bild funktioniert. Das ist so wie ein teures Mikrofon, das aufgestellt wurde; der Saal ist voller Menschen, die die Karten gekauft haben, die Bühne ist gefüllt mit Musikern und der Tonmeister, der wochenlang hier vorbereitet hat, vergisst dann im letzten Moment, das Mikrofon anzuschalten. Was bedeutet, dass nichts hörbar ist. Die Musiker spielen, aber es wird nicht aufgenommen. Die Zuschauer hören nichts. Und der Tonmeister, der den Anschaltknopf des Mikrofons kennt, ist nach Hause gegangen, weil er gedacht hat, er habe ja alles getan. Aber den entscheidenden Griff hat er nicht getan.

So wie dieser Tonmann fühlen sich Mann und Frau, die alles gemacht haben. Sie sind inkarniert, haben sich Kleider gekauft und haben dann den Schalter nicht umgedreht. Sie fühlen sich so wie zwei, die ein Haus gekauft haben, und nachdem es mit viel Mühe über die Jahre abbezahlt ist, haben sie den Schlüssel genommen, ihn ins Meer geworfen und sind daneben in ein Mietshaus gezogen.

So ähnlich ist dieses Schamgefühl, das hier auftritt, wenn dieser Urschmerz kommt. Aber wenn das begriffen wird, dann fällt dieser Klau, der Energieklau – im Sinne von: »Es war meine Mutter, es war der Bruder, es war der Mann, es war der Vergewaltiger« – weg. Wir reinigen das hiermit komplett durch, indem wir sagen: Es ist deine Scham darüber, dass du zwar gekommen bist, aber das gar nicht gemacht hast, wofür du gekommen bist.« Und wenn diese Scham überwunden ist, dann rennen die Frauen freudig los und sagen: »Dann lass uns doch in das warme Wasser gehen, dann gehe ich in die Therme, da ist doch wieder mein Planet, da ist es doch wieder, was ich brauche.« Und der Mann sagt sofort: »Na, dann setze ich mich doch gleich hin und spüre diese Erde, diese Freude-Gott-Prinzipien wieder.«

Diese Wandlung geht dann sehr schnell. Dann müssen gar nicht mehr viele Reaktionsmuster durchleuchtet werden, sondern dann laufen Mann und Frau zu ihren Plätzen auf der Erde und sagen: »Na dann mache ich doch gleich diese Verlobung mit der Erde.« Auf diese Weise haben wir wieder eine schnelle Komposition, in der die Männer und Frauen stolz sind und sagen: »Jetzt habe ich doch etwas zu erzählen von meinem

Mann-Erde-Prinzip«, und die Frau hat was zu erzählen von ihrem Frau-Erde-Prinzip. Dann haben sie sich was zu sagen und schon haben sie eine Partnerschaft auf einer guten Grundlage.

Frage: Noch mal zum Zusammensein von Mann und Frau: Bedeutet das, dass eine Beziehung zwischen Mann und Frau in den ersten zehn, zwanzig Jahren oft alles andere als harmonisch verläuft, sondern mit viel Zoff? Und dass es unrealistisch ist, hier Harmonie zu erwarten, weil diese Konflikte notwendig sind, damit Altes, Verletztes heilen kann?

Und eine zweite Frage zum Zusammenkommen von Mann und Frau in der Sexualität: Ihr sagt, der Mann erinnert sich in der Frau an seinen göttlichen Auftrag, an den Sinn dessen, weshalb er hierhergekommen ist. Wie funktioniert das konkret? Heißt das, wenn der Mann mit der Frau schläft, dass dann etwas geschieht, was jenseits der Bewusstseinsgrenze ist, dass etwas Heilsames, hier in dem Fall Erinnerndes, in dem Mann geschieht, dass das per se gut ist und ihn auf seine Linie, seine Spur bringt?

Das ist absolut richtig. Ihr könnt nicht einen Planeten bilden, der da lautet: Die Liebe versetzt die Liebe zwischen Mann und Frau. Es funktioniert nicht, den Heilungsschritt, den Selbstvergebungsschritt zu machen ohne den anderen. Ja, das Erinnerungskonzept ist ganz wichtig. In einem ganz niedrigen Fall erinnern sich beide, dass sie sich nicht erinnern. Und in einem etwas höher geschalteten Fall erinnern sie sich, dass sie sich erinnern. Und das freut beide, wenn sie sagen: »Ich erinnere mich an mich.«

Es muss hier noch nicht einmal unbedingt um den Austausch zwischen ihnen gehen. Wenn der eine und der andere sich erinnert, dann ergibt das eine schöne Energie. Dann ist es so wie zwei, die lange nicht mehr im Wasser waren. Da müssen sie keine Spiele machen, da muss gar nichts Besonderes geschehen. Sie plantschen einfach beide. Das ist erst einmal ein guter Effekt.

Es müssen alle in die Partnerschaft, in das Wasser, das geht gar nicht anders. Und sie müssen auch in die Sexualität. Hier haben die Sexualität und das, was in ihr geschieht, eine sehr wichtige, eine dienende Funktion. Der Mann entdeckt in der Frau, dass sie sich erinnern will. Deswegen sind es im Moment immer noch mehr Frauen, die sich erinnern wollen.

Je bewusster der Weg der Blutung gegangen wird, desto geringer der Schmerz

Dieses Sich-erinnern-Wollen ist in der Frau so stark, dass es jetzt nicht mehr aufzuhalten ist. Die Frau, die in der Erde ist, die Frau, die blutet, hat gar keine andere Wahl, als sich zu erinnern. Sie kann dieses Bluten nicht abstellen. Sie erinnert sich, dass sie alle vier Wochen blutet, dass es eine Zeit, einen Zyklus gibt. Der Mann wird ja so nicht an einen Zyklus erinnert. Die Frau spürt automatisch, dass sie sich diesem Zyklusvorgang überhaupt nicht entziehen kann. Das ist wie ein Zug auf einem Gleis, der weiterfährt.

Sie nimmt automatisch eine Verbindung auf und dann, wenn sie blutet, nimmt sie keine Verbindung zum Mann auf. Das bedeutet, sie erinnert sich, dass sie mit dem Mann lieber ohne Blut ist, was sehr natürlich ist. Und beim Bluten ist sie mehr mit sich, weil sie das Blut auch auffangen will. Und sofort ist sie im archaischen Gesetz, im Hauptgesetz, wenn sie sagt: »Ich blute allein, und wenn ich nicht blute, will ich, dass der Mann in mich blutet.« Das ist der Same, der Mann hat jetzt eine zyklische Samensituation, eine zyklische Samenerektion und hierdurch kommt auch er in einen Zyklus. **Durch den Zyklus der Frau kommt der Mann in einen Zyklus.** In den Tagen der Nichtblutung und den Momenten des Eisprungs gelangt der Mann in die Frau. Er umblutet sie mit seiner Liebe und mit seinem Samen. Gibt sie ihr Blut an die Erde, hält er inne und erfüllt sich mit dem Licht des Himmels.

Und so kommt es hier zu einer Faszination von Zeit, von inkarnierter Zeit. Wenn das geschieht, ist ein Erinnerungsprinzip in den Menschen, weil sie wissen – beinahe mit dem Intellekt –, dass Zeit eine Einteilung ist; dass etwas kommt, dass etwas geht; dass Jahreszeiten kommen und gehen; dass Inkarnationen passieren. Sie interessieren und erinnern sich ans Inkarnationsprinzip. Und dieses Inkarnationsprinzip führt dazu, dass sie sich austauschen. Sie sagen sich: »Hallo, du bist geboren«, sie sagen sich: »Du bist da.« Durch diesen Akt sagen sie sich: »Du bist da, du bist in die Zeit gebunden«, und sie binden sich auch aneinander.

Sie können nicht anders, als sich dann auszutauschen und sich gegenseitig zu sagen: »Du bist inkarniert.« Das ist dann ein erster Schritt. Dann können sie sich trennen, um sich woanders wieder mehr an ihre Inkarnation zu erinnern. Aber zumindest haben sie sich mal erinnert, dass sie inkarniert sind, dass das hier ihre Wahl ist, dass das hier ihre Zeit ist. Damit ist dann schon das Wichtigste passiert. Es ist völlig richtig zu sagen: Die Beziehung zu heilen, die Liebe zwischen Paaren zu heilen, wird nicht ohne die Paarung geschehen.

Frage: Zur Blutung der Frau eine Vertiefungsfrage: Viele Frauen sind besonders erregbar in den Tagen ihrer Periode und haben dann auch gerne Sex. Wie kommt das? Barbara Marciniak schreibt in ihrem Buch »Die plejadischen Schlüssel zum Wissen der Erde«*, dass das Blut der Frau für den Mann eine große Bedeutung hat. Das heißt, wenn die Frau ihr Blut nimmt und es auf

* Barbara Marciniak: Die plejadischen Schlüssel zum Wissen der Erde. Schirner, Darmstadt 2004

den Körper des Mannes gibt, dass das fast so etwas wie eine Einweihung ist, bei der Dinge übertragen werden von der Frau auf den Mann. Wie verhält es sich hiermit?

Da gibt es einen großen Unterschied im Verlauf der Periode. Die Blutung unterscheidet sich vor dem Eisprung, während des Eisprungs und nach dem Eisprung. Es kommt sehr auf die Frau an, wann sie erregbar ist. Es kommt sehr stark darauf an, wie die Frau sich gerade mit sich selbst verbinden will. Die Frau, die sich gerade mit sich selbst verbindet, will – und das ist sehr diffizil – das Blut während des Eisprungs bei sich behalten. Das heißt, sie will selbst springen.

Das Blut vor dem Eisprung ist das Blut für den Mann. Also gerade in den Tagen, bevor sie den Eisprung hat, wenn also die ersten Blutungen sind, da gibt es eine direkte Erregbarkeit und im Sinne von »Gabe«. **Dieses Blut ist auch wertvoll, weil es das Teilungsblut ist und eine aggressive Komponente hat; weil es das Blut vor dem Sprung ist und die Frau hier ihre Wildheit, diese Wolfsfrau, dieses Wolfsblut in sich trägt.**

Es ist das ausschüttende Blut, das Ausschüttungsblut. Das ist auch das Vollmondblut, das Aggressivblut. Das im späteren Verlauf austretende Blut ist dasjenige, das die Frau eher den Kindern geben will. Das ist eher das Samariterblut nach dem Eisprung. Dieses Blut ist nicht mehr so wertvoll für den Mann. Nur die Frau, die Kinder bekommen möchte, ist dann sexuell erregbar. Wenn sie das Blut nach dem Eisprung benutzen will zum Geschlechtsverkehr, dann ist das ein Zeichen, dass sie Kinder bekommen will.

So ist dieser Zyklus von ungefähr sechs Tagen mit den unterschiedlichen Blutfaktoren sehr stark eingeteilt und sehr beziehungsfreudig. So sieht dieser Zusammenhang – grob gesagt – aus.

Es gibt zwei Eisprünge bei der Frau

Im Idealfall ist es so, dass sich die Frau beim Eisprung natürlich in dem Hauptbeziehungssegment befindet, entweder mit sich selbst oder mit dem Partner. Das Bindungsglied sagt hier: »Da bleibt Eins in sich. Das ist das Vereinigungsblut«, entweder Vereinigung mit sich selbst oder mit dem Mann, wenn sie Kinder will. Dieses Vereinigungsblut erzeugt auch oft Kinder.

Beachtet immer, dass auch in dieser Blutung ein Eisprung stattfindet, dass es also zwei Eisprünge gibt. Es gibt auch einen Eisprung zwischen den Blutungen, und der ist ganz anders. Dieser Eisprung im Zyklus ist ein geistiger Kindereisprung. Und der Eisprung im Zyklus ohne die Blutung ist der Inkarnationskindereisprung. Das ist eine sehr wichtige Unterscheidung.

Eine sehr sensible Frau spürt diese zwei Eisprünge, die eine völlig unterschiedliche Bedeutung haben. Es gibt also einen geistigen Eisprung, der in der Blutung stattfindet, und einen materiellen Eisprung, der dann aufnimmt. Dies ist nicht medizinisch ausgedrückt, aber es liegt im Naturgesetz. So habt ihr auch im Mond unterschiedliche Zyklen. Es gibt einmal den Vollmond und einmal den Neumond. Es ist richtig, dass dieses Vorblut der Frau sehr wertvoll ist und dass es wertvoller als jemals zuvor ist, dieses Blut aufzufangen als Informationsquelle. Und dies dem Mann zu geben, hat eine zärtliche und eine schöne, eine warme, eine weiche Bedeutsamkeit zwischen Mann und Frau.

Frage: Stimmt es, dass die Frauen ursprünglich bei Neumond alle gemeinsam ihre Blutungen bekamen? Und was würdet ihr der Frau sagen, wie sie ihre Beziehung zu ihrer eigenen Blutung klären, ja reinigen kann? Denn viele Frauen haben von ihrer Mutter gelernt, dass die Blutung etwas Schmutziges sei, und haben daher kein feierliches, kein ehrendes, würdigendes Verhältnis zu ihrer eigenen Blutung. Und als dritte Frage: Dieses Blut gehört ja Mutter Erde beziehungsweise steht in einem Verhältnis zu Mutter Erde. Wie würdet ihr dieses Verhältnis zwischen dem Blut der Frau und Mutter Erde beschreiben?

Hier geht es um die große Vereinigung, die große Verbindung. Es geht hier um die Schau, die Blutschau und um die Einsicht in große Prozesse. **Die Blutung ist tatsächlich kein intimer Faktor. Es ist kein intimer Faktor, weil die Frauen früher tatsächlich mit dem Mond geblutet haben.** Das war ein großes Ritual. Diese Blutung ist ein Ritualfaktor, der zwei Seiten hat, so wie eine Meditation. Auf der einen Seite ist sie laut und wird gegeben, auf der anderen Seite aber ist sie still.

Es ist ähnlich wie bei einer Meditation, wo zunächst eine Musik gespielt und dann ein Meditationsweg gegeben wird. Da passiert etwas im Innern. Richtig ist, dass dieses Ritual etwas ist, das gleichsam intim und auch ganz laut getan wird. Die Welle, die aus dem Mondzyklus kommt, hat auch so etwas. Sie rauscht laut an, aber dann – wenn man nachhört – rieselt sie nur wie ein paar Salzkörner ganz leise auf den Strand, als ob gar nichts gewesen sei.

Und so soll der Zyklus der Frau verstanden werden. Das Ankommen ist eine riesige Welle, ist etwas, das im Idealfall natürlich Frauen auch verbinden sollte. Das ist der Gemeinschaftsfaktor der Frauen. Zusammen zu bluten heißt, diese Kraft auch auszuhalten, dieser Kraft einen Ton zu geben. Frauen haben damals gerufen. Sie haben diesen Erstschmerz hinausgerufen, um dann ganz still zu sein. **Dann, bei dem geistigen Eisprung, während der Hauptblutung am dritten, vierten Tag, haben sie diesem hier einen leisen Ausdruck verliehen und gesagt: »Jetzt springt sie, jetzt springt die große Welle in die kleine Welle über und sie geht.«**

Hier findet auch das Verbindungsritual mit dem Mann statt, wenn die sexuelle Frau den sexuellen Mann automatisch mitnimmt in den Zyklus. Wenn sie das leben, haben sie wieder eine Urverankerung, nach der sich Vieles abspielt, nach der sich auch der Zyklus des Kinderkriegens oder des Nichtkinderkriegens richtet. Diese laute und gleichsam leise Gesetzmäßigkeit stellt für uns ein wichtiges Kapitel dar.

Frage: Macht das dem »normalen« Mann – bewusst oder unbewusst – nicht Angst, dass die Frau blutet? Zumindest beeindruckt es ihn, dass sie Kinder kriegen kann. Und da er selber nicht blutet, hat das bestimmt eine Wirkung auf ihn. Was könnt ihr den Männern sagen über ihr Verhältnis zu den blutenden Frauen?

Es ist ganz wichtig, dass dem Mann jetzt der Rücken gestärkt wird, indem hier ein anderes Angebot gemacht wird: »Lasst uns doch an die Blutsbruderschaft erinnern, die wir haben. Wir haben die Blutsbruderschaft gehabt. Wir saßen mit dem Göttlichen am Tisch und haben das Brot geschnitten. Und das war uns so nah, dass wir das Brot geteilt haben, dann noch tiefer gegangen sind und gesagt haben: ›So, wir werden jetzt gemeinsam mit dem Göttlichen die Ähre abschneiden.‹« **Und darum gilt es, diese Blutsbruderschaft mit dem Göttlichen, mit dem Männlich-Göttlichen, mit dem Licht, dieses Einverständnis wiederherzustellen.**

Das ist in der Tat ein absolutes Blutwerk. Blut ist das, was die Glut ist. Blut ist die Glut, es ist die Lava, und aus dieser entstammt der Mann. Es ist ein explodierendes Freudewerk zwischen Mann und Gott. Darum ist der untere Teil im Feuer rot. Und der Mann trägt das in sich. Auch der Phallus wird röter; er errötet sich, es kommt Blut hinein. Und der Samen stellt hier auch eine Art Blut dar, er ist die Abgabe der Lava.

Zwischen Mann und Gott gibt es ein explodierendes Freudewerk

Wenn der Mann dies noch nicht entdeckt hat, dann schaut er schamhaft auf die Frau. Er denkt sich klein und sagt sich: »Na ja, eigentlich bin ich ja nur ein Abgeber von irgendwas.« Wenn er sich erst einmal durchschaut, wenn er begreift, dass er selbst das reine Lavaprinzip ist, mit dem Göttlichen selbst in Blutsbruderschaft steht, dann entsteht da etwas ganz anderes. Der Mann ist derjenige – und es ist der potente Mann –, der hier seinen Samen oft abgeben will. Er will oft ein Erdbeben, er will oft in das Lavaprinzip. Er will oft sagen: »Ich speie das Göttliche aus mir, ich speie dieses Blut aus mir.« Das ist dann die Lava, das Gelbe, der Samen, die Erektion. Da steht der Mann der Frau in nichts nach. Da ist nicht das eine besser oder schlechter als das andere, im Gegenteil: Jeder von beiden hat dann eine ganz einzigartige Verbindung zu sich selbst, und diese Freude und den Stolz im Mann und in der Frau zu erwecken und zu sagen: »Nichts ist schlecht und nichts ist besser«, das soll hier erreicht werden.

Frage: Noch einmal zurück zum Thema Blutung der Frau, Schmerz usw. Hier gibt es unter den Frauen viele offene Fragen. Zunächst zu den Schmerzen während der Periode der Frau. Warum hat die Frau während der Periode Schmerzen und woher kommen die Unterschiede? Viele haben große Schmerzen, andere haben wenig Schmerzen, bei den einen dauert die Blutung drei Tage lang, bei den anderen sieben Tage.

Der Schmerz ist immer ein Weg. Schmerz ist immer ein Weg zum Anfang des Schmerzes und zum Aufhören des Schmerzes. In der Urtümlichkeit ist der Schmerz in der Blutung etwas, das als ein Weg bezeichnet wird. Die Regel heißt ganz einfach: **Je bewusster dieser Weg als ein Weg gegangen wird, desto weniger ist der Schmerz.** Je mehr die Frau denkt: »Oh, das ist was Schlechtes!«, oder gar: »Oh, jetzt habe ich schon wieder meine Periode, die sollte aber nicht da sein«, desto stärker zeigt es sich, dass der Weg ein Weg sein will, desto schmerzhafter erlebt sie das Ganze.

Der Weg ist auch immer der Weg der Mondin, und dieser will gegangen werden. Es ist ein Magnetismus, der gegangen wird. Es bedeutet die Erneuerung der Frau, zur Mondin zu gehen. Es ist die Erneuerung der Frau zurückzugehen, also einen Weg zurückzulegen. Es wäre gut, wenn die Frau immer parallel zu ihrem Periodenkalender auch einen Mondkalender bereithält und die beiden miteinander vergleicht und so weiß, wo die Mondin gerade ist.

Es muss nicht wie in früheren Zeiten sein, als die Frauen ganz archaisch gelebt und zumeist in der Nähe des Mondwechsels geblutet haben. Wenn hier einfach die gedankliche Nähe zur Stellung der Mondin übernommen wird, dann wird der Schmerz teilweise schlagartig weniger. Schmerz muss nirgendwo sein. Auf eurer Erde ist Schmerz eine reine Erfindung, um den Weg, der nicht gegangen ist, zu fühlen und ihn wieder in sich einzuführen.

Also, ein großer Schmerz in der Periode bedeutet den nicht gegangenen Weg der Frau. Und sie kann ihn gehen. Es wäre vorteilhaft, wenn dieser Weg ritualisiert wird in den Tagen der Blutung. Sie sollte hier nicht den normalen Weg gehen wie an den übrigen Tagen des Nichtblutens, sondern im Beenden ihres Zyklus einen anderen einschlagen, das heißt, etwas anders machen als sonst. Zum Beispiel, indem sie sich mit einer anderen Frucht ernährt. Das ist nicht nur typisch für diese Zeit, sondern auch wichtig. Also einen Weg zu beschreiten und zu sagen: »Ich ziehe mir – im übertragenen Sinne – die Wanderschuhe an.« Je mehr erkannt wird, dass geistig gegangen und dass eine Beziehung zu sich selbst aufgebaut wird, dass man etwas zu sich zieht, desto geringer ist der Schmerz. Das ist die eine Antwort.

Die andere Antwort ist: **Dieses Zurückziehen der Frau in sich selbst ist so unmodern geworden in eurer Zeit, dass sich die Frauen entfernt haben von den großen Zyklen von Erde-Mond-Sonne.** Ihr habt doch alles sichtbar vor euch, ihr müsst nur immer auch parallel werden zu den Geschehnissen, denn ihr seid ja parallel zu Erde-Mond-Sonne. Diese haben mit euch zusammen die Zyklen, sie leben sie mit euch. Ihr seht beständig, wie die Mondin es macht; sie nimmt sich immer wieder schamhaft zurück um den Wechsel herum und zeigt von sich nur mehr eine Sichel. So kann sich auch die Frau in diesen Tagen nur zu Teilen zeigen.

Das ist eine ganz intime und auch teilweise erotische Verbindung zwischen Mann und Frau, in der sie sich sagt: »Da zeige ich nur einen Teil.« In früheren Zeiten hat sie dann oft nicht mit dem Mann geschlafen, sondern ihn vielleicht nur mit der Hand befriedigt. Es ist richtig, dass sie nicht immer alles gibt. **Wenn die Frauen dieses Gefühl haben, dass sie immer alles geben müssen, dass sie sagen müssen: »Ich bin immer ganz offen da, ich bin ständig bereit, ich habe beständig meine Beine offen«, dann ist das nicht in dem Zyklus.**

Ein Zyklus kennzeichnet sich darin, dass er Unterschiede aufweist. Ein Zyklus ist eben ein Zyklus, weil er nicht immer gleich ist. Und wenn eine Frau diese Unterscheidung nährt, dann erkennt sie, was für ein Motor das ist. Diese Zyklen sind ein Motor. Diese Erde ist Zyklus. Diese Zyklen werden gebraucht. Sie sind symbolisiert über die Frau. Wenn sie diesen Weg, diese Größe in sich entdeckt, dann wird der Schmerz immer kleiner. Dadurch nimmt das ab, was der Schmerz machen will. Er will darauf aufmerksam machen und die Frau kann – das ist das Ideale und Richtige – völlig schmerzlos durch ihre Periode gehen. Denn so ist es gedacht.

Frage: Und warum blutet die eine Frau sehr stark, die andere wenig, die eine nur drei Tage, die andere sieben oder acht Tage?

Die Unterschiede liegen im Naturell der Frau, in ihrer Antwort auf die Frage: »Wie stark will ich in der Erde sein?« Das muss sich gar nicht ausdrücken in ihrem Temperament. Es ist ein ihr innewohnendes Prinzip, das die Frau ist. **Eine starke Blutung zeigt also eine Frau, die sich im Moment sehr stark verbinden will, die sagen will: »Wie mache ich es? Wie gehe ich? Wie gehe ich um mit der Erde? Wie gehe ich mit mir selbst um? Wie sehr greife ich mich an?«**

Viel Blut zeigt an, dass die Frau auf dem Weg ist. Sie blutet sehr stark und sagt: »Wo bin ich? Wo bin ich? Wo bin ich?« Und bei einer normalen Blutung sagt sie: »Ich gehe!« Und das ist auch richtig so. Das Ausbluten steht hier für den gegangenen Weg und auch für die Schmerzen des gegangenen Weges.

Wir sagen es ganz deutlich: Die Urfrau ist eine, die gar nicht immer Blut abgeschieden hat. Dies ist ja ein Kraftakt. Sie hat damals eine ähnliche Flüssigkeit wie beim Orgasmus abgegeben, eine Scheidenflüssigkeit. Das Blut stellt ein karmisches Signal dar und bedeutet: Da musste die Frau tiefer in die Erde gehen.

Die Frau ist eigentlich ein Wesen, das in den Schmerz gehen muss und noch mal die Verbindung sucht, aber gar nicht so tief in die Erde gehen müsste, wie sie es jetzt tut. Die Frau ist eigentlich vom Urprinzip nicht die Verbindungssuchende. **Deswegen sind es im Urprinzip drei bis vier Tage, im Idealfall zwei bis drei Tage, in denen sie sozusagen einen Orgasmus ohne den Mann hat im Sinn eines göttlichen Orgasmus. Ihre Periode ist eigentlich ein göttlicher Orgasmus, und sie muss gar kein Blut abgeben, was ja wieder bedeutet, dass sie das in sich zurücktrinken muss.** Das alles ist aufgrund der karmischen Prinzipiensituation entstanden. Also, je kürzer, je sanfter die Periode ist – so kann man es auf eine Formel bringen –, desto natürlicher ist sie.

Frage: Detailfrage zum Eisenmangel der Frau: Mediziner sagen, dass die Frau durch die Blutabgabe einen Mangel an Eisen hat, und verschreiben deswegen Eisen- oder auch andere Präparate. Was habt ihr da zu empfehlen?

Wie gerade schon angedeutet ist es richtig, dass die Blutabgabe anzeigt, dass hier etwas erneuert werden muss und auch etwas medizinisch geheilt wird. Deswegen ist das ein guter Gedanke, weil Eisen das Mondpräparat ist. Wenn dieser Magnetismus, dieser Eisenmagnetismus nicht geistig genährt und gestillt wird, wenn das geistig gar nicht vorhanden ist, dann ist es sinnvoll und richtig, ein Ergänzungspräparat zu geben. Aber der Name zeigt schon an, dass das Eisen denaturiert ist, also nichts mit der ursprünglichen Natur der Frau zu tun hat.

Frage: Wozu gibt es überhaupt Wechseljahre? Theoretisch könnte man sich ja auch vorstellen, dass der Zyklus der Frau bis zu ihrem Lebensende weiterläuft. Und wann setzen die Wechseljahre ein? Welche Faktoren lassen sie früher oder später einsetzen? Und warum kann die Blutung nach ein oder zwei Jahren wieder auftreten? Auch das gibt es ja.

Der Grund für die Wechseljahre liegt darin, dass die Frau in sich eine tiefe Entscheidung gefällt hat. Wechseljahre sind, so wie sie im Moment laufen, gut, weil es bedeutet, dass sich die Frau aus dem Zyklus der Kinder hinausbegibt und bewusst noch einmal zu sich selbst wechselt. So kann man es ganz einfach einordnen.

Das karmische Prinzip lautet: »**Ich habe als Frau immer wieder die Möglichkeit, etwas anders zu machen, als ich es bisher gemacht habe**«, **also einen Wechsel zu vollziehen.** Das ist eine Entscheidung der Frauen. Diese Entscheidung braucht in gewisser Form auch ein Zeichen.

In den Wechseljahren wechselt die Frau zu sich selbst

So macht ihr es auch, wenn ihr sagt: »Jetzt mache ich eine Feier!« Dann wechseln die Menschen aus der Bürokleidung in die Abendkleidung. Es ist also im eigentlichen Sinn eine Feier, dass die Frau sagt: »Jetzt werde ich nicht mehr die Kinder als das göttliche Hütematerial haben, sondern ich werde mich selbst, mein Leben hüten.«

Und das funktioniert umso besser, je mehr die Frau sagt – und das sind viele Frauen, die das tun –: »Jetzt hüte ich mich. Jetzt habe ich einen eigenen Hüteinstinkt. Jetzt bin ich zu mir selbst so gut, wie ich es als Mutter war und dem Kind die Brust gegeben habe. Jetzt gebe ich mir selber die Brust. Jetzt habe ich selbst in mir das Gefühl der Säfte. Jetzt spüre ich die Nahrungssäfte ganz für mich.« Wenn das gut gemacht wird, dann kann auch das Bluten wiederkommen als etwas ganz Beständiges und auch die Sexualität kann wieder aufkeimen. Da kann wirklich noch einmal eine ganz tiefe inwendige Kraft der Frau aufkommen, im Sinne von: »Ich bin mit mir.« Blutung ist nichts anderes, als die Feuchtigkeit der Frau noch einmal in sich zu tragen. Das kann die Frau umwandeln. Die Frau kann gerade in diesen Phasen mit Kräutern, mit der Natur sehr viel machen und inwendig sein.

In der allertiefsten Tiefe des Mann-Frau-Prinzips und des Frauprinzips überhaupt gab es keine Wechsel. Der große Wechsel bedeutet, dass die Frau beständig wechselt, und zwar sich selbst auswechselt, die Erfahrungen wechselt mit dem Göttlichen. Das Prinzip der Frau heißt: »Gib mir ständig ein Kind, ich werde es zu dir rüberwechseln. Ich werde es so betrachten mit meiner ganzen Liebe aus der Ebene der Welt und es dir wieder zurückgeben, Gott.«

In ganz frühen Zeiten gab es keine Blutung und keine Wechseljahre. Da gab es nur ein: »Ich verstoffwechsle dich dauernd, Göttliches! Ich habe beständig etwas. Ich schicke es wieder zu dir. Nimm es wieder zu dir.« Ein Kind, das schlafen geht, das hat die Urfrau wieder in das Göttliche gegeben, im Gesang hat sie es gegeben. Da musste sie nicht bluten, da musste sie nicht wechseln, da musste sie nicht aufhören, Kinder zu bekommen. Das sind alles Einteilungen, Hilfskonstruktionen sozusagen, um immer wieder die Gelegenheit zu haben und zu sagen: »Ich wechsle zu mir zurück, ich bin das, was ich bin. Ich habe mich.« Das ist hier die innere Tiefenerfahrung.

Frage: Ihr habt erwähnt, dass es auch bei Männern Zyklen gibt. Könnt ihr das noch etwas vertiefen, die Zyklen der Männer? Gibt es da auch Wechseljahre?

Das berührt die grundsätzliche Frage, welchen Sinn der Mann in sich selbst und in seinem Leben erkennt. Wenn der Mann sich um die vierzig herum fragt: »Wie viel Sinnvolles, also wie viel habe ich schon gebracht? Wie viele Bücher habe ich geschrieben, wie viele Häuser habe ich gebaut, wie viel Materie habe ich bereits umgesetzt?«, dann deutet dies auch einen Wechsel an. Wenn dieser Wechsel vom Mann gemacht wird, wenn der immer wieder stattfindet, dann wird er als solcher nicht so stark wahrgenommen. **Es wird aber grotesk, wenn der Mann zu fragen beginnt: »Wie viel habe ich gewechselt, wie viele Häuser habe ich gebaut? Wie viele Themen habe ich umgesetzt?«, und er sich dann vergleicht. Dann versucht der Mann, in sich selbst zu wechseln, und das hat große Auswirkungen.**

Die Männer, die versuchen, sich selbst zu wechseln, die sich selbst nicht annehmen – und davon habt ihr sehr viele – die haben ein großes Problem. Eine große Problematik des Mannes: Wenn er versucht, nicht das zu sein, was er ist, sondern zu wechseln, wenn er sagt: »Ich möchte ein anderer Mann sein!«. Das ist etwas, was sich dann wirklich auf alles niederschlägt, auf den

Wenn der Mann ein anderer Mann sein will, hat er ein großes Problem

Stoffwechsel, auf die Haare, auf das Innere, auf das innere sexuelle System. Wenn der Mann sagt: »Ich möchte nicht das sein, was ich bin«, dann führt das ganz stark zu einer Problematik.

Ein natürlicher Wechsel des Mannes ist, wenn er sagt: »Jetzt nehme ich das noch dazu und jetzt nehme ich das noch dazu.« Der Mann ist ein Hobbydazunehmer, der Mann ist ein Arbeitdazunehmer. Das ist der wahre Wechsel. Und dieser ist sehr gesund. [Zum Autor:] Du wechselst und sagst: »Das ist die Form, die ich gemacht habe, das ist die nächste Form, die ich gemacht habe.« Du hast gleichbleibende Dinge eingeführt, die Arbeit mit Frauen, die Versorgung deines Körpers, die Art, wie du dich ernährst. Aufgrund dieser Basiskonstruktion wechselst du im Außen und sagst: »Das ist das neue Buch. Das ist die neue Art, zu reisen. Das ist die neue Art, Seminare zu machen.« Das ist ein sehr natürlicher und an eure Zeit angepasster Wechsel.

Frage: Noch eine Nachfrage zu diesem großen Bild: »Mann und Frau kommen zusammen, um eins zu sein«, das ja immer wieder herumgeistert. Wir haben dieses Thema ja schon einmal beim Zeichen von Yin und Yang angesprochen, wo es darum ging, den Kreis zu sprengen. Könnte man provozierend sagen, Mann und Frau kommen zusammen, damit jeder sich selbst entdeckt anstelle des »Jetzt werden wir eins«?

Da ist ein solider Zweifel, der auch berechtig ist, weil dieses Bild nicht dem Urbild entspricht. Wenn zwei zusammenkommen – auch wenn das die schönste Sexualität ist –, dann empfinden viele danach den Wunsch, sich jetzt wieder in das Eigene zu begeben. Das sollte beachtet werden. **Gerade nach einer starken Vereinigung gibt es in der Frau und auch im Mann und teilweise in beiden gleichzeitig das Gefühl: Jetzt muss jeder wieder für sich sein.**

Die Frau hat mit der Ebbe ihres Orgasmus zu tun, und der Mann auch. Die Vereinigung von Mann und Frau auf der Erde ist eben immer nur ein Moment, eine Momentaufnahme. Warum? Weil es letztlich nicht um die Vereinigung geht. Die Aussage der Erde ist nicht die Vereinigung von Mann und Frau. **Die Aussage der Erde heißt »Vereinigung«. Aber wenn es nur bei der Vereinigung der beiden bleiben würde, dann hätte die Erde eine Schieflage. Es geht in Wirklichkeit um das Erde-Gott-Mensch-Vereinigungssystem.** Und das Menschsystem zwischen Mann und Frau hat wiederum Untergruppen, die wir hier besprechen.

In diesem Buch wollen wir vermitteln – und das ist etwas Zentrales –, dass hier die Dreiergruppierung, also die Liebe zur Erde und die Liebe zu Gott, dass dieser Dreierkomplex eine große Rolle spielt. Hier geht es um Eigenständigkeiten, die beachtet werden wollen. Überspitzt gesagt: Mann und Frau sind nicht dazu da, vierundzwanzig Stunden miteinander zu schlafen. Sie müssen hier Wege gehen. Wenn es nur um das Einswerden ginge, würde das ja bedeuten, dass sie etwas falsch machen, wenn sie in vierundzwanzig Stunden nicht jede Stunde miteinander schlafen.

Das natürliche Grundsystem besagt, dass der Mensch eine ganz starke Existenzbeziehung, eine ganz starke Kraft findet, wenn er sieht: »Da ist etwas anderes als ich.« Der Mann findet in der Frau etwas ganz anderes als sich selbst. Und obwohl es so ganz anders ist, kann er sich trotzdem mit diesem vereinigen. Die Physiognomie, die Anatomie ist völlig verschieden, und trotzdem kann er sich mit diesem Unterschiedlichen vereinigen. Die Frau sieht völlig anders aus als der Mann; dennoch passt das zusammen.

Das gibt dem Mann Mut für das andere. Das gibt ihm Mut zu sagen: »Also wenn ich mich mit der Frau verbinden kann, die schon mal ganz anders aussieht als ich, dann kann ich mich auch mit Gott verbinden.« Hier findet ein »Mutgeben« statt.

Ganz simpel gesagt, Mann und Frau sind Mutgeber. Sie machen sich Mut, um sich mit anderem zu verbinden. Aber es sollte hierbei nicht Halt gemacht und gesagt werden: »Das ist alles, womit sich Mann und Frau verbinden können«, nämlich der eine mit dem anderen. Und so sagen dann auch beide richtig: »Es war eine schöne Nacht. Aber jetzt gehen wir in den Tag und jeder geht seinem Eigenen nach.« So wäre es natürlich und richtig.

Frage: Bleiben wir noch beim Sex. Männer sagen oder haben oft das Gefühl, dass sie weit öfter wollen, als die Frau will. Ist das etwas Unnatürliches oder etwas sozial Angelerntes, oder ist es so, dass die Frau natürlicherweise nicht so oft Lust hat auf Sex?

Die letzte Vermutung ist richtig, weil viele Frauen im Moment bestrebt sind – und das ist auch richtig –, ihre Zyklen wieder zu fühlen. Viele Frauen haben sich selbst aus der Bahn gegeben. Sie haben sich selbst aus dem Zyklus herausgeblutet. Und darum sind sie jetzt bestrebt, durch Rituale, durch Dinge, die sie tun, durch Eigenständigkeiten, durch das: »Das bin ich!«, und durch das Suchen nach sich selbst, sich wieder in die Zyklen hineinzufinden.

Denn die Frau ist die Zyklushalterin auf der Erde. Sie ist das Abziehbild des Zyklus, der auf einer anderen existenten Ebene schwingt. Es gibt den Grundzyklus, der sich – das ist jetzt auch wieder so eine Art Parallelerde – abbildet, und die Frau übernimmt diesen, sie empfängt diesen Grundzyklus und bildet ihn in sich ab. Hier muss sie relativ stark sein, und weil sie hiermit so beschäftigt ist, hat sie weniger Lust. Sie muss sich erst mal wieder einpendeln, sie muss sich erst mal in ihrem Zyklus wohlfühlen, um ihre Aufgabe zu erfullen, nämlich, dem Mann den Erdzyklus darzubringen.

Wenn sie sich nicht sicher fühlt, hat sie immer weniger Lust. Wenn sie unsicher ist, dann sagt sie: »Ich fühle ja meinen Erdzyklus gar nicht. Ich weiß gar nicht, wann ich blute. Ich weiß ja gar nicht, ob ich überhaupt da bin.« Wenn sie also diesen Erdfaktor nicht in sich antrifft, hat sie das Gefühl, in der Sexualität zu versagen. Sie versagt in ihrer Grundaufgabe, und das führt dazu, dass sie weniger Lust hat.

Und der Mann begibt sich durch den Akt der Erektion auch in seinen Zyklus hinein und sagt: »Ich bin mit Gott, ich bin mit Gott. Ich habe einen Spaß, ich zocke mit Gott. Ich bin mit Gott in einem Vulkanverhältnis.« Und er will sich dadurch auch selbst spüren, sein Eigenspüren erleben. Das sind eigenständige Zyklen bei Mann und Frau und beide sind auf ihrer Zyklussuche. Sie können sich treffen, aber das kann sehr unterschiedlich ausfallen. Wenn sie hier sehr unklar aufeinanderprallen, dann sind beide sehr stark auf der Zyklussuche, wenn beide in einem ähnlichen Zyklusverfahren sind, dann schwingen sie ähnlich.

Wenn die Frau in ihrem Zyklus ist – abgesehen vom Bluteisprung –, dann ist sie immer wieder fähig, den Erdzyklus zu stärken, immer bereit zu sagen: »Ich stelle die Erde dar.« Diese Frau, die sehr bereit ist, die sehr verbunden ist und sich gerade sehr verbindet, ist dann auch sehr in der Lust. Und der Mann, der sagt: »Ich bin gut mit Gott«, der teilt das auch gut ein und findet sich hier in diesen Zyklus ein. Da treffen sehr große Unterschiede aufeinander. Aber es ist auch richtig, dass viele Frauen nicht ganz in der Balance sind ihrem eigenen Sexus gegenüber.

Frage: Viele Männer machen die Erfahrung, dass sie oft, wie man sagt, geil sind und sich dieser Geilheit schämen. Was könnt ihr diesen Männern sagen, die einfach Lust haben auf Sex, aber auf eine Frau treffen, die sagt: »Nein, heute nicht.«? Die Beschwerden der Männer über Frauen mit Migräne und anderen Begründungen sind ja bekannt. Wie kann der Mann damit umgehen? Hängt das auch mit einem Gedanken zusammen, wie: »Ja, ich muss oder will nur mit einer Frau Sex haben.«? Wie hilft sich der Mann hier? Oder anders gefragt: Wann ist er in Übereinstimmung mit seinem Sexus, mit seiner Kraft, die nach draußen will und die auch in eine Frau will?

Es ist richtig, dass es zu Missverhältnissen kommt, wenn das Verständnis dafür fehlt, was hier im Mann und in der Frau stattfindet. Der Sexus des Mannes heißt: in die Erde gehen, in die Frau gehen. Das ist seine Aufgabe. Aber wenn die Frage nach dem »Warum« nicht gestellt wird, dann gibt es hier auch eine Art von »Selbstständigkeit«. Nichts auf eurer Erde ist aber selbstständig. Alle Dinge haben Bewusstheit. Wenn da einfach eine Erektion ist ohne irgendetwas, dann heißt das, dass der Mann zwar eine kurze Befriedigung hat, aber danach fragt er sich: »Was war das?«

Die Aufgabe des Mannes ist es also, sich selbst zu fragen: »Was für eine Kraft wohnt da in mir? Warum ist die da, woher ernährt die sich?« Das ist ja gerade das Paradoxon: Obwohl gerade eine Frau da ist, die keinen Sex haben will, ist die Kraft dennoch da. Hier kann der Mann wieder zu seinem Ursprung finden und sagen: »Obwohl hier die Frau ist, die mich ja gar nicht reizt oder reizen will, gibt es eine Reizung in mir. Wenn das so ist, dann muss es ja noch irgendwo dahinter eine Reizung, ein Spiel, ein Feuer geben.«

Der Mann muss sich fragen, woraus seine Geilheit erwächst

Wir wollen, dass der Mann sich mit seiner ganzen Kraft einfach mal an das Urbild begibt, an den Punkt, woraus seine Geilheit erwächst, woraus sein Samen erwächst, warum er überhaupt geil ist auf diese Erde, warum er überhaupt dahin will. Und dann kommt er an einen Punkt, wo er sitzen kann, wo er einfach einmal die Kraft in sich spüren kann und sie nicht gleich rausgeben muss; wo der Mann den Samen eine Weile in sich behält – das schätzt ja auch eine Frau sehr – und wo er sagt: »Ich brenne. Ich brenne für diese Erde«; wo er kraftvoll ist, wo er durchaus mal mit erigiertem Phallus hingeht und sagt: »Ich bin, ich bin, ich bin!«, und wo er stolz ist; wo er im Wald steht und sagt: »Das ist Leben!«, und das Leben einfach in sich spürt.

Hier kann er dann auch selbst einmal diese Energie abgeben; aber nicht kopflos Leben, Lebensenergie abgeben; sie auch einmal halten können, darauf kommt es an. Dann kommt er – und das ist schließlich auch das Streben dieses Buches – an das Urgesetz. **Dann kommt er zur Antwort auf die Frage, warum er das hat, warum er diesen Druck hat. Woher kommt der Druck, was ist das für ein Druck? Was für ein Vulkan ist da in ihm? Er kommt daher, weil er dauernd mit Gott an einem Tisch sitzt und sagt: »Das ist aber geil hier! Diese Freude ist geil. Was können wir noch alles machen?«**

Das ist die Urgeilheit, die sagt: »Was können wir noch alles machen? Und wie viele Knäuel können wir noch machen? Wie viele Ziegel können wir noch aufeinandersetzen, damit diese Erde hier stattfindet?« Er muss einmal an den Grund seiner Erektion gehen und herausfinden, was ihn da eigentlich erregt. **Es erregt ihn nicht, dass er das irgendwo abgeben will, sondern dass er es hat. Dieses Haben erregt ihn. Das ist Dasein, dieses Leben.**

Teilweise ist es auch so – das ist das Urbild –, dass der Mann einfach nur Leben in sich trägt und sein Phallus schon dadurch steif wird. Genau das ist gut und richtig. Das ist eine richtige und gute Lehre. Und dann kommt die Frau und sagt: »Deine Härte mit meiner Weichheit, das ist schön.« Und dann wird es auch die bereite Frau geben, denn darauf reagiert die Frau. Die Frau reagiert auf Leben in dem Mann und nicht unbedingt auf das, dass er es abgeben will, sondern sie reagiert auf sein Leben, und das sind gute Beziehungen.

Frage: Ist das die Erklärung, weshalb Männer, die voll im Leben stehen und oft eine charismatische Ausstrahlung haben, sehr anregend und erregend auf Frauen wirken?

Genauso ist es. Weil da das Leben etwas macht. Weil dieses Machen, dieses Machen mit Gott, dieses: »Was willst du noch machen?«, diese Partnerschaft so stark da ist. Das ist schlussendlich für die Frau das, was sie am meisten erregt. Am meisten erregt sie nicht, wenn er es abgibt, sondern wenn er es hat.

Frage: Was könnt ihr den vielen Männern sagen, die heute in Westeuropa unter Erektionsstörungen leiden?

Diese Männer sollten sich fragen: »Was ist es? Habe ich wirklich ein Konzept in der Hand, wo ich sage: ›Jetzt mache ich das mit der Wunderkerze.‹?« Das ist ein gutes Bild. Sie sollten sich fragen: »Was ist es, was ich anbrenne? Wo brenne ich?« Es ist nichts anderes als das Vertrauen in das Licht, in das Urprinzip. Es ist nichts anderes, als zu sagen: »Es ist doch überall Licht.«

Dann wird der Mann Schweißer, dann wird der Mann derjenige, der sagt: »Jetzt werde ich ein Hufschmied werden«, dann wird der Mann der, der sagt: »Ich werde schnelle Autos fahren, weil da ist dieses Sprühen drin, da ist dieses Schnellwerden drin«, dann ist hier die Übersetzung davon drin, was der Mann eigentlich kann, und er sagt: »Ich werde mir einen Porsche kaufen, weil ich dann mit quietschenden Reifen lossprühen kann.« Und dann ist dieses Brennen, dieses Zischen auf dieses Auto übertragen worden und er sagt: »Ach, in mir muss ich ja gar nicht sprühen, das tut ja mein Reifen.« Oder: »Ich habe es jetzt zu tun mit meinem sprühenden Charme da draußen, zu Hause im Schlafzimmer hab ich nicht mehr genug.«

Hier kann der Mann wieder zu sich selbst kommen und sagen: »Ich hol mich jetzt ein und ich muss das nicht im Außen haben. Es ist schön, wenn ich ein schnelles Auto habe, aber in mir habe ich dieses Zischen, diese Bereitschaft, diese Lust zu starten.« Zu diesen Erektionsstörungen haben natürlich auch viele Mütter beigetragen, die gesagt haben: »Du musst dich nur so entwickeln, wie ich mich entwickle.« Damit haben sie eine zu weibliche Entwicklung gefördert durch ein Nichtloslassen und durch ein Nichtwachsen der Frau selbst. In diesem Halten des Wachstums der Frau sind sehr viele Antworten zu finden für die Probleme in der Ehe und in der Sexualität, weil die Frau eine Haltende und gleichzeitig immer eine Gehend-Loslassende ist. Sie hält, aber sie ist an jedem Tag auch immer gehend-loslassend. Sie ist immer in der Bereitschaft zu sagen: »**Die Liebe macht das schon. Die Liebe geht und lässt meine Kinder das und das und das tun. Die Liebe kümmert sich, nicht ich muss mich dauernd kümmern.«**

Das Festhalten der Mütter hat den Orgasmus des Mannes festgehalten

Dieses Festhalten hat auch die Erektion, den Orgasmus des Mannes festgehalten. Um den Weg heraus zu finden, muss der Mann sich fragen: »Wie kann ich sprühender werden, wie kann ich Lust an dieser Erde bekommen?« Und das kann er dann auch auf die Frau übertragen und auch seiner Mutter verzeihen und sie loslassen, die bei ihm den Deckel auf dem Topf gehalten hat.

ZUSAMMENFASSUNG

- Die Schmerzen des Mannes und die Schmerzen der Frau unterscheiden sich voneinander und sind oft auch unterschiedlich zu bewerten. Der Liebesschmerz der Frau und der des Mannes können jetzt wirklich geheilt werden.

- Im Unterschied zu den Männern liegen bei den Frauen die Schmerzen nicht so tief. Sie haben sich auf die Erde begeben und haben hier kein Haus gebaut, und das hat Schmerz erzeugt.

- Wenn sich Paare finden, die sagen: »Wir haben noch Schmerz«, dann finden sie im Ordnen die Paarung. Sie finden nicht in der Geordnetheit, sondern in dem Ordnen zusammen.

- Der Schmerz des Versagens, des Nichtstuns, des Nichtherangehens an die Erde ist der Schmerz aller Schmerzen. Denn hier wurde etwas nicht genommen. Der Mensch, der die Erde als Prinzip abgelehnt hat, ist vor dem vollen Buffet verhungert. Und das hat Schuld und Scham erzeugt.

- Es funktioniert nicht, den Selbstvergebungsschritt ohne den anderen zu machen. Es ist wichtig, sich zu erinnern. In einem niedrigen Fall erinnern sich Mann und Frau, dass sie sich nicht erinnern. In einem etwas höher gelegenen Fall erinnern sie sich, dass sie sich erinnern. Dieses Erinnernwollen ist in der Frau jetzt so stark, dass es nicht mehr aufzuhalten ist.

- Beachtet immer, dass auch in der Blutungsphase ein Eisprung stattfindet, dass es zwei Eisprünge gibt. Dieser Eisprung ist ein geistiger Kindereisprung. Und der Eisprung ohne die Blutung ist ein Inkarnationskindereisprung.

- Die Blutung ist kein intimer Faktor, weil die Frauen früher mit dem Mond geblutet haben. Das war ein großes Ritual.

- Der Zyklus der Frau hat zwei Seiten, eine laute und eine leise. Das Ankommen ist eine riesige Welle; etwas, das im Idealfall natürlich Frauen auch verbinden sollte. Das ist der Gemeinschaftsfaktor der Frauen. Und während der Hauptblutung springt die große Welle in eine kleine Welle über. Das wird dann sehr leise.

- Für den Mann geht es darum, die Blutsbruderschaft mit dem Göttlichen, dem Männlich-Göttlichen wiederherzustellen. Blut ist die Glut, es ist die Lava, und aus dieser entstammt der Mann. Es ist ein zwischen Mann und Gott explodierendes Freudewerk. Der Mann sitzt dauernd mit Gott an einem Tisch und sagt: »Das ist aber geil hier! Diese Freude ist geil. Was können wir noch alles machen?«

- Je bewusster der Weg der Blutung von der Frau gegangen wird, desto geringer ist der Schmerz. Je mehr die Frau denkt, das sei etwas Schlechtes, desto schmerzhafter erlebt sie das Ganze. Ein großer Schmerz in der Periode bedeutet den nicht gegangenen Weg der Frau.

- Wenn die Frauen das Gefühl haben, immer alles geben zu müssen, dann ist das nicht in ihrem Zyklus. Die Frau ist die Zyklushalterin. Die Erde ist Zyklus und sie ist über die Frau symbolisiert. Wenn sie das entdeckt, wird ihr Schmerz immer kleiner.

- Eine starke Blutung weist auf eine Frau hin, die sich im Moment noch stark verbinden will, die sagen will: »Wie gehe ich mit dieser Erde um? Wie gehe ich mit mir selbst um? Wie sehr greife ich mich an?«

- Die Urfrau ist eine, die nicht immer Blut abgeschieden hat. Sie hat damals eine ähnliche Flüssigkeit abgegeben wie beim Orgasmus, eine Scheidenflüssigkeit. Hier hatte sie sozusagen einen Orgasmus ohne den Mann, einen göttlichen Orgasmus. Ihre Periode ist eigentlich ein göttlicher Orgasmus.

- Der Grund für die Wechseljahre der Frau liegt darin, dass die Frau noch einmal zu sich selbst wechselt. Die Frau kann entscheiden, immer wieder einen Wechsel zu tun. Und diese Entscheidung braucht auch ein Zeichen.

- In der allertiefsten Tiefe des Mann-Frau-Prinzips und des Frauprinzips gab es überhaupt keinen Wechsel. Der große Wechsel bedeutet, dass die Frau sich beständig auswechselt, die Erfahrungen mit dem Göttlichen wechselt.

- Wenn der Mann zu fragen beginnt: »Wie viel habe ich gewechselt? Wie viele Häuser habe ich gebaut?«, und er sich dann vergleicht, versucht der Mann, in sich selbst zu wechseln. Und das hat große Auswirkungen, dann hat er ein ganz großes Problem, wenn er versucht, nicht das zu sein, was er ist, sondern sich selbst zu wechseln.

- Nach einer starken Vereinigung gibt es in der Frau und auch im Mann das Gefühl: Jetzt muss jeder wieder für sich sein. Die Vereinigung ist immer nur eine Momentaufnahme.

- Es geht auf der Erde letztlich um die Vereinigung von Erde, Gott und Mensch, es geht hier zentral um die Liebe des Menschen zur Erde und die Liebe zu Gott.

- Der Mann muss einmal an den Grund seiner Erektion gehen und herausfinden, was ihn da erregt. Es erregt ihn nicht, dass er da was abgeben will, sondern dass er es hat. Dieses Haben erregt ihn.

- Zu den Erektionsstörungen haben viele Mütter beigetragen, indem sie sagten: »Du musst dich nur so entwickeln, wie ich mich entwickle.« Durch ein Nichtloslassen und durch ein Nichtwachsen der Frau selbst haben sie eine zu weibliche Entwicklung ihrer Söhne gefördert.

9. Kapitel

Wir möchten gerne das Bild von der Pferdetränke einführen, das eine grundsätzliche Aussage in sich trägt. Das Sarah-Prinzip, dieses alte Prinzip der Maria, taucht hier auf, und es wäscht auch die Frau von ihrer Schuld (in der besten Bedeutung) rein, Maria nicht auf die Erde getragen zu haben. **Der Mann muss sich wieder erinnern, dass es im männlichen Prinzip darum geht, das Göttliche weiterzutragen. Und die Frau erinnert sich daran, dass sie es immer in sich trug. Und so erfahren die beiden jetzt in eurer Zeit eine große Aufmischung.** Der Mann entdeckt: »Ich trage es weiter, ich laufe ja immer weiter, ich habe es nicht verloren und ich bin gelaufen und gelaufen, trotzdem trug ich diese Gottfreude, dieses Springen, diese Kraft immer in mir.« Und die Frau erwacht, wenn sie wieder glücklich sein will, in das Bewusstsein: »Ich habe es ja auch nicht verloren, ich bin ja doch nicht ganz von meiner Erde getrennt geworden. Ich blieb ja doch dabei.«

Männer und Frauen werden jetzt aufgemischt

Dieses Weitertragen im besten Sinne soll hier beleuchtet werden. Denn wenn der Mensch das entdeckt, haben wir es bereits mit einem neuen Gefüge von Mann und Frau zu tun. So wie wir hier von unseren Ebenen aus Altes weitertragen und in Neues kleiden, wie wir die alten Gebilde, die in der Erde immer wieder Neuauflagen erhielten, mit neuen Bildern kreieren, so macht ihr das auch.

Das Bild der Tränke funktioniert, weil es die Achtung und die Bereitschaft in sich trägt, sich ganz einfach auf eine andere Gesinnung einzustellen. Eine Tränke für Pferde funktioniert nur dann, wenn sie ans Frischwasser angeschlossen ist. Eine Tränke ist nur dann eine wirkliche Tränke, wenn sie eine übergeordnete Quelle in sich trägt. Dieser Gedanke soll als völlig neue Plattform dienen für das Folgende: Bei allem, was jetzt auf eurer Erde aggressiv ist, kräftig ist, alles, was in irgendeiner Form aber auch als Kampf, als Krise auftaucht, geht es darum, dass die Langeweile des Menschen durchbrochen wird, und er sagt: »Na, dann gehe ich doch mal an die Information dieser Quelle heran.«

Diese Tränke soll jetzt von Mann und Frau, von Liebenden und Familien benutzt werden, damit sie aufmerken und sagen: »Wenn wir schon eine Tränke haben, dann sollten wir doch für unsere Erhaltung auch daran denken, dass diese Tränke hier nicht nur ein Becken ist, das irgendwann leer ist.« **Hier werdet ihr jetzt aufgerüttelt. Das ist es, was eure Familien jetzt sprengt. Wenn einer hier so denken will und die anderen nicht, wird diese Familie auseinandergehen.**

Wenn eine Frau sagt: »Ich will zur Quelle«, und der Mann sagt: »Nein, ich trinke weiter aus«, dann gibt es Ärger und irgendwann eine Trennung. **Darum geht es jetzt auf eurer Erde, dass die Quellsituation bedacht wird.** Hier können wir jetzt schon ganz weit nach vorne greifen: Wenn dieser Gedanke, an die Quelle zu gehen, da ist, dann ist auch schon die Grundlage für die Beziehung von morgen da. **Denn das Grundprinzip von Mann und Frau besagt, dass sie gemeinsam an unterschiedlichen Plätzen dieser Quelle stehen.**

Und das Prinzip Mann/Frau entdeckt sich im Urprinzip darin, dass Männer und Frauen diese Tränke in sich selbst und durch sich selbst, auch durch ihre Körper, als Quelle erfahren und sich beraten: »Was können wir machen? Wie können wir diesem Quell, diesem Wasserfall einen Sinn geben? Wie können wir diese Quelle selbst darstellen?« **Mann und Frau proben diese Quelle in der Sexualität, indem die Frau sich hinlegt und sich öffnet und diesen Kelch bildet und der Mann sagt: »Jetzt probiere ich einmal, mein Rohr hinzugeben.« Hierdurch stellen sie schon das Quellbewusstsein, das Auffangbewusstsein dar.**

Und wenn Mann und Frau klar wird, dass sie sich das einmal selbst erdacht haben: »Wenn da schon etwas Frisches ist, dann fangen wir das doch auf«, wenn sie das entdecken wollen, dann funktioniert die Beziehung. Wenn sich aber einer hier querlegt und sagt: »Ach, ich drehe mich rum und verschließe mich«, dann findet diese Anfüllung nicht mehr statt.

Wir sagen es ganz deutlich: Dies ist es, was das Gott-Erde-Mensch-Prinzip weiterträgt. Der Wille, es zu sein, es abzubilden, ist natürlich, und darum ist die Liebe zwischen Mann und Frau zentral im Gott-Erde-Mensch-Prinzip, weil sie es darstellen. Sie stellen das Gott-Erde-Mensch-Prinzip dar. Sie sind das, was die Triangel ist, was das Dreierprinzip ist, und sie wollen es im Zweierprinzip. Folgendes will dargestellt werden: dass nämlich das Göttliche durch den Menschen als Quelle auf die Erde kam, dieser sozusagen etwas dazwischen war, nämlich Flasche bzw. Trichter bildet, dass also Mann und Frau im Mikrozyklus auch das Göttliche in sich tragen. Durch ihre Liebe, durch ihre Sexualität bilden sie gleichsam ein Mikrosystem des großen Makrosystems.

Darum ist die Sexualität natürlich von zentraler Bedeutung, weil die beiden – wie in diesem Bild der Tränke dargestellt – es eben in allerbester Weise zeigen, sie es berauschend erleben und sich dadurch natürlich wie Gott und Göttin fühlen – und das zu Recht. Alles, was hier zentral in Gott, in Mann und Frau passiert, ist auch gleichsam das Gottspiel mit sich selbst. Das ist, wie Gott mit sich selbst spielt, das ist, dass das Göttliche selbst, die Freude selbst sagt: »Ich bin Trank und Tränke.« **Das heißt, Gott selbst ist mit sich ein Liebespaar.** Das göttliche

Selbst spielt so wie diese beiden, die sich vereinen und sagen: »Wir haben eine tolle Idee. Da gibt es etwas, was wir auffangen.« Das Göttliche stellt also diese Selbstverliebtheit, diese Eigenliebe durch Mann und Frau dar.

Darum raten wir euch jetzt sehr, dass jeder wieder in das Eigene geht, dass dieses Geflüster wieder stattfindet – dieses Liebesgeflüster –, dass klar wird, dass diese Eigenständigkeit von Mann und Frau auch wieder in eine Unterschiedlichkeit geht. Sonst funktioniert Erde nicht. Die Erde funktioniert nur dann, wenn hier unten eine Tränke sein will und da oben etwas ist, das herunterfällt.

Die Erde wird durch das Liebesspiel von Mann und Frau genährt

Die Erde sagt: »Wenn das Liebesspiel Gott-Gott, wenn das Liebesspiel zwischen Mann und Frau nicht ist, was soll dann aus mir werden?« Die Erde braucht dieses Liebesspiel, sie braucht das Unterschiedliche, dass Gott sagt: »Ich bin bereit, mich auseinanderziehen zu lassen in Mann-Frau, in Gott-Göttin, in zwei, damit die Erde selbst hierdurch befriedigt ist und sich wiederum ihrem Spiel hingeben kann.« Die Erde wird von diesem Liebesspiel Mann-Frau genährt.

Die Erde ist der dritte Teil und braucht eine Inspiration. Sie arbeitet immer aus dem Geben und dem Nehmen, aus dem Prinzip: »Regen kommt und die Erde empfängt.« Das Liebesspiel zwischen Mann und Frau ist die Inspiration für die Erde. Sie hat das aufgefangen, sie hat das aufgegriffen. Die Erde hat gesagt: »Ich habe Lust an dem Liebesspiel. Wenn Gott mit sich spielt, wenn es hier ein Gott-Göttinnen-Spiel gibt, wenn die beiden miteinander Strahl und Tränke bilden, wenn sie miteinander ein Auffangbecken sind, dann spiele ich das doch einmal nach. Dann werde ich das doch einmal vergrößern.«

Die Erde ist ein LEGO-Spiel der Sexualität und hat mit sich selbst auch beständig dieses Atmen. Darum erläutern wir die Unterschiedlichkeit zwischen männlichem und weiblichem Prinzip, indem wir sie auseinanderziehen. Beide Prinzipien finden sich in Mann und Frau, das Männliche ist auch in der Frau und das Weibliche ist auch im Mann. **Aber die Abmischung in beiden ist so stark geworden, dass sie sich geeinigt und gesagt haben: »Ach, die Tränke genügt doch. Da ist ja Wasser drin«, und das führte zu einer zu starken Angleichung zwischen Mann und Frau. Und das sprengt das System.**

Hier sind wir an dem Kernpunkt dieses Buches. Darum brauchen wir hier eine Grunddefinition. Ein Spiel braucht immer zwei, ein Spiel bedeutet immer: Irgendetwas muss anders sein als das andere. Ein Ball kann mit sich nicht spielen. Ein Ball braucht mindestens Luft, um etwas zu tun. Ein Ball mit sich selbst ist nur ein Ball. Er braucht einen Luftzug, um irgendetwas anderes zu sein als ein Ball.

Dieses Spiel, das eine so große Akkuratesse besitzt, bedarf der Unterschiedlichkeit. Ein Ball braucht einen Schläger. Und dieses Prinzip soll bewahrt werden. Denn es ist das Liebesprinzip. Das Liebesprinzip heißt: Da bewegt sich Freude, Gott bewegt Freude mithilfe von Liebe und Licht. Darum ist es jetzt so wichtig, dass die Frau wieder Lust auf sich hat und der Mann wieder Lust auf sich hat, damit sie das Spiel wieder wollen, damit sie Sexualität wollen.

Wenn Mann und Frau ihre Verschiedenheit wiederentdecken, dann sagt der Mann, der als Phallus herunterkommt: »Ich bin mit dem Wasserfall«, und die Frau sagt: »Ich bin die Tränke.« Dann finden sie sich wieder wichtig. Hier liegt der Dreh- und Angelpunkt dieses ganzen Apparates, dieses Dreierapparates. Die Zentralfigur »Sexualität« funktioniert hier immer wieder bestens als Erklärungsmuster.

Wir wollen noch einmal die Bedeutung der kommenden Jahre hervorheben. Die nächsten Jahre bedeuten den Durchbruch. Sie sind numerologisch als Durchbruch gemeint, im

Sinne von: »Die Quelle wird entdeckt.« Entscheidend ist der Durchbruch, denn sonst ist dies alles hier nur am grünen Tisch verhandelt worden. Ohne dieses Spielenwollen, ohne diesen Saft, den Gott ausdrücken möchte, ohne Mann-Frau bleibt dieses Liebe-Licht-Spiel, dieses Freudespiel nur ein grüner Tisch, der verenden kann. Und das ist in anderen Ebenen, in anderen Erden schon passiert.

Der Aufstieg der Erde ist bereits garantiert

Nur in dem Dreierspiel, in dieser Dreiererde, ist das Spiel, ist der Saft bewahrt. Ihr wollt jetzt und die Erde will jetzt. **Jetzt wollen Mann und Frau zueinander, jetzt wollen sie es wieder richtig spielen, weil der Saft zwischen allen drei Erden bereits funktioniert. Und wir sagen es klar und deutlich: Der Aufstieg der Erde in ihr eigenes Prinzip ist bereits garantiert.** Denn auf der erhöhten Ebene, der Dreiererde, von der wir gesprochen haben und die tatsächlich existiert, ist dies bereits geschehen. Die Sexualität ist wieder völlig in sich aufgestiegen, sodass wir euch sagen können: **Jetzt steigt auch mit auf, denn es gelingt!**

Frage: Was ich gerne etwas vertiefen möchte: Ihr sprecht davon, dass Mann und Frau die Liebe auf die Erde bringen. Heißt das, dass die Erde nicht in der Liebe ist oder keine Liebe hat? Wie ist das genaue Zusammenspiel Erde, Mann und Frau? Ihr habt gerade die Beziehung zwischen Gott, Mann und Frau erwähnt auf der Erde. Warum braucht die Erde die Liebe durch Mann und Frau?

Das ist eine schöne und auch eine sehr zentrale Frage. Die Erde ist eine Kür und sie hat gesagt: »Wenn es das gibt, dann gibt es mich auch.« Die Erde ist die Reagierende und hat gesagt: »Wenn das so schön ist, dann denke ich mir was aus.« Die Liebe ist diejenige, die sich dem dann gebeugt und gesagt hat: »Wenn du das möchtest, wenn die Freude Kinder bekommen möchte, wenn die Freude sagt: ›Das lohnt sich, dass aus mir etwas wird. Das lohnt sich, das Mann-Frau-Spiel ist so schön‹, dann mache ich mit.« Auf anderen Nichterden, wo nicht inkarniert wird, geschieht es nämlich, dass das Freude-, das Göttinnen-Gott-Spiel ein solches im Feinstofflich-Geistigen bleibt.

In diesem Spiel- oder Wahlprinzip, wie wir es schon besprochen haben, hat die Erde – um in einem Bild zu bleiben – gesagt: »Ich hätte da eine Idee. Wir könnten doch dieses machen und jenes hier noch ausbauen.« So wie einer sagt: »Wir können hier auf den Tisch einen Teller stellen, eine Tasse und einen Löffel, und schon ist es ein gedeckter Tisch.« Und dann sagen die Damasttischdecken, dann sagen die Blumen und dann sagen die anderen Möglichkeiten: »Wir hätten da auch noch was, um den Tisch schöner zu machen.«

Die Erde ist eine Wahl, es musste sie nicht geben

So hat sich das Prinzip: »Das eine mit dem anderen« gemeldet. Und das Gott-Göttinnen-Prinzip hat gesagt: »Wir könnten das aber noch besser machen. Da wäre doch noch was.« Das Inkarnationsprinzip selbst, also das Materieprinzip, hat gesagt: »Wir brauchen aber zwei Spielfaktoren. Wenn wir das Spiel ›Mann-Frau‹ spielen, haben wir auch zwei Spielarten, die gegeneinander sind, denn Licht und Liebe, das sind ja auch wieder zwei. Wir brauchen ein Damasttischtuch und wir brauchen etwas ganz anderes, einen silbernen Kerzenständer, wir brauchen unterschiedliche Materialien.« Und so wirkt hier das Licht-Liebe-Prinzip als zwei unterschiedliche Kräfte. Und die Erde hat gesagt: »Mit denen spiele ich.«

Hieraus haben sich all eure Spielarten entwickelt. **Denn Mann/Frau als Gott-Gebe-Prinzip (Mann) und als Gott-Freude-Prinzip (Frau) wirkt auch ohne Materie, ohne Inkarnation. Es hat hier also eine Wahl stattgefunden. Ihr habt es auf der Erde mit einem Schöpferprinzip und einem Wahlprinzip**

zu tun, weil die Erde kein Muss ist. Es musste die Erde nicht geben.

Erst durch die karmische Idee kam es zu einem Muss. Denn wenn hier etwas Karmisches ist, wenn eine Familie nicht im Liebeprinzip ist, dann muss sich diese schlussendlich wieder ins Liebeprinzip hineinentwickeln. Aufgrund des Karmagedankens auf der Erde muss es hier ein Folgeprinzip geben wie im Sonne-Regen-Prinzip. Wenn da ein Prinzip existiert und noch nicht Licht-Liebe ist, braucht es immer eine Folge. Deswegen ist die Erde jetzt, in dem karmischen Prinzip, kein reines Wahlprinzip mehr, weil gekommen werden muss, weil getrennt werden muss. Aber eigentlich ist es ein völlig wählbares, ein Jokerprinzip aus der Sexualität, aus dem Freudegedanken heraus. Was macht die Erde? Sie gibt immer Funken, sie gibt immer Ideen.

Nehmen wir noch einmal das Bild von dem gedeckten Tisch: Warum sitzen Mann und Frau so gerne an dem gedeckten Tisch und essen und feiern? Weil dies das Grundprinzip darstellt. Weil dieses Essen, dieses gemeinsame Feiern, dieses Anstoßen, dieses gute Essen und Trinken miteinander, zu zweit oder in kleinen Gruppen, etwas ganz Großes, ganz Wichtiges darstellt, nämlich die Echtheit und die Ehrlichkeit zwischen Mann und Frau und Erde. Die drei haben miteinander ein Prinzip und sagen: »Was wollen wir noch, was möchten wir noch?« Die drei haben ein Kür-, ein Feierprinzip miteinander.

Und je leichter das gelebt wird, je leichter die Frau ihre Kür mit der Erde spielt und sagt: »Ach, ich komme einfach auf dich zu«, und je klarer der Mann sagt: »Ich bin der, der immer wieder zu dir kommen kann«, je mehr die Frau sagt: »Ich bin die Welle, die immer wieder auf dich trifft«, und je mehr der Mann sagt: »Ich bin der Strahl, der deine Wogen anschiebt«, desto besser funktioniert das und desto schöner feiern sie und sagen: »Jetzt ist hier viel passiert und wir feiern das und sitzen an diesem Tisch.«

All dies ist also reine Wahl. Und die Erde sagt: »Ich gebe euch eure Ideen zurück.« Deswegen bildern wir und zeigen, was die Erde gebildert hat. Wir zeigen alle Bilder, die ihr hier erkoren habt, um das Prinzip zu stärken, um das Prinzip zu nähren, um dieses Mann-Frau-Spiel zu entwickeln. In jedem einzelnen einfachen Bild ist meist das Freudespiel mit sich selbst beinhaltet. Ob ihr jetzt an einen Mixer denkt, der den Kuchenteig zusammenrührt, oder an einen Tisch, oder eine Damasttischdecke, auf der Kerzen stehen und ein Wasserkrug – überall habt ihr die Spiele miteinander. Und das ist der Urgedanke. Deswegen gibt es auch das Liebesspiel. Und so ist es rückführbar, so funktioniert das.

Frage: Ihr habt an einer früheren Stelle die ganz grundlegende Aussage gemacht, dass Mann und Frau die Liebe auf die Erde bringen; und dann wurde unterschieden, dass der Mann das Licht repräsentiert und die Frau die Liebe. Ist das widersprüchlich oder wie fügt sich das in ein Gesamtbild?

»Die Liebe auf die Erde bringen« ist das Prinzip, dass beide sich an die Hand nehmen und sagen: »Komm, wir machen jetzt hier eine Idee von Gott.« Die Liebe allein ist es aber noch nicht. Die Liebe allein, zum Beispiel die Erde allein, ist es noch nicht. Es muss etwas dazukommen. Liebe auf die Erde zu bringen, bedingt etwas. Es ist richtig, dass beide, Mann und Frau, etwas auf die Erde bringen. Aber dann muss es wieder die Unterscheidung, das Zweitprinzip geben. Dann muss es das Prinzip geben, dass das eine das andere fordert. Das Lichtprinzip fordert dann wieder das Gegenprinzip Regen.

Oder um ein Bild zu geben: Hand in Hand bringen Mann und Frau das Liebesspiel, weil sie sagen: »Das ist doch schön«, weil sie sagen: »Es ist schön, die Freude hier weiter in die Inkarnation zu bringen.« Das ist das Liebesprinzip. Und jetzt muss sich – wie im Alltag – etwas verändern. Da liegt also jetzt das Liebesprinzip, die Tränke. Und diese Tränke, der Kelch, sagt: »Jetzt muss die Frau diese Tränke, diesen Kelch verwalten.« Jetzt fordert die Tränke.

Ab diesem Moment muss sich der Mann in ein anderes Prinzip bewegen und sagen: »Wenn wir jetzt schon hinuntergekommen sind, wenn wir die Liebe, die Tränke hier heruntergebracht haben, muss ich jetzt den Gang immer wieder machen, ich muss immer wieder hingehen.« Darum musste sich Licht entwickeln. Darum geht hier der Mann seinem Phallus immer wieder hinterher, seinem Ziel, diesem Urprinzip und sagt: »Etwas runterbringen, etwas von oben nach unten bringen, den Phallus nach unten bringen!«

Das also muss als Zweitprinzip, als Nachfolgeprinzip auf die Liebe treffen. Beides ist richtig, Frau und Mann gehen Hand in Hand und sagen: »Komm, wir bringen das da runter.« Dann muss der Mann sich trennen und sagen: »Ich muss immer wieder die Uridee symbolisieren, muss mich immer wieder erigieren, die Freude haben und sagen: ›Ich muss das runterbringen, ich muss den Wasserstrahl, ich muss diesen Strahl runterbringen.‹« So ist also beides richtig, und beides ergänzt sich entsprechend.

Frage: Danach ist der Mensch in seiner Essenz Liebe. Andere Quellen sagen, der Mensch sei Licht. Wie seht Ihr das? Was ist der Mensch von seiner Natur her?

Der Mensch ist von seiner Natur her das Zugpferd, er ist die Idee, die Liebe zu geben. Er ist beides, er hat beides, aber das eine bedingt das andere. Wenn es also eine Erde gibt, dann muss es auch in der Konsequenz etwas geben, was die Idee der Erde in sich trägt, und das ist die Lichtigkeit. Also, beides ist wiederum richtig.

Im Urprinzip sagt der Mensch: »Wenn wir dieses Spiel weiter genießen wollen, dann müssen wir es einmal gießen. Wir müssen rausgehen und die Liebe hingießen.« Wenn das aber bleiben soll, dann muss es genährt werden, dann muss es ein Kraftprinzip geben, den Phallus, das Licht. Beides sind die Prinzipien des Menschen und es gibt dementsprechend eine Nachordnung, wenn das eine da ist, muss das andere auch da sein. Das eine ist mit dem anderen verbunden. Man kann nicht sagen, es gibt nur das eine, es gibt nur das andere – beides existiert miteinander.

Frage: Könnt ihr noch einmal die Rolle des Eros etwas vertiefen in dem Zusammenhang, was Mann und Frau hier machen? Würdet ihr den Eros im Vergleich zur Sexualität als das weit umfassendere Liebesprinzip bezeichnen, in dem der Mensch in seinem Mit-sich-Sein, Mit-der-Natur-Sein, Mit-der-Welt-Sein steht, und aus dem sich dann Sexualität ergibt?

Ja, so würden wir es auch formulieren, weil im Eros – nehmt es ganz einfach – die Rose drin ist. Die deutsche Sprache ist hier wieder genial. Der Eros darf der Rose einen neuen Namen geben. Das darf nur der Eros. Die Liebe wird nicht umgeschrieben. Göttliche Liebe braucht auch nicht umgeschrieben zu werden. Sie wird nicht umgeschrieben, sondern sie wird immer wieder aufgeschrieben. Die Rose wird immer wieder fotografiert und neu beschrieben. Und jedes Mal dürfen wir der Rose neu dienen und der Liebe. Aber wir schreiben sie niemals um. Einzig der Eros darf die Liebe neu schreiben.

Der Mensch, der sich fragt: »Wie gehe ich an die Erde heran?«, dieser darf wirklich sagen: »Ich habe etwas Neues, das ich hier tue.« Das ist ganz einfach. Auch ein Mensch, der sagt: »Jetzt liebe ich ein Gerät, zum Beispiel mein neues Mobiltelefon«, liebt eine Kommunikationsmöglichkeit mit der Erde und so schreibt er für sein eigenes Leben den Eros um. **Denn es ist eine erotische Form, zu sagen: »Ich habe mit dieser Welt eine Verbindung.« Das ist ein sehr großes Heiligtum. Wir heiligen alles, was in der Technik stattfindet, weil es den Eros vorantreibt, sein zu wollen mit dieser Erde,** die fasziniert ist zum Beispiel von der Welt der Kommunikation. Das ist nur eins von vielen Beispielen. Sexualität ist dann die Praktikabilität.

Der Eros ist die Faszination, ist das, wo noch nichts getan werden muss. Der Eros ist die Möglichkeit, es zu begreifen, ohne etwas zu tun. Du schaust einem Sonnenaufgang zu und kannst nichts sagen, weil du so gerührt bist. Weil du dir in dem Moment klar bist, auf welchem Planeten du bist. Dieser Augenblick, der einen solchen Trank und solche Kraft der Liebe in sich trägt, dass du gar nichts mit dem Sonnenschein machst. Du fotografierst nicht, du schreibst nichts auf, du traust dich nicht einmal zu atmen. Und wenn du dann sagst: »Jetzt werde ich meine Partnerin holen und ihr den Sonnenaufgang zeigen, ich werde ein Gedicht schreiben«, das ist dann Sexualität.

Dann verdichtet es sich, dann wird Sexualität zu etwas, wo du dann sagst: »Jetzt werden wir gleich den Strandkorb holen, wir werden uns gleich unser Sonnenöl holen.« Jetzt beginnst du, etwas zu machen mit dieser Erotik, mit dieser Rose, mit dieser puren Liebe, die dann umgeschrieben wird und gar nicht mehr Eros heißt, sondern eben Sexualität. Sexualität bedeutet dann, etwas zusammen zu machen, das eine mit dem anderen zu verbinden. Das eine ist das eine und das andere ist das andere in lebbarer, in zusammenlebbarer Form. Das ist das, was dann Sexualität ist. Das steht tatsächlich in dem Fall auf zwei ganz verschiedenen Blättern.

Frage: Wie können Mann und Frau zu dieser erotischen Form des Lebens und des Liebens wieder Zugang finden?

Das ist sehr wichtig und das hört ihr jetzt immer wieder, dass dies ein zentraler Vorgang ist. Wenn der Weg aus der Schuldzuweisung, der Weg aus dem Karma erfolgen muss – und er will und wird jetzt erfolgen –, dann geht das nicht, indem der eine zum anderen sagt: »Du bist nicht potent.« Dann könnte er auch sagen: »Du bist nicht da.« Dann würde die Tränke zum Wasserfall sagen: »Du bist nicht da.« Und der Wasserfall sagt: »Warum soll es mich geben? Du bist ja nicht die Tränke.« Das ist der innere Tod.

Das ist nicht nur die Nichtpotenz, das ist auch die Nichtselbstakzeptanz und diese haben zu all den Schuldvorwürfen und zum Tod in den Ehen und Familien geführt. Anstatt dass jeder immer wieder losgeht und sein eigenes Prinzip nährt, hat einer zum anderen gesagt: »Du hörst ja gerade auf.« Und wir sagen euch: Jetzt muss jeder zu seinem eigenen Prinzip loslaufen. Der Wasserfall muss sagen: »Ich bin ein sinnvoller Wasserfall«, und die Tränke muss sagen: »Ich bin ja aus Holz. Und ich komme aus der Wurzel. Und ich bin fest und habe ein Becken in mir. Ich bin ein Becken.« **Jeder muss sich wieder sinnvoll machen, sonst gibt es diesen karmischen Tod, an den ihr fast herangeschrammt seid. Dieser karmische Tod wird gerade aufgefangen, indem wir sagen: Gehe jeder zu seinem Prinzip, wie auch immer. Das ist das, was wesentlich ist.**

Die Erotik entsteht durch das Fortgehen

Die Erotik, die Erotisierung entsteht durch das Fortgehen. Deswegen ist das Fortgehen so wichtig. So sagt hier der Mann: »Ich war gerade bei Gott und ich bin angefüllt. Es hat mich völlig erotisiert, was es da gibt«, und er erzählt davon. Und die Frau sagt: »Und ich war in meinem Geheimnis, ich war in meinem Versteck. Ich habe gesehen, wie Holz gemacht wird, ich habe gesehen, wie alles verbunden wird. Ich habe den Leim zwischen dem Holz gesehen. Ich habe es gesehen.« Und so haben beide gesehen.

Dieses Gesehenhaben ist es, was erotisiert. Und dann wollen sie es haben, dann wollen sie die Sicht des einen und die Sicht des anderen haben. Das erotisiert den Alltag. Da sagt sie: »Wo warst du? Erzähl mir, wo du warst«, und er sagt: »Ja, ich war bei Gott«, und die Frau sagt: »Und ich war bei der Göttin«, und dann sagen sie: »Erzähl doch!« Das ist die Vereinigung, das ist die Urvereinigung.

Frage: Das weist jetzt auch auf die Kommunikation zwischen Mann und Frau hin, und das nicht nur in der Sexualität, sondern insgesamt. Welche Rolle spielt die sprachliche Kommunikation zwischen Mann und Frau aus eurer Sicht?

Das Fragen zwischen Mann und Frau ist in gewisser Form schwierig. Es ist in dieser Phase besser, wenn Frauen Frauen fragen und Männer Männer. Wenn Frauen Männer nach der Frau fragen, dann kapitulieren Männer, dann machen sie dicht und auch umgekehrt. Es ist ganz wichtig, dass sich das eine immer wieder in das andere hineinbegibt. In der Kommunikation zwischen Mann und Frau, in den Städten, in den Häusern passiert es, dass die Frau zu bequem ist, zu dem Ihrigen, zu ihrer Quelle zu gehen, und sagt: »Ich werde mir hier das Gefühl von Tränke, das Gefühl von Fluss, das Gefühl von »Getränktwerden« holen. Aber ich bin zu faul, mir dieses Gefühl zu holen, und frage gleich den Mann, ohne mein eigenes Gefühl zu befragen: ›Wo kommt es her?‹«

Dann bekommt sie zwar eine Gott-Antwort, ohne aber ein Gefühl dafür zu haben. Sie ist aber da, um das zu tränken, um die Tränke zu haben und das Gefühl zu erhalten, dass es wichtig ist, was der Mann da hat. So kommt es zu dieser sterbenden Kommunikation, wenn die Frau sagt: »Du musst mir das doch sa-

Die Frauen sollten Frauen und die Männer Männer befragen

gen«, und wenn der Mann sagt: »Du musst mir das doch sagen.« Sie müssen selbst ihre eigenen Erfahrungen machen, das eine ist mit dem anderen nicht vermischbar. Der Mann kann seine Antwort erst weitergeben, und erst dann ist sie für die Frau sinnvoll, wenn er sagt: »Ich kann dir das erklären, ich kann es dir zu Ende erklären.« Wenn beide noch nicht durch sind damit, erklären sie sich das Falsche. Die Kommunikation möge eher über Aussagen von: »So ist es« laufen als über Fragen.

Frage: Ich habe eine Frage, die vielleicht auch mancher Leser stellen würde, der sich an diese Bildersprache erst gewöhnen muss oder Schwierigkeiten hat, einen Zugang hierzu zu bekommen. Was könnt ihr den Lesern als Brücke anbieten, um sich auf die Bilder einlassen zu können, damit der Transfer von Bild zu tiefem Verstehen erfolgt?

Die eine Transfermöglichkeit ist, dass ihr sehr oft mit einem solchen Bild, gerne mit einem modernen beginnt. Wenn hier zum Beispiel die Tränke als Bild vorkommt, könnt ihr – um das abzuholen – dieses Bild durchaus einmal malen, ihr malt etwas, was jeder kennt. Da ist ein Holztrog und dort kommt ein Wasser herunter. Diese Bilder, das sind die Prinzipien, die ausgedachten Ideen, die in diesem Spiel geboren wurden. Anders gesagt: Diese ganzen Bilder, die wir hier malen, sind vom Menschen vorgeformte Bilder, die wir in das Erinnerungsprinzip geben. Mit diesen Bildern macht ihr etwas, um euch zu erinnern. In ihnen wird das beständige Spiel zwischen Geben und Nehmen dargestellt. Das ist genauso wie bei der Vase mit den Blumen: Hier ist das nehmende Prinzip, dort das gebende Prinzip. Hier ist der Swimmingpool, in den ihr das Wasser hineinfüllt, dort wird eine CD in das Gerät gegeben. Das findet ihr überall.

Das wird hier unendlich oft dargestellt, damit die Lust wieder genährt wird, zu sagen: »Ach, so ist das also!« Dies sind alles

Nachgestaltungsprinzipien des Grundprinzips. Möge der Leser Lust haben zu sagen: »Ich lasse mich einmal darauf ein und ich spiele damit. Ich spiele mit diesen Gedanken.« Und dann kommen plötzlich Parallelbilder dazu und der Mensch sagt: »Es stimmt, der Mann ist der Wasserfall, der eintritt in die Tränke der Frau.«

Wenn das verstanden ist, dann ist auch die Lust da zu fragen: »Warum tränkt denn die Frau? Und warum ist denn der Mann ein Wasserfall?« Das ist die Eigenfrage, auf die hier Lust gemacht wird. Wir geben ein Bild und ihr fragt: »Und wie lautet das Prinzip?« Ihr könnt euch heranfragen. Bilder sind Möglichkeiten, das Grundprinzip zu befragen und zu erfragen, das dahintersteckt und eigentlich immer das Gleiche ist: Das eine gibt sich in das andere. Denn so ist die Grundidee. So hat sich die Lebendigkeit, die Liebe-Lichtigkeit auf eurer Erde manifestiert als eine Idee, etwas Bestimmtes zu sagen.

Frage: Noch einmal zu der neuen, der bevorstehenden Erde, zu der Vision von Beziehung morgen: Wie können und werden Mann und Frau morgen miteinander hier etwas Neues darstellen und leben, im Einklang mit Gott und Erde?

Das ist eine schöne Frage, mit der wir hier einen Rahmen bilden können, denn sie neigt sich zu dem Anfangsbild; und wir können hier wieder die zentralen Symbolfiguren in den Mittelpunkt stellen. Das Höchste verkörpern diejenigen, die sich gegenseitig sagen: »Ich bin verliebt.« Dieses Verliebtsein in das andere wird wieder das Zentrale. Das Zielbild ist, dass diese Verliebtheit zwischen den beiden bleibt. Denn sie hat all das hier entstehen lassen; dass etwas in etwas anderes verliebt sein kann, dass das Verliebtsein, das auf eurer Erde durch Filme, durch Musik immer wieder den höchsten Klang, die schönste Gesetzmäßigkeit hat. Und dieses Verliebtsein drängt schließlich alle anderen Verliebtheiten – die Blume in den Regen, der Regen in die Sonne, die Sonne wiederum in die Blume, die dann Öl gibt – als sekundär, als Zuschauer zurück. Das Zielbild ist, dass Mann und Frau bestrebt sind, sich beständig zu fragen: »Wie können wir dieses Gefühl des Verliebtseins so tief fühlen? Wie können wir, da wir betrachtet, da wir behütet, da wir geliebt werden, diese Verliebtheit erhalten? Warum ist es da?«

Es geht darum, wieder zu zeigen: Diese Verliebtheit ist ein Grundgesetz, das erhalten werden kann. Die Verliebtheit zwischen einem Mann und einer Frau kann durchaus über Jahre und Jahrzehnte dargestellt werden, weil sie sich immer wieder erneuert. Die beiden gehen auseinander und sagen: »Wir holen wieder etwas. Wir kommen wieder zueinander.« Um dieses Bild geht es und wird es gehen. Das hier ist so und trägt eure Welt. Das möchte ja jeder. Schaut eure Filme an. Jeder wartet doch nur darauf, dass die beiden sich ineinander verlieben. Dieser Grundgedanke: »Du hast etwas, in das ich mich verlieben kann« – das ist die Tragfähigkeit, die Tragfläche für die Zukunft der Erde und des Erde-Gott-Mensch-Prinzips.

Frage: Was ist bei der Verliebtheit der Anfang und die Folge? Wir kennen heute bei Vielen ja die Überzeugung: Verliebtheit kann nicht ewig halten. Verliebtheit ist der Anfangsmoment einer Beziehung, das Turteln und so weiter. Und diese Beziehung wird – so denken viele – aus einer Verliebtheit vielleicht in eine ruhigere oder tiefe Liebe übergehen. Aber dieses Prickelnde, diese »Schmetterlinge im Bauch« gelten als typisch für den Anfang einer Beziehung. So sieht man es ja auch im Film. Könnt ihr das vertiefen? Und die Folgefrage: Wie können sich Mann und Frau das Verliebtsein erhalten und sich gleichzeitig verliebt fühlen in sich selbst, in Mutter Erde und in das Leben?

Das können sie dadurch, dass sie bereit sind, immer wieder auch etwas über Bord zu werfen; auch dadurch, dass sie bereit sind zu sagen: »So, jetzt gebe ich mein Kind in die Welt«, wie die kluge Mutter sagt. Und dann sagt plötzlich der Mann: »Jetzt verliebe ich mich in was anderes. Vorher habe ich mich für ein paar Jahre in die Mutter des Kindes verliebt, doch jetzt bin ich wieder in die Frau verliebt, die nicht mehr das Kind auf dem Schoß hält, sondern ein Buch, mit dem sie geht und dem sie wiederum ihre Liebe gibt.«

Hier hat die Frau eine zentrale Rolle, indem sie genauso wie die Erde agiert und sagt: »Ich werfe über Bord.« Indem die Frau im Stirb-und-Werde-Prozess ist, hat sie die Hauptkarte. Wenn jedoch die Frau immer an allem festhält, wenn die Frau immer Mutter bleibt und sich, je mehr sie Mutter bleibt, vom Mann entfernt, dann ist sie die, die diese Verliebtheit zerstört.

Die Frau, die immer an allem festhält, zerstört die Verliebtheit

Wenn sie aber sagt: »Ich bin bereit, mit jeder neuen Tätigkeit, die das Kind tut, auch eine neue Frau zu werden«, dann erneuert sie sich. Da ist dann wieder die Blutung, wieder die Erde, sie erneuert sich beständig. Sie ist im Stirb-und-Werde-Prinzip. **Wenn die Frau also dauernd spannend bleibt, wenn sie sich schmückt, wenn sie sich ändert in ihrer Mode, wenn sie sich anders kleidet, dann sagt der Mann: »Ich kann mich ja dauernd in eine neue Frau verlieben.« Das ist das Hurenprinzip, weil die Hure auch dauernd ihr Gesicht ändert. Sie bleibt nicht und sagt: »Hier habe ich etwas, daran halte ich fest.« Da ist die Basis in der Frau.**

Und der Mann ist der, der sagt: »Ich kann dauernd verliebt sein. Weil ich mit diesem Freudeprinzip, mit Gott bin, bin ich ständig in der Bereitschaft, verliebt zu sein. Ich höre ja dauernd, dass Gott in sich selbst verliebt ist.« Er hat das Prinzip verstanden, diese Selbstverliebtheit. Er ist diese Erregung in sich, er trägt diese Erregung in sich, er ist in der Bereitschaft, sich dauernd zu verlieben. Und am liebsten verliebt er sich in die Frau, in der er den maximalen Wechsel hat. Es würde ihm nichts nützen, wenn er sich fünfmal in eine Frau verliebt, die wieder ein Kind abnabelt. Dann erlebt er immer wieder das gleiche Prinzip. Er will ja eigentlich in einer Frau gerne auch alle möglichen unterschiedlichen Frauen erleben, also das Abnabeln des Kindes und dann die Frau, die sich aus der Mutterrolle wieder völlig in die Frauenrolle begibt. Das ist eine sehr gute Möglichkeit, bei einer Frau zu bleiben, weil er da eine Garantie hat, dass sie auch wirklich in die unterschiedlichen Rollen geht. Das zeigt die Möglichkeit auf, wie die Verliebtheit bleibt und wie sie auch schließlich im Schöpfungsplan dasteht.

Frage: Während die Frau sich einerseits oft den Kindern hingibt und sich darüber definiert, fühlt sich der Mann zu Hause oft nicht mehr wohl, weil sie das Haus, die Wohnung zu ihrem Terrain gemacht hat. Kann der Mann hieran etwas ändern, oder muss man an die Frau den Appell richten: »Lasst auch den Mann sich zu Hause fühlen!«

Das ist so völlig richtig gesehen. Dem, was hier dramatisch passiert ist, liegt wieder zugrunde, dass die Frau sich die Kinder krallt. Das hat eure Familienpolitik, eure Erziehungspolitik tatsächlich ins Wanken gebracht, den Raub, den Mundraub der Frau an den Kindern. Der Frau gehören die Kinder nur zeitlich begrenzt. Die Frau muss im Zyklus bleiben. Sie muss im rituellen Zyklus sein, eben auch in den ständigen Abnabelungszyklen, das heißt, sie muss die Kinder spätestens mit drei Jahren – beide, männliches und weibliches Kind – abgeben, und zwar auch energetisch abgeben.

Dass auch der Mann hier viele Zyklen zeigt, das muss nicht zeitlich sein. Das sind energetische Systeme, wo der Mann sagt:

»Hier bin ich auch«, und dass er dann sozusagen übernimmt. In archaischen Prinzipien war es, dass der Mann auch Zyklen an die Frau abgegeben hat: »Jetzt arbeite du, jetzt bin ich bei den Kindern.« Die Schieflagen sind dadurch entstanden, dass die Frau sich das Kind ganz genommen hat. Dann hat der Mann gesagt: »Na ja, wenn du zehn Stunden das Kind hast, muss ich ja zehn Stunden arbeiten.«

Und so kommt es zu der Okkupierung des Zuhauses. Schließlich ist das Kind nichts anderes als ein Spielball, etwas, das spielt, und das einmal männlich, einmal weiblich spielen will. Das Kind sagt: »Drei Stunden will ich männlich spielen«, und es sagt: »Drei Stunden will ich weiblich spielen.« Dann würde es auch eine weiblich-männliche Balance geben. **Eine Wohnung, die rein weiblich ausgestattet ist, wo nur rosa Deckchen liegen, da kann sich ein Mann nicht wohlfühlen. Da hat die Frau alles Weibliche zu sich genommen, und es liegt an ihr, diesen Diebstahl wieder zu beenden.**

Und der Mann hat die Aufgabe zu sagen: »Diese rosa Decke werde ich nehmen und sie nach meiner eigenen Farbe und blau färben.« Das steckt dahinter. Die Domänen wurden geklaut, und es wurde nicht verstanden, wie die Gesetzmäßigkeiten sind; nicht im Zyklus stehen, nicht loslassen können, all das steckt dahinter. Und dahinter steckt wieder das karmische Prinzip mit der Frage: »Wer liebt mich mehr, wie werde ich mehr geliebt?« Und dahinter steckt natürlich, dass sie sagt: »Ich will von den Kindern die Liebe haben, die ich selber in mir verloren habe«, und das ist der Beginn, das ist schon die Verstrickung.

So haben wir hier die permanente Sicht eingeführt, die ihr haben könnt, dass Mann und Frau in der Verliebtheit, in dieser beständigen, großen, göttlichen Erektion, das ganze Prinzip darstellen. Und so macht es froh, soll es euch froh machen, ruhig machen, dass hier beide Systeme zusammenwirken, da ja das Erde-Gott-Mensch-Prinzip in sich allein wirkt; dass Gott, Erde, Mensch zueinander stehen und zueinander wollen. Und wenn beide, Mann und Frau, in ihrem Mikrosystem richtig stehen, dann gelangen sie wie mit einem Sog hinein. **Und wir sagen immer wieder: Es ist garantiert, dass dies hier funktioniert.**

Frage: In Deutschland und in vielen europäischen Ländern gibt es immer weniger Kinder. Überraschend ist, dass nicht die Anzahl der Kinder in den Familien sinkt, sondern dass die Zahl der Frauen, die gar keine Kinder haben wollen, deutlich ansteigt, vor allem bei den gebildeten Frauen. Woran liegt das? Ist das nicht auch ein Spiegel des Mann-Frau-Verhältnisses, oder hat die Frau vergessen, was das Gebären von Kindern für sie bedeutet oder bedeuten kann?

Und dieser Trend ist gut so. Wir sagen das ganz deutlich. Denn die Grundkammer der Frau ist ein beständiges Kindergebären, ein beständiges »Ich gehe auf die Erde und ich nehme etwas in mich und ich werfe es zu dir, Gott, zurück. Nichts anderes ist es ja. Es ist das Kind, das in diesem Wickel ist, in diesem Storch. Und der Storch schwenkt dieses Tuch hin und her und wirft es schlussendlich hier auf das Dach zurück zum Göttlichen. Daher kommt das. Und das ist auch ein gutes Bild.

Wenn also die Frau – in diesem Bild gesprochen – sagt: »Ich hänge mich wie dieses Wickeltuch, ich hänge mich selbst in diese Welt. Und immer wieder gebe ich etwas hinein, das ein Geborenes ist«, dann ist das Kind nur eine Ausdrucksform von Gebären. **Die Frau gebärt sehr viel mehr als Kinder.** Das sollte sie auch ganz deutlich sagen: »Ich gebäre etwas aus dem Göttlichen. Ich gebäre nämlich für diese Erde, die weniger neue Kinder braucht als neue Energien.« Kinder sind nichts anderes als neue Energien.

Wenn das also hier umgesetzt wird, wenn diese Frauen also sagen: »Ich gebäre das, was ich habe, ich fasse zusammen, ich füge zusammen, ich mache mein Empfangstuch auf«, dann müssen diese Frauen gar keine Kinder bekommen. Dann haben sie ihren Auftrag erreicht. **Es geht also nicht darum, dass hier eine Kinderschwemme auf diese Erde kommt, sondern es kommt darauf an, dass hier Energiebewusstsein ist. Die ist eine Schwemme und diese kommen. Gebt also hier keine Verurteilung darauf.**

Es ist sicherlich ein Spiegel von Mann und Frau, ein ganz guter Spiegel, weil Mann und Frau sich hier sagen: »Wir werden uns jetzt also nicht in das Kind hinein binden, sondern wir haben in uns eine Kräftigkeit, uns selbst aufzustellen und eines Tages ein Kind zwischen uns zu nehmen im Sinne von: »Schön, dass wir geboren haben.«

Das kann eben auch ein Buch sein. Das kann eben auch eine Art von schönen Festen sein, mit Menschen feiern, Gemeinschaft sein. So ist dieser Begriff sehr erweiterbar. Wir legen auf dieses Thema einen so großen Wert, weil das Thema Kinder und Missbrauch etwas ist, das hier ja gerade nun auf dem Abschiedswege ist. Lasst das erst mal auslaufen, dass Kinder missbraucht wurden auch für die Ehe oder eben de facto missbraucht wurden. Das muss und wird hier jetzt sehr schnell zu einem auslaufenden Prinzip werden, weil es gezeigt hat, dass hier das Göttliche als ein Ersatz genommen wurde in Gestalt eines Kindes. Hier ist die Liebe an diesem Kind zerschellt und hat sehr viel angerichtet.

Es kann also durchaus eine Phase der – sagen wir mal – Babypause kommen, damit die Menschen wieder die Prinzipien zurechtrücken. Es geht um nichts anderes, als dass verstanden wird, was ihr seid. Ihr seid die, die den Fuß in das Wasser dieser Erde halten und sagen: »So viel Grad ist es. So ist es hier.« Das ist eures. Und wie auch immer das getan wird, uns sind alle Mittel recht, aber dies wird jetzt auf der Erde getan. Ihr seid göttlich, und diese Botschaft wird jetzt von Vielen mit großem und immer größer werdendem Erfolg verbreitet.

ZUSAMMENFASSUNG

- Der Mann muss sich wieder erinnern, dass es im männlichen Prinzip darum geht, das Göttliche weiterzutragen. Und die Frau erinnert sich daran, dass sie es immer in sich trug. So erfahren die beiden jetzt eine große Aufmischung.

- Gott ist mit sich selbst ein Liebespaar. Das Göttliche stellt die Selbstverliebtheit durch Mann und Frau dar, diese Eigenliebe durch Mann und Frau.

- Die Erde wird durch das Liebesspiel Mann-Frau genährt. Sie ist der dritte Teil und braucht eine Inspiration.

- Die zu starke Angleichung zwischen Mann und Frau sprengt das System.

- Die nächsten Jahre bedeuten einen Durchbruch, im Sinne von: »Die Quelle wird entdeckt.«

- Ohne das Spielenwollen, ohne diesen Saft, den Gott ausdrücken möchte, ohne Frau Mann bleibt dieses Liebe-Licht-Spiel nur ein grüner Tisch, der verenden kann. Und das ist in anderen Erden schon passiert.

- Der Aufstieg der Erde in ihr eigenes Prinzip ist bereits garantiert. Jetzt steigt auch mit auf, denn es gelingt!

- Mann-Frau als Gott Gebe-Prinzip (Mann) und Gott-Freude-Prinzip (Frau) wirken auch ohne Materie. Es hat hier eine Wahl stattgefunden. Es musste die Erde nicht geben.

- Es ist eine erotische Form zu sagen: »Ich habe mit dieser Welt eine Verbindung.« Das ist ein sehr großes Heiligtum.

- Die Nichtpotenz, das ist auch die Nichtakzeptanz, hat zu all den Schuldvorwürfen und zum Tod in den Ehen und Familien geführt.

- Die Erotik entsteht durch das Fortgehen.

- Wenn Frauen Männer nach der Frau fragen, dann kapitulieren Männer, dann machen sie dicht und umgekehrt.

- Die Verliebtheit ist ein Grundgesetz, das erhalten werden kann. Die Verliebtheit zwischen einem Mann und einer Frau ist durchaus möglich über Jahre und Jahrzehnte, weil sie sich immer wieder erneuert.

- Indem die Frau im Stirb-und-Werde-Prozess ist, hat sie die Hauptkarte. Wenn die Frau immer an allem festhält, zerstört sie die Verliebtheit. Der Frau gehören die Kinder nur zeitlich begrenzt.

- Die Grundfunktion der Frau ist ein beständiges Kindergebären, ein beständiges »Ich gehe auf die Erde und ich nehme etwas in mich und ich werfe es, zu dir, Gott, zurück.« Die Frau gebärt sehr viel mehr als Kinder.

- Es geht nicht darum, dass hier eine große Kinderschwemme auf die Erde kommt, sondern es kommt darauf an, dass hier Energiebewusstsein entsteht. Die ist eine Schwemme und diese soll kommen.

10. Kapitel

Wenn es um die Zukunft von Mann und Frau geht, dann spielen die Städte, dann spielt das Leben in den Metropolen eine entscheidende Rolle. Das bedeutet ganz praktisch, dass das Wissen zwischen Mann und Frau in die Städte muss. Schon jetzt hat das keinen Platz auf dem Land. Ihr dürft euch auf das Land zurückziehen, ihr dürft dort plantschen, ihr dürft euch dort lieben und an den Blumen ergötzen. Und ihr könnt auch die Blumen wieder als Inspiration für euch nehmen, wenn ihr seht, wie sie ihr Öl, wie sie ihren Schweiß tropfen lassen. Aber wenn es euch um die Thematik, um das Wachstum in Mann und Frau geht, müsst ihr in die Städte, in die Metropolen gehen.

Mann und Frau gehören in die Stadt

Die Transformation des Themas Liebe, das in Zukunft zum zentralen Thema in den Köpfen der Menschen wird, läuft über eine neue Strukturierung der Mann-Frau-Situation. Wenn hier also nur einer in der Stadt ist, dann ist er ein Stadtwolf. Wenn eine Frau hier allein ist, ist sie eine Hure. Aber wenn Mann und Frau durch die Stadt spazieren, dann hat es sofort einen Charakter von Vorbild für die anderen, und die Menschen sagen: »Ach, es ist ja doch gut in der Stadt.«

Die Metropolsituation stellt die Mann-Frau-Situation in der Tiefe dar. Mann-Frau, als inkarnierte Figur auf der Erde, geht zu etwas und sagt: »Wir wollen hier eine Situation umtanzen, wir wollen hier einen Brunnen schaffen, wir wollen hier« – um noch einmal das Bild der Tränke zu nehmen – »eine Tränke aufbauen.« Die meisten Städte auf eurer Erde sind ja um Tränken herum gebaut. Und dort haben die beiden angefangen, ihre Wasserspiele zu spielen, wie ihr es heute noch macht. Der Mann trägt die Frau in den Armen und sagt: »Komm, ich lasse dich wieder vom Wasser umspülen, ich trage dich zum Wasserfall, und sie stellen sich selbst dort dar. Und dann beginnen auch die anderen das Spiel. Die Jüngeren setzen sich darum herum und anerkennen das Spiel und die Älteren auch und sie erinnern sich, wie sie es früher gemacht haben. Und die Jüngeren, die Kinder beginnen auch schon, dieses Spiel zu plantschen.

So erinnert ihr euch jetzt: »Ach, stimmt, wir kamen einmal her und haben Städte gegründet.« **Eine Stadt ist die Statthaltung Gottes. Wir sagen: In den Städten wird am meisten aufgeräumt werden. In den Städten wird hier das Krakeelen und das Lärmen sein, denn aus dem Mann-Frau-Prinzip heraus wird die Stadt wieder aufgeräumt und geordnet. Der Bau der Städte wird wieder sauber sein. Die Stadtflucht ist nicht das, was Mann und Frau entspricht. Mann und Frau gehören in die Stadt.** Sie tanzen, um andere zum Tanz zu holen, sie baden, um auch den anderen zu sagen: »Das Leben ist schön.« Wir möchten hier den Beispielcharakter von Mann und Frau sehr betonen.

Die Welt, die Erde als Gesetzmäßigkeit, als Naturmäßigkeit, orientiert sich an der Bewegung zwischen Mann und Frau. So, wie die beiden leise sind, so ist auch die Erde leise, und so, wie die beiden laut sind, so ist auch die Erde lauter. **Gewöhnt euch an den Gedanken, dass die Ordnung einer Stadt wieder nur aus einer neuen Mann-Frau-Konstellation entstehen kann.** Wie ist ein Tanzpalast gebaut, wie ist eine Bibliothek aufgebaut? Hier gibt es Plätze, an denen sich die Männer informieren über ihre Gesetze, und dort gibt es Plätze, an denen sich die Frauen informieren über ihre Gesetze. Diese Strukturierung wird stark sein und sie wird euch ergänzen.

Der zweite Punkt, den wir betonen wollen zur Zukunftsorientierung von Mann/Frau ist ein ganz anderer. Er bezieht sich auf den Umgang mit der Natur und mit den Tieren. Da geht es weniger um Achtsamkeit – dies ist schon gut bekannt –, sondern darum, dass hier Mann/Frau sich in einer gewissen Form immer wieder beispielhaft mit Natur, also mit Stoffen und mit Tierprodukten, umgeben. Das bezieht sich auf den Umgang mit Essen, den Umgang mit Nahrung und auch auf den Umgang mit den Symbolen, die ihr an euch tragt.

Also, wie geht die Frau mit Schmuck um, wie geht die Frau mit Elfenbein um, wie geht sie mit Ketten um? Und wie geht der Mann mit Materialien um, wie geht er mit Tabak um? **Es geht also um einen neuen Umgang mit Erde, Nahrung und den Schätzen dieser Erde. Denn dieser ist bei Frau und Mann sehr verschieden, und das soll auch so sein.** Ein Mann trägt zum Beispiel ein Lederarmband oder ein Lederhalsband. Ein Mann trägt eine Uhr, eine Frau sollte keine Uhr tragen – das sind alles archaische Bewegungen. Wenn die wieder stehen, dann kommt der Mensch, dann kommen Mann und Frau sehr schnell zu sich selbst.

Eine Frau sollte keine Uhr tragen

Der Mann trägt die Zeit. Der Mann hat der Frau die Zeit abgeschaut, dann hat er ihr Gold genommen und hat sich eine goldene Armbanduhr gemacht. Er hat verstanden: »Dann behüte und benutze und beschaue ich die Zeit und ich bin gut in der Zeiteinteilung.« Was wir damit sagen: **Die Neuaufstellung der Gesetzmäßigkeiten wird auch über ganz normale Symbole erfolgen wie das Uhrtragen des Mannes, das Nichttragen der Uhr durch die Frau; das Leder am Mann als Zeichen, dass er mit dem Tier ist; der Baumwollfaden oder die Silberkette der Frau, die das Venusische, das Sternenstrahl- und das Sternenschwesterprinzip verkörpern.**

Der Mensch soll sich nicht sinnlos mit Schmuck behängen. Die Menschen sollen nicht sinnlos irgendwelche Stoffe und

Felle kaufen und sich drauflegen, sondern sie tun das, weil sie es sind. **Der Mensch sollte in der Zukunft gerade zwischen Mann und Frau nichts mehr tun, was er nicht ist.** Die Frau, die die Uhr trägt während des Sexualaktes, ist nicht in ihrer Wahrhaftigkeit. Sie legt die Uhr fort und gibt dem Mann die Zeitlosigkeit, während dieser auch die Uhr ablegt und sich in die Zeit von ihr begibt. Dann lernt er die Zeit wieder, legt sich wieder die Uhr an und sagt: »Und jetzt trage ich die Zeit, die Zeiteinteilung, jetzt trage ich wieder Ordnungen und Klarheiten hinaus in die Welt.« **Wenn das verstanden ist, wenn das ins Liebesspiel zwischen Mann und Frau hineingetragen wird, dann erhalten die Gesetzmäßigkeiten sehr schnell wieder ein Fundament und werden in der Erde zementiert** durch euch, durch eure Tage. Das hat dann Vorbildcharakter.

Frage: Keine Uhr an der Frau, heißt das, dass die Uhr zum männlichen Prinzip gehört, weil sie die Zeit strukturiert? Heißt das auch, dass die Frau grundsätzlich, auch bei ihrer Arbeit, wo die Uhr nützlich ist, keine Uhr tragen soll, weil sie sich nicht mit dem Strukturieren der Zeit identifizieren soll?

Ja, das ist in der Konsequenz richtig. Denn in eurer Welt habt ihr ja überall die Uhr: in den Straßen, am Arbeitsplatz, in euren Autos. Die Frau, die sich in der Tiefe schon einmal mit der Zeit befasst hat, muss sich nicht noch mal neu mit der Zeit befassen. Sie hat dann ein Gegengesetz an ihrem Handgelenk und auch an ihrem Busen. Dort gehört die Uhr absolut nicht hin. Das würde ihr Blutsystem stören. Sie tickt ja von vornherein nach der großen Monduhr. Sie ist sozusagen an der Schaltzentrale der Uhr.

Wenn jetzt eine Uhr an der Frau ist, die durch eure Umstellungen und Verschiebungen der Zeit ja auch unterschiedlich geht – auch durch Flüge und durch die Sommer- und Winterzeit –, kommt eine Verschiebung in die Frau hinein. Vor allem verliert die Frau hier an Intuitionskraft, wenn sie ständig eine Uhr trägt. Eine gewisse Verlässlichkeit der Frau in sich selbst ist bereits oft verloren gegangen und geht hier nochmals verloren.

Der Mann stellt das hinaustragende Prinzip dar. Durch das Schlafen mit der Frau, durch die Zyklen, die er miterlebt und die er in gewisser Form auch kennt, trägt er hier alles hinaus. Die Zeit hat diese zwei phallischen Zeiger, die immer wieder miteinander ticken, und der Mann hat ja auch zwei: Er hat immer wieder den Phallus des einen Zeigers und die Hand des anderen Zeigers. Dieses Zeigerprinzip ist also absolut männlich, dieses Herauszeigen, dass die Zeit sich zeigt. Darum ist – und das sagen wir selten – eine Uhr am Armgelenk einer Frau wirklich falsch, weil es erstens störend ist und zweitens etwas ist, was der Mann dann übersetzend von ihr nimmt und sagt: »Du hast genug Struktur in dir, Frau. Die Welt ist männlich genug strukturiert, um dir an den wichtigen Plätzen Zeit anzuzeigen. Schule deine Intuition, wie lange eine Stunde, wie lang ein Zyklus ist.«

Frage: Zu welchen Visionen neuer Mann-Frau-Beziehungen könnt ihr uns weiterhin anregen? Wie können diese Beziehungen morgen gestaltet sein oder grundsätzlich transformiert werden?

Wir möchten hier beginnen bei eurem Ehebett. In euren Doppelbetten, ob sie in Doppelzimmern oder Einzelzimmern oder in Singlewohnungen stehen, liegt ein falscher Gedanke. Dieser lautet: »Wenn wir schon zusammen sind, dann müssen wir auch mehr und mehr zusammen sein.«

Das Urprinzip lautet anders. Schaut einmal die Wölfin und den Wolf an. Die beiden sind so unterschiedlich, dass sie sogar zu verschiedenen Tageszeiten agieren. Und das macht Sinn.

Der Wolfsmann agiert eher in der Nacht und passt da auf, und die Wölfin agiert eher am Tag. Das heißt, sie nimmt sich die Fülle für ihre Kinder aus der Wärme des Flusses. Sie wird nicht hingehen und den Kindern, den Wolfskindern, die kalte Milch geben und in der Nacht die Kühle ihrer Zitzen.

Sie teilen sich wirklich Nacht und Tag auf. Und die beiden treffen sich in der Dämmerung. Wölfin und Wolf treffen sich, wenn sich das eine mit dem anderen vermischt. Das habt ihr auch im Kleinen, das sind die lauschigsten Momente: Zusammen in den Sonnenaufgang zu spazieren und sich dann liebend hinzugeben. Auch hier ist wieder die Zykluskombination: Da mischen sich der Sonnengott und die Mondin am Morgen. Und genauso in der Dämmerung am Abend, wenn die Sonne untergeht, vermischen sich die beiden wieder.

Dann ist es wirklich stimmig, wenn der Wolf in die Kühle geht und sagt: »Was nehme ich jetzt auf meinen Phallus, um es aufzupicken, was kann ich jetzt noch trennen? Wie sehr kann ich in gewisser Form hier jetzt das Eis brechen? Was ist noch unter der Erde? Jetzt ist es kühl, jetzt gehe ich.« Und dann wahrt die Wölfin die Wärme, und sie bewahrt die Kinder, die in der Nacht schlafen, und sie weiß, dass die Nacht sie umhüllt und dass die Zitzen warm sein müssen. Sie hält die Wärme des Tages in sich und dann treffen sich die beiden wieder. Und es ist noch genug Wärme in der Wölfin, die Kinder liegen im Stroh, und Wölfin und Wolf tauschen sich wieder aus am Morgen.

Das Prinzip der Doppelbetten, das Prinzip des »immer zusammen« ist deshalb nicht richtig, weil Mann und Frau ganz unterschiedliche Zyklen haben. Es gibt verschiedene Aufsteh- und Schlafzyklen und Arbeitszyklen. Der Mann gehört auch manches Mal noch in die Nacht. Wenn die Nacht ihn umhüllt, dann ist oder wird der Mann oft noch aktiv. Und am Tag mag er auch immer wieder mal ruhen. Und bei der Frau ist es andersherum.

Dieses gleichförmige Zusammenleben – gemeinsam immer zur gleichen Zeit schlafen gehen und immer zur gleichen Zeit aufstehen, die gemeinsame Einnahme aller Mahlzeiten – ist nicht richtig. Auch die Mahlzeiten von Mann und Frau sind anders einzunehmen, weil sie in sich unterschiedliche Gesetzmäßigkeiten tragen und daher unterschiedlichen Zyklen folgen.

In einer Wohnung sollten die Betten energetisch immer wieder trennbar sein. Ein Mann sollte durchaus auch in seinem Arbeitszimmer schlafen, sodass er einen eigenen Ausgang hat und sagt: »Aus dem Arbeitszimmer kann ich auch mal raus und mir aus der Metropole, aus der Stadt hier auch von anderen Wölfen wieder dieses Eis holen, auch mal ganz eiskalt werden und sagen: ›Mir ist kalt, ich friere, ich muss gehen, ich muss mich wärmen.‹«

Es geht darum, sich das Archaische wieder zu nehmen, während die Frau die Nacht birgt, während sie mit der Mondin ist und ihre Kraft holt in der Nacht. Aus diesem Bild heraus eine neue Definition von Zusammenwohnen zu erwägen, wäre gut. Natürlich ist es richtig, wenn man zusammen eine Wohnung hat. Aber es gibt gute Möglichkeiten, sich auch männliches Essen anzueignen und weibliches Essen anzueignen. **Es ist durchaus gut für den Mann, abends Fleisch zu essen, aber für die Frau nicht. Das ergibt sich aus den unterschiedlichen Prinzipien.**

Und in der Morgendämmerung und der Abenddämmerung dann zusammen etwas zu essen, dann Sexualität zu haben, dann Brei zu essen, miteinander hier also auch Früchte zu essen und Mus, das sind alles archaische Dinge. Wenn ihr das macht und euch dann vermischt, dann wirklich Sonne und Mond miteinander vermischt, das sind wichtige Thematiken. Also überdenkt aus diesem archaischen Prinzip heraus noch einmal euer Konzept und Rezept für Zusammenziehen und Zusammenwohnen.

Zersägt eure Doppelbetten und macht Rollen darunter

Es wäre ideal, wenn das Doppelbett zersägt würde. Es wäre ideal, wenn die Betten dann Rollen bekämen und hier dann auch zu arretieren wären. Deswegen, weil die Energie des Mannes und die Energie der Frau gerade in diesen Wechsel- und Umbruchzeiten eine andere ist.

Wenn die Frau ihr Gespräch mit einer anderen Frau gehabt hat, wenn die Frau geblutet hat, dann ist es für sie nicht stimmig, sich mit dem Samen des Mannes zu verbinden. So sollte sie sich also wegrollen, in eine andere Energie rollen. Sie sollte einen anderen Samen fühlen. Der Samen wird nämlich gerade gewechselt. Und wenn der Samen des Mannes hereinkommt, dann ist dieser Samenwechsel in der Frau schwierig.

Gleichzeitig hat der Mann Stunden, an denen er etwas zu entscheiden hat. Wenn er dann sagt: »Ich entscheide das jetzt in die Frau hinein«, dann glaubt er seiner Entscheidung nicht. Ein Mann muss eine Entscheidung mit der Erde tun. Die Frau macht ihre Entscheidung mit der Erde und der Mann fällt seine Entscheidung mit der Erde. Wenn sie es aber beim anderen tun, wenn also die Frau sagt: »Jetzt werde ich mich in einen neuen Zyklus begeben und das mit dem Mann tun«, oder andersherum, dann kommt es wieder zu den unguten Verquickungen und Abmischungen.

Im Moment sagen wir: Rollt eure Betten dann zusammen, wenn ihr eure Entscheidungen getroffen habt. Dann, wenn ihr euch etwas zu sagen habt, wenn ihr etwas angeschaut habt. Rollt eure Betten zusammen, wenn der Mann sagt: »Ich habe heute eine Entscheidung getroffen und ich treffe mich morgen mit einem Mann, mit dem ich zusammen in den Wald ziehe und mit dem ich hier ein Stück Wald pflegen werde.« Und diese Entscheidung führt in der Frau dazu, dass sie sagt: »Also werde ich zusehen, wie ich meine Möbel anders zurechtrücke.«

Frau und Mann haben – um es einmal ganz deutlich zu sagen – in der nächsten Zeit nicht die Aufgabe, sich in ihren Energien anzugleichen, sondern ihre Verschiedenheit zu lieben bis zu einem anderen Zeitpunkt, wo sie sagen: »Jetzt kenne ich meine Unterschiedlichkeit und ich warte ab, dass der andere meine Unterschiedlichkeit wahrnimmt und liebt«, und dann ist die Liebe da. Es ist wichtig, die Verschiedenheit von Mann und Frau anzuschauen und zu lieben. Also, diese Rollen unter den Betten sollten erfunden werden.

Und zur Ehe möchten wir sagen: Die Ehe der Zukunft ist gedacht wie die Hochzeitsnacht, wie der Verlobungsring. Eigentlich ist sie gedacht wie etwas, das immer wieder neu anfängt. Die Ehe ist in der Ursequenz als ein Prinzip (das lateinische »principium« bedeutet Anfang, Ursprung) gedacht. Ihr könnt auch im Tierreich beobachten, dass nach der Begattung eine ganz starke Trennung stattfindet. Wenn zum Beispiel der Hengst bei der Stute war, dann gibt es eine sehr lange Phase der »Hengstigkeit«. Da gibt es eine sehr starke Phase, in der der Mann nicht sagt: »So, jetzt habe ich begattet, jetzt habe ich meinen Samen gegeben, jetzt habe ich das Fohlen gegeben und jetzt bleibe ich lange da und verweile.«

Nein, die Stuten haben jetzt untereinander ihre größte Kräftigkeit. Sie gehen dann in ihre Leitfunktion. Und der Hengst geht in das »Hengstische« hinein. Er sammelt jetzt seine Kräfte und die Stute sammelt ihre Kräfte. Die Stute sammelt sie für die Geburt und der Hengst sammelt sie, um dann das Neugeborene schützen zu können. Denn dann ist er wieder da. Wenn sein Sohn oder seine Tochter kommt, dann ist der Hengst wieder da und hat die Kraft. Denn jetzt geht es darum, wie stark wird sein Hengstfohlen, wie stark sein Stutenfohlen. Da wird er da sein und seinen Verteidigungs- und Kampfcharakter den anderen Hengsten gegenüber beweisen. Denn er hat die Aufgabe, sein Stutenfohlen, sein Hengstfohlen zum richtigen Bach zu führen.

Dieses Vermischen, das Immer-in-der-Energie-des-anderen-Bleiben entspricht nicht dem, wie die Ehe der Zukunft aussehen soll. Darum wird es in den Metropolen wichtig sein, dass Frauen Frauenplätze und Männer Männerplätze haben; dass es aber auch eine Tanzveranstaltung gibt, bei der die Stute ihre ganze Weichheit erlebt und der Mann seinen Platz hat und sagt: »So, jetzt werden wir miteinander tanzen.« Ganz starke Mannplätze, ganz starke Frauplätze, dann gelingt die Ehe, weil sie immer beginnt, weil sie immer ihren Anfangscharakter behält.

Die Ehe ist zu einem Parkplatz gemacht worden

Dieser Anfangscharakter ist fast verloren gegangen, und das ist ein fundamentales Problem, weil die Ehe zu einem Parkplatz gemacht wurde auf eurer Erde. Die Ehe ist aber kein Parkplatz. Schaut euch das Wort an: E – H – E. Es ist ein Wort, das sich dauernd dreht. EHE; EHE; EHE ist ein Perpetuum mobile, ein dauernd Anfangendes. Es ist etwas, was dauernd beginnt. Dies ist eine Kraft, die auch so wirken soll. Die Ehe ist absolut kein Parkplatz, die Ehe ist eine ständige Aufforderung zum Tanz. Die Ehe ist die Nadel, die sich gerade aufsetzt auf die Schallplatte; das ist die Ehe. Sie ist keine CD, die immer wieder von vorne läuft, sondern etwas, was beständig wieder anfängt.

Frage: Wie verhält sich eure Aussage über die Tag-Nacht-Aktivität bei Frau und Mann zu der Vorstellung, dass die Nacht eher dem weiblichen Prinzip zugeordnet wird, weil sie eben mit Traum, mit Vision, mit Mond zu tun hat, und der Tag mit der Sonne eher dem Mann zugeordnet wird, weil der Tag die Zeit der Tätigkeit, des aktiven Schaffens ist?

Das Sonnenprinzip versorgt den Tag ja schon. Ihr sollt immer das Gegenprinzip machen. Wenn das Sonnenprinzip wirkt, muss der Mann nicht noch den Tag versorgen, er ist bereits versorgt. Also, ihr bekommt etwas und ihr nährt euch davon. Die Mondin hat die Nacht bereits genährt, da muss die Frau in der Nacht nicht aktiv sein, denn sie hat es bereits, sie nimmt es vielmehr: Inaktivität in der Aktivität. Die Dinge wirken bereits. Wenn ihr eine Kugel angeschoben habt, wirkt sie. Ihr werdet auf der Kegelbahn nicht hinter der Kugel herlaufen und schauen, ob sie sich dreht, sie tut es. Die Mondin hat sich gedreht, hier wirkt die aktive Inaktivität, also das nehmende Prinzip der Frau. Da muss sie nicht herumlaufen und ihrer Mondin hinterherlaufen. Und andersherum auch nicht. So also kann jedes Prinzip sich in seinem bereits wirkenden Prinzip einigeln. So ist es.

Frage: Bezieht ihr den Begriff »Ehe« auf alle Arten verbindlicher Partnerschaften zwischen Mann und Frau? Und würdet ihr es als eine ideale Form ansehen, wenn Frau und Mann ihre jeweils eigenen Wohnbereiche in einer entsprechend großen Wohnung hätten?

Ehe ist etwas, das einen grundsätzlich richtigen und guten Charakter hat, wenn da zwei sind, die immer wieder unterschiedliche Perioden durchlaufen und die sich dadurch nicht wiederholen. **Wenn Mann und Frau ständig wechselnde Partner haben, dann besteht die Gefahr, dass sie immer zu dem ähnlichen oder zu dem gleichen Prinzip wechseln. Bei einer Frau oder einem Mann zu bleiben bedeutet – wenn sie ideal gehen, wenn sie beständig ihrem eigenen karmischen Prinzip sozusagen einen neuen Kick geben –, dass dies eine gute Ehe sein kann, die immer wieder neu anfängt.**

Das ist eine Ehe mit Beringung, und der Ring dieser Ehe bekommt durch das Tragen immer wieder unterschiedliche Legierungen. Ein Ring, ein Gold- oder ein Silberstück werden durch das Tragen ja auch immer wieder anders beschienen. Der Ring ist – als ein sich immer wieder verändernder Spiegel betrachtet – durchaus etwas Gutes. Ein Ring bleibt, weil er immer wieder neu spiegelt, weil er immer wieder sagt: »Schau, das ist jetzt diese Phase, das ist jetzt diese Periode. Das ist die Periode ohne Kinder, das ist die Periode in der Stadt, das ist die Periode auf dem Land, und wir können uns lieben, wenn wir Kinder haben, wir können uns lieben auf dem Land, wir können uns lieben in der Stadt.« Das ist das Erste.

Zur zweiten Frage: Ja, es wäre gut, wenn Frauen zum Beispiel auch eine Liege bei anderen Frauen hätten, sodass sie auch mal dort schlafen und ihre Wochenenden verbringen und sagen könnten: »So, jetzt werden wir hier mal neue Rezepte ausprobieren, wir werden einmal nur in der weiblichen Energie sein.« Wir empfehlen diese Auseinandergezogenheit, anstatt zu sagen: »Wir bekommen alles aus dieser Zweizimmerwohnung heraus.« Es muss keine große Wohnung sein. **Es sollten aber Unterschiede da sein, sodass da ein Frauzimmer ist und ein Mannzimmer und ein gemeinsames Zimmer. Ihr müsst euch nicht vergrößern, ihr müsst es nur ändern; vor allem in den Gedanken müsst ihr es ändern, dann funktioniert eine Ehe, eine Partnerschaft wieder. Der Gedanke der Ehe ist nur deswegen gut, weil dieser Spiegelcharakter der unterschiedlichen Perioden durch die Ehe gut gewahrt ist.**

Frage: Zum Beginn einer Ehe: Viele rutschen sozusagen von ihrem Elternhaus in eine Beziehung und dann auch schnell in eine Ehe hinein. Für wie wichtig haltet ihr die Zeit eines jungen Menschen mit sich allein, bevor er sagt: »Jetzt lasse ich mich auf eine Frau oder auf einen Mann ein.«? Und wie seht ihr diese Attribute von »das ist mein Mann«, »das ist meine Frau«? Die haben ja eine schillernde Bedeutung.

Die Jugend einer Frau ist ganz anders als die Jugend eines Mannes. Hier gibt es ganz unterschiedliche Kräfteverteilungen. Der junge Mann ist einer, der seine Kräfte hinausgibt, während die junge Frau ihre Kräfte eher behält. Sie ist die Träumerische, die Verträumte, die sich eher gegen die Jungen verschließt, die sie für eine Weile »blöd« findet. Dort sind die Jungen, die ihre Kraft hinausgeben müssen, und hier sind die sich verschließenden Mädchen, die ihre Träumereien haben und kichern.

Das ist ein Prinzip, das möglichst gut gewahrt werden sollte, weil alles richtig ist, was kräftebewahrend ist, was das eigene Archaische darstellt. Wenn wir über Mann und Frau sprechen, geht es zentral um das Bewahren von Kräften. Oder überspitzt gesagt: Eure Welt wird dann wieder aus dem Mann-Frau-Prinzip heraus funktionieren – und genau das ist der Plan aus dem Geist –, wenn Mann und Frau ihre Kräfte bewahren können, sie wirklich bewahren und erst dann ausgießen, wenn sie reif sind. Über Flüssigkeiten in den Sexualformen werden wir hier noch sprechen. Es macht keinen Sinn, wenn hier, als Beispiel, eine Banane in großen Stücken in Milch reingeschnipselt wird, und, nur einmal schnell umgerührt, das als Milchshake verkauft wird. Das ist kein Milchshake.

Mann und Frau müssen ihre Kräfte bewahren können

Dieses Kräftesammeln in diesen ersten Tönen der jungen Mädchen, der Zehn-, Elf-, Zwölfjährigen, und in den zehn-, elf-, zwölfjährigen Jungen, soll möglichst lange bewahrt werden. In Kulturen, in denen Kinder miteinander verheiratet werden, gibt es diese Bewahrung der sexuellen Kräfte auch nicht, vor allem nicht die Bewahrung der sexuellen Kräfte der Frau. Darum wird sie sehr schnell und sehr jung verheiratet, weil ihre sexuellen Kräfte durch das Patriarchat unterdrückt werden sollen. Das ist der Plan dabei. Hier soll verhindert werden, dass die Frau in ihre sexuelle Kraft kommt, in ihre Jung-Frau-Kraft, in die Jungfrauenkraft, in die Mädchenkraft.

Die Jungfrauenkraft und die Mondinnenkraft haben miteinander ein großes Verhältnis, und sobald die Frau entjungfert ist, hat sie diese Kraft so nicht mehr. Ohne das Eindringen des Mannes hat sie die völlige Jungfrauenkraft in sich, und es ist gut und richtig, diese bewusst in der Frau einmal bewahrt zu haben. **Dieses Bewahrungsprinzip ist gut. Je mehr hier die Bewahrung der Säfte von Mann und Frau wieder funktioniert – auch in den Ehen, auch in den Partnerschaften –, desto eher ist euer Erdprinzip wieder bewahrt. Denn es geht um die Bewahrung der Kräfte, der Nahrungssäfte auf eurer Erde. Das ist sowohl symbolisch gemeint als auch tatsächlich durch Mann-Frau charakterisiert. Dies ist einer der zentralen Punkte.**

Frage: Worin seht ihr den Sinn und den Nutzen der Exklusivität in der Beziehung von Mann und Frau? Welchen Wert hat diese Art von Bindung an einen anderen Menschen aus eurer Sicht? Kann diese Bindung in Freiheit gelebt werden, bzw. kann es eine Ehe in vollkommener Freiheit für beide geben?

Es wird die größte Herausforderung sein, dass hier alles, was Partnerschaft und Ehe angeht, nicht mehr verknüpft ist mit Gefängnis. Hier werden die größte Möglichkeit als auch die größte Reibung liegen, die ihr auf eurer Erde erfahrt. Denn wenn diese Abbindung geschieht, wird sich die Erde nicht mehr als ein Gefängnis erfahren. Dann wird sich das Thema »Karma« nicht mehr als ein Gefängnis darstellen, sondern als etwas frei Gebendes. Denn das Grundprinzip der Erde ist beständig frei gebend.

Wenn also die Mutter es gut macht, dann gibt sie das Kind frei. Jede Blume ist ständig bestrebt, das, was sie hat, freizugeben und freizulassen. Jedes Feld ist dauernd – durch das eigene Gesetz – bestrebt, die Kartoffeln freizulassen. Und jeder Baum macht sich auf und sagt: »Vogel, flieg!« Dies wieder in das

Gesetz des Menschen zu bekommen, wird ein kardinaler Schritt sein. Das beginnt und endet aber bei dem Verhältnis zwischen Mann und Frau, bei dem »Gefängnis Ehe«, wie ihr sagt und der Verbindung zwischen den beiden. Es ist Unsinn, zu sagen: »Die Ehe ist ein Gefängnis.« Denn eigentlich besitzen Mann und Frau ständig einen Sprungcharakter, in ihnen ist im richtigen Sinn beständig das Springen aus dem Saft heraus angelegt. Das, was zwischen den beiden stattfindet, habt ihr auch wieder in der Sexualität symbolisiert. Der Mann, der sich in den Orgasmus ergossen hat, möchte dann auch relativ schnell aufspringen und eine Zigarette rauchen.

Das alte Konzept von der Ehe als Gefängnis wird jetzt zerschlagen

Das ist eine ganz archaische, lebenserhaltende Funktion, die der Mann hier einnimmt, nämlich an den Tabak zu gelangen, denn damit geht er wieder an ein Feldprinzip, an ein Wachstumsprinzip heran. Es ist völlig richtig und nicht zu verurteilen, dass der Mann aufspringt und sagt: »Jetzt habe ich gegossen, jetzt habe ich keinen Saft mehr, ich muss wieder in den Lebenssaft, ich muss wieder an das Feld heran, ich muss mich dem wieder hingeben.« Das hat nichts mit der Frau zu tun.

Und die Frau, die jetzt hier den Samen in sich trägt, die hat die Aufgabe, recht schnell zu schlafen. Es geht jetzt nicht darum, dass sie auch aufsteht. Sie hat die Aufgabe, zu bleiben und zu sagen: »Diesen Saft halte ich jetzt fest«, weil hier das Lebensprinzip – ein sehr gesund erhaltendes Prinzip – für die Frau im Samen liegt. Beim Samen geht es nicht nur darum, Kinder zu bekommen. Denn im Samen des Mannes sind viele Urkräfte, viele Mineralienkräfte enthalten, die die Frau erhalten soll.

Wenn also gesagt wird: »Jetzt müssen wir nach dem Sexualakt noch zehn Stunden zusammenbleiben«, dann ist diese Bindung nicht in der Wahrhaftigkeit. Der Mann darf aufspringen, die Semmeln holen und dann, wenn die Frau eine Stunde geschlafen hat, kann es vom gemeinsamen Feld Brot geben. Wenn das aus den Köpfen verschwindet, das »weil wir gerade etwas gemacht haben, müssen wir zusammenbleiben«, dann kann die Abbindung, das Auseinanderziehen aus dem Gefängnis kommen. Dann kann der eine sagen: »Da bin ich und ich bin weg. Ich war da und ich bin gleich wieder hier.« Wenn dieser stete starke Wechsel wiederkommt, dann sind Ehe und jede Partnerschaft eindeutig Freiheit.

Ihr könnt überall sehen, wo das alte Konzept des Gefängnisses vorliegt. Dieses Konzept wird jetzt wirklich zerschlagen, da gibt es nur Zwischenformen im Sinne von Untreue. Was macht der Mann hier? Er will nichts anderes, als schnell weg von der Frau, weil sie sagt: »Du musst jetzt hierbleiben.« Dieses Konzept durchdacht kann gute Beziehungen geben und auch gute Männer und Frauen, die in den Beziehungen wechseln. Da gibt es für uns keine Moralvorstellungen. Es gibt von uns nur das Gesetz, wer der eine und wer der andere ist.

Frage: Hieße das dann auch, wenn die Ehe das ständige Freigeben beinhaltet, dass der Mann oder die Frau sagen kann: »An diesem Wochenende fahre ich woandershin und treffe dort einen Menschen, mit dem ich mich auch liebend verbinde.«? Und wie sieht aus eurer Sicht das Konzept von Treue und Treueversprechen von Paaren aus?

In diesem Zusammenhang ist es sehr wichtig, dass die Frauen, die zum Beispiel miteinander denselben Mann haben, sich kennen. Das ist ein sehr gutes Konzept, und es funktioniert auch, wenn diese Frauen ebenfalls miteinander Sexualität hatten oder haben, nicht unbedingt in der Dreierkonstellation, sondern in der Zweierkonstellation. Wenn sie sich mögen, dann ist es auch sehr gut möglich, dass der Mann sagt: »Ich gehe an dem Wochenende zu dieser Frau und werde hier auch dem Prinzip treu sein.« Meistens sind sich die Frauen ja auch ähnlich und können sich auch lieben.

Wenn der Mann stattdessen sagt: »Ich will das gerade vor dir verbergen«, dann funktioniert es nicht. Die Frau möchte diese Frau kennenlernen. Wenn der Mann eine andere Frau hatte, dann möchte diese Frau ganz verständlich und richtig diese andere Frau kennenlernen, und, wenn sie sie mag, was oft der Fall ist, mit ihr auch ein Intimverhältnis haben.

Es gibt sicherlich noch eine Weile das, was ihr Eifersucht nennt, und die Frage: »Was hat die, was ich nicht habe?«, aber das ist nach einer Weile weg, weil jeder eine Qualität hat. Und wenn die beiden Frauen sich allein lieben, und der Mann sagt: »So, jetzt bin ich mit dieser und jetzt bin ich mit jener«, dann gelingt es der Frau zu sagen: »Dann werde ich an diesem Wochenende eine andere Frau lieben.«

Es geht immer nur um die Treue des Menschen zu sich selbst

Es ist dies tatsächlich ein Konzept, dass die Frau sich hier viel stärker auch sich selbst widmen darf, oder die Frau sagt: »Jetzt bin ich an diesem Wochenende ganz für mich und ich befriedige mich selber. Ich habe selber für mich gute, schöne Zeiten, ich werde mir weiche Dinge bereiten und es geht mir gar nicht um die Vorbereitung für dich.« **Das ist Treue. Es geht immer nur um die Treue des Menschen zu sich selbst.**

Es geht hier auch nicht darum, dass der Mann wegrennt von einer der Frauen, weil sie schlechter ist. Auf diese Weise wird er sich selbst untreu. Es geht hier um das Bleiben, dass der Mann er selbst bleibt und sagt: »Ich bleibe in der Liebe zu dieser Frau zu Hause, und genauso bleibe ich in der Liebe zu mir, und genauso bleibe ich in der Liebe zu dieser zweiten Frau, die aber auch mit meinem Zuhause zu tun hat, weil sie die andere Frau kennt, aber dennoch andere Facetten hat.«

Es ist ja auch nicht verboten, dass ein Mann sagt: »Ich werde hier bei einem Freund die Zigarettenmarke A rauchen, bei dem anderen Freund rauche ich die Zigarettenmarke B.« Es gibt unterschiedliche Felder, es gibt unterschiedliche Männer und Frauen. Deswegen ist es auch so, dass die Treue mehr der Frau zugeordnet ist, weil die Frau nicht unbedingt das Interesse hat zu sagen: »Ich muss verschiedene Samen ausprobieren.«

Die Frau ist die, die alles in sich wiegt, und sie ist nicht abhängig vom Mann. Nur die Frauen, die Abhängigkeiten spüren vom Mann, im Sinne von: »Wie gut bin ich?«, diese fühlen sich veruntreut. Die Frauen, die sagen: »Ich bin gut«, sind die, die sagen: »Weil ich gut bin, weil ich ich bin, habe ich überhaupt keine Angst, dass mir hier irgendetwas verloren geht, im Gegenteil. Ich nehme ja dieses Gute, die andere Frau, noch hinzu.«

Die Frau von morgen hat nicht die Aufgabe, Fragen an den Mann zu tragen wie: »Bin ich schön, bin ich gut, mach ich etwas gut?« Sie hat einzig und allein die Aufgabe, sich zu halten und sich zu bewahren. Und wenn sie ein Schmuckstück kauft, dann kauft sie es und findet es schön. Und sie trägt es und sagt: »Es ist schön.« Und dann findet der Mann es schön, weil sie es schön findet. Und sie ist sich selber treu. Die Selbsttreue ist es, um die es geht. Jeder, der sich selbst treu ist – und das ist die Treue, die wir ansprechen – lehne sich in dieses Sich-selbst-treu-Sein hinein. Und wenn der Mann sagt: »Jetzt habe ich eine Treue und ich werde diesen beiden Frauen treu sein für eine Weile«, dann ist das völlig korrekt.

Frage: Was würdet ihr den Frauen sagen – und umgekehrt den Männern –, deren Partner woanders hingehen, um Sexualität zu erleben, die das aber noch nicht liebend tolerieren können, sondern eher verzweifelt sind, in Selbstzweifel gefangen, in innerer Aufruhr? Was würdet ihr den beiden sagen, hier der Frau und dort dem Mann?

Wir würden sagen, dass hier tatsächlich die Trennung sehr schnell ansteht, und zwar die Trennung von sehr Vielem. Die Frau hat dann nicht nur die Trennung von dem Mann vor sich, die sie aufgrund ihrer Verzweiflung wahrscheinlich anstreben wird. Sie hat dann auch Trennung von einigem anderen vor sich: die Trennung von einem Mannprinzip, von einem Partnerprinzip und vor allem von einem Vaterprinzip.

Und so sind das hier die guten Trennungen, weil sie ihr immer wieder ein Schlupfloch bieten, ihr einen Hort geben. Diese Verzweiflung und diese Eifersuchtstrennung gibt ihr wahrscheinlich mittelfristig auch die Möglichkeit, ihr eigenes Nest zu bauen. Das bringt sie dorthin zu sagen: »Jetzt hat der Mann vorher mir ein Nest gebaut und mir mein Haus gekauft«, aber sie hat noch nicht wirklich gespürt: »Wie eigentlich ist meine Weichheit, wo lande ich eigentlich, wenn ich nicht in dem Haus wohne, das mein Mann gebaut hat, weil er das Geld gebracht hat? Wie ist es eigentlich, wenn ich mich selbst einrichte? Wie ist es, wenn ich einmal mit Frauen wohne? Wie ist es, wenn ich einmal dort wohne, wo Frauen arbeiten? Wie ist das, wenn ich dort wohne?«

Die Frau richtet sich auf der Erde selbst ein

Das wird es dann geben: Frauen, die sich aufgrund von Eifersucht trennen, werden dann andere Frauen suchen und fragen: »Kann ich bei dir einziehen?« Und das ist gut so. Das ist richtig so. Zunächst als Auffangbecken, aber dann auch, um zu merken, wie Weichheit funktioniert. Darauf wird es im Moment hinauslaufen.

Und wir raten dazu, dass dann, wenn diese Trennung, diese Schmerztrennung da ist, dass die anderen Trennungen auch getan werden; dass die Frau dann nicht zurück zu den Eltern läuft und sagt: »Dort habe ich ja noch eine alte Bindung.« Denn der Vater war es, der ja auch das Haus um die Frau gebaut hat. **Die Frau richtet sich auf der Erde selbst ein, das ist das Gesetz. Die**

Frau ist die Erde. Die Frau findet überall ein Nest. Die Frau bekommt überall – bei jeder Frau – eine andere Weichheit, und genau darum geht es. So ist das richtig.

Und der Mann, der aus dieser Beziehung gegangen ist, der zu einer anderen Frau geht oder auch zu einer Hure, einer käuflichen Liebe, der möchte sich selbst verstehen. Er gibt hier der Mutter einen Stoß, die nicht früh genug erkannt hat, dass sie die ist, die auch andere Frauen neben sich aufstellen muss. Die Mutter hat versäumt, dem Sohn zu sagen: »Komm, wir werden jetzt einmal richtig viele andere Frauen kennenlernen. Komm, ich werde dich ermuntern und sagen: ›Setz dich in das Café und schau hin!‹« Die Mutter hat versucht, für den Sohn lange Jahre alles zu sein. Sie hat gesagt: »Schau mich an, dann siehst du die Frau.« Und dies ist der Schlag, den der Mann auch tun muss, und um das wird es gehen. Andersherum wird das nicht funktionieren.

ZUSAMMENFASSUNG

- Die Transformation des Themas »Liebe«, das in Zukunft zum zentralen Thema in den Köpfen der Menschen wird, läuft über eine neue Strukturierung der Mann-Frau-Situation.

- Eine Stadt ist die Statthaltung Gottes. In den Städten wird am meisten aufgeräumt werden. Die Stadtflucht ist nicht das, was Mann und Frau entspricht. Mann und Frau gehören in die Stadt. Die Ordnung in einer Stadt kann nur wieder entstehen aus einer neuen Mann-Frau-Konstellation.

- Die Frau, die sich in der Tiefe schon einmal mit der Zeit befasst hat, muss das nicht noch einmal tun. Mit der Uhr an ihrem Handgelenk hat sie dann ein Gegengesetz an ihrem Körper. Dort gehört die Uhr absolut nicht hin. Sie verliert an Intuitionskraft, wenn sie ständig eine Uhr trägt.

- Der Gedanke: »Wenn wir schon zusammen sind, dann müssen wir auch mehr und mehr zusammen sein«, ist ein Fehlgedanke.

- Dieses gleichförmige Zusammenleben, gemeinsam immer zur gleichen Zeit schlafen gehen und aufstehen, das gemeinsame Einnehmen aller Mahlzeiten, ist nicht richtig.

- Es ist durchaus gut für den Mann, abends Fleisch zu essen, aber für die Frau nicht. Das ergibt sich aus den unterschiedlichen Prinzipien.

- Rollt eure Betten zusammen, wenn ihr eure Entscheidungen getroffen habt, wenn ihr etwas angeschaut habt.

- Frau und Mann haben nicht die Aufgabe, sich in ihren Energien anzugleichen, sondern ihre Verschiedenheit zu lieben. Dieses Vermischen, das Immer-in-der-Energie-des-anderen-Bleiben entspricht nicht dem, wie die Ehe der Zukunft aussehen wird.

- Die Ehe ist zu einem Parkplatz gemacht worden. Die Ehe ist aber kein Parkplatz. Die Ehe ist ein Perpetuum mobile, ein dauernd Anfangendes.

- Wenn Mann und Frau ständig wechselnde Partner haben, dann besteht die Gefahr, dass sie immer zu dem ähnlichen oder zu dem gleichen Prinzip wechseln.

- Es sollten Unterschiede zwischen euren Zimmern sein, sodass da ein Frauzimmer, ein Mannzimmer und ein gemeinsames Zimmer sind. Ihr müsst euch nicht vergrößern, ihr müsst es nur ändern, vor allem in euren Gedanken.

- Je mehr die Bewahrung der Säfte von Mann und Frau wieder funktioniert, desto eher ist euer Erdprinzip wieder gewahrt.

- Es wird die größte Herausforderung sein, dass alles, was Partnerschaft und Ehe angeht, nicht mehr verknüpft ist mit Gefängnis. Denn das Grundprinzip der Erde ist beständig freigebend. Das Konzept des Gefängnisses wird jetzt wirklich zerschlagen.

- Für uns gibt es keine Moralvorstellungen. Es gibt von uns aus nur das Gesetz, wer der eine und wer der andere ist. Es geht immer nur um die Treue des Menschen zu sich selbst.

- Die Frau von morgen hat nicht die Aufgabe, Fragen an den Mann zu stellen wie: »Bin ich schön? Bin ich gut?« Sie hat einzig und allein die Aufgabe, sich zu halten und sich zu bewahren.

11. Kapitel

Das Blut in der Frau will sich reinigen

Viele Gesetzmäßigkeiten, von denen in diesem Buch die Rede ist, treten wieder dadurch in den Körper von Mann und Frau ein, dass sie durch das Hören erinnert werden. Denn es sind altbekannte Prinzipien.

In der starken Mann-Frau-Situation haben beide, Mann und Frau, einen ganz unterschiedlichen Willen, und das klärt und definiert sich im Saft. Die Frau hat einen sehr starken Willen, sich ganz gesund zu halten. Hierauf reagieren alle Lebenssäfte in der Frau. **Das Blut in der Frau hat den stärksten, den übergeordneten Willen, sich zu reinigen. Dieses Reinigungsprinzip, das Wasserprinzip, das wechselnde Mariaprinzip, das Wogenprinzip in der Frau ist ein großes Erneuerungsprinzip, das beständig in oberster Weise wirkt.** Der Hauptwille der Frau ist es, sich zu reinigen, ja, dieses Reinigungsprinzip zu verkörpern, und sich selbst als dieses Prinzip darzustellen.

Die Krankheiten der Frau, die jetzt immer mehr auftreten, sind Ausdruck dafür, dass dieses innere Reinigungsprinzip, diese Liebe zur Reinigung, nicht aufhört. Die Frau sagt in diesem Fall: »Wenn ich auch noch unrein bin, zeige ich mich dennoch schon wieder.« Das ist gegen das Gesetz. Das Gesetz lautet: »Frau, reinige dich ganz aus, nimm hinzu.« Auch bei der Milch in der Stillphase ist es so, dass sie diese in sich sammelt, in sich vereinigt, sie herbeibringt und sie dann wieder auch symbolisch als Kraft hinausgibt zum Kind. **Reinigen bedeutet auch einigen.**

Woher kommen die derzeit zunehmenden Krankheiten der Frau – die Pilzkrankheiten, die Infektionen und die Frauenkrebskrankheiten? Sie entstehen dadurch, dass die Frau ihr eigenes Prinzip der Reinigung in der Mondin, im Schlaf um Mitternacht nicht mehr ganz in sich bewahrt. Wenn dieses Bewahrungsprinzip wieder beachtet wird, dann stellt das auch für den Mann eine wichtige Symbolik dar. Und es bietet ihm letztlich eine Strukturhilfe, selbst auch in dieses Reinigungsprinzip, in seinen Willensprozess, in seinen Einigungs- und Reinigungsprozess zu gelangen. Der Mann unterstellt sich dann diesem Prinzip der Frau, aber er stellt sich auch neu auf. Der Mann weiß dann: »Jetzt ist Reinigungszeit für die Frau.« Und dann hat er nicht zu ihr zu kommen. Das ist etwas, was ihm nicht entspricht.

Wenn das Blut sich mit Wasser mischt, wenn hier also die Frau sich mit Salz und mit Öl reinigt, dann hat er damit nichts zu tun, weil das nicht seine Essenz ist. Die Essenz seines Samens ist ganz anders. Sie ist mineralisch. Die Essenz seines Samens, sein Saft, hat eine ganz andere Zusammensetzung. Der Saft des Orgasmus, die Feuchtigkeit einer Frau ist etwas ganz anderes als die eines Mannes. Die Feuchtigkeit der Frau besteht aus sehr viel mehr Kristallinem. Es ist zwar auch Kristallines im Samen und Saft des Mannes, aber es gibt zugleich diese Wachstumsstrukturen, da gibt es die Feldstrukturen und auch die mineralischen Strukturen von Kalzium, von Kalium usw.

So gibt es hier völlig unterschiedliche Prozesse, und der Mann ist nicht dem Thema und dem Willen der Reinigung unterstellt, sondern dem Thema der Gabe. Das heißt: Er reinigt sich und er einigt sich mit sich selbst durch Gabe. Er ist der schenkende Mann, der gebende Mann, der sagt: »Hier ist ein Feld, da nehme ich Blumen mit und die gebe ich gleich weiter.« Dadurch gibt sich der Mann in sein Einigungs-

Die Impotenz des Mannes bedeutet den Rückzug von der Gabe

prinzip und sein Reinigungsprinzip. Das heißt, er reinigt sich nicht in dem Ursprung, so wie die Blume sich reinigt, wie die Frau sich reinigt, wie sie sich vaginal reinigt. Er reinigt sich durch Gabe, er einigt sich mit der Welt durch Gabe.

Das sind ganz unterschiedliche Willens-, Reinigungs- und Saftprinzipien, die in Mann und Frau wirken und die eine große Bedeutung haben. **Die männlichen Probleme, zum Beispiel die Prostatakrankheiten, werden dadurch verursacht, dass der Mann sich zurückzieht von dieser Gabe. Die Impotenz des Mannes bedeutet den Rückzug von der Gabe.** Nicht unbedingt den Rückzug von der Frau, sondern den Rückzug von der Gabe überhaupt. Die Frau ist in diesem Fall nur ein Teil dessen, wohin der Mann die Potenz schießt, wohin er seine Potenz gibt.

Es ist in der Ordnung, wenn der Mann seine Gabe an die Welt gibt, wenn er sagt: »Hier ist die Rose.« Er muss nicht immer mit der Frau schlafen, er kann der Frau auch einmal die Rose geben. Das ist auch eine Gabe und das ist auch seine Potenz. Er sagt: »Hier war ich drin, hier war mein Saft drin. Schau, hier ist das ganze Kalzium drin, das gebe ich dir.« Wenn er Geschenke macht, sagt der Mann: »Sieh, das ist auch ein Teil von meinem Orgasmus, ich habe mich von dir gereinigt, mit der Erde verbunden, ich gebe sie dir wieder.« In diesen Bildern spiegeln sich gute Kreisläufe von Mann-Frau wider.

Schaut euch einen Moment lang die Krankheiten, gerade die sexuellen Krankheiten von Mann und Frau, an und seht, wo hier Handlungsbedarf ist. Hier haben wir das Bleibprinzip der Frau. Sie kann sich nicht reinigen, indem sie schnell läuft. Sie muss das Reinigungsritual machen. Sie muss Öl auf ihre Haut geben und sie muss das Salz dazugeben. Das muss sich eine Weile abmischen, es muss warm werden. Das heißt, die Reinigungsprinzipien der Frauen dauern etwas, dafür braucht sie Zeit.

In den Zeiten des Ausreinigens, des Blutens, muss die Frau bei sich sein. Da muss sie warm sein. Während sie den

Eisprung – beide Eisprünge – hat, muss sie sich in der Wärme befinden. Wärme braucht Zeit. Damit etwas warm wird, braucht es Zeit. Der Mann darf auch durchaus mal in kaltes Gewässer gehen und sagen: »So, hier ist eine Blume, sie kommt aus der Wärme. Die stelle ich jetzt einmal in kühleres Wasser hinein. Hier ist mein Phallus, ich darf ruhig mal etwas ausprobieren.« Es ist das Kalzium des Samens im Mann, dass er sagt: »Da darf ich jetzt etwas aufbrechen.«

Was macht die Hure? Die Hure hat beide Säfte in sich. Die Hure ist deswegen außerhalb der Gesellschaft gestellt worden, weil man sagte: »Es kann doch nicht in einer beides sein.« Das war die große Abtrennung in der Gesellschaft, dass hier die Frauen von der Gesellschaft separiert wurden, die beides in sich trugen. Das waren wirklich die Wolfsfrauen, die sich in den Schnittpunkten getroffen haben, wo das Männliche und das Weibliche gleichzeitig wirken, die auch nachts um zwölf Uhr wach waren und nicht schliefen wie die reine Frau. Diese Frauen mussten isoliert werden.

Die Männer gehen zur Hure und sagen: »Zeig mir meinen Mann!«

In dieser Wolfsfrau, die hier um zwölf Uhr kurz aufwacht, treffen sich beide. Das Männliche in der Frau trifft sich mit der Mondin und verbindet sich mit ihr und sagt: »In dieser Stunde bin ich wach mit dir. Ich bin im Vollmond.« Diese Frau verschläft also nicht das Männliche in sich. Diese Hure, die beide Säfte in sich zusammenzieht, hat sich so stark prostituiert gezeigt, dass der Mann Angst bekam vor ihr und die Frau ebenfalls.

Und so hat sich in ihr eine angstbesetzte Frau entwickelt, die aber Frau blieb. Sie hat gesagt: »Ich muss beides halten, ich muss beide Säfte in mir halten.« Und dann kam der Mann zu ihr, um sich wieder bei ihr über sich selbst zu informieren. Er hat gefragt: »Was ist eigentlich in mir?« **Und so kommen die Männer und fordern: »Zeig mir meinen Mann!« Darum gehen die Männer zur Hure.**

Und heute geschieht es heimlich, dass eine Frau zu einer Hure kommt und diese über Sexualität befragt. Die heutige Frau, die ihrer Männlichkeit nicht traut, ihrer Wolfsnatur, die sich nicht traut, ihre Wildnatur zu leben, die geht zu einer erfahrenen Frau und fragt sie still und heimlich: »Erzähl mir doch was über Sexualität, was ist deine Wildheit? Was ist das?« **Die verbundene Frau ist die Hure, die beides in sich trägt und die beides auch anbietet. Deswegen ist sie auch abgebunden von der Gesellschaft, abgetrennt vom Sozialtrakt der Gesellschaft.**

Jetzt haben wir diese beiden Frauen in der Grundstruktur. Eine Frau, die spürt und durch Krankheit darauf gestoßen wird, dass etwas nicht richtig ist; und die gut verbundene Frau, die Hure, die beides lebt. Wenn jetzt die Frauen wieder ihren männlichen Anteil, ihren Wolfsanteil, in sich wahrnehmen und sagen: »Ja, da ist ja auch der männliche Anteil in mir. Natürlich kann ich in der Nacht auch wach sein. Ich kann meiner Mondin, meiner Vollmondin gegenüber wach sein«, dann kann sich die Hure auch wieder in jede Frau legen. Und sie kann sich auch in jeden Mann legen. Die Hure informiert sozusagen beide.

Das Ich-bin-Prinzip, das Jesusprinzip, das hier inkarniert ist als das männliche Prinzip, will von der Hure, früher wie heute, Antworten auf die Frage: »Wie kann ich das Männliche und das Weibliche in mir beständig antreffen?« Dieses Prinzip musste vor zweitausend Jahren männlich inkarnieren, weil damals der Mann derjenige war, der akzeptiert wurde.

Aber eigentlich war Jesus ein androgyner Mensch, ein Ich-bin-Mensch: »In mir ist das Ich und ich folge mir selbst. Das männliche Prinzip in mir folgt ständig dem weiblichen Prinzip.« Das war das Jesusprinzip, das Ich-Prinzip, ein Hurenprinzip in sich selbst, ein Mann-Frau-Prinzip in sich selbst. Das hat natürlich zu Verleumdung und Ächtung geführt, weil er nicht sagte: »Ich bin nur für den Mann«, oder »Ich bin nur für die Frau.« Weil er die Frau nicht abgelehnt hat, wurde er geächtet.

Der Mann musste die Frau damals ablehnen. Weil Jesus die Frau hineingenommen hat, kam es zur Ächtung, zur Verfolgung seines Wortes.

Frage: Wird die Zukunft eine Rehabilitation der Prostituierten in der Gesellschaft mit sich bringen? Und haben diese Prostituierten sozusagen eine Zwischenfunktion gehabt in der Entwicklung des Menschen? Anders gefragt: Wird Prostitution überflüssig, wenn Männer und Frauen in ihre eigene Männlichkeit bzw. Weiblichkeit und in das eigene und gegenseitige Ehren kommen? Oder spielt das weiter eine Rolle, dass wir Frauen haben, die als Prostituierte leben?

Im Idealfall – und das ist das Prinzip der Magdalena, der weiterführenden Prostituierten, die das Kind austrägt (im Bild gesprochen) – sind sie absolut die Lehrenden. Sie sind die Königinnen, die Lehrenden. Die, die hier heute sprechen als Medium, sind alle die ehemaligen Huren. Diese sind alle die alten Huren, die heute als die Frauen aufsteigen. Deswegen findet auch der Mann in ihnen oftmals schöne, gute Geschlechtlichkeit und Akzeptanz von Männlichem und Weiblichem, weil das die Lehrenden waren.

Männer gehen zur Prostituierten, um zu reden

Ganz sicher werden diese Frauen wieder zu denen, die hier an den »Höfen« sind und die Gespräche leiten. Es gibt heute schon einige, die gute Gesellschafterinnen sind, die also den Mann in seinem Wort verstehen, ihn moderieren, und auf der anderen Seite die Frauen verstehen und sagen: »So, jetzt werden wir einfach mal moderieren und das eine mit dem anderen verbinden.« Alles, was hier Moderation ist, alles, was Medium ist – was ja heißt, in der Mitte zu sein –, das sind die früheren Huren und Prostituierten gewesen. Sie gehen heute in eurer Gesellschaft weiter und können dadurch eben auch in der Gesellschaft etwas darstellen, weil sie sagen: »Ich habe etwas zu sagen. Ich verstehe den Mann und ich verstehe die Frau.«

Schaut euch die Worte »moderieren« und »moderat« an. Es bedeutet, in dem Gesetz des Modus von beiden zu sein, alles gewährend. »Moderare« heißt: alles gewähren, für jeden Gewähr leisten. Und so ist es, dass sie schon aufgetaucht sind. Die hochgestellten Huren sind auf eurer Erde schon aufgetaucht. Und sie werden angesehene Moderatoren. Die Medien werden zu Moderierenden, die auf der Bühne stehen und sagen: »Dies gibt es und das andere gibt es auch.« So gibt es das schon und es wird bereits weitergeführt.

Diese Frauen standen lange Zeit außerhalb, und auch heute noch. Dennoch gibt es manche Prostituierte, die ihrem Beruf bereits eine Weile nachgeht, und zum Beispiel von Männern dafür bezahlt wird, dass sie mit ihnen spricht. Die Männer sagen: »Ich möchte deine Sexualität nicht mehr. Die Sexualität mit meiner Frau zu Hause ist gut. Aber steh mir noch zur Verfügung, damit ich mit dir sprechen kann über meine Dinge, auch über meine sexuellen Träume. Ich möchte das gerne zu Hause leben mit meiner Frau.« Das gibt es schon. Das heißt, diese moderierende Hure hat schon jetzt einen Stellenwert und bekommt mit der Zeit einen Gesellschaftsstatus.

Frage: Was ist mit der Prostituierten, die sadomasochistische Praktiken anbietet?

Hinter der sadomasochistischen Prostituierten steht eine Selbstwahl dieser Frau. Wenn die Frau darin stehen bleibt und sich selbst nicht wählt, dann sagt sie: »Ich möchte ganz in dieser Struktur verhaftet bleiben.« Die Sadomaso anbietende Hure ist die, die sich am mannlichen Anteil festhält. Sie begibt sich starr in das Leder oder auch in die Rüstung und bietet das Weibliche nur zu einem kleinen Teil an. Sie gibt hier nur einen kleinen Zugang zu sich frei und sagt: »Nur durch das Leder, durch die Rüstung kommst du zu mir rein.«

Sie hat sich also festgelegt auf die männliche Rolle, auf die Peitschen, auf die phallusgebende und phallusgestärkte Rolle. Das ist die festgesetzte Hure, und es sind auch die Männer und die Frauen, die das wiederum festlegen wollen. Aber auch das wird sich lockern und weicher werden, weil eure Erde, euer System jetzt alles ins Fließen und in die Weichheit bringen möchte. Diese belederte Frau, die Frau in der Rüstung wird auch wieder herausgelockt in ihre weichere und weiblichere Weiblichkeit, sodass sie wieder sagt: »Ich nehme nicht die Rüstung, das Leder an mich, sondern ich nehme ein Fell und lege mich darauf und werde dadurch weich. Ich muss nicht das Leder nehmen, sondern ich nehme das ganze Fell eines Schafes.«

Die Sadomaso-Prostituierte sitzt im männlichen Prinzip fest

Alles ist im Moment also bestrebt, die Strukturen wieder aufzuweichen, damit sie sich selbst erkennen, weicher werden und wieder in der Lage sind, sich zu entwickeln. Das Sadomasochistische entwickelt sich nicht, es bleibt so. Es ist sehr starr und entwickelt sich nur in sich selbst. Deswegen ist es ja auch eine geschlossene Gesellschaft, eine bestimmte Gruppierung, die sich für sich selbst festlegt.

Frage: Was könnt ihr den Frauen und Männern sagen, die über die Empfindung von Schmerz zur Lust gelangen? Welche Rolle spielt die Kombination aus Schmerz und Lust?

Da will sich das eine Prinzip absolut herausschlagen. Der männliche Kern weiß hier selbst, dass er versteckt ist. Er ist schließlich zumeist mutterversteckt, auch großmutterversteckt.

Die Mutter hat gesagt: »Ich bin die Einzige, die du siehst«, und der Mann will sich letztlich freischlagen. Er will hier selbst das Ei aufschlagen, er will selber in den Sprung gehen, er will seinen Samen oft riechen. Er sagt damit: »Ich möchte meinen eigenen Mann zurückhaben.«

Man kann sagen, dass jede Schmerzempfindung und jedes Erhalten und jedes Wollen von Schmerz auch ein Bestreben bedeutet: »Dort möchte ich hin.« Der Mann bittet also die Frau, er bettelt bei der Mutter darum, dass sie ihn sozusagen aufschlägt, damit er auch andere Frauen sieht. Deswegen geht er auch zu möglichst vielen unterschiedlichen Frauen. So kann das übersetzt werden.

Frage: Könnt ihr vielleicht noch etwas ausführen zur Rolle der Flüssigkeiten im Sexualverkehr, nicht des Samens, der Scheidenflüssigkeit, des Speichels, sondern auch etwas zu der Flüssigkeit, die eine Frau abgeben kann als Ejakulat? Das ist bei vielen Frauen ja eine ganze Menge – oft mehrere Liter – während des Sexualaktes. Was hat es damit auf sich? Manche Frauen sind – wenn sie das an sich erleben – sehr überrascht bis erschrocken, dass da so viel Wasser aus ihnen kommt. Welche Rolle spielt dieses Wasser, haben alle Frauen dies in sich als Möglichkeit?

Die Frau entdeckt heute wieder das Mysterium der Maria

Durch dieses Buch entdeckt die Frau: Die größte Ahnung und das größte Wissen ist das Mysterium um die Maria, um das Meer, um die Marina. Es geht hier um das ganze Mysterium davon, was eigentlich in ihr steckt. Es sind oft Frauen, die einst feststeckten, die euch dies präsentieren. Sie sind damals in dem Wissen, zum Beispiel in dem atlantischen Wissen, gesessen und haben sich herausgespült, herausgereinigt. Sie haben in dieser

Inkarnation noch Reste, Krankheit, aus der sie sich herausspülen müssen, aus der sie sich herausreinigen müssen.

Das Mariaprinzip ist das Prinzip, das sich definiert als sich selbst. Es besagt, dass die Frau einst mit dem Meer war und nicht an Reinigung gedacht hat, weil sie einfach Meer war, weil sie ganz war. Warum ist die heutige Frau, die Sarah, die Magdalena, die Hure, also die Frau nach der Maria, nach dem Meer, warum ist sie heute so wichtig und so modern? Warum habt ihr heute so viel mit Marias zu tun, warum spricht die Maria so viel, warum ist das Mariaprinzip auf eurer Erde heute so wichtig? Weil das jetzt die ins Fließen gegangene Maria ist, weil sie sich wieder ihrem Gott gestellt und gesagt hat: »Ich bin einmal fast stecken geblieben. Fast habe ich einmal deine Erde als Erde und Salz, also als Destillation erfahren. Aber ich verspreche dir, mein Gott, ich verspreche dir im Gebet, dass ich wieder zurückgehe, dass ich wieder an dein Meer gehe.«

Es ist die Frau, die heute noch Reste von Angst hat, dass sie auch stecken bleibt, wie der Phallus des Mannes stecken geblieben ist, dass sie mit ihrem Wissen stecken bleibt, nämlich mit ihrem Salz. Sie ist ja die, die das Salz in sich trägt. Der Meerestropfen trägt das Salz in sich. Dadurch geschieht auch oft das Ausschwemmen der Angst. Dieser Orgasmus ist das Freudeschwemmen der Angst: Damit sie wieder schwimmt, damit sie wieder das ist, was sie ist.

Und dieses Wasser der Frau ist salzig, ist kristallin. Das ist ja das Große, weil sie dadurch sagt: »Gott, ich verbinde mich wieder mit dir.« Es ist auch ein Entschuldigen, es ist auch ein Zurückreinigen. Reinigen bedeutet ja den nächsten Schritt. Reinigen heißt: »Ich war unsauber.« **Reinigen heißt: »Ich habe die Erde zu viel angebetet. Ich hab dich, Gott, vergessen. Ich bin nicht mit dir, Gott, geflossen. Und ich werde wieder mit dir fließen.«**

Es sind sehr, sehr viele Marienprinzipien auf eurer Erde und diese Frauen sagen: »Ich fließe wieder mit dir.« Sie beten wieder, sie sind wieder da, sie wissen wieder, sie sind diejenigen, die das Salz auf die Erde bringen und die das mit ihrem Fluss in ihrer Vagina tun. Und erst dann, wenn sie die Feuchten sind, wenn sie angefeuchtet sind, dann kann die Erektion, die Erregung des Mannes kommen. Erst dann, wenn sie nicht salzig, erst dann, wenn sie nicht Erde sind, erst dann, wenn sie fließen, kann der Mann in sie eintreten.

Erst dann kommt Erde, erst dann kommt Fluss, erst dann macht die Erde Sinn, wenn die Frau feucht ist. Das Mariaprinzip auf eurer Erde, das ist die Anbetung der Frau. Es heißt eigentlich: »Bitte, Frau, sei wieder das, was du bist! Bitte Frau, geh wieder in die Maria, reinige dich, reinige dich, reinige dich!« **Die ganzen Energiemassagen auf eurer Erde, alle, die jetzt hier arbeiten, sind die Marien, die entschuldigend zu ihrem Gott gehen und sagen: »Ich fließe wieder mit dir.« Und dann können sie wieder gute Frauen werden.**

Diese sind auch oft gestockt in ihrer Weiblichkeit. Diese Frauen sagen noch: »Oh Gott, ich hab mich von dir getrennt. Was soll dann aus der Erde werden, wenn ich nicht aus dem Meer komme?« Also alle, die ausreinigen, alle, die jetzt in die Krankheiten gehen, die jetzt Therapeutinnen sind, wissen, sie gehen gerade diesen Schritt. Und das ist gut so. Und je mehr sie es tun, desto besser. Und je mehr sie sagen: »Ich gehe ins Meer«, desto orgasmusfähiger sind sie, und je mehr sie sich reinigen, desto mehr sagen sie: »Meine Güte, ich komm an mein Wissen wieder ran.«

Das alles ist die Maria, die Marina, das Meerprinzip, und die Frau sagt: »Ja, so ist es.« Der Mann reagiert dann auf das Mariaprinzip. Der Mann sagt: »Ich habe das ja schon immer gewusst.« Der Mann sagt: »Hurra, jetzt tust du es wieder.« Der Mann sagt: »Weil du dich erinnerst, hab ich mich erinnert. Und weil du dich erinnerst, erinnern wir uns zusammen. Und weil du dich erinnerst, sage ich: ›Ja, stimmt! Ich kenne das Poseidon-Prinzip. Ich kenne das Wind-Prinzip. Jetzt mache ich

Wind, jetzt stelle ich meinen Stachel auf. Jetzt mache ich Wind und blase in dich hinein.‹«

Daher kommt auch das Blasen zwischen Mann und Frau, weil hier das Poseidon-Prinzip, dieses Prinzip des starken Windes sagt: »Jetzt blase ich mich auf. Jetzt werde ich stark und komme in dich hinein, Meer. Jetzt kommt der Wind ins Meer.« Das sind die Grundsätzlichkeiten zwischen Mann und Frau. Das ist alles gerade im Werden. Dann ist es das Poseidon-, dieses Freudeprinzip: »Hurra, es kommt etwas Neues, durch den Wind kommt Neues heran.« Durch den Wind kommen neue Samen über das Meer in die Länder hinein. Dann sitzt der Mann mit dem Freudeprinzip »Seidon«, mit diesem lustigen Mann, da, mit dem Gottprinzip und sagt: »Na, jetzt blasen wir aber unsere Kraft in das Meer, in die Frau hinein.«

Und dann sind die beiden wirklich wieder kräftig miteinander. Im Wind ist ja auch die ganze Feuchtigkeit enthalten. Da sind die Gesänge darin. Da bläst der Mann und sagt: »Das alles habe ich und das benenne ich hier. Und ich habe das ganze Material, neuen Samen für neue Länder und ich gebe sie in das Meer. Frau, trage es als Salz heraus und gebe es dann auf die Erde.«

So haben wir den Zusammenhang und Säfte, die ganz unterschiedlich sind. Der Saft des Mannes ist der Ursaft. Der Saft des Mannes heißt: »Ich werde doch hier vom Tisch mit Gott, von meinem Freudetisch mit Gott werde ich doch wieder neuen Samen nehmen und Neues auf die Erde bringen; neue Kinder, neuen Samen in die Frau hinein, die bereit sein muss, die sich jetzt reinigt wieder für das Gott-Mann-Prinzip.

Frage: Ihr unterstreicht öfter die Bedeutung des Orgasmus. Könnt ihr hierzu mehr sagen? Viele Menschen sind ja während der Sexualität extrem fixiert darauf, einen Orgasmus zu bekommen, aber haben damit oft ihre Schwierigkeiten – Frauen wie

Männer. Wie seht ihr die Bedeutung eines Orgasmus, auch im Unterschied zu dem Orgasmus, den Frau-Mann sich selbst bereiten kann? Gibt es aus eurer Sicht unterschiedliche Arten wie klitoralen und vaginalen Orgasmus? Und wie positioniert ihr Orgasmus für Mann und Frau im Miteinander- und im Mit-sich-selbst-Sein?

Der weibliche Orgasmus ist einer, der für sich selber immer wieder so etwas wie eine Schnecke, wie eine Schlange bildet. Deswegen ist er ja auch in der Kundalini wie in einer Schlange verwoben. Die Schlange sondert auch oftmals Gift aus. **Das heißt: Dieser vaginale Orgasmus ist der »Schlangenorgasmus«, der auch Gift hat und von dem der Mann sagt: »Ich weiß nicht genau, was da kommt.« Das ist der Geheimnisorgasmus.**

Es ist aber gleichzeitig der, den er auch sucht. Er sucht da das Geheimnis, er sucht das: »Wann schlägt sie zu? Wann ist sie da? Da ist diese Schlange in der Frau, die mich dann ganz hat, die mich dann völlig hat, wo ich dann nicht mehr auskomme. Wo ich dann sage: ›Da bin ich ganz tief in ihr drin.‹ Das ist etwas, wo ich dann nicht mehr aus kann, weil sie mich dann sozusagen informiert.« Das ist der vaginale Orgasmus. Er kann am besten mit Frau und Mann funktionieren.

Der »Schlangenorgasmus« und der »Supermarkt-orgasmus«

Der klitorale Orgasmus ist für die Frau ganz allein. Er ist der, der für sich selbst funktioniert und der dann – hier von der Frau allein angewandt – eigentlich sagt: »Ich möchte mit der Erde sein, ich möchte die Erde einkaufen.« **Der klitorale Orgasmus ist so wie eine einkaufende Frau im Supermarkt. Sie sagt: »Das möchte ich, das möchte ich und da möchte ich noch etwas haben.«** Er wird auch oft von der Frau angewandt, und sollte es auch. Während sie ein Kleid anprobiert in der

Garderobe, kann sie sich einfach zurücklehnen und sich einen Moment lang sagen: »Ich hole mir diese Befriedigung, diese äußere Befriedigung.«

Es ist also wichtig, den Schlangenorgasmus und diesen klitoralen Einkaufsorgasmus zu unterscheiden. Der Mann ist der, der beidem verfallen kann. Wenn er beides kennt, sagt er: »Ich brauche beide zusammen.« Und die Frau kann das bedienen und kann sagen: »Ich brauche den einen und den anderen.« Das Ideal wäre, wenn die Frau wählt, wenn sie sagt: »Ich gebe ihm jetzt diese Seite, ich bin jetzt ganz offen und sage: ›Bitteschön, kaufe! Da hast du viel von mir.‹«

Aber im Idealfall kann sie auch sagen: »Ich möchte.« Eine Frau, die sich gut kennt, die hurenhaft ist, kann das bestimmen und in sich wählen. Sie ist ja männlich, sie wählt und sie sagt: »Das will ich und das will ich nicht. Das will ich von mir und das will ich von dir.« Sie sagt: »Lass die Hand fort, nimm hier dich, nimm deine Schlange zu meiner Schlange. Und unsere beiden Schlangen werden uns verweben.« So ist es hier wiederum die Wahl der Frau, die sagt: »Nein, ich brauche nicht deine Zunge, ich brauche nicht deine Hand, ich brauche hier deine Schlange selbst.«

Dann haben sie wieder diese Urvereinigung miteinander, dieses Adam-und-Eva-Prinzip, das Giftprinzip. Dann haben sie wieder das eine mit dem anderen, das sich hier nicht trennt. Auch geschichtlich gesehen ist es so, dass sich die beiden nicht mehr auseinandertrennen, dass es einmal eine Einheit gibt und dass es eine Einheit geben darf. In dem Urprinzip gibt es natürlich eine Einheit von Poseidon und von Maria. In dem Urprinzip gibt es das, dass der Wind sich einmal einen Moment vereint wie eine Schlange, sich hineinlegt in die Schlange Meer. So ist das entstanden.

Jetzt seht ihr auch, wo all die Bilder herkommen, dass hier auch das Ungeheuer von Loch Ness eine Schlange ist. Hier verschlingen sich die beiden und einen Moment lang darf das sein.

Aber dann kommt wieder das Auseinandertreten, indem das Männliche sagt: »So, jetzt muss ich mich herausziehen, denn da könnte Gift kommen, da ist ein Ungeheuer, da ist ein Monster in der Frau; sie kann mich umschlungen halten.« Dann zieht der Mann sich wieder heraus und sagt: »Jetzt ist es der klitorale Orgasmus, jetzt will ich mit der Frau nur mal ein bisschen Hand in Hand durch die Welt laufen.«

Da steckt also sehr viel Wahl drin, sehr viel Spiel, aber auch sehr viel Psychologie: Wann wendet wer was an? Wie lange bleibt einer verschlungen und wann sagt die Frau: »Begib dich hinaus!«? Das ist ein Lesebuch für alle, die lesen können. Wenn einmal klar ist, dass das immer auch tiefe Symbole sind und dass diese Symbole alle nur dem einen dienen, dass aus der Vereinigung die Vereinzelung kommt, dann ist viel erreicht. Das Prinzip der Vereinigung dient schließlich immer nur allem und das Prinzip der Sexualität dient wiederum dazu, dieses Prinzip aufzuzeigen. Das aufgezeigte Prinzip ist dann wieder das lebendige Prinzip. Wenn das aufgezeigte Sexualprinzip wirkt, ist es aber auch das Gott-Göttinnen-Prinzip.

Also könnt ihr das sexuelle Orgasmusprinzip und das Grundprinzip Gott-Göttin, das schließlich nur ein Rasterprinzip ist, das am grünen Tisch läuft, nebeneinanderstellen. So erkennt ihr, dass es noch nicht der Orgasmus ist, dass er sozusagen theoretisch ist, wenn die Frau das hält und wenn der Mann bereit ist, sich mit ihr zu verschlingen. Das ist der Nicht-Gott-Göttin-Orgasmus, das ist der nicht gelebte Orgasmus, es ist der nicht ausgegossene Orgasmus. **Dies ist der Orgasmus, der immer ist. Das heißt, das Meer und der Wind, das Meer und die Erde sind ein immerwährender, ein gehaltener Orgasmus, einer, der sich nicht ergießt. Und die Sexualität ergießt sich dann.**

Frage: Was haltet ihr von der These aus östlichen Kreisen, es wäre erstrebenswert für den Mann, sein Sperma zurückzuhalten und damit spirituelles Wachstum im weitesten Sinne zu erfahren? Und könnt ihr Stellung nehmen zu dem oft mit Stress verbundenen Versuch von Mann und Frau, gleichzeitig zum Orgasmus zu kommen?

Jedes Zurückhalten ist nicht die Wahrhaftigkeit. Um beide Fragen in einer Antwort zu verbinden: **Es ist völlig richtig, dass es zu getrennten Orgasmen, zu getrennten Zeitabläufen kommen kann. Das ist auch gut so. Oftmals ist es richtig, dass die Frau sich erst mal ergießt, weil sie dann die Feuchtigkeit bereithält.**

Auf der anderen Seite ist es so, dass jede Zurückhaltung hier die nicht zu Ende gedachte Wahrheit bedeutet. Richtig ist natürlich, dass der Mann Pausen machen kann. Der Mann macht im Alltag auch Pausen. Er kann nicht immer geben, er kann nicht immer darreichen. Er muss warten, bis die Rose wieder blüht, und dann kann er zum Rosenkavalier werden. Das heißt, er muss auch abwarten können. Aber wenn er sagt: »Jetzt habe ich eine Rose in der Hand«, und er wartet ab und wartet ab und sie verblüht, dann ist das nicht im Sinne des Erfinders.

Mann und Frau sollten Orgasmen zu verschiedenen Zeitpunkten haben

Natürlich muss der Mann auch genießen können. Natürlich muss der Mann auch sagen: »Jetzt genieße ich einfach mal das Wohlgefühl, ich sehe einfach mal der Frau zu, wie sie blüht. Ich spüre, wie sie erblüht, ich spüre, wie sie die Rose ist, wie sie die Lilie ist und erblüht in ihrem Sein.« Und so ist es natürlich, dass er zuschaut; aber nicht zwanghaft einhalten, zurückhalten, im Sinne von: Das muss sein.

Und die zweite Antwort ist: Das Werden, das Wachstum besteht natürlich darin, dass es hier eine Zeitverschiebung gibt. Wir haben oft von Zeitverschiebung gesprochen, und völlig richtig ist, dass auch nur die Frau einmal einen Orgasmus bekommt und sagt: »Es ist schön«, dass die Blüte einfach für sich blüht. Und dass der Mann sagt: »Die muss ich jetzt gar nicht nehmen und hieraus wieder etwas Neues machen.« Es kann auch sein, dass Poseidon einfach nur bläst und sagt: »Das ist jetzt nur das Blasen, das Geben. Ich möchte mein Geben spüren und dann möchte ich das Gegebene gleich weitergeben.«

Frage: Bei dem Thema »Körpersäfte« empfinden viele Frauen und auch Männer Ekelgefühle und können das nicht genießen. Welche Hinweise könnt ihr geben, dies zu überwinden, sich an den Säften und dem Wasser wieder zu erfreuen und sie zu genießen?

Alles, was Körpersaft ist, steht für Intuition. Der Schweiß ist die vollbrachte Intuition, im Sinne von getaner, gelebter Intuition. Das Ausscheiden von Urin unterstützt diese Intuition und im Abgeben von Körpersäften während der sexuellen Verbindung liegt der Nährwert der Intuition.

Ist der Zugang zur Intuition und damit zu den Gefühlen im Menschen selbst blockiert, so sind folgerichtig auch alle abzugebenden Körpersäfte in ihrem Fluss beeinträchtigt. Sie werden dann nicht ins Leben hineingetragen, der Mensch ist sozusagen nicht »trächtig« mit ihnen.

Der Atem des Menschen und der Schweiß mit dem entsprechenden Salzgehalt spielen eine wichtige Rolle für die Verwandlung des Wassers in der Luft und in den Flüssen hin zu einem komplexen Werk. Schweiß und Atem von Mensch und Tier sind der Animus der Pflanzenwurzeln und gehören zum Wachstumskreislauf, genauso wie das Chlorophyll zum Regelkreislauf der Natur gehört. Das heißt: **Der über Haut und Mund gebende Mensch ist wichtig. Der arbeitende, der gehende, der in der Natur atmende Mensch ist notwendig, um das intuitive, das Liebe ausdrückende, das der Liebe entspre-**

chende Werk der Erde zu manifestieren und darstellbar zu machen.

Urin und weitere wichtige Körpersäfte, die sich im Urin sammeln, repräsentieren die Erfahrungswerte des Menschen mit seinem Leben und seinen Gefühlen. Urin hilft zu verstehen, ist Spiegel vieler gefühlter Vorgänge, er erhebt sich und verhält sich wie ein Vogel, der dauernd bereit ist, seinen Liebsten Nahrung abzuwerfen. Urin sagt: »Fühle, was um dich ist und ich fließe ohne Umstände durch dich.«

Das erogene männliche und weibliche Wasser ist die Folge, Pracht und tiefste Möglichkeit im Verhalten des Fließens. Ist die Intuition des Menschen im Frieden, dann fließt dieser Saft. Ist der Mensch bereit, die Liebe als Liebe zu betrachten, dann fließt dieser Frieden. Dieser Vorgang ist sehr tief greifend. Liegen Krankheit in diesen Säften, Problematik im Fluss oder Ekel vor, dann zeigt das an, dass die Liebe unter Umständen über lange Zeit, auch karmische Zeit, verbogen wurde, dass also etwas als Liebe benannt wurde, was keine war. Liebe will Liebe sein und wieder Liebe. Das ist das Werk, das wie Wasser über das Mühlrad als Großthematik über den Menschen läuft.

Liebe will sich in den Menschen kopieren als das, was sie ist. Der Rosenduft lässt sich nicht zum Lavendelduft machen und auch nicht umgekehrt. Fühlt der Mensch über lange Zeit, dass sein Lieben – oder das, was er als Liebe bezeichnet hat – nicht mit Frieden einhergeht, dann verunreinigen sich diese Säfte. Sie ziehen sich zurück, werden sauer und auch regelrecht ekelhaft.

Die Intuition ist dafür da, die Liebe als Liebe anzuerkennen. Intuition ist das Mittel, immer den Ursprung, das Wesentliche einer Sache zu erkennen, um sie dann mithilfe des Verstandes anzuerkennen und hinzuzunehmen als etwas Erfahrenes. **Wenn die Intuition lange gesagt hat: »Dies ist Liebe«, aber der Mensch hat sie nicht genommen, oder es war keine Liebe, und er hat dies dennoch als solche bezeichnet, dann sind die Kör-**

persäfte der Sexualität nicht flüssig und schön, sondern krank und verdorben und gelangen in die Position des eigenen oder des gegenseitigen Ekels.

Die Liebe sucht sich selbst über das Wesen »Mensch« in jedem Tropfen, in jeder Erektion, in jedem Atemzug.

Frage: Das Thema »Sexualität« ist bei uns für viele belastet durch die Angst, Aids zu bekommen. Könntet ihr zu dieser Krankheit etwas erläutern? Was sind der Hintergrund und die Ursache dieser Krankheit? Warum steckt sich der eine an, der andere nicht? Und hat die innere Haltung, mit der sich jemand dem anderen hingibt in der Liebe, einen Einfluss darauf, ob er sich dabei eine Krankheit einfängt oder nicht?

Der Körper ist die Aufforderung an den Menschen, immer zu schauen, was jetzt da ist. Die Krankheit Aids ist die Antwort des Körpers darauf, dass der Mensch immer wieder kompliziert »um die Ecke« geschaut hat. Liebe ist wie ein Baum, und der ist nicht kompliziert, sondern komplex aufgebaut. Wurzel, Stamm, Äste, Blätter, das alles ist komplex, aber nicht kompliziert: So ist die Liebe komplex, aber nicht kompliziert. Die Liebe sagt: »Ernte den Apfel im Herbst und nicht im Frühjahr. Im Herbst ist die Möglichkeit zu ernten da, nicht im Frühjahr. Dann musst du düngen, dann musst du technisch werden. Willst du im Frühjahr ernten, dann wird der Wachstumsweg kompliziert.«

Aids bedeutet, dass du dein Lieben kompliziert gemacht hast. Der Ausweg aus Aids lautet: Sei einfach! Es ist, wie es ist. Liebe ist das, was da ist! So versteht sich die Liebe. Liebe ist bereits ein Kunstwerk, sie muss nicht zu einem gemacht werden. Wenn jedoch eine solche Geisteshaltung vorliegt, dann folgt der Kör-

Aids bedeutet, dass du dein Leben kompliziert gemacht hast

per im Sinne von Stockung. Aids stoppt das Fließen im Körper und sagt: »Bitte nicht noch komplizierter!«

Aids bekommt der Sexualpartner, der sich in diesem verzweigten Netz all der Fragen einfangen lässt, was Liebe ist und sein könnte und vielleicht doch nicht ist. Mit anderen Worten: **Der Mensch, der einfach liebt, und dies nicht als etwas anderes verkaufen will oder verstanden haben will, ist immun.**

Aids so verstanden ist die Krankheit der Vergangenheit im Zusammenhang mit Liebe. Traut sich der Mensch wieder zu, den Namen der Liebe auszusprechen und sich dabei selbst in die Augen zu schauen, und sieht er dann, dass er seine Botschaft der Liebe von der einen zur anderen Seite transportiert bekommt, dann ist da keine Möglichkeit mehr, dass der Körper mit der Krankheit Aids antwortet. Sieht der Mensch, was er ist und wer er ist im Lieben, nicht höher, nicht geringer, nicht weiter oder umständlicher, dann ist Aids die Krankheit der vergangenen Zeit.

ZUSAMMENFASSUNG

- Das Blut in der Frau hat den ganz starken Willen, sich zu reinigen. Dieses Reinigungsprinzip ist ein großes Erneuerungsprinzip, das beständig in oberster Weise wirkt. Reinigen bedeutet auch einigen.

- Die zunehmenden Krankheiten der Frau entstehen dadurch, dass sie ihr eigenes Prinzip der Reinigung in der Mondin, im Schlaf um Mitternacht, nicht mehr ganz in sich bewahrt.

- Der Mann ist nicht dem Thema und dem Willen der Reinigung unterstellt, sondern dem Thema der Gabe. Er reinigt und er einigt sich selbst durch Gabe. Er ist der schenkende, der gebende Mann.

- Die männlichen Probleme, zum Beispiel die Prostatakrankheiten, werden dadurch verursacht, dass der Mann sich zurückzieht von dieser Gabe. Die Impotenz des Mannes bedeutet den Rückzug von der Gabe.

- In den Zeiten des Ausreinigens, des Blutens, muss die Frau bei sich sein.

- Die Hure hat beide Säfte in sich. Und sie wurde von der übrigen Gesellschaft getrennt, weil man sagte: »Es kann doch nicht in einer beides sein.« Die verbundene Hure ist die, die beides in sich trägt und auch beides anbietet.

- Die Männer kommen zur Hure und sagen: »Zeig mir meinen Mann.« Darum gehen die Männer zur Hure.

- Und heute geschieht es heimlich, dass die Frau zu einer Hure kommt und diese über Sexualität befragt.

- Das Ich-bin-Prinzip, das Jesusprinzip, das hier inkarniert ist als das männliche Prinzip, will von der Hure, damals wie heute, Antworten auf die Frage: »Wie kann ich das Männliche und das Weibliche in mir beständig antreffen?«

- Im Idealfall sind die Huren die absolut Lehrenden, die Königinnen. Ganz sicher werden sie wieder zu denen, die an den »Höfen« sind und die Gespräche anleiten. Die hochgestellten Huren sind auf eurer Erde schon aufgetaucht. Und sie werden angesehene Moderatorinnen.

- Die Sadomaso-Prostituierte sitzt im männlichen Prinzip fest. Sie hat sich auf die männliche Rolle, auf die Peitschen, auf die phallusgebende und phallusgestärkte Rolle festgelegt.

- Wenn die Lust über den Schmerz gesucht wird, will sich das eine Prinzip hier herausschlagen. Der männliche Kern weiß hier, dass er versteckt ist. Er ist meist mutterversteckt, auch großmutterversteckt.

- Die größte Ahnung und das größte Wissen, das die Frau durch dieses Buch entdeckt, ist das ganze Mysterium um die Maria, um das Meer, um die Marina. Es geht hier um das ganze Geheimnis dessen, was eigentlich in ihr steckt.

- Das Maria-Prinzip auf eurer Erde, das ist die Anbetung der Frau.

- Der weibliche Orgasmus bildet für sich immer wieder so etwas wie eine Schnecke, wie eine Schlange. Der vaginale

Orgasmus ist der »Schlangenorgasmus«, der auch Gift besitzt, und von dem der Mann sagt: »Ich weiß nicht genau, was da kommt.« Das ist der Geheimnisorgasmus.

- Der klitorale Orgasmus ist für die Frau ganz allein. Er ist so wie ein Einkauf im Supermarkt, wo die Frau sagt: »Das möchte ich, das möchte ich und da möchte ich noch etwas haben.«

- Das Meer und der Wind, das Meer und die Erde sind ein immerwährender, ein gehaltener Orgasmus, einer, der sich nicht ergießt. Und die Sexualität ergießt sich dann.

- Mann und Frau sollten Orgasmen zu verschiedenen Zeitpunkten haben. Das ist gut so. Oft ist es richtig, dass die Frau sich erstmal ergießt, weil sie dann die Feuchtigkeit bereithält.

- Der Schweiß und Säfte ausscheidende, der arbeitende, gehende und atmende Mensch ist wichtig, um das intuitive, das Liebe ausdrückende Werk der Erde zu manifestieren.

- Aids bedeutet, dass ihr euer Leben kompliziert gemacht habt. Der Ausweg heißt: »Sei einfach! Es ist, wie es ist.« Liebe ist das, was da ist. Der Mensch, der wirklich liebt, schützt sich am besten.

12. Kapitel

Wir möchten hier mit einem zweiten Urbild beginnen, das anknüpft an die Eiskunstläuferin und den Eiskunstläufer, das eure Fantasie öffnet für die Elfen- und Engelwelten im männlich-weiblichen System. Dieses Bild besagt: Die weiblichen Elfenwelten haben mit den männlichen Elfenwelten, den Welfenwelten, zusammen getanzt und gespielt und sich die Dinge bedingungslos lose zugespielt.

Männer und Frauen – Welfen und Elfen

Dies ist ein Urbild für Mann und Frau, dass Dinge von der einen Seite zur anderen gegeben werden, dass sich die Dinge hier auf unterschiedliche Weise treffen; dass die männliche Hand ein Ding auffängt, es lose wirft und die Frau es dann auf andere Weise in der Hand hält. Dies ist ein Urprinzip, ein Urbild. Ein Wollknäuel ist in der Hand des Mannes anders aufgehoben als in der Hand der Frau. Die Frau würde sagen: »Jetzt werden wir einen Pullover daraus stricken«, und der Mann würde sagen: »Jetzt werden wir das noch einmal gut aufrollen, damit es ein festerer Ball wird. Dieser Ball ist mir zu lose.« **Dieses Prinzip besagt also: Zwei haben das Gleiche in der Hand, machen aber etwas Verschiedenes damit.** Ein Ding wird lose durch die Gegend geworfen, jedoch wird etwas Unterschiedliches aufgefangen, es wird etwas ganz Unterschiedliches damit gemacht. Das eine wird ein fester Ball, zum Beispiel zur Idee eines Tennisballs, das andere wird aufgerollt und ein Pullover daraus gestrickt.

Diese beiden waren so spannend miteinander, dass die Erde am Anfang gesagt hat: »Ja, das ist eine gute Idee, das machen wir. Wir werden diese beiden in einen Spiegel geben. Ich werde Energie und Liebe bringen, damit die beiden Flächen haben, um zu spielen. Das ist spannend, diesem Prinzip zu dienen. Das ist ein Anfangsbild von uns.«

Es liegt nicht im Plan, dass Frau und Mann sich bedingungslos lieben

Das bedeutet: Wir arbeiten hier nicht mit bedingungsloser Liebe. **Es liegt nicht im Plan der Polarität, dass Frau und Mann sich bedingungslos lieben. »Bedingungslos« ist etwas, was so nicht in die Hände der Menschen gehört, denn die Liebe ist an das Ding angefügt.** Sie spielt mit dem Ding. Das ist das Spannende zwischen Mann und Frau, dass die Liebe eben nicht bedingungslos ist, sondern dass sie gerade gebunden ist an Dinge. Es wäre ja schade, wenn den Menschen hier die Dinge aus der Hand genommen würden. Der Mann nimmt die Rose, der Mann nimmt den Diamantring und er trägt sie zur Frau und sagt: »Diese Dinge mögen uns miteinander verbinden.« Die Liebe zwischen Mann und Frau ist also nicht mehr lose und sie ist auch nicht lose in den Dingen.

Es ist spannend zu sehen, was alles zwischen Mann und Frau geteilt und zusammengefügt werden kann, welche Säfte, welche Dinge, wie also das Leben funktionieren kann. Es geht darum zu erkennen, wie das Gesetz der Dinge zwischen Mann und Frau lautet. Wir wünschen uns, dass ihr erkennt: »So ist es gemeint, so ist es gut.« Der Mann sagt aus seinem Prinzip heraus: »Aus dem hier, was da rund ist, muss ein Ball werden«, und die Frau sagt aus ihrem Prinzip: »Das werden wir auflösen, da werden wir etwas anderes draus machen.« Hier liegen zwei Grundprinzipien vor, und aus diesen beiden heraus entsteht immer wieder die Lust, die Dinge neu zu verbinden.

Das hier ist also kein Buch, in dem nur auseinandergezogen wird. Natürlich wird auch verbunden werden, gerade im

Bereich der Sexualität entstehen neue Verbindungen, neue Strukturen. Denn durch die Strukturen des Karmischen waren die Dinge hier nicht mehr im Fluss. **Das karmische Prinzip heißt: Etwas war verbunden und wurde dann starr, weil keiner von seinem Prinzip abrücken wollte.** Karmisch ist etwas, was ist, und das ist erst mal gut. Und dann wurde es starr. Karmisch und starr ist in gewisser Form ein und dieselbe Ausdrucksform.

Das karmische Prinzip im Sinne von »starr«, im Sinne von »Ich beweg mich nicht von meiner Position, du bewegst dich nicht von deiner Position«, ist nicht die wahre Mann-Frau-Situation. Mann-Frau ist die pure Bewegung, sie sind der Welfe und die Elfe, die Hand in Hand gehen. Sie fangen die Dinge auf, sie sehen die Schafe, sie erkennen sich in den unterschiedlichen Formen. Der eine lebt im Sonnenprinzip, die andere im Mondinprinzip und so unterschiedlich sollen sie bleiben bzw. wieder werden.

In unseren Ebenen hier herrscht große Freude darüber, dass die Dinge wieder in die Hand der Menschen kommen, dass ihr wieder Lust bekommt, die faszinierenden Formen von Partnerschaft in die Hände zu nehmen. Dafür ist dieses Buch da. Darüber ist große Freude und auch Dank aus unseren Ebenen. Das soll einmal ausgedrückt werden, weil dadurch die Grundfeste der Erde hier wieder verstanden werden kann.

Frage: Ich knüpfe an euer Wort an, dass es nicht um »bedingungslose« Liebe geht. Das heißt dann umgekehrt: Es geht um bedingte Liebe. Bedeutet dies, dass Erwartungen zum Beispiel in Beziehungen in der Ordnung sind und der Beziehung nicht schaden können? Ich gehe bisher davon aus, dass jede Erwartung dazu führt, dass die Liebe eingeht. Wie seht ihr die Rolle von Bedingtheit und von Erwartung oder gar Forderung?

Das ist jetzt ein sehr diffiziles Feld, weil alles, was hier ein Ding zu einem starren Ding macht, mit Warten verbunden ist. Also »Zwischen den Dingen und dem Warten« heißt die Definition. Ein Ding ist etwas, was eine Weile so ist, das aber schon bereit ist, etwas anderes zu werden. Ein Ding ist zum Beispiel eine Blume. Und sie macht etwas. Eine Sache macht etwas mit sich und sie geht auch weiter.

Ein Ding ist also etwas Leichtes, so wie ihr »Dingeling« sagt. Es ist Leichtigkeit, es will weiter. Es klingelt. Das heißt, hier ist etwas, was weiter will. Wenn ein Ding ins Warten geht, ist es nicht mehr die Wahrheit. Überhaupt alles, was in gewisser Form sagt: »So muss es sein«, ist etwas, was nicht mehr in der Ordnung ist. **Denn Frau und Mann ordnen. Das ist so wichtig wie nichts anderes in diesem Buch. Frau und Mann sind die zwei Ordnungsprinzipien, und sie fragen sich beständig neu: »Wie können wir das, was die Erde uns hier liefert, neu anordnen?«**

Mann und Frau ordnen beständig neu, was die Erde liefert

Also, es liegt in der Natur der Frau, zu sagen: »Ich werde nicht jeden Tag die gleiche Tischdecke da hinlegen.« In ihrer Natur liegt, dass sie sagt: »So, jetzt habe ich einen roten Pulli gestrickt, jetzt werde ich aber ganz schnell einmal zu dem blauen Feld gehen und schauen, dass ich meine weiße Wolle blau mache.« Ganz einfach gesagt: Möge niemand hingehen und erwarten: »Jetzt werden hier drei Jahre lang blaue Pullis sein und die gleiche Decke.« **Es muss einfach nur das andere Prinzip angeschaut werden – indem ihr weggeht von der Erwartung, dem Warten darauf, dass das Gleiche passiert, hin zur Freiheit, zum Anschauen dessen, was passiert.** Und schon ist die wichtige Stufe erreicht. Und das gelingt jetzt.

Das geht nur, wenn wieder jeder in Ruhe, und ohne vom anderen angestarrt zu werden, seine Dinge machen kann. Also, Welf und Elfe lassen sich auch los. Sie sagen – und das liest man in den Büchern –: »Ich fliege rechts und du fliegst links. Ich fliege um den rechten Berg und du fliegst um den linken See.« Und dann kommen sie zusammen und schauen sich an und sehen die Aura des Bergfluges und des Seefluges. Das ist das Geheimnis.

Und dieses Geheimnis soll überall durchgetragen werden. Denn wenn hier wieder gesehen wird, wie der andere es macht, dann fällt die Erwartung weg und dann hört der eine auf, zum anderen zu sagen: »Du musst das so machen wie vorher.« Das ist jetzt die Hausaufgabe. Und diese Hausaufgabe muss gemacht werden. Wenn hier das Karma fallen soll, im Sinne von: »Das war doch immer schon so«, dann muss hier jeder für sich selbst seinen Weg gehen und dann wieder glühen und sagen: »Das war mein Weg. Hallo, ich möchte das erzählen.« Dann muss er wieder in der Begeisterung sein über das, was er erlebt hat.

Dann muss jeder auch wieder die Kraft und den Mut haben, den anderen anzuschauen. Nicht, dass einer sagt: »Ich möchte nicht das sehen, was ich vorher gesehen habe«, sondern »ich möchte das sehen, was jetzt da ist.« Wenn jeder das sehen möchte, was wirklich da ist von Mann und Frau, diese Kraft bedeutet dann das Ende des Wartens und das Ende der Erwartung. Das ist dann eine neue Stufe, wenn ihr sagt: »Das sehe ich. Ich sehe nur, was ich sehe. Und ich sehe, dass da plötzlich ein neuer Pullover ist, und ich sehe, dass dies das Grundprinzip ist. Und genauso sehe ich, wie hier der Mann sagt: »Siehe, ich habe von dem See Wasser genommen und habe das feucht gemacht. Ich habe aus dem Knäuel einen Ball gemacht, es ist etwas Kräftiges daraus geworden.«

Jeder ist also in der Beobachtung. Anstelle der Bedingung, anstelle des Wartens heißt es: beobachten. Das ist der Weg, der hier gemeistert werden darf und gemeistert wird. Dann kommen die Meister der Liebe wieder hervor.

Frage: Vermute ich richtig, dass das Anschauen, das Beobachten noch nicht bedeutet, den anderen zu verstehen? Geht es darum, dass der Mann die Frau und die Frau den Mann versteht? Eine Aussage von mir früher hieß zum Beispiel: Männer können Frauen nicht verstehen. Darum auch die Frage: Wenn ich versuche, jemanden rational zu verstehen, falle ich dann nicht aus der Bewunderung heraus? Geht es hier nicht darum, dass jeder bei sich bleibt und aus seinem Herzen heraus reagiert auf den anderen und seinem Herzen treu ist und daraus dann ein Spiel entsteht? Ich denke, wenn der Kopf das Gegenüber zu verstehen versucht, läuft er leicht in eine Sackgasse. Wie seht ihr das Verstehenkönnen zwischen Mann und Frau?

Das ist genau so richtig. Das stehende Beobachten ist das, was ist. Aber so lange stehen zu bleiben, bis man versteht, ist nicht das Richtige, sondern zu sagen: »Jetzt stehe ich, jetzt beobachte ich. Dann gehe ich weiter, weil der andere auch weitergeht.« **Ja, bewundernd beobachten. Also im Wundern bleiben, im Wandern bleiben. Beim Wandern und beim Bewundern wandern die Augen weiter. Wenn sie etwas sehen, wandern sie weiter.**

Noch einmal die Grundperspektive: **Warum sind die beiden auf die Erde gekommen? Weil sie aus zwei verschiedenen Ecken, aus zwei verschiedenen Temperamenten und Energiequalitäten kamen und das Gleiche in der Hand haben und aus diesen zwei Temperamenten mit dem Gleichen unterschiedlich umgehen.** Hierin liegt der ganze Zündstoff. Das heißt also: Sie prallen einmal auf das Gleiche und sehen: »Wie beobachtest du das?« Dann verbinden sie sich in der Aura und sehen: »Ah, so ist das«, und gehen dann wieder auseinander und treffen sich wieder zu einem anderen Zeitpunkt.

Mann und Frau setzen sich aus unterschiedlichen Wundern zusammen und durch das Wandern

Ja, das ist genau richtig gesehen. Stehen und Verstehen ist

wieder zu lange. Immer weitergehen, wenn einer sagt: »Das verstehe ich nicht.« Dann sagt er: »Ich gehe weiter und setze auch das zusammen, was sie da tut. Ich setze zusammen.« Das sind Wunder. Wunder sind nur in der Zusammensetzung zu verstehen. Ihr versteht Dinge in der Zusammensetzung, so ist die Regel. **Eine Frau und ein Mann setzen sich aus verschiedenen Wundern zusammen – und durch Wanderung, durch das Durch-die-Augen-wandern-Lassen. Es ist ein Gehen in der nächsten Zeit verlangt und nicht ein: »So ist es und so bleibt es immer.« Das hat ja Beziehungen früher gerade so starr gemacht.**

Frage: Könnt ihr noch einmal grundsätzlich etwas zu männlichen und weiblichen Energien in Mann und Frau sagen und die Polaritäten nochmals sehr klar gegenüberstellen? Hier haben wir beim Mann typisch männliche Prinzipien und Eigenschaften wie Kraft, Wille, Disziplin, Beharrlichkeit, Durchsetzungsvermögen, Mut usw. und bei der Frau Einfühlung, Hingabe, Intuition, Gefühl, Herz, Medialität und anderes. Könnt ihr das nochmals für den Leser verständlich machen? Sind das zunächst Basisfähigkeiten des Mannes und der Frau und gleichzeitig Entwicklungsaufgaben für den Mann ins Weibliche, für die Frau ins Männliche? Wenn das so stimmt, sehen dann beide aber am Ende nicht gleich aus, werden sie also androgyn?

Beide Prinzipien sind Schubladenprinzipien. Nehmen wir ein Möbelstück, zum Beispiel einen Schrank, und sagen einmal: Der Mann ist der Schrank. In diesem Schrank sind wiederum Unterschränke. In dem Schrank ist das Prinzip von Kraft – der Baum ist darin, aus dem der Schrank gemacht ist – und das Prinzip des Spiegels, ein Spiegel, ein Prinzip mit sich selbst. Der Mann ist auch einer, der sich selbst sieht, der immer wieder sagt: »Ich bin die Freude.« Das ist ein eigenständiges Prinzip.

Ihr könnt an diesem Schrankbeispiel all diese Prinzipien Wille, Führungskraft Ordnung usw. erkennen. Der Schrank sagt auch: »Ich habe eine Führung, ich habe eine Führung im Leben des Menschen. Ich ordne das Prinzip des Menschen.«

Die Schubladen sind sein weibliches Prinzip. In den Schubladen kann es anders aussehen. Da liegen die unterschiedlichsten Dinge drin. Da liegt auch mal etwas ganz anderes drin; zum Beispiel versteckte Dinge. Da liegen Kondome, da liegen Zigaretten, da liegt eine Arznei, da liegt eine Flasche Alkohol, die so nicht gezeigt wird. Das heißt, das, was im Mann versteckt ist, was besonders ist, was in irgendeiner Form nicht ganz zu dem gehört, was er eigentlich hat und was er eigentlich lebt, das ist das Weibliche in ihm.

Und lächelnd beginnt er, mit diesem umzugehen und sich zu fragen: »Warum gehört das auch zu mir? Was gehört da alles zu mir? Ein Kondom ist, dass ich sage: ›Ich habe ja hier auch zum Beispiel homosexuelle Züge.‹« Das heißt also, die Schubladen in diesem männlichen Schrank, sind das Spiel, zu dem er hingeht und sagt: »Ich möchte ganz viel von mir, von meinen anderen Seiten haben. Ich möchte hier den Alkohol haben, ich möchte auch mal sozusagen in einen Trancezustand gehen.« Das sind ansatzweise dann weibliche Prinzipien. »Ich möchte auch mal androgyn sein.« Da kann auch durchaus – nehmen wir wieder Sexualität – mal ein weiblicher Slip drin sein, um es zu fühlen. So nähert sich der Mann an und sagt: »Was ist das? Was ist die andere Seite von mir?«

Auf der anderen Seite das Prinzip der Frau: Nehmen wir hierfür das Bild eines Bassins oder einer Badewanne mit den dazugehörigen Regalen. Das ist das weibliche Prinzip. Die Frau liegt in der Badewanne und um sie herum sind sehr viele Regale und viele Dinge. Auch hier sind kleine Schubladen, wo etwas drin ist. Da sind jetzt männliche Dinge drin. Da findet sich eine Seife, die gar nicht weich und süßlich ist, sondern eher einen herben Geruch hat. Da findet sich ein Messer, weil sie sagt: »Ich muss auch einmal hier wirklich etwas abschneiden von mir, ich muss meine Haare abschneiden.« Und ein Rasierer. Hier nähert sich die Frau an das andere, das männliche Prinzip an.

Dieses JA dazu, dieses JA, dass der Mann geht und dass die Frau geht und wandert und wandert und wandert, ist die eigentliche Idee; das Weibliche in den Mann hineinzunehmen und das Männliche in die Frau. Das geht nur durch diesen Gedanken des »Hinaus«, durch den Gedanken des »Was noch?«. Wenn hier der Mann im Männlichen versucht, das Weibliche zu integrieren, dann ist das zu klein gedacht. Darum diese Bilder der versteckten und auch der androgynen, aber auch der verheimlichten Schubladen, die die Neugier auf das andere aufzeigen, das es auch in jedem gibt. Im Außen hat die Frau natürlich die rosa Badehandtücher, hat sie die Glitzerschuhe, den Schuh mit dem Taft und das alles.

Aber das Wichtige ist: Frau und Mann sind auf die Welt geschickt, um zu sagen: »Gehe es zu Ende, lebe es zu Ende. Lebe, was du bist. Du hast einen Weg und nicht nur einen halben Weg. Du kannst den Weg von der Frau auch zum Mann gehen. Und treffe dich selbst irgendwo an, wo du sagst: ›Da bin ich vereint.‹« Wenn die Frau sagt: »Jetzt bin ich einmal wirklich einen männlichen Weg gegangen, zum Beispiel in der Sexualität war ich jetzt mal sehr männlich und ich habe einen Mann erobert«, dann kann sie wieder in ihre eigene Wahl gehen und sagen: »So möchte ich sein.« Sie soll sich erfinden, sie soll ja Zeit haben. Es ist ja alles ein Weg. Es ist ein Weg, aber zunächst in zwei Bildern, um zu zeigen, wie stark dieses Thema mit Wahl und mit Finden von sich selbst zu tun hat.

Frage: Noch einmal zu der ganz grundlegenden Frage: Wieso brauchen wir überhaupt als Mann eine Frau, wieso brauchen wir als Frau einen Mann? Könnt ihr das noch einmal belichten? Kann man pauschal sagen: Der Mann braucht die Frau, um sich zu erkennen, um sich zu entwickeln, um sich zu erforschen, um sich zu erfahren als Mann – und umgekehrt die Frau?

Dazu von uns ein klares JA. Denn diese Spiegelmöglichkeit, die mir erlaubt zu erkennen: »Wer bin ich?« – und es geht schlussendlich um diesen endlichen Spiegel –, diese gelingt nur durch das andere, das Gegenüber. Das heißt, diese Möglichkeit zu fragen: »In welcher Gegenaura befinde ich mich?«, kann nur durch den anderen stattfinden. Das Weiche kann also nur durch das Harte gefunden werden. Wenn die Frau immer weich ist, dann findet sie nicht ihre eigene Kraft zu sagen: »Hier führt meine Weichheit zu etwas.« Dann bliebe sie immer nur in der Badewanne. Dann würde sie sich immer nur an allem Weichen orientieren. Sie muss auch sagen: »Das ist jetzt vorbei, das ist so.«

Das Grundprinzip zwischen Mann und Frau besagt, dass jeder absolut an seine Grenzen gehen kann. Und die eigene Grenze ist dort, wo das andere Prinzip beginnt. Das ist kein Kontrollprinzip, das ist ein Prinzip wie eine Glaswand, wo jeder sagt: »Da spüre ich jetzt, wo ich hier entlanggehen kann. Hier endet also ein Raum und da beginnt ein anderer.« Beide können zu sich wie ein Igel sagen: »Ich kann mich für mich selbst entdecken. Zu entdecken bin ich aber nur dadurch, dass ich diese Igelstacheln habe, die irgendwo aufhören.« Wenn das nicht so wäre, würden sich Frau und Mann nur einfach ausgießen auf der Erde. Aber sie brauchen dieses Gefühl: »Da bin ich zu Ende.« Und genau das gibt ihnen das andere Geschlecht.

Mann und Frau müssen bis an ihre Grenzen gehen

Frage: Kann man daraus schließen, dass Mann und Frau in ihren Zwanziger- und Dreißigerjahren Experimentierphasen durchleben, wie es zwischen Mann und Frau sein kann? Und bedeutet dies, dass es erst im höheren Alter so etwas wie eine reife Beziehung gibt, die dann in anderes Fahrwasser kommt? Sind also die Zwanziger-, Dreißigerjahre dafür da, zu experimentieren – als Mann und als Frau?

Ja, so gesehen bedeuten der Jungmann und die Jungfrau das Experiment. Wir möchten etwas anderes einführen, was das Sonnenprinzip und das Mondinnenprinzip betrifft. Sonne und Mond experimentieren ja in irgendeiner Form, sie nehmen sich etwas. Das Sonnenprinzip sagt: »Ich nehme mir die Butter«, und das Mondprinzip sagt sich: »Ich nehme mir das Wasser, um ein Experiment zu machen.« Schlussendlich geht es darum, dass dieses Experiment aber dann natürlich zu etwas hin will. Das Sonnenprinzip will nicht nur auf die Butter scheinen und sagen: »Mal schauen, wie lange ich brauche, um die Butter hier zum Schmelzen zu bringen.«

Das heißt, das Prinzip nach diesem Lauf, nach diesem: »Juhu, diese Kraft habe ich in mir!«, will dann zu sich selbst. Die Wärme in diesem Beispiel will zu sich selbst. Alles, was dann reif ist, sagt in Freude: »Das kann ich damit.« Also ist es richtig gedacht zu sagen: »In diesen Jahren werde ich sehen, wie weit ich gehen kann, werde ich sehen, was überhaupt mit meiner Kraft passiert. Und dann mach ich etwas Sinnvolles damit. Ich werde nicht einfach sinnlos als Sonne brennen, ich werde nicht einfach sinnlos irgendwie meine Kraft auf das Meer gießen, sondern ich werde diesem einen Klang geben. Ich werde mich diesem stellen, ich werde mich dieser Aufgabe, Wärme zu geben und Energie zu geben, stellen.« Und das ist Reife.

Nehmt eure Jungfrau, euren Jungmann immer mit euch und macht etwas damit!

Es geht also im ganzen Leben im Kern darum, diese Kraft, diesen Jungmann, diese Jungfrau immer mit sich zu nehmen, dieses immer in das Jugendliche zu bringen, diese Kraft

dauernd einzuteilen und mit dieser Kraft etwas zu machen, daraus die Partnerschaft zu nehmen und zu sagen: »Diese beiden können dauernd etwas, die beiden können etwas und sie ergänzen sich dauernd.« Wenn ihr also ein Prinzip, das Wasser, auf die Erde bringt und das andere Prinzip dieses Wasser warm macht, dann haben wir wiederum ein Bild, das Partnerschaft sehr gut beleuchtet. Das Jungfrauenprinzip ist das, was hier das Wasser sehr stark in Bewegung bringt, ja diese Bewegung überhaupt darstellt; und das Sonnengottprinzip besagt: »Das mache ich jetzt warm.« Und so arbeiten beide zusammen, sie werden – ganz plastisch gesehen – zu Zusammenarbeitern.

Wir möchten auch gerne sprechen über gemeinsame Projekte von Mann und Frau, über die Frage: Wie können sie gut zusammenarbeiten? In diesem Bild von Wasser und Sonne ist es gut beschrieben. Die Frau sagt: »Hier ist Wasser«, und der Mann hat die Idee, einen Trog zu bauen und das Wasser heiß zu machen. So entsteht die Idee für einen Wasserkocher, und er kann ein Geschäft für Wasserkocher aufmachen. Das heißt also, in diesem Zusammenspiel dieser beiden Grundelemente und in der Weitergabe können wiederum Mann und Frau sehr gut erklärt werden. Welche Projekte können sie zusammen machen, aus ihrer Gegründetheit raus?

Reife bedeutet dann, dass jeder immer noch begeisterter an sein eigenes Prinzip geht und sagt: »Und hier bin ich an dem Punkt, wo du jetzt übernehmen kannst.« Und dann kommen gute Mann-Frau-Bilder und gute Mann-Frau-Zusammenspiele raus.

Frage: Ihr habt vom Mondinnenprinzip gesprochen. Welches Verhältnis besteht zwischen dem Prinzip der Mondin und dem Prinzip des Sonnengottes und wie stehen diese beiden zur Erde? Kann man das parallel sehen zu Venus und Mars in den Büchern von John Gray?

Wir reden weniger über das Unverständnis zwischen Mann und Frau, wir reden über die Möglichkeit des Verständnisses. Hier wird also ein anderer Ansatz gewählt.

Wir gehen hier an den Anfang, an das Urprinzip.

Das Mondinnenprinzip ist – in einem Bild gesprochen – wie ein Torwart: Die Mondin ist das weibliche Torwartprinzip, das sagt: »Ich bin im Tor, ich hab dieses hier darin, gebt nur die Bälle in mich rein. Aber ich schlage sie auch wieder ab.« Das heißt, die Mondin hat dieses Fraubild und auch das aktive Fraubild völlig in sich. Dieses Torwartprinzip ist zum einen das, was der Kelch darstellt. Zum anderen schauen hier alle zu und fragen: »Wie weit wirfst du den Ball, wie gut schlägst du ihn ab?« Damit das Spiel hier weitergeht. Und die Erde ist das ganze Spielfeld und sagt: »So, jetzt werden wir aber auch immer wieder zur Mondin laufen.« Da ist immer eine sehr starke Anziehung zwischen dem Tor und der Erde und den Bewegungen, die darauf stattfinden, und zwischen allen Spielern.

Die Sonne, das Sonnengottprinzip, stellt hier die Energie, die Idee vom Schiedsrichter dar. Alles, was hier beobachtet, ist das Sonnenprinzip. Zugleich aber sagt dieses Prinzip, das Regelprinzip, das Schiedsprinzip: »So ist es, so muss das sein.« Zugleich wird es aber auch durch das begeisterte Publikum repräsentiert, das sagt: »So wollen wir es.«

Frage: Könnt ihr ein paar Worte zur sogenannten Schattenfrau sagen, die in der Literatur öfter auftaucht, zum Beispiel als »Lilith« im Unterschied zur »Eva« bei Johannes Galli. Welche Bedeutung hat diese nicht gelebte und geliebte Schattenfrau für die Entwicklung der Frau und auch das Zusammensein von Frau und Mann?

Die Schattenfrau ist eine Identifikationsfigur. Sie ist und sie war sehr wichtig, wird aber eine Transformation erfahren.

Denn die nicht gelebte Frau ist eine, an die sich viele Frauen anhängen können und konnten. Sie konnten sich auf einen Archetypus festlegen. Diese nicht aktive Frau sagt: »Ich habe zunächst einmal ein Sammelbecken, ich habe ein Sammelgut.« Das ist in Ordnung. Das ist so wie ein Frauenhaus, das sagt: »Kommt erst mal alle herbei.«

Nach einiger Zeit im Frauenhaus wird klar, dass es jetzt darum geht, einen Partner zu holen und in die Welt hinauszugehen. Es ist also in gewisser Form ein stimmiges Prinzip, das sich jedoch per Gesetz recycelt. Denn – um noch einmal den Torwart zu nehmen – die Frau hat zwei Prinzipien. Sie hat auf der einen Seite ein Auffangprinzip, das sagt: »Die Schatten bündle ich, ich forme sie.« Schatten ist ein Bündelungsprinzip. Der eine Schatten sucht den anderen Schatten. Ein Schatten kulminiert sich, eine Traurigkeit kennt die andere Traurigkeit. Dann aber wollen Traurigkeiten in die Transformation, weil sie zum Freudeprinzip wollen. Die Frauen wollen aus dem Frauenhaus hinaus, so wird dieses hier wieder zum Lichtsuchprinzip und gelangt in die Transformation.

Frage: Könnt ihr noch etwas sagen zu den vielen männlichen Frauen, die es gibt. Ich glaube, eine der Ursachen dafür ist, dass der Embryo hören musste: »Hoffentlich wird es ein Junge.« Die Seele oder das Geistwesen des ungeborenen Mädchens entscheidet sich deshalb, zu einem Jungen in weiblichem Körper zu werden. Gibt es noch andere Gründe wie zum Beispiel eine männliche Inkarnation vorher, weshalb Frauen so extrem männlich sind? Und was könnt ihr diesen männlichen Frauen raten?

Das ist ein spezieller Fall. Es gibt diese Frauen, die – und wir sagen es deutlich – zu früh inkarnieren wollen. Es gibt Menschen, die zu früh inkarnieren wollen. Wahl ist Inkarnation, Inkarnation ist Wahl. Eine sehr stark männlich ausgeprägte

Frau sucht sich also einen schnellen Kanal, das ist völlig richtig gesehen. Das ist so, wie wenn ein Koch hudelt und die Nudeln nicht lange genug im Wasser lässt und sagt: »Schnell, schnell, wir müssen das auf den Teller bringen. Hauptsache die Soße kommt drüber, dann sieht das schon gut aus.« Aber bei Tisch wird klar, dass die Nudeln noch hart sind. Sie sind nicht zu Ende gekocht. Diese Inkarnationen gibt es, und die wirklich stark männlichen Frauen haben damit zu tun.

Stark männliche Frauen haben sich in die Inkarnation hineingehudelt

Das ist Wahl und es bleibt Wahl, so lange, bis die Wahl korrigiert wird, bis die Wahl ins Gesetz kommt und die Eltern und entsprechend die Seelenformen hier dann auch wieder in der Wahl sind. Das ist so; es ist korrigierbar durch Eigenliebe, korrigierbar sicherlich durch Äußerlichkeiten und durch das Verständnis, damit dies in der Liebe zu einem gewissen Erfolg in der Inkarnation führt. Aber es ist die Aufgabe einer tief männlichen Frau, diese Erfahrung zu machen und ihre Schöpferverantwortung hierfür zu übernehmen, um es zu verwandeln.

Frage: Ich möchte noch einmal das Thema der Homosexualität ansprechen: Wir haben das zwar gestreift, aber wir haben es aus der Perspektive des Heterosexuellen betrachtet. Was könnt ihr den vielen – man schätzt, dass es circa zwölf Prozent der Bevölkerung sind – homosexuellen Männern und Frauen sagen, wenn es um wahre Liebe aus spiritueller Sicht geht? Zum einen: Warum gibt es Homosexualität? Wie entsteht Homosexualität? Und zum anderen: Wie verhält es sich mit der Liebe zwischen Mann und Mann beim eindeutig homosexuellen Mann und bei den lesbischen Frauen? Liegen die Dinge da gleich, ähnlich oder ganz anders?

Das Grundprinzip dabei lautet, dass dies erlaubt ist und auch kein Ausrutscher der Biologie ist. Das bedeutet hier, es ist eine Form des »Hängenbleibens«, und auch dies ist eine Wahl. Es ist eine Form des männlichen Prinzips, das sich entscheidet wie eine Schallplatte, wie eine CD, die etwas ruckelt und nicht weitergeht.

Das ist in Ordnung, das ist auf eurer Erde so und es hat natürlich ein Auflösungsprinzip. **Das heißt, die Homosexualität und auch das Lesbiertum suchen sich Auflösungen, suchen sich Änderungen.** Deswegen sind gerade innerhalb einer homosexuellen Beziehung Auflösungsprinzipien sehr stark das Thema, ist der Kontakt zu anderen Männern sehr stark das Thema. Denn hier wird versucht aufzulösen. Hier suchen diese Männer – besonders in der Sexualität – ja nach ihrem eigenen anderen, ihrem eigenen weiblichen Prinzip, respektive die Frauen nach ihrem eigenen männlichen Prinzip. Alles, was in gewisser Form bei sich bleibt, Mann bleibt bei Mann, Frau bleibt bei Frau, sucht also, ob bewusst oder unbewusst, wiederum nach dem anderen. Hier liegt das Gleiche vor wie bei den männlichen Frauen.

Stehen und warten ist für eine Weile in Ordnung, aber dann heißt es weitergehen

Stehen und warten und bleiben, bei dem eigenen Prinzip bleiben, ist eine Weile sehr gut und in Ordnung. Es ruft aber dann wiederum nach dem Weitergehen. Wenn auf eurer Erde etwas so bleibt, ist es, dass es hier einen Gang sucht. Hier ist der Gang nicht darin. Die Zeugung oder das Kinderempfangen sind in diesem Bleiben nicht enthalten, können naturgemäß nicht da sein.

Das heißt, das Lesbiertum, die Homosexualität wollen auch weitergehen, und wenn das nicht gelingt, sind Unruhe und Krankheit wahrscheinlich. Diese Krankheit gibt es ja. Es gibt diese Krankheit, wo die Scheide in die Pilzgeneration geht und wo sich auch das Thema Aids hier verflechtet. Das wird eine Verflechtung in sich, denn die Welt ist nicht so, die Welt geht. Die Welt dreht sich, das ist das Ursprungsprinzip.

So suchen sich diese Menschen Ausgänge. Sie müssen sich nicht unbedingt in der Heterosexualität den Ausgang suchen, nur eben in einer Verfeinerung des eigenen Prinzips. Und so kommt dann, wenn hier ein homosexueller Mann sehr weiblich geworden ist, der Weg zu einer Frau und dann beginnt er plötzlich auch, teilweise eben eine Frau zu lieben und kann wechseln. Dann beginnt er plötzlich, eine Frau zu lieben, weil er sein eigenes Weibliches sehr liebt und dann sagt er: »Jetzt gehe ich den Weg zu der Frau.« Das ist das, was dann hier im Gesetz stehen würde und andersherum. Das bedeutet: Hier gibt es die sehr vorteilhaften Entwicklungen, im Sinne von: Das eigene Männliche, das eigene Weibliche geht und sucht dann entsprechend wiederum den Spiegel.

Frage: Verstehe ich das richtig, dass also Homosexualität eine Wahl der Seele ist und nicht in der frühkindlichen Beziehung zwischen Vater und Mutter und dem Kind entsteht?

Es ist eine Wahl der Seele, und diese entscheidet sich dann und sucht immer wieder in dem zweiten, in dem dann aktiv gewordenen Schritt innerhalb der Elternsituation nach einem Weg. Aber es ist hier immer zunächst einmal eine Frage: Wie, in welcher Form will das Seelenprinzip zum Geistprinzip und das Geistprinzip ins feinstoffliche Prinzip? Welchen Gang geht das hier? Und dann erfolgt die Suche nach der richtigen Elternschaft. Also beides ist richtig. Die Wahl innerhalb der Elternschaft ist eine, die dem dann dient.

ZUSAMMENFASSUNG

- Das Urprinzip von Mann und Frau besagt, dass zwei das Gleiche in der Hand haben, aber Verschiedenes damit machen.

- Es liegt nicht im Plan der Polarität, dass Mann und Frau sich bedingungslos lieben.

- Das karmische Prinzip bedeutet: Etwas war verbunden und dann wurde es starr, weil keiner von seinem Prinzip wegwollte.

- Frau und Mann sind die zwei Ordnungsprinzipien, und sie wollen beständig neu ordnen, was die Erde liefert.

- Geht weg von der Erwartung, dem Warten darauf, dass das Gleiche wieder passiert, hin zu Freiheit, zum Anschauen dessen, was passiert. Anstelle der Bedingung, der Erwartung, heißt es also: beobachten.

- Bleibt nicht lange stehen, wenn einer sagt: »Das verstehe ich nicht!«, sondern geht weiter.

- Eine Frau und ein Mann setzen sich aus verschiedenen Wundern zusammen und durch Wanderung – durch das Durch-die-Augen-wandern-Lassen.

- Es ist ein Gehen in der nächsten Zeit verlangt und nicht ein: »So ist es und das bleibt immer so!«

- Frau und Mann sind auf die Welt geschickt, um zu sagen: »Geh es zu Ende, lebe es zu Ende. Lebe, was du bist! Du hast einen Weg und nicht nur einen halben.

- Das Grundprinzip von Mann und Frau besagt, dass jeder absolut an seine Grenzen gehen kann. Und die eigene Grenze ist dort, wo das andere Prinzip beginnt.

- Es geht im ganzen Leben im Kern darum, diese Kraft, diesen Jungmann, diese Jungfrau immer mit sich zu nehmen, dieses immer in das Jugendliche zu bringen.

- Stehen und warten und bleiben, bei dem eigenen Prinzip bleiben, ist eine Weile sehr gut und in Ordnung. Es ruft aber dann wiederum nach dem Weitergehen.

13. Kapitel

Wir möchten beginnen mit dem Bild eines Fußballfeldes, auf dem sich auf der einen Seite die Frauen und auf der anderen die Männer befinden. Das sind die Frauen und Männer, die sich in die Tat begeben haben und das Spiel von Frau und Mann spielen wollen.

Es ist von zentraler Bedeutung für die kommenden Zeiten, dass Frauen und Männer es wieder wissen wollen und die Intensität der Frau in der Frau und die Intensität des Mannes im Mann wieder kräftigen wollen. **Die Felder von Frauen und Männern waren nicht ausgelegt auf Kampf und auf Wettkampf.** Sie waren nicht ausgelegt darauf, welche Frau schöner ist, welche ein schöneres Kleid anhat und welche einen schöneren Pullover. Und die Männer haben auch nicht gefragt: »Habt ihr einen Baumstamm mehr geschleppt?«, oder: »Hast du einen mehr geschleppt?«, sondern der Mann ist von den Männern willkommen geheißen worden und die Frau in der Reihe der Frauen.

Wie wichtig das ist, möchten wir darstellen, indem wir an die Idee des Karmas erinnern. **Die geistigen Helfer, Freunde und Lehrer, die euch begleiten, sind auf diesem Fußballfeld die Erinnerer an die Regeln.** Wir sind die, die in der Ecke stehen und sagen: »Das ist eine Ecke, hier darf wieder neu angestoßen werden.« Wir kennen die Regeln und sagen euch in liebevoller Weise: »So solltest du jetzt gehen. Jetzt kannst du Energie ge-

Ihr läutet jetzt das Ende des Karmas ein

ben, dann bekommst du Energie. Das ist die richtige Chance, den Ball zu spielen, und da kann jetzt ein schöner Pass kommen.« Und wenn für jeden von euch dann ein schönes Spiel zwischen Frau und Frau und Mann und Mann entsteht, dann gibt es am Ende auch die Minuten, wo sich Mann und Frau wiederum zusammenfügen. Auf diese Weise kann es wieder zu einem großen Spiel zwischen Mann und Frau kommen.

Dieses Bild wird für die kommenden Zeiten eine große Bedeutung bekommen. Entscheidet euch, dieses Spiel wieder mit Kraft und Klarheit zu spielen. Die geistigen Welten bieten Klarheit und Klärung an: »Welche Energien gehören nicht mehr zusammen, welche Traurigkeiten sind nicht mehr meine und welchen Schutz brauche ich nicht mehr?« Die geistigen Kräfte nehmen Energien fort und führen an eine neue Energiequalität heran. So danken wir allen, die jetzt in unterschiedlicher Kleidung auf und neben dem Fußballfeld stehen und die Karten der Gesetzmäßigkeiten, der Kraft und der Freude in der Hand halten.

Ihr läutet im Moment das Ende des Karmas ein. Dieses Prinzip hat euch gedient, um verschiedene Familienkonstruktionen zu erstellen, um Mutter zu sein, um Vater zu sein, um Sohn zu sein, um geschlagener Sohn zu sein, um die abgetriebene Tochter zu sein, die wiederum Mutter wird, um selbst ein Kind abzutreiben. **Karma bedeutet immer wieder eine Beweglichkeit zwischen den Energiequalitäten: Wer liebt wen?** Diese Energiequalität ist hoch nutzbar und ist ein gutes Reglement für ein Spiel, das eine Weile funktioniert.

Diese Weile hört jetzt auf. **Die Frage: »Wer liebt wen?« mündet jetzt in etwas, das ihr gerade erwerbt, nämlich euer eigenes Handwerkszeug in euch selbst.** Das Bild des Spielfelds zeigt euch, dass es jetzt gut ist, dass jeder für sich sein Handwerkszeug hat. Und jeder zieht die alten Fragen »Wer liebt wen? Und wer liebt mich? Und werde ich geliebt?«, langsam zurück zu sich selbst. Jetzt kommt die Antwort in euch. »Wer liebt mich am meisten?« **Und eine große Antwort ist: »Ich liebe mich.« Und dies läutet jetzt das Ende des Karmas ein.**

Das Karma hat euch gedient, geliebte Seelen, um Einladungen auszusprechen, um die Liebe zu fragen: »Was kann man noch lieben und was kann man nicht lieben?« Das Karma hat euch gedient, um die Liebe einzuladen in der Frage: »Wie ist das, wenn ich nicht geliebt werde?« **Karma ist ein wunderbarer Projektionsspiegel,** der funktioniert, jetzt aber zerbrochen wird. Langsam kommt ihr an den Punkt, wo ihr sagt: »Es ist gut jetzt. Ich habe mich in den Gang der Freude und in den Gang der Kraft begeben. Ich habe erfahren, dass ich meine eigene Kraft habe.« Wenn ihr das Alte transformiert habt, könnt ihr sagen: »Ich liebe mich. Und wenn ich mich liebe, habe ich sehr viele Qualitäten in mir, den Baum zu lieben, das Wurzelwerk des Baumes zu lieben und diese Erde und das Schöpfungsprinzip der Erde.«

Und dann fragt ihr weiter nach dem Schöpfungsprinzip, warum ist es da, und so landet ihr beim Prinzip der Liebe.

Es ist also stimmig, wenn der Mann sagt: »Ich frage jetzt mal nach dem archaischen Prinzip des Mannes. Wie ist es, wenn ich in den Wald gehe und den Baum höre und fühle? Wie ist es, wenn ich das Holz hole und es zur Frau nach Hause bringe und sie kommt vom Fluss und holt das Wasser?« Hierin liegt eine Stimmigkeit. Und diese Stimmigkeit ist es, auf die ihr jetzt zulauft. **Es kommt jetzt auf die Stimmigkeit an in den Kräften der Familie, in Mann und Frau, in den Ehen, die sich jetzt in einer anderen Qualität anfühlen als viele Familien früher.**

Sagt JA zum Umbruch, in dem ihr euch jetzt befindet

Wir laden euch ein zu einem großen JA zur Qualität des Umbruchs, in dem ihr euch jetzt befindet. Sie führt den Menschen aus einer Zeit des: »Wer liebt mich?« und: »Werde ich geliebt?« hinaus in eine Heilungs- und Gesundungszeit und dann wieder in eine neue Seinszeit. Dieser Umbruch ist groß, zwischen einer Kraft des Miteinanderbrechens, des Sich-gegenseitig-die-Knochen-Brechens und des Sich-wieder-Verbindens, der Heilungszeit.

Es ist wichtig, diesen Bruch wahrzunehmen und auch die Brüche, die Umbrüche zu tun und zu sagen: »Jetzt ziehe ich die Energiequalitäten wieder zu mir. Jetzt habe ich Platz zu fragen, in welcher Welt ich lebe, welche Erde ich wie lieben kann und mit welcher Qualität ich die Erde lieben kann, die ein Empfangsprinzip darstellt. Wenn ihr das tut, dann habt ihr Kapazitäten, die Kapazität einer Seinswelt, auf die jetzt zugesteuert wird. Dieser Umbruch ist deshalb groß, weil der Unterschied sehr groß ist. Die einen, die jammern und weinen, die anderen, die jetzt sagen: »Ich nutze den Tag und die Sonne und erschaue sie und nehme diese Sonne, um in mir selbst die Kraft zu spüren.« Das sind unterschiedliche Menschenqualitäten.

Um dieses Beispiel zu Ende zu bringen, seht also: Wir hier kämpfen nicht, das ist kein Wettkampf. Hört auf zu kämpfen, sondern sagt: »Diese Energie nehme ich für mich. Mit dieser Energie kann ich mich wieder selber spüren, meine Lebensaufgabe beginnen und mich an diese Erde und an diesen Himmel machen.« Denn dafür seid ihr da. **Ihr seid da, um euer Spektrum, um diese Strahlenqualität innerhalb des Schöpfungsprinzips zu leben und zu sein. Und, geliebte Seelen, dies macht Spaß.**

Ihr seid es, die treiben und sagen können: »Die Karmaidee war eine gute. Sie hat uns die vielen breiten und hohen und tiefen Seiten gebracht.« Sie hat das Thema der Projektion, im Sinne von: »Was siehst du in mir und was sehe ich in dir?«, sehr gut praktiziert. Nun, je nachdem wie viel Lust ihr habt, das Prinzip weiterzutreiben in ein anderes Prinzip, so wird diese Erde sein.

Frage: Ihr habt bereits angedeutet, dass Männer und Frauen aus unterschiedlichen Gründen inkarniert sind. Wozu sind die Männer da, wozu sind die Frauen da und was ist der wesentliche Unterschied?

Frau und Mann haben – wie schon gesagt – immer das andere Prinzip in sich. Das Neue und Große wird sein, wie ihr das in der Praxis lebt und studiert. Wie informiert oder wie erkennt die Frau das Männliche in sich, wie erkennt der Mann das Weibliche in sich? Und wie wird der Mann noch männlicher? Das wird jetzt spannend, das wird jetzt wichtig.

Die Frau ist von ihrem Grundprinzip die, die ihre Hand in das Wasser hält, in den Fluss und mit ihm singt und sagt: »Es ist schön.« Sie blutet alle vier Wochen und sie mischt das Blut der Erde mit sich selbst. Das ist eine Möglichkeit. Wenn sie dann aber sagt: »Ich spüre in mir das Männliche, ich werde hier auch in der Erde etwas tun, außer meine Hand in das Wasser zu halten« – denn das wäre für viele Frauen zu wenig –, **dann entdeckt sie, dass sie die Anfragende ist.** Sie beginnt anzufragen: »Was ist es, was ich mit dem Wasser mache? Und sie beginnt, anzufragen und sagt: »Wie komme ich an eine Tontasse?« Weil die Frau das Daseins Empfangsprinzip repräsentiert, beginnt sie den Ton zu tönen. Und dann kommt hier zufallig einer vorbei und sagt: »Ich habe Ton. Gib mir Wasser, wir werden dies in die Sonne halten und so für dich ein Gefäß machen.«

Die Frau muss das männliche Prinzip und der Mann das weibliche Prinzip in sich integrieren

Das ist das rechte weibliche Prinzip. Das Anfragen dessen, was ist. So wird die Frau zu einer aktiven Frau, aber nicht zu einer, die nur hier die Tontassen brennt, sondern eine, die gleichzeitig ihre Hand in das Wasser hält und die Tontasse hält. So ist sie sinnvoll für sich selbst, denn sie weiß um das Wasser und sie spürt immer den Fluss. Sie ist ganz sicher, sie ist völlig in dieser Erde eingewoben und weiß auch, was man mit der Tontasse macht, nämlich Wasser holen und es zu den Lieben bringen, um eine Suppe zu kochen. **Diese Integration des männlichen Prinzips in die Frau im Sinne von: »Ich mach was damit« wird in der nächsten Zeit wichtig sein.**

Und ebenso wird das Weibliche im Mann die Kraft sein, mit der er sagt: »Ich gehe in den Wald den Baum schlagen. Und wenn ich den Baum schlage, so überlege und übersetze ich das und frage: »Und was mache ich hier? Ich haue nicht einfach mit der Axt in den Baum hinein, sondern ich anerkenne zugleich, dass es hier darum geht, eine Puppenstube zu machen für das Kind. **Also wird mein Tun voller Sinn sein, weil ich weiß, was mit dem Holz werden soll.**«

Und gleichzeitig ist da sein Mitfühlen; er fühlt, was die Frau ist, was die Puppen sind und was es da zu tun gilt. Das wird mit seinem Tun da sein. So haben wir hier gleichzeitig das männliche Prinzip und das weibliche Prinzip. Sie werden hier zu ganz neuem Leben erweckt werden, weil der Mann gleichzeitig das, wofür das Holz da ist, schon mitformt und sich dann mit einem gewissen Stolz und mit Freude zur Frau begibt.

Diese große Kommunikation zwischen beiden prägt das neue Gesicht. Das hoch inkarnierte weibliche Prinzip wird sich in der nächsten Zeit so zeigen, dass sich die Frauen wie Trägerschaften empfinden. Aber sie empfinden sich als eine Trägerschaft von sich selbst und sie sind nicht mehr bereit, anderes zu tragen. Das ist ganz wichtig. Frauen haben sehr viel anderes getragen und wurden dadurch männlich.

Und Männer haben sich angewöhnt, weiblich zu sein, und haben so nicht mehr an den Mann in sich geglaubt. Da gab es sehr viele Unklarheiten. **Klärt mit einfachsten Mitteln, was der Mann ist und was die Frau ist.** Der Mann ist der Phallus, der Mann ist derjenige, der aus dem Sonnengottprinzip kommt, der den Lichtstab trägt und sagt: »Das ist das, was ich tue. Und ich bin ein Gottesvertreter« im Sinne von: »Nimm diesen Pfeil, bringe ihn dahin, fahre ihn ein und mache ein Haus.« Und die Frau sagt: »Und wenn das Haus gebaut ist, werde ich das Wasser holen.« Es sind dieses Urpraktikabilitäten, die ihr in euch tragt und die euch mit Stolz sagen lassen: »Das ist mein Prinzip.«

Frage: Wir haben schon die große Umbruchszeit angesprochen, in der wir uns jetzt befinden. Wie sieht dieser Umbruch aus eurer Perspektive aus, und was können wir, jeder von uns, im Geist der Liebe tun, um diese Transformation in leichter Weise mitzugestalten? Wie kann der einzelne Mensch auf eine leichte, liebende Weise durch diese Zeit gehen?

Das Beste wäre, wenn er sich selber immer wieder gut vertraut fühlt mit den einzelnen Möglichkeiten. Um ein Beispiel zu nehmen: Eure Technik hier auf eurer Erde hat euch übermannt und ihr müsst jetzt die Dinge wieder in die Hände bekommen. Was in der Wirtschaft geschieht, ist bestimmt von dem Gefühl, die Erde nicht mehr in der Hand zu haben.

Was ihr im Alltäglichen tun könnt: Räumt auf! Fühlt euch wohl mit dem, was ihr habt. Schaut zu, dass ihr nicht zu viel und nicht zu wenig habt. Schaut zu, dass sich das Leben, das mit euch ist, auch immer wieder in euch selbst spiegelt. Schaut zu, dass es ein Ordnungsprinzip in eurem Leben gibt. Das ist das Wichtige.

Zu lieben bedeutet nicht, viel zu helfen

Und das Zweite ist das Lieben, und diesem Lieben immer eine neue Qualität zu geben. Dieses Lieben ist in der karmischen Weise nämlich immer eher definiert worden als ein Helfen. Wenn ich viel helfe, liebe ich. Wenn ich mich oft beuge und einem anderen helfe, dann liebe ich. Formuliert dieses um! Das Helfen hat zu einem Stehenbleiben geführt. Diese Verknüpfungen sind so stark geworden, dass sich Familien ein Leben lang geholfen haben. Habt den Mut, zu sagen: »Das ist jetzt abgeschlossen. Ich werde etwas anderes machen. Dies hier ist jetzt gut, so werde ich es als Nächstes machen.« Traut euch, zu sagen: »Dies ist abgeschlossen, jetzt werde ich etwas anderes machen.«

Die Natur traut sich das. Die Natur sagt: »Jetzt ist der Winter abgeschlossen, ich traue mich in das Frühjahr. Ich traue mich neu.« Der Mensch ist gemacht als eine Kräftigkeit im Sinne von: »Ich bin hier, meine Liebe ist da!« Sagt, dass ihr aus dem Göttlichen stammt. Geht hin und sagt: »Ich weiß das.« Geht aus dem Tuscheln raus und sagt: »Ich bin die Liebe.« Das tut euch sehr gut, weil dadurch die Energie kommt. Ihr werdet dadurch zu Energiequalitäten. Ihr werdet dadurch zu Kerzen.

Geht raus aus diesem: »Ich weiß nicht genau, was ich bin, und ich sage es auch nicht«, und geht hinein und sagt: »Das bin ich.« Das ist etwas, was sehr schön ist. Die Liebe ist die, die allenthalben in jeder Blume, in jeder Flocke sagt: »Das bin ich.« Und keine Schneeflocke würde auf die Idee kommen, sich zu verstecken. Die Schneeflocke sagt: »Ich bin.« Und der Mensch ist derjenige, der sich das in dem Vorhaben ausgedacht hat, dieses Ich-Bin. **Die Kraft des Ich-Bin ist eine Energiequalität, die euch durch die Erde führen und sie erneuern wird, weil dieses: »Das bin ich«, auch die anderen Menschen beeindruckt und sie folgen werden. Das: »Ich bin die Liebe« ist es, was euch in der Tätigkeit unterstützt.**

Frage: Könnt Ihr bezüglich der Zeit der Transformation noch einmal skizzieren: Was genau wird hier transformiert, was bricht weg, was bricht zusammen und was bricht auf an Neuem?

Was auf eurer Erde immer wieder stattfindet, ist genau das Gleiche wie in einer Autowerkstatt. Hier geht ihr alle halbe Jahre oder jedes Jahr hin, und es gilt die Zylinder zu füllen, das Wasser einzufüllen, das Öl zu wechseln. Und das geschieht auch hier. Es ist eigentlich ein Routinegang. Wenn das vom Menschen rechtzeitig und regelmäßig gemacht wird, dann ist es eine gleitende Erde. Ist es nicht gemacht, habt ihr irgendwann sehr viel zu tun und braucht sozusagen einen großen Kundendienst.

Die Erde selbst stellt ein transformatorisches Prinzip dar. Wenn hier einer nachhinkt und drei Jahre nicht zum Kundendienst geht, nun, dann muss hier durchgepflügt werden an jeder Schraube und an jeder Zündkerze. Das transformatorische Prinzip auf der Erde ist nicht alt oder jung. Es ist einfach das, was die Erde als Burschen, als Knecht, als Freund, als Kellner in sich trägt. Die Liebe hat die Transformation im Sinne von Wandlung, im Sinne von »neue Form«, als Lehre in sich.

Der Mensch hat in der Transformation geschlafen

Die Liebe sagt: »Ich gehe doch nicht allein.« Die Liebe ist eine Frau, die sagt: »Ich nehme an, ich nehme an, ich nehme hier immer wieder an.« Und die Transformation als ein Lichtprinzip sagt: »Gut, dann werde ich immer wieder Neues hineingeben.« Die beiden arbeiten großartig zusammen. Die Liebe sagt: »was noch, was noch, was noch?« Und dadurch kommen neue Formen. Die Liebe sagt: »Ich bin die Rose! Licht, was hast du vor? Eine Idee? Dann also gebe eine neue Energie dazu und dann kommt Öl.« Und so ist dieses Transformieren eine ganz normale Tätigkeit, die in jeder Rose in jedem Frühjahr stattfindet, die ihr bei jedem Essen seht, das ihr kocht. Dort findet Transformation statt. Ihr habt Stücke des Gemüses, ihr transformiert sie und habt danach ein warmes, gut gemischtes Gemüsegericht.

Die Frage der Achtsamkeit liegt hier bei euch. Jetzt hat der Mensch – weil er es so gewählt hat – in der Transformation geschlafen und gesagt: »Wir überlassen das hier den anderen.« So wie jemand sagt: »Ich koche nie, ich gehe im Lokal essen.« Aber das seid ihr nicht. Ihr seid die Mitkochenden, ihr seid die, die diese Transformation liebt. Ihr wachst selbst. Eure Haare wachsen, euer System wächst.

Es bedeutet also Freude an der Transformation zu sagen: »Was ist noch? Wo ist noch eine Energie? Was kann ich noch hinzutun?« Wenn diese Freude wieder wächst, haben wir die neue Transformation, die sagt: »Wo ist noch mal die heilige Freude in mir?« Und die heilige Freude ist – und das ist die Transformation – ein feststehender Begriff. **Die heilige Freude im Herzen ist der Gral. Der Gral ist die immerwährende feststehende Kraft in euren Herzen. Die heilige Freude ist das, was darin ist, dieser eine Lichtfunke im Herzen. Und dieser will dauernd etwas haben.**

Ein ganz feststehender Begriff auf eurer Erde ist die Freude. Und die Freude will sich dauernd drehen, wie das Kind, das Freude hat, sich rund purzelt in der Freude. Sich purzeln, das ist ein Drehen, ein Drehwerkzeug. Die heilige Freude in euch, in eurem Herzen, will sich drehen. Das ist die neue Transformation. Ihr schaut der neuen Transformation zu und seid hier schön. Ihr müsst nicht fleißiger, schneller, beweglicher, sportlicher sein, sondern nur der, der zuschaut und hört, wie sie sagt: »Ich möchte mich drehen. Ich bin in dir als feststehender Begriff. Ich möchte mich bewegen.« **Die Freude ist die Mutter der Liebe. Und die Liebe sagt: »Ich bin die Tochter. Hurra, wir werden uns drehen!«**

Die Freude ist die Mutter der Liebe

Frage: Männer und Frauen wünschen sich beide die Freude. Welche geschlechtsspezifischen Unterschiede gibt es hier? Wie kommt der Mann an seine Freude? Wie kommt die Frau an ihre Freude? Wie erleben sie beide vielleicht auch unterschiedlich Freude? Denn bisher erleben wir ja oft, dass der Mann bei der Frau und die Frau bei dem Mann die Freude suchen. Wie seht ihr das?

Die Freude ist ein störrisches Ding. Sie lässt sich überhaupt nicht manipulieren. Der eine sagt: »Jetzt muss ich das tun, um Freude zu haben. Ich muss ein Auto kaufen.« Die Frau sagt: »Ich muss mein Haus jetzt in bestimmter Weise präparieren.« So funktioniert die Idee nicht. Nach dem ersten Unfall ist die Freude vorbei. Und wenn das Essen gegessen ist und keiner hat es gelobt, ist sie vorbei. So also ist die Freude ein störrisches Ding und sie hat nichts zu tun mit dem, was ihr wirklich tun wollt. Sie hat nichts zu tun mit etwas, was hier zu sich selber kommen will.

Die Freude ist eine innere Wahrnehmungsgruppe in sich selbst. Ihr habt es hier mit etwas wirklich Störrischem zu tun, mit etwas, was sich in sich selbst immer wieder anfassen will. Glaubt doch nicht, dass ihr es manipulieren könnt. Glaubt doch nicht, dass ihr hingehen und sagen könnt, was sie ist, an einem bestimmten Tag, mit einer Idee, mit einer Reise oder mit irgendetwas. Ihr könnt der Freude nicht sagen, wie sie zu sein hat, nicht mit einem schönen Essen, nicht mit einem schönen Auto, nicht mit etwas, wo ihr sagt: »Ich freu mich jetzt.«

Ihr müsst euch ihr allein geben. Sonst gibt es keinen einzigen Punkt in der Welt, wo ihr sagt: »Ich gebe mich dir.« Die Liebe ist eure Mitarbeiterin, das Licht ist der kräftige Partner an eurer Seite. Die Freude ist der See, ist das Meer, dem es sich hinzugeben gilt. Und wer das nicht tut, der wird weiter Autos kaufen und weiter besondere Gerichte kochen und sie suchen und sagen: »Das muss doch jetzt hier in mir kommen, das Gefühl der Freude.« In sie könnt ihr euch nur hineingeben. Sie ist da, wo ihr gleich sein werdet, wenn ihr euch traut zu sein, wer ihr seid.

Wenn ihr sagt: »Ich lebe!« und euch einen Moment lang hingebt in das Rückwärtige, wenn ihr euch selbst etwas zutraut, dann kommt ihr der Freude sehr nahe. Die Freude ist störrisch. Sie sagt nicht: »Komm zu mir!« Sie ruft euch nirgendwo. Sie ist nicht irgendwo verborgen. Oder wisst ihr eine Blume, die sagt: »Ich zeige euch, wie die Freude geht«, und sie marschiert zu euch in die Vase? Keine Einzige tut das. Ihr geht hin zu ihr und ihr nehmt sie. Und die Blume hat nicht mal das Interesse, euch aufzunehmen. Sie bleibt, was sie ist, denn auch sie lehnt sich in die Freude, in das Zurücklehnen.

Ihr sagt: »Rückzug.« Nehmt aus euren Gedanken etwas den Rückzug heraus. Das ist etwas, was euch nicht zur Freude bringt. Es ist ein Wort, das eurer Schöpferkraft, eurer Schaffenskraft nicht gemäß ist. Rückzug heißt: »Ich versuche, mich aus der Erde zurückzuziehen.« Das ist weder wahrhaft noch sinnvoll. Egal, wo ihr seid, ob ihr nun in der U-Bahn einer Großstadt oder am See, am Meer, wir sagen tief im Innern: »Setzt euch hin und nehmt die Gedanken an Rückzug zurück!« Nehmt sie zurück, denn sie sind nicht in der Wahrhaftigkeit. Sie sind nicht das Kapitel, das ihr wirklich in euch seht. Sie sind nicht die Struktur der inneren Liebe. Wir betonen noch einmal: **Nehmt den Rückzug aus euch raus, zieht den Rückzug zurück und lehnt euch zurück in die Liebe. Das Lehnen, dieses Anlehnen, da habt ihr etwas. Lehnt euch an sie an. Sie ist überall, die Liebe. Sie ist die Tochter des Windes. Sie ist die Märchenerzählerin, die Nahrung einer jeden Wiese, einer jeglichen Wiese, und sie ist die Vaterfigur des Meeres.**

Frage: Die Freude steht in einem innigen Verhältnis zum Thema, zur Energie der Freiheit. Mit dieser scheinen die meisten Menschen ihre Probleme zu haben, besonders bei dem Gedanken, ganz frei zu sein. Wodurch begrenzen Frauen und Männer sich bis heute in ihrer Freiheit? Was bewegt sie, etwas zu tun, zu lassen, zu transformieren, um Freiheit zu erleben, zu leben und zu sein?

Nehmt Freiheit wie eine Mutter, die eigenständig ist und sich ein Au-pair-Mädchen nimmt. Freiheit ist eine, die sagt: »Jetzt kaufe ich mir die Freiheit.« Und an dem Punkt wird es nicht klappen zwischen der Mutter und dem Kind, das sie allein erzieht, und dem Au-pair, wenn sie diesem Mädchen sagt: »Jetzt muss ich dir sagen, wie es geht.« Denn alle, die hier Erfahrung haben, sagen: »Dieses Au-pair, dieses Mädchen, diese Frau da ist auch eigenständig.«

Auch die Freiheit ist ganz eigenständig. Die Freiheit ist zu einem Erziehungssystem geworden, und dennoch müsst ihr die Freiheit freilassen. Wir können nicht sagen, sie muss jetzt in unsere Mitte kommen. Wenn ihr sagt: »Ich fühle mich eingeschränkt in meiner Partnerschaft oder in meiner Arbeit«, dann könnt ihr dieses Bild folgendermaßen übersetzen: Ihr nehmt etwas hinzu und sagt: »Jetzt nehme ich mal ein zweites Vehikel hinzu. Ich habe mit meinem Kind zu tun, ich habe mit meinem Leben zu tun, und ich lasse diese Freiheit einfach mal gelten. Ich lasse einfach mal eine dritte Figur wirken. Die weiß schon, was sie zu tun hat. Dieses Au-pair ist ausgebildet. Es wird schon wissen, was es zu tun hat.«

Ladet die Freiheit ein und wisst, dass sie wirkt

Dann wirkt eine bestimmte Energie. Wir haben es also mit keiner Urenergie Freiheit zu tun. Wir haben es mit einer Energie zu tun, die wir zusetzen müssen. Wir müssen hier jemanden einstellen. Und in diesem System von Energie arbeiten Engelwelten und Geistige Welten. Ihr könnt sie also einladen, ihr wisst, dass sie wirken. Es ist ein Wirksystem, das da ist, wenn ihr um Befreiung bittet von alten Strukturen.

Diese Freiheit wird also hineingegeben als Zusatzenergie in das System, in dem ihr seid, in das karmische System, in dem ihr lebt. Wir wissen, dass die Befreiung von Krankheit, die Befreiung von dem Gefühl, eingeschlossen zu sein, die Freiheit von Gefängnissen, hier hinzugesetzt werden muss, einfach deswegen, weil es viele Wahlsysteme gibt, in denen ihr dies erkunden wollt. »Wie ist es, wenn etwas bei mir ist?« Und so werden diese Wahlsysteme nun zusammen mit Freiheit erkundet. Das heißt also: Lasst hier los und seid intensiv mit eurem Kind. Seid intensiv mit dem, was ihr liebt. Wenn ihr euch befreien wollt, dann seid nicht intensiv mit dem, wovon ihr frei seid, sondern seid intensiv mit dem, was ihr liebt. Bleibt bei dem, was da ist. Spielt mit eurem Kind. Seid so froh wie möglich, dann wirkt die Freiheit.

Frage: Könnt ihr das Verhältnis zwischen Mensch und Mutter Erde einerseits und zwischen Mensch und Gott andererseits noch näher erläutern? Viele glauben, dass die Menschheit eine Belastung für Mutter Erde sei, dass wir diese Erde vermüllt hätten und die Erde unter uns leidet. Stimmt das aus eurer Sicht oder wie seht ihr dieses Verhältnis Mensch-Erde-Gott?

Das Göttliche ist eine friedvoll dasitzende Angelegenheit, die sich in sich selbst findet. **Ihr könnt hier dem Göttlichen, das sich in sich selbst trägt, noch ein Bild hinzugeben: eine Friedenspfeife, die in sich immer wieder neu Tabak enthält. Eine Friedenspfeife, die zu sich selber sagt: »Es ist Frieden.«** Ein sich gebendes Prinzip des Es-Ist. Diesen Rauch ausstoßend, diesen Atem und diesen guten Duft ausstoßend, das ist das Göttliche. Es ist ein Ausstoß gebendes Prinzip. Und so verbindet sich die Erde mit dem, was hier gegeben wird, mit diesem Duft. Und es wird hier in diese Pfeife sehr viel gegeben. Es wird hier Lavendel, es wird Rose gegeben, überall gibt es Duft. Die Energiequalitäten der Geistigen und der vielen feinstofflichen Welten arbeiten mit Duft, mit dem Auffangen von Duft. Wir sind spürbar durch den Duft der Blume. Die Natur dient dem einfach und sagt: »Wenn es den Duft gibt, dann werden wir dafür etwas schaffen, einen Kelch. Wir werden da sein.«

Es ist wichtig zu erkennen, dass das Göttliche mit der Natur in einem Friedensverhältnis steht. Das möge euch klar machen, dass es hier eine eigene Gesetzmäßigkeit gibt, eine völlig eigenständige Energiequalität. Der Mensch darin ist der, der eingeladen ist, er selbst zu sein als ein Prinzip, das zunächst einmal – so kann es ganz deutlich gesagt werden – eine Gastgeberrolle hat. Also alles, was der Mensch rodet, im Sinne von: »Ich nehme diesen Baum weg«, ist ein Prinzip. Er lebt gerade seine Liebe, er erlebt seine Kraft. Und es ist nicht eine Art von Wunde, es ist eine Normalität. Das Gesetz des Göttlichen, der Natur und der Erde arbeitet in sich völlig eigenständig.

Diese Angst möge gänzlich genommen werden. Sie kommt aus einer alten Haltung, aus einer menschlichen Haltung, die sagt, der Mensch an sich sei eine Kapazität, die hier isoliert ist. Es ist ein Isolierungsgedanke, aber kein Mensch ist isoliert. Die Verbindung sagt: »Mensch, du bist eingeladen. Setz dich in Frieden hin und schaue.« Durch das Schauen kommt die Kraft wieder. Durch die Energie des Menschen, durch seinen Magnetismus kommt die Kraft wieder und holt sich die Natur und das Göttliche hinzu.

Weil ihr da seid, fordert ihr Gott auf, Energie zu geben

Dadurch dass ihr da seid, fordert ihr die Natur und fordert ihr Gott auf, Energie zu geben. Und dadurch dass ihr da seid und kräftig seid, werdet ihr gleichzeitig etwas nehmen, aber ihr fördert auch Energie heraus. Euer Nehmen ist gleichzeitig ein Geben der gleichen Kapazität. Das möge einmal ganz klar gesagt werden, um die Angst wegzunehmen. Der Baum, den ihr nehmt, um lieben zu wollen, um einen Stuhl zu bauen, um einen Gast zu haben, wird euch gleichzeitig wieder gegeben, weil ihr ja lieben wolltet. Und durch diese Energie des Motivs: »Wir wollen eine Gastlichkeit haben«, durch diese Qualität, lieben zu wollen, wird der Baum an anderer Stelle wieder hervorgebracht. Es ist das Gleichgewicht durch das Prinzip Mensch gewahrt. Das soll hier einmal klar gesagt sein.

Frage: Ich möchte noch einmal auf das Verhältnis zwischen Mensch und Gott zurückkommen. Was kann der Mensch tun, um zu verstehen, welches Verhältnis zwischen ihm und Gott existiert, und was kann er ganz praktisch tun, um dieses Verhältnis lebendig werden zu lassen? Geht es hier ums Beten, ums Meditieren oder um einen Dialog zwischen Mensch und Gott, wie auch bei Neil Donald Walschs »Gespräche mit Gott«*? Will Gott, dass wir mit ihm reden, oder wie seht ihr das?

Es gibt etwas, das hier noch einmal in einem Bild vermittelt werden soll. Ihr habt die Thermoskanne in der Hand. Und das Göttliche ist hier das Prinzip, heißes Wasser zu kochen. Ihr seid mit der Thermoskanne auf die Erde geschickt und Gott sagt: »Trinkt, haltet mein Wasser warm, geht hin und gebt es anderen und sagt, das ist die Wärme.« Die Stellung zwischen Mensch und Gott ist in der Thermoskanne aufgezeigt. Dass Göttliche sagt: Ich habe etwas, ich habe Wasser, ich habe die Liebe, ich habe das Gefühl und ich habe die Lichtigkeit. Dies sind die zwei Grundprinzipien, in denen die Erde sich bewegt und aus denen ihr genährt werdet.

Das menschliche Prinzip denkt sich etwas aus, zum Beispiel eine Thermoskanne. »Wie mache ich es am besten, dass ich dieses warme Wasser, dieses Liebe-Licht-Prinzip hier gut auf die Erde bringe? Ich kann die Thermoskanne mit zum Sport nehmen, ich kann mich damit bewegen, ich kann damit durch die Stadt gehen, ich nähre mich damit.« Dieses leichte Bild möge euch zeigen, dass ihr am besten seid in diesem Gott-Mensch-Prinzip, wenn ihr geht. Das Gottprinzip ist ein ewig gehendes Prinzip in sich selbst. Das Wasser geht in sich, das Licht geht in sich. Und wenn ihr geht und sagt: »Mit diesem gehe ich«, dann habt ihr die wichtigste Qualität. Geht auf der Erde!

---

* Neil Donald Walsch: *Gespräche mit Gott.* Vollständige Ausgabe. Arkana/Goldmann, München 2009.

Alles Starre, jedes: »Ich werde jetzt versuchen, das Wasser anzuhalten und die Sonne zu halten«, ist etwas, was so nicht mehr funktionieren wird. Dieses heiße Wasser wärmt euch. Es ist erwärmt auf eure Körpertemperatur. Ihr habt am besten Kontakt, wenn ihr sagt: »Ich möchte wissen, wie das geht – wie das Wasser in die Blume geht.« Es geht über das Fragen. Fragt: »Wie mache ich das mit der Thermoskanne? Wie erledige ich diesen Job hier, etwas weiterzutragen und es in mir zu verstoffwechseln?« **Ihr seid die Verstoffwechsler Gottes.** Wenn ihr etwas verstoffwechselt, nämlich das heiße Wasser, und dann wieder anfragt: »Und was mache ich jetzt mit meiner Kraft?«, dann sagt das Göttliche aus dem Strahl: »Hier hatte ich einen Stern.« Wenn du einen Stern siehst in der Nacht, dann erdenke dir etwas, was du tun möchtest. So also erdenke dir, dass du eine Leselampe hast, und erfinde das elektrische Licht. **Die Erfinder auf eurer Erde, das sind die »Düsentriebs« des Göttlichen.** Und jede Form von: »Ich warte ab, was passiert« – im Sinne einer Demuts-Gebetshaltung – ist hier überholt von einer kräftigen Haltung des Mutes. Wahre Demut ist es, wenn ihr sagt: »Ich weiß, dass es das Licht-und-Liebe-Prinzip gibt, und ich bin aktiv dabei. Mann und Frau arbeiten zusammen für den und in dem Geist des Göttlichen. Ja, die Meditation ist gut, das Gebet aber, die aktiven Gebete, die mit der Erde zu tun haben, die Thermoskanne in der Hand zu halten beim Spaziergang im Park, das sind die schönen Gebete.

Die Erfinder auf eurer Erde sind die »Düsentriebs« des Göttlichen

Frage: Viele spirituell aufgeschlossene, suchende Menschen haben zu Hause ihre Liebsten, ihre Kinder, Partner, die sich für solche Themen überhaupt nicht interessieren. Und sie fragen sich: Was können wir für diesen Partner, der noch unaufgeschlossen ist, tun – aus der Liebe heraus?

Wir empfehlen euch: Beginnt, neue Spielzeuge zu kaufen. Aber nicht im Sinne von: »Ach, ihr werdet euch schon irgendwie beschäftigen und ich beschäftige mich mit anderem.« Sondern beginnt in der Beziehung zu Kindern und Partnern ganz klug zu sein und zu sagen: »Ich werde das, was ich da tue, einbauen.« Verteilt die Kraft dieser Energie, verteilt sie. Sendet hier nicht die Botschaft, weder verbal noch nonverbal: »Du musst mich verstehen«, sondern versteht euch in der Energie und verteilt sie. Kinder wollen spielen, Kinder wollen spielen mit Energie.

Gebt und sagt: »Ich habe etwas, mit dem ich umgehe. Ich habe Energiequalitäten, ich bewege mich mehr. Ich bin kräftiger als Mann, ich bin kräftiger als Frau.« Nehmt das Kind, nehmt es mit in den Wald und nehmt es mit zum Bach. Ihr könnt sagen: »Ich muss jetzt nicht immer Zeit für mich haben, sondern ich habe dadurch, dass ich mich immer mehr antreffe, auch die Fähigkeit, mehr mit den anderen zu sein.« Ihr kommt jetzt aus den Isolierungsprinzipien heraus, aus dem Gefühl: »Ich habe nicht genug Zeit für mich.« Ihr merkt gerade, dass ihr euch durch eure eigene Energie, eure Kraft, eure Präsenz einfach hineinsetzen könnt. Das reicht und mehr sollte es auch nicht sein.

Ein jegliches Überreden bedeutet, dass ihr den anderen an den Haaren herbeizieht. Das solltet ihr nicht tun. Die Grundhaltung einem Partner gegenüber, der dies hier ablehnt und nicht will, sollte sein: »So, ich reiche dir etwas, ich lege mein Buch hin. Und dieses ist voll neuer Energie und Kraft.« Und er wird sehen, was ihr darin rumgemalt habt und er wird seine eigenen Worte daraus lesen. Irgendwelche Worte wird er darin lesen. Aber durch eure Energie, die ihr hineinlegt, wird er dies auch mit euch lesen. Verlasst euch auf eure Energie. Wir sagen, ihr werdet schließlich durch eure eigenen Energiequalitäten, durch eure eigenen Gefühle von den anderen erkannt. Das ist sehr wichtig, dass ihr das mitnehmt auf eure Reise ins Morgen.

Frage: Viele machen sich Kopfzerbrechen über ihre Lebensaufgabe. Sie suchen und fragen sich, was ihre Lebensaufgabe sei? Kommt es darauf an, in diesem Leben bestimmte Ziele zu erreichen, heißt, seine Lebensaufgabe zu finden und zu erfüllen, oder genügt es, dass ein Mensch einfach glücklich im Augenblick lebt und das Leben als Spiel betrachtet? Wie seht ihr diese beiden Wege? Und wann geht der Mensch glücklich aus seinem Körper und sagt: »Das war gut.«?

Dann, wenn man sich oft die Kraft nimmt und sagt: »Jetzt verneige ich mich einmal vor mir. Jetzt habe ich das abgehakt.« Dieses Verneigen gab es in sehr guten Kulturen. Da hat der Mensch gesagt: »Danke, ich habe das gemacht. Ich verneige mich vor mir.« So beim Tanz, wo der Mensch sagt: »Danke, dass du mit mir getanzt hast.« Das Beste ist, wenn ihr das Gefühl habt, mit irgendetwas getanzt zu haben. Wir möchten euch den Tanz als die Qualität der Liebe immer sehr empfehlen.

Der Tanz des Mannes ist ein ganz anderer als der Tanz der Frau. Der Tanz der Frau ist einer, der ihr eine innere Aktivität gibt, und sie sagt: »Ich habe mit sehr vielen getanzt. Das, was ich empfangen habe, das habe ich tanzen lassen. Ich habe das Wasser kochen lassen, ich habe hier auch meine Energie tanzen lassen. Ich habe in meiner Aura den Mann gesehen, wie er sich gedreht hat, wie er sich zu mir begeben hat in seinem Drehen. Ich habe etwas tanzen lassen.« Und der Mann ist der, der aktiv tanzt. Ihr geht gut aus der Inkarnation hinaus, wenn ihr sagt: »Ich habe einen richtig guten Tanz getanzt. Ich habe eine Energie mit etwas gehabt. Ich habe mich gut verbunden mit etwas.« Darum geht es hier auf dieser Erde.

Tanzt einen richtig guten Tanz in eurem Leben!

ZUSAMMENFASSUNG

- Die Geistigen Helfer, die euch begleiten, erinnern euch an die Regeln auf dem Fußballfeld, auf dem ihr spielt.
- Entscheidet euch, das Spiel wieder mit Kraft und Klarheit zu spielen.
- Der Umbruch vom Sich-gegenseitig-die-Knochen-Brechen zum Verbinden und Heilen ist groß.
- Frau und Mann haben immer das andere Prinzip in sich. Das Neue und Große wird jetzt sein, wie ihr es in der Praxis lebt und studiert.
- Die Frau ist die Anfragende. Durch das Anfragen wird sie zu einer aktiven Frau.
- Räumt auf! Fühlt euch wohl mit dem, was ihr habt. Schaut, dass ihr nicht zu viel und nicht zu wenig habt.
- Werdet achtsam, denn der Mensch hat in der Transformation geschlafen.
- Die heilige Freude ist der Gral im Herzen, dieser eine Lichtfunke im Herzen. Und dieser will dauernd etwas haben.
- Die Freude ist die Mutter der Liebe. Und die Liebe sagt: »Ich bin die Tochter. Hurra, wir werden uns drehen.«
- Männer und Frauen erleben Gemeinschaft verschieden.

- Ihr allein müsst euch der Liebe hingeben. Die Liebe ist eure Mitarbeiterin, das Licht ist der kräftige Partner an eurer Seite. Die Freude ist der See, das Meer, dem es sich hinzugeben gilt.

- Die Liebe ist überall. Sie ist die Tochter des Windes. Sie ist die Märchenerzählerin, die Nahrung in jeder Wiese und sie ist die Vaterfigur des Meeres.

- Das Göttliche ist wie die Friedenspfeife, die in sich immer wieder neuen Tabak hat und sich selbst sagt: »Es ist Frieden.«

- Dadurch dass ihr da seid, fordert ihr die Natur und Gott auf, Energie zu geben. So ist euer Nehmen gleichzeitig ein Geben der gleichen Kapazität.

- Ihr seid die Verstoffwechsler Gottes.

- Nehmt euch die Kraft und verneigt euch vor euch selbst und sagt: »Jetzt habe ich das abgehakt.«

- Ihr geht gut aus der Inkarnation heraus, wenn ihr sagt: »Ich habe einen richtig guten Tanz getanzt. Ich habe mich gut verbunden mit etwas.« Darum geht es hier auf der Erde.

Nachwort von Robert Betz

Am Ende dieses umfangreichen Dialogs mit der Geistigen Welt möchte ich mit Ihnen, verehrte Leserin, verehrter Leser, die zentralen Aussagen noch einmal betrachten und ihre Bedeutung für uns und unsere Zukunft auf Mutter Erde abschätzen. Angesichts der vielfältigen, überraschenden und hier erstmals vorgestellten Erläuterungen über das wahre Wesen von Liebe, Frau, Mann, über das Verhältnis von Gott, Mensch und Erde und nicht zuletzt über die zu erwartende Entstehung einer neuen Erde, wäre es jedoch vermessen, hier eine Gesamtzusammenfassung aller Aussagen des Buches zu versuchen.

Ich vermute, dass es vielen von Ihnen bei der Lektüre ähnlich ging wie mir, dass Sie gespürt haben, wie die unzähligen Bilder, gepaart mit den äußerst konkreten Informationen innere Reaktionen der Berührtheit, der Betroffenheit und der Freude auslösten. Wen die Aussagen dieses Buches kalt und unberührt lassen, der geht mit hoher Wahrscheinlichkeit noch mit verschlossenem Herzen und den angstbetonten Scheuklappen des konditionierten »Normalmenschen« durchs Leben. Wem die Aussagen des Buches (noch) Angst machen, der sei eingeladen, sich dieser Ängste jetzt anzunehmen und sie liebend, bejahend fühlend zu verwandeln. Wie das praktisch geht, darüber habe ich viel geschrieben und gesprochen (siehe meine Vorträge und Meditationen auf CD). Die anstehenden Veränderungen auf der Erde sollte niemand zum Anlass nehmen, seine Ängste zu nähren, denn hier wirken Liebesgesetze, die uns Menschen wieder an das wahre Wesen des Menschseins erinnern.

Sowohl die Frau als auch der Mann erfahren durch die Aussagen der Geistigen Welt eine großartige Aufwertung. Eine Aufwertung, die beide Geschlechter überraschen dürfte und im krassen Gegensatz zu der Abwertung und Verurteilung steht, die Frauen wie Männer sich selbst gegenüber seit langer Zeit an den Tag legen. Beide werden als Mitarbeiter Gottes präsentiert, aus derselben Quelle stammend und mit der gemeinsamen Aufgabe, die Liebe auf die Erde zu bringen. Die Liebe von Frau und Mann macht diese Erde erst möglich, sie nährt sie geradezu. Erst die Liebe und die Freude des Menschen lässt den Apfelbaum blühen und den Apfel reifen. Die Erde braucht den Atem und den Schweiß von Mensch und Tier. Wie radikal anders sind allein diese wenigen Aussagen im Gegensatz zu denen, die wir tagtäglich über das Verhältnis des Menschen zur Erde hören und lesen können!

Der Gedanke an die Entstehung einer neuen Erde, hier im Buch »Dritterde« genannt, mag Unbehagen bereiten oder Verunsicherung auslösen. Aber unsere Brüder und Schwestern der Geistigen Welt ermuntern uns, jetzt ein großes JA zu dem Umbruch, dem Transformationsprozess zu sagen, in dem wir uns gemeinsam mit Mutter Erde befinden. Dieser Prozess ist absolut nichts Schlechtes, »Böses« oder Bedrohliches, aber er läuft jetzt. Darüber stimmt die Menschheit nicht ab. Das hat Mutter Erde längst entschieden in Übereinstimmung mit dem Göttlichen.

Wir haben das Privileg, in dieser aufregenden Zeit zu leben, in der mehr Veränderungen auf und in der Erde stattfinden werden als in den letzten paar Millionen Jahren. Das mag jetzt noch von einigen als »verrückt« oder als »esoterischer Blödsinn« abgetan werden. Das darf sein und kümmert mich nicht. Aber ich habe selbst – auch wenn ich mich für einen sehr bodenständigen Menschen und Psychologen halte – keinen Zweifel daran, dass jetzt und hier Transformation stattfindet, die jeder von uns auf die eine oder andere Weise zu spüren bekommen wird. Ob dies auf eine unangenehm harte, schmerz- und leidvolle Weise geschieht oder von Freude, Sanftheit und Harmonie begleitet ist, hängt von der Entscheidung jedes Einzelnen ab, wie er sich diesem Prozess stellt. Jeder entscheidet sich in diesen Monaten und Jahren – bewusst oder unbewusst –, ob er weiter Augen, Ohren und Herz verschließen, sich ängstlich am Ufer festkrallen und sich weiterhin der Liebe verweigern will, oder ob er sich vertrauensvoll in die Mitte des Lebens- und Liebesflusses begibt und sich tragen lässt. Ich bitte Sie, diese Entscheidung jetzt bewusst zu treffen.

Nicht nur in der Wirtschaft, sondern auch in unseren Ehen und Beziehungen führt diese Transformation zu vielen Trennungen. Es werden bereits jetzt und in der kommenden Zeit in zunehmendem Maße all die Verbindungen getrennt, die nicht in der Stimmigkeit bzw. in der Wahrhaftigkeit sind und die nicht von der Liebe motiviert und getragen werden. Diesem Prozess kann sich jeder freiwillig stellen, indem er all seine Lebensbereiche und Beziehungen, insbesondere natürlich seine Ehe oder Partnerbeziehung, aber auch seine Beziehung zur Arbeit bzw. zu seiner Firma, zu seiner Herkunftsfamilie, zu seinen Expartnern, Kindern und Geschwistern jetzt einer ehrlichen Prüfung unterzieht. »Männer und Frauen werden jetzt aufgemischt« und »Das Konzept der Ehe als Gefängnis wird jetzt zerschlagen«, heißt es im Buch. Diese Aussagen sollen keinen Zweifel darüber aufkommen lassen, dass die Zeiten definitiv zu Ende gehen, in denen sich Mann und Frau in langweiligen Beziehungen arrangierten, sich anschwiegen, sich verletzten und gegenseitig entwürdigten. Die Beziehung zwischen Frau und Mann wird in der nahen Zukunft bereits ohne die Liebe nicht mehr möglich sein.

Die neue Ära der Frau-Mann-Beziehung wird geprägt sein von einem völlig neuen Selbstbild des Mannes und der Frau, von einem respektvollen, sich würdigenden und bewundernden Abstand zwischen beiden, aus dem heraus sich beide anschauen und zulächeln. Beide werden sich in ihrer Verschiedenheit erkennen, anerkennen und bewundern und die Liebe in größter Freude und in Freiheit leben. Das umfasst die Liebe zu sich selbst, zu anderen Frauen und Männern wie die Liebe zum Göttlichen und zu Mutter Erde. In meinem ersten Buch zu diesem Thema, »Wahre Liebe lässt frei!«, habe ich schon im Titel einen der empfindlichsten Punkte getroffen, an denen die Frau-Mann-Beziehung bis heute leidet, nämlich der vermeintlichen Unvereinbarkeit von Liebe und völliger Freiheit. Die Aussagen der Geistigen Welt unterstreichen diese Wahrheit in unverblümter Weise: »Die Ehe der Freiheit kommt jetzt explosionsartig auf die Erde«, und »Das Gefängnis der Ehe wird jetzt zerschlagen.«

Hier soll zugleich deutlich gemacht werden, und dies wird im Buch betont, dass eine neue Frau-Mann-Beziehung das Kernelement in der Transformation der Menschheit sein wird und keine Randerscheinung. In der Frau, im Mann und zwischen den beiden spielt sich das Entscheidende ab, nicht nur was die Entwicklung und Veränderung von Familie und Partnerschaft betrifft, sondern auch das Geschehen in Wirtschaft, Gesellschaft, Wissenschaft und Politik. Aus dem Kernelement Frau/Mann, aus ihrem völlig veränderten Selbstverständnis und der neuen Art ihrer Beziehung, wird sich das männliche und weibliche Prinzip in allen Bereichen des menschlichen Zusammenlebens in einer Neuordnung widerspiegeln.

Im Kern geht es sowohl der Geistigen Welt als auch mir um ein radikal neues Verständnis der Liebe und des Liebens, das nichts mehr zu tun hat mit dem romantischen Liebesideal, das im Kern besagt, dass nur die zwei Richtigen sich finden müssen. Diese auf einem trennenden, ausschließenden und verurteilenden Denken beruhende Vorstellung hat wie kaum eine andere zu Leid und Enttäuschung bei beiden Geschlechtern geführt. Es geht auch nicht darum – wie viele Frauen noch glauben –, dass der Mann nur endlich zur Besinnung kommen und sich der Frau, den Kindern und Mutter Erde gegenüber anders verhalten müsse. Es geht darum, dass der Liebesschmerz in Mann und Frau jetzt endlich heilen kann, indem beide ihre Verantwortung für ihre bisherigen Schöpfungen übernehmen, insbesondere für die Missachtung und das Benutzen des anderen, für langweilige Ehen, die auf Energieklau basierten und auf Erwartungen, die der andere nie erfüllen konnte.

Es wird in diesen Jahren – und schneller als die meisten denken – neue Frauen und Männer geben, die sich ernsthaft entscheiden, auszusteigen aus den alten Opferrollen, aus Anklage und Verurteilung, und die das wahrhaft Göttliche in sich selbst und im anderen erkennen und ehren werden. Das wird zu großer Freude führen bei Frauen wie bei Männern, die sich nicht mehr gegenseitig brauchen, sondern in Freiheit miteinander tanzen, den großen und freudigen Tanz der Liebe.

Nachwort von Andrea Schirnack

Robert und ich sitzen am Flussufer. Ich sehe einer Feder nach und beschreibe, wie sie auf dem Wasser schwimmt. Robert fragt, woher kommt die Feder und wo entspringt der Fluss? Und die Begleiter und Freunde aus der Geistigen Welt fragen den Vogel nach seiner Herkunft und lächeln mit dem Wind. So ist dieses Buch – in einem Bild gesprochen – entstanden. Ich freue mich sehr, dass Sie, verehrte Leserin, verehrter Leser, mit uns an diesem Fluss sind – sich auf einen warmen Stein setzen, in ein Boot steigen oder sich an eine Brücke lehnen und mit uns zuhören, denn genau so ist es gemeint.

Dieses Buch ist das Produkt einer schönen »Arbeitsgemeinschaft«, die ich Ihnen gerne beschreiben möchte, so, wie ich sie erlebt habe.

Sie kennen Robert Betz vielleicht bereits von seinen zahlreichen Vorträgen, Seminaren und Veröffentlichungen als herausragenden Psychologen, Autor und Redner. Ich kenne ihn seit zwölf Jahren als einen Mann, der schöpferisch seinen Platz auf der Erde einnimmt, in einer großartigen Mischung aus Gehkraft, Demut und liebender Beobachtung. Robert fragt so, wie das Licht es tut: »Was bist du, wie kann ich dich verstehen, was wird aus dir?« So fragt auch das Feuer, wenn es an Holz kommt – und dann wird es warm und hell.

Roberts Haltung im Leben ist der ideale Pfad für die Geistige Welt, um zu uns zu gelangen. Er paart seine Freude und Be-Geist-erung über interessante Zusammenhänge mit der Bereitschaft, die Antworten als eigenes Wissen anzuerkennen. Und diesem Wissen gewährt er wiederum den Raum des Göttlich-Umfassenden. Das ist meisterhaft, genial, voller Liebes-Kraft und macht Spaß!

Robert kann seinen Platz einnehmen und er kann auch Platz machen – der Geistigen Welt ebenso wie in diesem Falle mir, der Frau, der medial tätigen Person. Das war die großartige Voraussetzung für die vorliegende Arbeit, die auf wertvollem, respektvollem Miteinander basiert. Robert war es auch, der in seinem ersten Buch, »Wahre Liebe lässt frei!«, und nun auch in dem vorliegenden den Schritt gegangen ist zu sagen: »Liebe ist das, was alle und alles bewegt. Also lass uns sehen, was die Liebe noch bewegen kann!«

Die Geistige Welt ist im Turnus der Zeiten nach meiner Wahrnehmung vieles gewesen. Eine Instanz, die vom Menschen negiert und degradiert wurde, mystifiziert und emporgehoben, verschwiegen, verachtet, vergessen. In den letzten Jahren wird die Kraft »Geistige Welt« wieder von uns Menschen erkannt, immer mehr anerkannt und in das Leben integriert. Diese Welten haben viele Namen bekommen: Engel, Meister, Wesen, Lehrer im Licht, Begleiter, liebende Freunde – Bezeichnungen, die alle auf ihre Art zutreffen.

Heute, in den Tagen des Erinnerns, in denen wir uns befinden, tun wir gut daran, uns von Begriffen und Definitionen weitgehend frei zu machen, wer oder was diese Welt ist. Das macht offen für das, was sie wirklich tut und mit uns vollbringt. Diese wissende Welt zeigt auf unser Wissen. Wir fragen: »Wo ist die Liebe auf der Erde?«, und sie sagen: »Da ist sie, das ist sie, du bist es.« Und wir tun gut daran, diese Ebenen nicht mehr zu missbrauchen; weder dafür, uns zu erhöhen, indem wir sagen: »Sieh, so weit gelange ich«, noch dafür, uns zu erniedrigen und zu sagen: »Ich bin ja nur ein kleines Menschlein.« Diese Quelle weist uns den Weg, das zu sein, was wir sind und immer waren: die Liebe und das Lieben, getaucht in lichtes Weben. Das ist sachlich, groß und schnörkellos und stellt jeden von uns in seine Position.

Ein Bild, das ich sehr mag, um die Geistige Welt in ihrem Tun zu beschreiben, ist das Personal im Tower eines Flugplatzes. »Von dort kommt es und dorthin geht es«, zeigen sie mit ihren Informationen an – »das Wissen kommt von dort, landet, fließt durch dich und kehrt über dich wieder zurück!« Die Geistige Welt sagt: »Siehe, vom Göttlichen, vom Ursprung der Freude, vom Anfang der Liebe kommt die Liebe. Als vielfältige Energie fließt sie zu dir, dem Mittler und ›Verstoffwechsler‹ Mensch, in deine Erde, in dein Leben. Sieh deine Wahrheit, wähle sie, wertschätze sie!«

Und ich, die Frau, die medial übermittelt. Natürlich freue ich mich, dass nach den vielen Jahren und den ungezählten Worten und Bildern jetzt einige veröffentlicht werden. Auch ich lese in diesem Buch vieles, ja das meiste, zum ersten Mal. Das ist die Natur meiner Tätigkeit. Ich habe dieses Buch nicht erdacht, nicht aus meinem bisher Gedachten geschrieben, sondern übermittelt. Ich werde oft gefragt, wie ich das mache. Eigentlich ist es ein kindlicher Vorgang. Ich weiß, dass es diese Welt gibt, jede Zelle von mir weiß das schon lange. Diese Welt ist lichte Liebe und teilt sich mit. Also bin ich dafür bereit und spreche oder schreibe die Worte, so, wie ich sie erhalte.

Es geht bei meiner medialen Arbeit in erster Linie um meine Zurückgelehntheit in diese Welt. Ich weiß, dass der Webrahmen aufgestellt ist, also kann ich in Ruhe das Schiffchen sein und mich an den bunten Fäden und Farben freuen.

Ein Wort, das mir am Herzen liegt, noch in Bezug auf die mediale Arbeit. Es gibt immer mehr Menschen, die medial arbeiten, weil das in der Zeitachse ist. Das ist richtig und wichtig. Und gerade, wenn etwas boomt, haben wir die Aufgabe, die Demut zu bewahren, die die Grundhaltung dieser Arbeit ist. Hier gibt es kein »höher, weiter, besser«. Es gibt nur verschiedene Aufgaben auf einem zu erfühlenden und zu erfüllenden Weg!

Es geht nicht darum, dass ich die Worte gebe. Es geht nicht darum, von wem diese Worte kommen. Es geht nicht einmal in erster Linie darum, welche Worte das sind. Wir dürfen das System erkennen, es wieder erkennen und es mit der Kraft unseres Herz- und Augenlichtes sehen. Dieses System heißt: Da ist das Göttliche Wirken, das im beständigen Takt das auf die Erde gibt, was Liebe heißt. Und wir dürfen das aufnehmen, kennen, besser kennen, halten, weitergeben und damit gehen. Wir dürfen das schön finden und es wieder neu lieben. Ich darf in diesem System in der Mitte sein, eben medial sein. Danke. Darum geht es.

Oft wird gefragt, warum so viele Zusammenhänge in meiner medialen Arbeit in der hier vorliegenden Bildsprache gegeben sind? Wissen Sie, ich werde den ganz tiefen Grund vermutlich erst nach diesem Leben kennen. Aus meinem Jetzt und Hier weiß ich, dass diese Bildsprache für uns gut merkbar ist, weil unsere Erde in Bildern erbaut ist: Die Liebe kommt auf der Erde an und erschafft sich in ein Bild hinein, in die Rose, die wächst. Wenn wir »Baum« denken, dann sehen wir etwas, das unten wurzelt und nach oben ragt. Wir träumen in Bildern. All das sind Hinweise darauf, dass es sich um eine Grundquelle in uns handelt. »Stelle dein Licht auf den Berg, nicht unter den Scheffel«, ist ein Gleichnis, ein Wort-Bild, das auf die Welt geprägt ist und für die Grundaussage steht: »Sieh, wer du bist, stehe dazu und zeige es.« In diesem Buch sind es Bilder unserer Zeit, die für die Erklärung der Zusammenhänge gewählt wurden: die Garage, die Wunderkerze, das Doppelbett …

Ich denke, die nächsten Jahre werden sehr spannend werden, weil wir Bekanntes mit Neuem verknüpfen zur **»Wahren Liebe«**. Wir haben vorher nicht falsch oder unwahr gelebt. Wir gehen nur jetzt in das Kunststück, im Raum der Liebe zu leben, sie zu sein und diesem Vorgang auch noch zuzuschauen.

Ich freue mich sehr, mit Ihnen gemeinsam an diesem Flussabschnitt zu sitzen. Mit Ihnen zusammen dieser Feder zuzusehen und voller Dankbarkeit zu wissen, dass es zu allem ein höheres Prinzip gibt.

So wie es zu der Feder einen Vogel gibt. Das ist wahre Liebe.

Andrea Schirnack

Alle Fragen an die Geistige Welt. Eine Zusammenstellung

Vorwort der Geistigen Welt

- Ich möchte euch einladen, dem Leser einführend etwas zum Inhalt dieses Buches zu sagen und zu seiner Bedeutung für Frauen und Männer in dieser Zeit. [S. 21]

- Eines der Bilder, das sich durch das ganze Buch zieht, ist euer Vergleich, dass die Frau die Erde als »Mondin« repräsentiert und der Mann die Sonne, die Frau die Liebe und der Mann das Licht. Wollt ihr einführend dieses Bild etwas erläutern, sodass der Leser eine gute Ausgangsbasis hat, diese Bilder durchgehend zu verstehen? [S. 22]

- Das große Hintergrundthema dieses Buches ist aus meiner Sicht die Wiederherstellung der bewussten und liebenden Verbindung zwischen Mensch, Gott und Erde. Könnt ihr einleitend etwas zu diesem großen Zusammenhang sagen? [S. 24]

- Zum Abschluss vielleicht noch ein paar Worte an die Leser, die dieses Buch lesen werden. Ich denke, es wird kein Zufall sein, welcher Leser zu diesem Buch greifen wird. Was wollt ihr unseren Lesern vor der Lektüre noch mit auf den Weg geben? [S. 25]

1. Kapitel

- Wenn wir – wie es immer wieder heißt – von Natur aus Liebe sind, welches sind dann die wichtigsten Schritte, um in dieses Bewusstsein zu gelangen und die Hemmnisse, Illusionen und Verblendungen zu verwandeln, aufgrund derer wir das bisher nicht erkannt haben? Wann kommt der Mensch – Mann und Frau – zu der Erkenntnis: »Ja, ich bin tatsächlich Liebe.«? [S. 37]

- Viele Menschen machen schmerzhafte Erfahrungen, wenn sie sich auf das Lieben einlassen. Kommt der Schmerz eigentlich von der Liebe oder von etwas anderem? Wenn ich in »Der Prophet« von Khalil Gibran das Kapitel über die Liebe lese, dann wird dort der Schmerz der Liebe direkt zugeschrieben: »Sie drischt dich, um dich nackt zu machen, sie siebt dich, um dich von deiner Spreu zu befreien. Sie mahlt dich, bis du weiß bist« usw. Wie seht ihr den Zusammenhang zwischen Liebe und Schmerz? [S. 40]

- Sind die Schwierigkeiten, die Männer und Frauen miteinander erleben, zum Teil auch darauf zurückzuführen, dass Männer und Frauen schon Erfahrungen und Verstrickungen aus anderen Leben mitbringen, die sie hier in diesem Leben auflösen wollen? Oder spielt das eine geringere Rolle? [S. 42]

- Wir haben hier auf der Erde, besonders im Westen, eine große Verunsicherung von Männern wie Frauen in Bezug auf das, was eine Frau wirklich auszeichnet oder einen Mann. Wann ist ein Mann ein Mann, wann ist eine Frau eine Frau? Was könnt ihr den Männern und Frauen sagen, worauf es ankommt, um Mann oder Frau zu sein, das heißt diese Verunsicherung aufzuheben und etwas zu haben, woran er und sie sich ausrichten können? [S. 45]

- Die Geschichte zwischen Männern und Frauen ist seit Jahrzehnten, sogar Jahrhunderten dadurch geprägt, dass die Frau sich ohnmächtig und verletzt fühlt, gedemütigt und missbraucht. Und dem Mann wird von Frauen vorgeworfen, dass er seine Macht missbraucht, die Erde zerstört usw. Andererseits sind all diese Männer in den letzten Hunderten von Jahren von Frauen erzogen worden. Wie sieht dieser Zusammenhang aus eurer Sicht aus? Das heißt, bei uns findet Erziehung fast nur durch Mütter statt, weil die Väter mehr oder weniger abwesend sind; in den Kindergärten und Grundschulen arbeiten auch fast nur Frauen. Was bedeutet das für uns und für die Männer der nächsten Generation? Kann ein Mann überhaupt herausfinden, was ein Mann ist, wenn nur Frauen um ihn herum waren? [S. 47]

- Wie wichtig sind in dem Zusammenhang der Kontakt und die Verbindung der Frauen zu anderen Frauen, der Kontakt der Männer zu anderen Männern? Hier gibt es aufseiten der Frau einerseits das Phänomen der »besten Freundin«, aber andererseits zum Teil schneidenden Hass gegenüber vielen Frauen, und aufseiten des Mannes eine befremdliche Schwierigkeit, sich anderen Männern emotional zu nähern; Kontakte werden mehr über den Kopf gesteuert. Was können hier Männer und Frauen tun? Gibt es in dieser Richtung große Wachstumschancen? [S. 49]

- Jetzt versuchen immer noch Männer eine Frau und Frauen einen Mann zu finden, mit der/dem sie möglichst lange, möglichst ein Leben lang glücklich sein wollen. Der Trend aber geht dahin, dass Ehen immer kürzer dauern und Paare sich nach einiger Zeit, mehrheitlich, zumindest auch sexuell nicht mehr attraktiv finden oder sich in ihren Ehen geradezu langweilen. Was bedeutet das für die Zukunft? [S. 53]

- Da gibt es Millionen Menschen, Männer und Frauen, die gerne mehr Sex hätten oder sich nach erfüllendem Sex sehnen, aber sie erleben das nicht. Was ist das Schwierige an der Sexualität, haben wir sie kompliziert gemacht? Und warum kommen die Frauen und Männer nicht im Bett zusammen und feiern die Liebe in der Sexualität? [S. 55]

- Könnt ihr etwas zu dem männlichen und weiblichen Prinzip in der Sexualität sagen? Wir haben bei uns männliche Frauen und weibliche Frauen, wir haben männliche und weibliche Männer. Was hat das für einen Einfluss auf die Sexualität – gerade im Hinblick darauf, dass die Hingabe, das Sichöffnen, das Empfangen das typisch Weibliche ist und das Eindringen, das Tun, das Machen, die Aktivität im weitesten Sinne das Männliche? Wie wirkt sich das aus in der Sexualität vor dem Hintergrund männlicher und weiblicher Frauen, männlicher und weiblicher Männer? [S. 58]

- Wie finden wir zu einem ausgewogenen Verhältnis des männlichen und weiblichen Prinzips in uns? [S. 60]

2. Kapitel

- Wie seht ihr, aus der Geistigen Welt, unsere bisherige Art, eine Beziehung zwischen Mann und Frau inklusive Sexualität zu leben, und mit der viele von uns nicht mehr im Frieden sind? Und was bedeutet das für unsere Zukunft? In welche Richtung können wir gehen, was die Beziehung und die Sexualität zwischen Mann und Frau angeht? [S. 68]

- Rund um die Sexualität, da zieht es Männer und Frauen zueinander hin. Im Zusammenhang mit Sexualität aber entdecken wir sehr viele Unfreiheiten. Was könnt ihr uns empfehlen, um diese Unfreiheiten zu überwinden? Auch taucht immer wieder der Wunsch auf, Sexualität zu mehreren Königinnen oder Königen zu haben. Wie seht ihr diese Wünsche und unsere Wege aus der Unfreiheit? [S. 71]

- Warum gibt es Mann und Frau auf der Erde? Und was zeichnet den richtigen wahren Mann, die richtige wahre Frau aus eurer Sicht aus? [S. 73]

- Wenn die Liebe uns nicht verlassen kann, dann kann uns auch die Freiheit nicht verlassen. Jeder von uns wünscht sich Freiheit, und der Verstand sagt: »Wir sind ja objektiv frei zu tun und zu lassen was wir wollen.« Woher kommt die Unfreiheit, und wie können wir die Freiheit erlangen? [S. 77]

- Gibt es im Universum andere Formen und Modelle, wie Frau und Mann miteinander tanzen können, und können wir davon lernen? [S. 78]

- Wie definiert oder wie seht ihr eine gelungene Ehe, die ja wahrscheinlich nicht auf Ausschluss des anderen beruht, sondern auf Verbindung mit anderen? Und dazu auch die Frage: Wie kann ich in einer Ehe erfüllt leben und mich verbunden fühlen mit meinen Brüdern und meinen Schwestern, das heißt ohne das trennende Denken? [S. 80]

- Viele Frauen, die sich auf den Weg gemacht haben, denken, dass die Männer noch einen größeren Nachholbedarf haben, dass sie jetzt hinterherziehen müssen. Was können Mann von Mann und Frau von Frau lernen, um dieses Zusammenspiel der Liebe zwischen Männern und Frauen zu fördern? Gibt es spezifische Dinge, die Männer mit Männern in Zukunft mehr tun können, lernen können und die Frauen mit Frauen? Denn andererseits gibt es auch unter den Frauen sehr viel Streit und Zwietracht. [S. 81]

- Könnte man sagen, dass die wichtigsten Eigenschaften und Einstellungen, die Mann und Frau an den Tag legen, sind: die Würde sich selbst gegenüber, die Selbstwertschätzung und das Gefühl und das Wissen: »Das, was ich tue, geschieht aus der Liebe meines Herzens.«? Ist dies der rote Faden, mit dem Mann und Frau zueinanderfinden und miteinander weiterkommen? [S. 83]

3. Kapitel

- Unser Herz sehnt sich nach dieser Freiheit. Was gibt es hier zu tun? Wir haben über viele Generationen und in vielen Inkarnationen selbst Unfreiheitsenergie in uns erschaffen und gespeichert. Muss die Aufgabe heißen: Transformation des Alten in uns und Lösung von Verstrickungen? Das ist der eine Teil. Welcher andere Teil gehört dazu? Wie stark ist die Frage der bewussten Entscheidung für Freiheit und dieses freie Leben? Das heißt: Freiheit und Leben – wie verhalten sich diese beiden Teile zueinander, und was könnt ihr uns zum Lösen, Transformieren von Unfreiheiten und Begrenzungen sagen? [S. 90]

- Mit »Ehe« bezeichnen wir eine bestimmte, vertraglich geregelte Beziehung zwischen Mann und Frau. Wie seht ihr diese Art von Ehe mit Verpflichtung im Vergleich zu dem Ehebegriff, den ihr hier verwendet, und warum benutzt ihr diesen Ehebegriff? [S. 93]

- Können wir direkt dort hingehen, wonach unser Herz sich sehnt? Ist es notwendig, noch Tausende von alten Inkarnationsbelastungen zu bearbeiten und Rückführungen zu machen, oder gibt es einen direkteren, schnelleren Weg zur Freiheit? Können wir sagen: »So, jetzt entscheide ich mich für Freiheit.«? [S. 95]

- Könnt ihr das Halten von Energien noch etwas spezifizieren, wie sieht das im Alltag aus? Was kann Frau/Mann tun, um ihre/seine Energie zu halten? [S. 97]

- Welchen Unterschied macht es, ob der eine sagt: »Ich wünsche mir den Frieden Gottes in mir«, und der andere sagt: »Ich wünsche mir, die Liebe zu leben«, und der andere sagt: »Ich wünsche mir Freiheit«, oder: »Ich wünsche mir die Fülle«? Macht es einen Unterschied, ob der eine dies oder jenes will? Und die zweite Frage: Ist das überhaupt notwendig? Kann jemand auch sagen: »Ach, damit muss ich mich gar nicht beschäftigen, ich gehe einfach nach meinem Herzen, ich muss keine Konzepte haben.«? Wie wichtig ist es, sich konzeptionell vorzustellen: »Dieses Leben möchte ich hier leben.«? [S. 98]

- Viele Menschen, die auf dem Weg in ihre Freude sind, haben Partner und fragen sich: »Wie wirkt sich mein eigener Weg auf ihn aus? Was kann ich tun, um den Weg zu integrieren oder ihm die Bahn zu ebnen, damit er auch in der Partnerschaft getragen wird und Früchte bringt?«[S. 101]

- Wie bekommt die Frau wieder Zugang zu ihrer urweiblichen Kraft und wie unterscheidet sich diese von der typisch männlichen Kraft? [S. 102]

- Könnt ihr die Aussage, die Frau solle sich nicht erden, noch etwas näher erläutern? Es gibt viele Frauen, die leicht schwebend daherflattern und eben scheinbar nicht ganz auf der Erde sind. Wieso sollen die sich nicht erden? [S. 106]

- Nun gibt es verschiedene Wege, zu diesem Mannsein und Frausein vorzudringen. Die Schamanen nutzen hierzu zum Beispiel das Krafttier. Es gibt weibliche Krafttiere und männliche Krafttiere. In meinen Meditationen haben wir den inneren Mann und die innere Frau. Sind das Wege, um mehr Klarheit zu finden oder uns vorzutasten in dieses Mannsein und Frausein? Denn den Worten nach scheint es doch relativ kompliziert zu sein. Ihr aber sagt, es sei einfach. Könnt ihr uns da Hilfestellung geben? [S. 108]

- Wie kann das bei einer Frau aussehen, die zwei Kinder hat, alleinstehend ist, ihren Alltag bewältigen und alle anstehenden Dinge allein organisieren muss? Ist es dieser Frau aus eurer Sicht genauso möglich, ihr Frausein zu leben wie jener, die sich in einer ganz anderen ökonomischen Situation befindet? Ist das für diese Frau nicht viel schwerer, das Weibsein, die Weiblichkeit zu leben? [S. 110]

- Frauen sind über Jahrhunderte abgewertet worden, aus dieser Erfahrung haben sie auch sich selbst abgewertet. Und oft haben sie Mütter gehabt, die selbst ihr Frausein abgewertet und nicht geachtet haben. Ist es nicht so, dass es heute viele Frauen gibt, die ihr eigenes Frausein innerlich ablehnen und eben nicht stolz darauf sind, eine Frau zu sein – aufgrund dieser Altlasten, aber auch wegen ihres eigenen negativen Frauenbildes? [S. 111]

4. Kapitel

- Wie entstanden die Wesen von Mann und Frau, was war der Anfang? Hat Gott sie erschaffen aus seinem Geist heraus, um sich in diesen beiden Wesen selbst zu erfahren? [S. 118]

- Hat es Zeiten gegeben auf der Erde, in denen Frauen und Männer sich besser verstanden, liebevoller miteinander umgingen als heute, und wenn ja, wie und warum ging das verloren? [S. 120]

- Was könnt ihr den Männern sagen zum Thema »Mannsein und Freiheit«, wie können sie in das ganze Mannsein gehen und sich von den alten Wegen lösen? [S. 122]

- Könnt ihr die Aussage näher erläutern, dass die Erde den Menschen braucht? Viele sehen es so, dass die Menschheit eine Belastung für die Erde sei und sie zerstören würde. Inwiefern braucht Mutter Erde uns? [S. 125]

- Zum Umbruchs- und Veränderungsprozess auf der Erde: Ist dieser bedingt durch einen Prozess des Höherschwingens im ganzen Kosmos und mit einem konkreten Ziel? Auf welche Weise verändert sich Mutter Erde und die Menschheit durch diesen Prozess des Umbruchs? [S. 126]

- Könnt ihr einmal grundsätzlich erläutern, was in diesem Zeitalter der Transformation auf der Erde stattfindet? Was genau wird hier transformiert? [S. 128]

- Wenn wir im Rahmen dieser Transformation auf eine neue Erde zugehen, dann wird es auch eine neue Frau und einen neuen Mann geben. Was könnt ihr über diese beiden sagen? [S. 130]

- Woher kommt der Wunsch eines Menschen, mit dem einen Partner – oft Seelenpartner genannt – möglichst ein Leben lang glücklich zusammen zu sein? Ist das etwas, was aus der Seele kommt? Kommt diese Sehnsucht aus der damals aufgegebenen Symbiose mit der Mutter oder wird sie durch das romantische Beziehungsideal künstlich erzeugt? [S. 132]

- Wie bewertet ihr den Gedanken mancher Menschen, den einen Seelenpartner in diesem Leben finden zu sollen und zu müssen? [S. 133]

- Welcher Gewinn kann darin liegen, dass sich eine Frau und ein Mann exklusiv aufeinander einlassen und ihr Leben zusammen leben? [S. 134]

- Könnt ihr in diesem Zusammenhang einmal den Begriff der »Bindung« beleuchten; Bindung auch im Verhältnis zur Freiheit. Bindung und Freiheit – wie seht ihr die beiden? Und welchen Gewinn kann der Mensch davon haben, Bindung zu erforschen, Bindung zu gestalten und zu leben? [S. 134]

- Ich möchte überleiten zu der Situation, noch bevor Männer und Frauen zusammenkommen und zusammenleben. Es gibt ja viele, die aus dem Elternhaus sofort in eine feste Beziehung mit gemeinsamer Wohnung oder in eine Ehe wechseln. Oder andere, die sich von einer Beziehung ohne große Pause auf die nächste Beziehung einlassen. Wie wichtig ist aus eurer Sicht das zeitweilige Mit-sich-alleine-Leben für die Beziehungsfähigkeit von Mann und Frau? [S. 136]

5. Kapitel

- Greifen wir einen Punkt auf, der für manche Menschen bestimmt sehr überraschend und für Frauen vielleicht unangenehm sein wird: Der Mann repräsentiert Gott, die Frau repräsentiert die Erde. Kommen die beiden zusammen, dann entsteht etwas Neues. Könnt ihr das noch besser erläutern? [S. 142]

- Viele Frauen sind jetzt berufstätig, gehen hinaus in die Welt, wollen erfolgreich sein, tun es den Männern gleich oder handeln ähnlich, passen sich männlichen Verhaltensweisen an. Sieht die Geistige Welt eine Alternative im Zugehen der Frau auf das männliche Prinzip, um dabei ganz Frau bleiben zu können? Viele Frauen sagen: »Nein, wir müssen uns da anpassen, sonst überleben wir nicht.« Wie seht ihr das? Welche Alternative hat diese Frau, wenn sie nicht zu einer männlichen Frau werden will? [S. 145]

- Hilft uns das Yin-Yang-Zeichen, um das Verständnis für diesen Zusammenhang zu vertiefen? Das weibliche Yin-Zeichen birgt in sich einen männlichen Kern und umgekehrt das männliche Yang-Zeichen den weiblichen Kern. Das heißt, ich bleibe als Mann männlich, feiere das männliche Prinzip, dieses sich bewegende, aufbauende, entwickelnde Prinzip, und ehre in mir selbst das weibliche. Bringt mich das in die Balance und auch in ein gutes Verhältnis der Frau gegenüber? [S. 146]

- Das Yin-Yang-Zeichen formt sich jedoch mit den beiden Hälften zu einem Kreis. Hier liegt die Schlussfolgerung nahe, dass die beiden nicht allein für sich und in sich stehen und beständig sein können. Wie seht ihr das? [S. 148]

- Ihr empfehlt Frauen und Männern, dass sie mit ihrem falschen Stolz aufhören sollen, der eine Liebesbeziehung behindert. Könnt ihr das etwas näher erläutern? [S. 149]

- Könnt Ihr grundlegend etwas über die drei großen Themen Liebe, Sexualität und Partnerschaft sagen? [S. 151]

6. Kapitel

- Anknüpfend an die Formulierung vom Mitarbeiter Gottes: Wie steht diese Formulierung im Verhältnis zu der, die ich im ersten Buch (»Wahre Liebe lässt frei!«) verwendet habe, nämlich: »der Mensch als Ausdruck Gottes«? [S. 160]

- Wozu braucht Gott Mitarbeiter? Ist es, um sich selbst zu erfahren? Und welche Aufgaben haben Frau und Mann gemeinsam und im Unterschied zueinander? [S. 162]

- Das heißt also, diese beiden Erden arbeiten in einer perfekten Form zusammen; und die Möglichkeit, hier im freien Willen Erfahrungen zu machen, auch aus der Ordnung hinauszugehen und damit Erfahrungen zu machen – eben die Erfahrung einer Kür im Gegensatz zu der eines Pflichtprogramms – hat eine produktive Seite, die wiederum die andere Parallelerde impulsiert, etwas damit zu machen. Sehe ich das richtig? [S. 166]

- Welche gemeinsame Aufgabe haben Frau und Mann und welche Aufgaben haben sie getrennt als Frau und als Mann? [S. 168]

- Um hier erst einmal den Frauen eine Brücke zu bilden: Manche Frau wird sagen: »Also, das soll das Wichtigste sein, dass ich schön bin und dass ich strahle und dass ich mich bewundern lasse? Das kommt mir aber etwas wenig vor. Habe ich nicht mehr zu bieten?« Was sagt ihr diesen Frauen? [S. 170]

- Es kann aber nicht jede Frau eine Diva oder Schauspielerin sein. Was sagt ihr den Rechtsanwältinnen, den Architektinnen, den Bürogehilfinnen usw.? Wie können sie dieses Schönheitsprinzip denn für sich umsetzen, leben und ausstrahlen? Und in welchem Verhältnis können hier männliches Prinzip und weibliches Prinzip gelebt werden, denn hier ist ja auch das männliche Prinzip gefordert, wenn die Frau in ihrem Beruf ihren Mann stehen will? [S. 173]

- In diesem Zusammenhang interessiert mich der Aspekt der Wildnatur der Frau sehr. Neben dieser Kraft der Schönheit und der Ausstrahlung gab es – und ich denke, nicht nur in der Historie, sondern auch heute – eine starke Kraft in der Frau, die ich nicht männlich nennen möchte, aber die doch vielleicht zum männlichen Prinzip gehört. Eine Kraft, die die Frau vorantreibt, die sie ganz in ihrem Urwildnaturelement leben und beben lässt. Wie seht ihr diese Energie im Zusammenspiel mit Schönheit und mit Ausstrahlung? [S. 175]

7. Kapitel

- Dann wird der Mann fragen: »Was ist es, was meinen Phallus so schwer gemacht hat? Was hat mir die kraftvolle Begeisterung über mich selbst und über meine Männlichkeit genommen? Wie habe ich mir das selber genommen? Und wie komme ich wieder in diese Begeisterung über mich hinein und über das, was mich als Mann ausmacht?«[S. 185]

- Wie seht ihr das Thema der Aggression beim Mann? Aggression habe ich bisher verstanden als eine Kerneigenschaft des männlichen Prinzips, aus dem Verständnis von »an etwas herangehen, mit etwas was machen, etwas Neues machen«. Wie seht ihr diese Definition und das Verhältnis der Männer zur Aggression? Eine These ist, dass die Männer über viele Äonen ihre aggressive Kraft missbraucht haben – auch zum Leidwesen und Schaden der Frau – und deswegen heute sozusagen kastriert oder zumindest gehandicapt sind, um überhaupt wieder einen Zugang zu einer urig-archaischen, männlichen Aggressivität zu bekommen, die jetzt nicht destruktiv angewendet wird. [S. 189]

- Auch auf die Gefahr hin, noch mal an das Karmische anzuknüpfen: Seht ihr den Archetyp des Kriegers als eine reale Existenz im Feinstofflichen oder im Muster, in der Blaupause des Mannes? Und damit verbunden: Was bedeutet es für den Mann heute, dass er über so viele Generationen als Soldat marschiert ist, nicht aufgefordert war, selbstständig zu denken und zu handeln? Wie überwindet der Mann, der das noch in seinen Zellen hat und es sogar noch bei seinen Vätern und Großvätern erlebt hat? Wie findet er den Anfang, um wieder selbst zu gehen und nicht mehr für andere zu kämpfen, keine Auftragsarbeit zu leisten, nicht Auftragsabwickler zu sein, nicht mehr für Befehlshaber Länder zu erobern und Menschen zu töten? [S. 191]

- Hieran anknüpfend möchte ich das Thema »Führung und Dienen« ansprechen, verbunden mit dem Vorwurf besonders vieler Frauen an die Männer und an unsere Führungskräfte in Politik, Wirtschaft und in anderen Gesellschaftsbereichen, sie hätten den Karren in den Sand gesetzt. Und zweitens verbunden mit der Tatsache, dass Führung und Führungskraft bei uns keinen hohen Stellenwert und keinen guten Ruf mehr haben, aber dennoch an allen Ecken wahrhafte Führung vermisst wird. Wie seht ihr diese Zusammenhänge zwischen Männlichkeit und der Fähigkeit, führen zu können, einerseits und andererseits, als polares Gegenstück dazu, natürlich auch das Dienen der Führungskraft selbst? [S. 194]

- Aus dieser Sicht heraus zusammengefasst: Heißt das, wir werden morgen männliche Männer haben, die begeistert sind von ihrer Männlichkeit und von der Kraft, die wieder in der Verbindung stehen mit Gott, Frau und Erde. Ist das so richtig? [S. 196]

- Wie würdet ihr die Polarisierung in »starkes Geschlecht« hier und »schwaches Geschlecht« dort kommentieren? [S. 197]

- Was würdet ihr der alleinerziehenden Mutter sagen, die jetzt einen Sohn hat, der dreizehn oder fünfzehn Jahre alt ist? Was kann sie tun, um ihm die besseren und besten Möglichkeiten als zukünftigen Mann zu geben? Denn viele haben Schuldgefühle, weil sie keinen Mann mehr haben und keinen Vater bieten können. [S. 199]

- Zur Sexualität der Männer: Wenn Männer zusammenkommen, zum Beispiel in Männergruppen, dann stellen sie sehr schnell fest, dass die meisten – wie sie sagen – »Bock auf Sex« haben bzw. »geil« sind. Gleichzeitig haben sie aber auch ein schlechtes Gewissen deswegen und wissen nicht, wie sie das leben sollen. Die meisten von ihnen fühlen sich nicht in der Lage, mit der Frau darüber zu reden. Und sie haben ein schlechtes Gewissen, wenn sie Spaß daran finden, zu stoßen oder zu »bumsen«, obwohl sie merken, dass auch Frauen das mögen. Wie seht ihr dieses Dilemma, diese Geilheit der Männer auf Sex und ihre Art, damit umzugehen? [S. 200]

- Welche Bedeutung gebt ihr der Selbstbefriedigung des Mannes? Das Schimpfwort »Wichser« wird besonders unter Jugendlichen sehr oft gebraucht. Das zeigt doch: Hier haben viele Jugendliche und Männer kein sehr reines, frohes, fröhliches Verhältnis zu einer Sexualität mit sich selbst, obwohl es so gut wie alle tun. Wie seht ihr das energetisch und in Ergänzung zum Sex mit der Frau? [S. 202]

8. Kapitel

- Knüpfen wir an den Schmerz an. Ist dieser Schmerz, von dem ihr sprecht, ein weitergehender Schmerz als der individuelle, emotionale Schmerz, den Mann und Frau sich in diesem Leben zugefügt oder zugezogen haben? Oder ist das ein generationsübergreifender Schmerz, den der Mann und die Frau über Inkarnationen aufrechterhalten haben? Und was mich wundert, ist, dass zwei ungeordnete Menschen, ein Mann hier und eine Frau dort, gemeinsam Ordnung schaffen und den Schmerz heilen lassen können. Ist es nicht so, dass der Mann in sich und für sich heil werden kann, wenn er mit sich ist, wenn er mit Männern ist? Wie kann das gehen, dass zwei Menschen im Schmerz gemeinsam Ordnung schaffen und gemeinsam Schmerz heilen können? [S. 211]

- Zu dieser Schmerzfrage möchte ich noch einmal die These in den Raum stellen, dass der Mann über Äonen hinweg seine Kraft, seine Aggressivität missbraucht hat, und mit Wut, mit Aggression in die Frau wie in Mutter Erde gedrungen ist, sodass er am Ende voller Schuldgefühle dasteht. Und dass dies auch ein verzerrtes Denken bezüglich seiner männlichen Aggressivität erzeugt hat, sodass er heute in der Breite kein freies Verhältnis, keinen freien Zugang zu seiner Grundaggression und auch nicht zu diesem Schmerz hat. Zugleich hat die Frau über Inkarnationen hinweg gelernt, das typisch Weibliche, oder ein typisch Weibliches, nämlich die Hingabe, das Zulassen nicht leben zu können, aus dem Bewusstsein heraus: »Wenn ich mich hingegeben habe, dann bin ich verletzt worden.« Ist dies ein wesentlicher Punkt des Schmerzes, um den es geht? [S. 213]

- Das heißt, es ist nicht nur die fehlende Selbstliebe des Mannes und der Frau zu sich selbst, die eine erfüllende, beglückende Beziehung verhindert, sondern – darüber hinaus – die nicht erlangte Selbsterkenntnis des Mannes als Mann, der Frau als Frau, sowohl individuell als auch als Geschlecht. Ist das richtig gesehen? [S. 215]

- Noch mal zum Zusammensein von Mann und Frau: Bedeutet das, dass eine Beziehung zwischen Mann und Frau in den ersten zehn, zwanzig Jahren oft alles andere als harmonisch verläuft, sondern mit viel Zoff? Und dass es unrealistisch ist, hier Harmonie zu erwarten, weil diese Konflikte notwendig sind, damit Altes, Verletztes heilen kann?

  Und eine zweite Frage zum Zusammenkommen von Mann und Frau in der Sexualität. Ihr sagt, der Mann erinnert sich in der Frau an seinen göttlichen Auftrag, an den Sinn dessen, weshalb er hierhergekommen ist. Wie funktioniert das konkret? Heißt das, wenn der Mann mit der Frau schläft, dass dann etwas geschieht, was jenseits der Bewusstseinsgrenze ist, dass etwas Heilsames, hier in dem Fall Erinnerndes, in dem Mann geschieht, dass das per se gut ist und ihn auf seine Linie, seine Spur bringt? [S. 217]

- Zur Blutung der Frau eine Vertiefungsfrage: Viele Frauen sind besonders erregbar in den Tagen ihrer Periode und haben dann auch gerne Sex. Wie kommt das? Barbara Marciniak schreibt in ihrem Buch »Die plejadischen Schlüssel zum Wissen der Erde«, dass das Blut der Frau für den Mann eine große Bedeutung hat. Das heißt, wenn die Frau ihr Blut nimmt und es auf den Körper des Mannes gibt, dass das fast so etwas wie eine Einweihung ist, bei der Dinge übertragen werden von der Frau auf den Mann. Wie verhält es sich hiermit? [S. 219]

- Stimmt es, dass die Frauen ursprünglich bei Neumond alle gemeinsam ihre Blutungen bekamen? Und was würdet ihr der Frau sagen, wie sie ihre Beziehung zu ihrer eigenen Blutung klären, ja reinigen kann? Denn viele Frauen haben von ihrer Mutter gelernt, dass die Blutung etwas Schmutziges sei und haben daher kein feierliches, kein ehrendes, würdigendes Verhältnis zu ihrer eigenen Blutung. Und als dritte Frage: Dieses Blut gehört ja Mutter Erde beziehungsweise steht in einem Verhältnis zu Mutter Erde. Wie würdet ihr dieses Verhältnis zwischen dem Blut der Frau und Mutter Erde beschreiben? [S. 221]

- Macht das dem »normalen« Mann – bewusst oder unbewusst – nicht Angst, dass die Frau blutet? Zumindest beeindruckt es ihn, dass sie Kinder kriegen kann. Und da er selber nicht blutet, hat das bestimmt eine Wirkung auf ihn. Was könnt ihr den Männern sagen über ihr Verhältnis zu den blutenden Frauen? [S. 223]

- Noch einmal zurück zum Thema Blutung der Frau, Schmerz usw. Hier gibt es viele offene Fragen. Zunächst zu den Schmerzen während der Periode der Frau: Warum hat die Frau während der Periode Schmerzen und woher kommen die Unterschiede? Viele haben große Schmerzen, andere haben wenig Schmerzen, bei den einen dauert die Blutung drei Tage lang, bei den anderen sieben Tage. [S. 224]

- Und warum blutet die eine Frau sehr stark, die andere wenig, die eine nur drei Tage, die andere sieben oder acht Tage? [S. 226]

- Detailfrage zum Eisenmangel der Frau: Mediziner sagen, dass die Frau durch die Blutabgabe einen Mangel an Eisen hat, und verschreiben deswegen Eisen- oder auch andere Präparate. Was habt ihr da zu empfehlen? [S. 227]

- Wozu gibt es überhaupt Wechseljahre? Theoretisch könnte man sich ja auch vorstellen, dass der Zyklus der Frau bis zu ihrem Lebensende weiterläuft. Und wann setzen die Wechseljahre ein? Welche Faktoren lassen sie früher oder später einsetzen? Und warum kann die Blutung nach ein oder zwei Jahren wieder auftreten? Auch das gibt es ja. [S. 228]

- Ihr habt erwähnt, dass es auch bei Männern Zyklen gibt. Könnt ihr das noch etwas vertiefen, die Zyklen bei Männern? Gibt es da auch Wechseljahre? [S. 230]

- Noch eine Nachfrage zu diesem großen Bild: »Mann und Frau kommen zusammen, um eins zu sein«, das ja immer wieder herumgeistert. Wir haben dieses Thema ja schon einmal beim Zeichen von Yin-und-Yang angesprochen, wo es darum ging, den Kreis zu sprengen. Könnte man provozierend sagen, Mann und Frau kommen zusammen, damit jeder sich selbst entdeckt anstelle des »Jetzt werden wir eins«? [S. 231]

- Bleiben wir noch beim Sex. Männer sagen oder haben oft das Gefühl, dass sie weit öfter wollen, als die Frau will. Ist das etwas Unnatürliches oder etwas sozial Angelerntes, oder ist es so, dass die Frau natürlicherweise nicht so oft Lust hat auf Sex? [S. 233]

- Viele Männer machen die Erfahrung, dass sie oft – wie man sagt – geil sind und sich dieser Geilheit schämen. Was könnt ihr diesen Männern sagen, die einfach Lust haben auf Sex, aber auf eine Frau treffen, die sagt: »Nein, heute nicht.«? Die Beschwerden der Männer über die Frauen mit Migräne und anderen Begründungen sind ja bekannt. Wie kann der Mann damit umgehen? Hängt das auch mit einem Gedanken zusammen, wie: »Ja, ich muss oder will nur mit einer Frau Sex haben.«? Wie hilft sich der Mann hier? Oder anders gefragt: Wann ist er in Übereinstimmung mit seinem Sexus, mit seiner Kraft, die nach draußen will und die auch in eine Frau will? [S. 235]

- Ist das die Erklärung, weshalb Männer, die voll im Leben stehen und oft eine charismatische Ausstrahlung haben, sehr anregend und erregend auf Frauen wirken? [S. 237]

- Was könnt ihr den vielen Männern sagen, die heute in Westeuropa unter Erektionsstörungen leiden? [S. 237]

9. Kapitel

- Was ich gerne etwas vertiefen möchte: Ihr sprecht davon, dass Mann und Frau die Liebe auf die Erde bringen. Heißt das, dass die Erde nicht in der Liebe ist oder keine Liebe hat? Wie ist das genaue Zusammenspiel Erde, Mann und Frau? Ihr habt gerade die Beziehung zwischen Gott, Mann und Frau erwähnt auf der Erde. Warum braucht die Erde die Liebe durch Mann und Frau? [S. 248]

- Ihr habt an einer früheren Stelle die ganz grundlegende Aussage gemacht, dass Mann und Frau die Liebe auf die Erde bringen; und dann wurde unterschieden, dass der

Mann das Licht repräsentiert und die Frau die Liebe. Ist das widersprüchlich oder wie fügt sich das in ein Gesamtbild? [S. 251]

- Danach ist der Mensch in seiner Essenz Liebe. Andere Quellen sagen, der Mensch sei Licht. Wie seht Ihr das? Was ist der Mensch von seiner Natur her? [S. 252]

- Könnt ihr noch einmal die Rolle des Eros etwas vertiefen in dem Zusammenhang, was Mann und Frau hier machen? Würdet ihr den Eros im Vergleich zur Sexualität als das weit umfassendere Liebesprinzip bezeichnen, in dem der Mensch in seinem Mit-sich-Sein, Mit-der-Natur-Sein, Mit-der-Welt-Sein steht, und aus dem sich dann Sexualität ergibt? [S. 253]

- Wie können Mann und Frau zu dieser erotischen Form des Lebens und des Liebens wieder Zugang finden? [S. 254]

- Das weist jetzt auch auf die Kommunikation zwischen Mann und Frau hin, und das nicht nur in der Sexualität, sondern insgesamt. Welche Rolle spielt die sprachliche Kommunikation zwischen Mann und Frau aus eurer Sicht? [S. 256]

- Ich habe eine Frage, die vielleicht auch mancher Leser stellen würde, der sich an diese Bildersprache erst gewöhnen muss oder Schwierigkeiten hat, einen Zugang hierzu zu bekommen. Was könnt ihr den Lesern als Brücke anbieten, um sich auf die Bilder einlassen zu können, damit der Transfer von Bild zu tiefem Verstehen erfolgt? [S. 257]

- Noch einmal zu der neuen, der bevorstehenden Erde, zu der Vision von Beziehung morgen. Wie können und werden

Mann und Frau morgen miteinander hier etwas Neues darstellen und leben, im Einklang mit Gott und Erde? [S. 258]

- Was ist bei der Verliebtheit der Anfang und die Folge? Wir kennen heute bei Vielen ja die Überzeugung: Verliebtheit kann nicht ewig halten. Verliebtheit ist der Anfangsmoment einer Beziehung, das Turteln und so weiter. Und diese Beziehung wird – so denken viele – aus einer Verliebtheit vielleicht in eine ruhigere oder tiefe Liebe übergehen. Aber dieses Prickelnde, diese »Schmetterlinge im Bauch« gelten als typisch für den Anfang einer Beziehung. So sieht man es ja auch im Film. Könnt ihr das vertiefen? Und die Folgefrage: Wie können sich Mann und Frau das Verliebtsein erhalten und sich gleichzeitig verliebt fühlen in sich selbst, in Mutter Erde und in das Leben? [S. 259]

- Während die Frau sich einerseits oft den Kindern hingibt und sich darüber definiert, fühlt sich der Mann zu Hause oft nicht mehr wohl, weil sie das Haus, die Wohnung zu ihrem Terrain gemacht hat. Kann der Mann hieran etwas ändern, oder muss man an die Frau den Appell richten: »Lasst auch den Mann sich zu Hause fühlen!«[S. 261]

- In Deutschland und in vielen europäischen Ländern gibt es immer weniger Kinder. Überraschend ist, dass nicht die Anzahl der Kinder in den Familien sinkt, sondern dass die Zahl der Frauen, die gar keine Kinder haben wollen, deutlich ansteigt, vor allem bei gebildeten Frauen. Woran liegt das? Ist das nicht auch ein Spiegel des Mann-Frau-Verhältnisses oder hat die Frau vergessen, was das Gebären von Kindern für sie bedeutet oder bedeuten kann? [S. 263]

10. Kapitel

- Keine Uhr an der Frau, heißt das, dass die Uhr zum männlichen Prinzip gehört, weil sie die Zeit strukturiert? Heißt das auch, dass die Frau grundsätzlich, auch bei ihrer Arbeit, wo die Uhr nützlich ist, keine Uhr tragen soll, weil sie sich nicht mit dem Strukturieren der Zeit identifizieren soll? [S. 270]

- Zu welchen Visionen neuer Mann-Frau-Beziehungen könnt ihr uns weiterhin anregen? Wie können diese Beziehungen morgen gestaltet sein oder grundsätzlich transformiert werden? [S. 271]

- Wie verhält sich eure Aussage über die Tag-Nacht-Aktivität bei Frau und Mann zu der Vorstellung, dass die Nacht eher dem weiblichen Prinzip zugeordnet wird, weil sie eben mit Traum, mit Vision, mit Mond zu tun hat, und der Tag mit der Sonne eher dem Mann zugeordnet wird, weil der Tag die Zeit der Tätigkeit, des aktiven Schaffens ist? [S. 276]

- Bezieht ihr den Begriff »Ehe« auf alle Arten verbindlicher Partnerschaften zwischen Mann und Frau? Und würdet ihr es als eine ideale Form ansehen, wenn Frau und Mann ihre jeweils eigenen Wohnbereiche in einer entsprechend großen Wohnung hätten? [S. 276]

- Zum Beginn einer Ehe: Viele rutschen sozusagen von ihrem Elternhaus in eine Beziehung und dann auch schnell in eine Ehe hinein. Für wie wichtig haltet ihr die Zeit eines jungen Menschen mit sich allein, bevor er sagt: »Jetzt lasse ich mich auf eine Frau oder auf einen Mann ein.«? Und wie seht ihr diese Attribute von »das ist mein Mann«, »das ist meine Frau«? Die haben ja eine schillernde Bedeutung. [S. 278]

- Worin seht ihr den Sinn und den Nutzen der Exklusivität in der Beziehung von Mann und Frau? Welchen Wert hat diese Art von Bindung an einen anderen Menschen aus eurer Sicht? Kann diese Bindung in Freiheit gelebt werden, bzw. kann es eine Ehe in vollkommener Freiheit für beide geben? [S. 280]

- Hieße das dann auch, wenn die Ehe das ständige Freigeben beinhaltet, dass der Mann oder die Frau sagen kann: »An diesem Wochenende fahre ich woandershin und treffe dort einen Menschen, mit dem ich mich auch liebend verbinde.«? Und wie sieht aus eurer Sicht das Konzept von Treue und Treueversprechen von Paaren aus? [S. 282]

- Was würdet ihr den Frauen sagen – und umgekehrt den Männern –, deren Partner woanders hingehen, um Sexualität zu erleben, die das aber noch nicht liebend tolerieren können, sondern eher verzweifelt sind, in Selbstzweifel gefangen sind, in innerer Aufruhr? Was würdet ihr den beiden sagen, hier der Frau und dort dem Mann? [S. 284]

11. Kapitel

- Wird die Zukunft eine Rehabilitation der Prostituierten in der Gesellschaft mit sich bringen? Und haben diese Prostituierten sozusagen eine Zwischenfunktion gehabt in der Entwicklung des Menschen? Anders gefragt: Wird Prostitution überflüssig, wenn Männer und Frauen in ihre eigene Männlichkeit bzw. Weiblichkeit und in das eigene und gegenseitige Ehren kommen? Oder spielt das weiter eine Rolle, dass wir Frauen haben, die als Prostituierte leben? [S. 296]

- Was ist mit der Prostituierten, die sadomasochistische Praktiken anbietet? [S. 297]

- Was könnt ihr den Frauen und Männern sagen, die über die Empfindung von Schmerz zur Lust gelangen? Welche Rolle spielt die Kombination aus Schmerz und Lust? [S. 298]

- Könnt ihr vielleicht noch etwas ausführen zur Rolle der Flüssigkeiten im Sexualverkehr, nicht nur des Samens, der Scheidenflüssigkeit, des Speichels, sondern auch etwas zu der Flüssigkeit, die eine Frau abgeben kann als Ejakulat? Das ist bei vielen Frauen ja eine ganze Menge – oft mehrere Liter – während des Sexualaktes. Was hat es damit auf sich? Manche Frauen sind – wenn sie das an sich erleben – sehr überrascht bis erschrocken, dass da so viel Wasser aus ihnen kommt. Welche Rolle spielt dieses Wasser, haben alle Frauen dies in sich als Möglichkeit? [S. 299]

- Ihr unterstreicht öfter die Bedeutung des Orgasmus. Könnt ihr hierzu mehr sagen? Viele Menschen sind ja während der Sexualität extrem fixiert darauf, einen Orgasmus zu bekommen, aber haben damit oft ihre Schwierigkeiten – Frauen wie Männer. Wie seht ihr die Bedeutung eines Orgasmus, auch im Unterschied zu dem Orgasmus, den Frau-Mann sich selbst bereiten kann? Gibt es aus eurer Sicht unterschiedliche Arten wie klitoralen und vaginalen Orgasmus? Und wie positioniert ihr Orgasmus für Mann und Frau im Miteinander- und im Mit-sich-selbst-Sein? [S. 302]

- Was haltet ihr von der These aus östlichen Kreisen, es wäre erstrebenswert für den Mann, sein Sperma zurückzuhalten und damit spirituelles Wachstum im weitesten Sinne zu erfahren? Und könnt ihr Stellung nehmen zu dem oft mit

Stress verbundenen Versuch von Mann und Frau, gleichzeitig zum Orgasmus zu kommen? [S. 305]

- Bei dem Thema »Körpersäfte« empfinden viele Frauen und auch Männer Ekelgefühle und können das nicht genießen. Welche Hinweise könnt ihr geben, dies zu überwinden, sich an den Säften und dem Wasser wieder zu erfreuen und sie zu genießen? [S. 307]

- Das Thema »Sexualität« ist bei uns für viele belastet durch die Angst, Aids zu bekommen. Könnte ihr zu dieser Krankheit etwas erläutern? Was sind der Hintergrund und die Ursache dieser Krankheit? Warum steckt sich der eine an, der andere nicht? Und hat die innere Haltung, mit der sich jemand dem anderen hingibt in der Liebe, einen Einfluss darauf, ob er sich dabei eine Krankheit einfängt oder nicht? [S. 309]

12. Kapitel

- Ich knüpfe an euer Wort an, dass es nicht um »bedingungslose« Liebe geht. Das heißt dann umgekehrt: Es geht um bedingte Liebe. Bedeutet dies, dass Erwartungen zum Beispiel in Beziehungen in der Ordnung sind und der Beziehung nicht schaden können? Ich gehe bisher davon aus, dass jede Erwartung dazu führt, dass die Liebe eingeht. Wie seht ihr die Rolle von Bedingtheit und von Erwartung oder gar Forderung? [S. 317]

- Vermute ich richtig, dass das Anschauen, das Beobachten noch nicht bedeutet, den anderen zu verstehen? Geht es darum, dass der Mann die Frau und die Frau den Mann versteht? Eine Aussage von mir früher hieß zum Beispiel: Männer können Frauen nicht verstehen. Darum auch die Frage: Wenn ich versuche, jemanden rational zu verstehen, falle ich dann nicht aus der Bewunderung heraus? Geht es hier nicht darum, dass jeder bei sich bleibt und aus seinem Herzen heraus reagiert auf den anderen und seinem Herzen treu ist und daraus dann ein Spiel entsteht? Ich denke, wenn der Kopf das Gegenüber zu verstehen versucht, läuft er leicht in eine Sackgasse. Wie seht ihr das Verstehenkönnen zwischen Mann und Frau? [S. 320]

- Könnt ihr noch einmal grundsätzlich etwas zu männlichen und weiblichen Energien in Mann und Frau sagen und die Polaritäten nochmals sehr klar gegenüberstellen? Hier haben wir beim Mann typisch männliche Prinzipien und Eigenschaften wie Kraft, Wille, Disziplin, Beharrlichkeit, Durchsetzungsvermögen, Mut usw. und bei der Frau Einfühlung, Hingabe, Intuition, Gefühl, Herz, Medialität und anderes. Könnt ihr das nochmals für den Leser verständlich machen? Sind das zunächst Basisfähigkeiten des Mannes und der Frau und gleichzeitig Entwicklungsaufgaben für den Mann ins Weibliche, für die Frau ins Männliche? Wenn das so stimmt, sehen dann beide aber am Ende nicht gleich aus, werden sie also androgyn? [S. 321]

- Noch einmal zu der ganz grundlegenden Frage: Wieso brauchen wir überhaupt als Mann eine Frau, wieso brauchen wir als Frau einen Mann? Könnt ihr das noch einmal belichten? Kann man pauschal sagen: Der Mann braucht die Frau, um sich zu erkennen, um sich zu entwickeln, um sich zu erforschen, um sich zu erfahren als Mann – und umgekehrt die Frau? [S. 323]

- Kann man daraus schließen, dass Mann und Frau in ihren Zwanziger- und Dreißigerjahren Experimentierphasen durch leben, wie es zwischen Mann und Frau sein kann? Und bedeutet dies, dass es erst im höheren Alter so etwas wie eine reife Beziehung gibt, die dann in anderes Fahrwasser kommt? Sind also die Zwanziger-, Dreißigerjahre dafür da, zu experimentieren – als Mann und als Frau? [S. 324]

- Ihr habt vom Mondinnenprinzip gesprochen. Welches Verhältnis besteht zwischen dem Prinzip der Mondin und dem Prinzip des Sonnengottes und wie stehen diese beiden zur Erde? Kann man das parallel sehen zu Venus und Mars in den Büchern von John Gray? [S. 326]

- Könnt ihr ein paar Worte zur sogenannten Schattenfrau sagen, die in der Literatur öfter auftaucht, zum Beispiel die »Lillith« im Unterschied zur »Eva« bei Johannes Galli. Welche Bedeutung hat diese nicht gelebte und geliebte Schattenfrau für die Entwicklung der Frau und auch das Zusammensein von Frau und Mann? [S. 327]

- Könnt ihr noch etwas sagen zu den vielen männlichen Frauen, die es gibt. Ich glaube, eine der Ursachen dafür ist, dass der Embryo hören musste: »Hoffentlich wird es ein Junge.« Die Seele oder das Geistwesen eines ungeborenen Mädchens entscheidet sich deshalb, zum Jungen in weiblichem Körper zu werden. Gibt es noch andere Gründe wie zum Beispiel eine männliche Inkarnation vorher, weshalb Frauen so extrem männlich sind? Und was könnt ihr diesen männlichen Frauen raten? [S. 328]

- Ich möchte noch einmal das Thema der Homosexualität ansprechen: Wir haben das zwar gestreift, aber wir haben es aus der Perspektive des Heterosexuellen betrachtet. Was könnt ihr den vielen – man schätzt, dass es circa zwölf Prozent der Bevölkerung sind – homosexuellen Männern und

Frauen sagen, wenn es um wahre Liebe aus spiritueller Sicht geht? Zum einen: Warum gibt es Homosexualität? Wie entsteht Homosexualität? Und zum anderen: Wie verhält es sich mit der Liebe zwischen Mann und Mann beim eindeutig homosexuellen Mann und bei den lesbischen Frauen? Liegen die Dinge da gleich, ähnlich oder ganz anders? [S. 329]

- Verstehe ich das richtig, dass also Homosexualität eine Wahl der Seele ist und nicht in der frühkindlichen Beziehung zwischen Vater und Mutter und dem Kind entsteht? [S. 331]

13. Kapitel

- Ihr habt bereits angedeutet, dass Männer und Frauen aus unterschiedlichen Gründen inkarniert sind. Wozu sind die Männer da, wozu sind die Frauen da und was ist der wesentliche Unterschied? [S. 339]

- Wir haben schon die große Umbruchszeit angesprochen, in der wir uns jetzt befinden. Wie sieht dieser Umbruch aus eurer Perspektive aus, und was können wir, jeder von uns, im Geist der Liebe tun, um diese Transformation in leichter Weise mitzugestalten? Wie kann der einzelne Mensch auf eine leichte, liebende Weise durch diese Zeit gehen? [S. 341]

- Könnt Ihr bezüglich der Zeit der Transformation noch einmal skizzieren: Was genau wird hier transformiert, was bricht weg, was bricht zusammen und was bricht auf an Neuem? [S. 342]

- Männer und Frauen wünschen sich beide die Freude. Welche geschlechtsspezifischen Unterschiede gibt es hier? Wie kommt der Mann an seine Freude? Wie kommt die Frau an ihre Freude? Wie erleben sie beide vielleicht auch unterschiedlich Freude? Denn bisher erleben wir ja oft, dass der Mann bei der Frau und die Frau bei dem Mann die Freude suchen. Wie seht ihr das? [S. 344]

- Die Freude steht in einem innigen Verhältnis zum Thema, zur Energie der Freiheit. Mit dieser scheinen die meisten Menschen ihre Probleme zu haben, besonders bei dem Gedanken, ganz frei zu sein. Wodurch begrenzen Frauen und Männer sich bis heute in ihrer Freiheit? Was bewegt sie, etwas zu tun, zu lassen, zu transformieren, um Freiheit zu erleben, zu leben und zu sein? [S. 346]

- Könnt ihr das Verhältnis zwischen Mensch und Mutter Erde einerseits und zwischen Mensch und Gott andererseits noch näher erläutern? Viele glauben, dass die Menschheit eine Belastung für Mutter Erde sei, dass wir diese Erde vermüllt hätten und die Erde unter uns leidet. Stimmt das aus eurer Sicht oder wie seht ihr dieses Verhältnis Mensch-Erde-Gott? [S. 348]

- Ich möchte noch einmal auf das Verhältnis zwischen Mensch und Gott zurückkommen. Was kann der Mensch tun, um zu verstehen, welches Verhältnis zwischen ihm und Gott existiert, und was kann er ganz praktisch tun, um dieses Verhältnis lebendig werden zu lassen? Geht es hier ums Beten, ums Meditieren oder um einen Dialog zwischen Mensch und Gott, wie auch bei Neil Donald Walschs »Gespräche mit Gott«? Will Gott, dass wir mit ihm reden, oder wie seht ihr das? [S. 350]

- Viele spirituell aufgeschlossene, suchende Menschen haben zu Hause ihre Liebsten, ihre Kinder, Partner, die sich für solche Themen überhaupt nicht interessieren. Und sie fragen sich: Was können wir für diesen Partner, der noch unaufgeschlossen ist, tun – aus der Liebe heraus? [S. 351]

- Viele machen sich Kopfzerbrechen über ihre Lebensaufgabe. Sie suchen und fragen sich, was ihre Lebensaufgabe sei? Kommt es darauf an, in diesem Leben bestimmte Ziele zu erreichen, heißt, seine Lebensaufgabe zu finden und zu erfüllen, oder genügt es, dass ein Mensch einfach glücklich im Augenblick lebt und das Leben als Spiel betrachtet? Wie seht ihr diese beiden Wege? Und wann geht der Mensch glücklich aus seinem Körper und sagt: »Das war gut.«? [S. 353]

Über den Autor

Robert Theodor Betz, Diplom-Psychologe, geboren am 23. September 1953 in einer katholischen Familie im Rheinland bei Köln, gehört zu den erfolgreichsten deutschen Seminarleitern und Vortragsreferenten. Seine lebensnahen, lebendig gestalteten und humorvollen Vorträge begeistern jährlich mehr und mehr Menschen quer durch alle Bevölkerungs- und Altersgruppen und ermutigen und befähigen sie, ihrem Leben eine neue Richtung zu geben. Er selbst tat dies mit 42 Jahren, als er aus seiner Position als »Vice President Marketing Europe« in einem amerikanischen Industrieunternehmen ausschied und sich ein Jahr später als psychologischer Therapeut und Lebensberater in München selbstständig machte.

Als Autor trat er erstmals Ende 2007 an die Öffentlichkeit und erzielte mit seinen Büchern in den ersten beiden Jahren bereits fast 100 000 verkaufte Exemplare.

Zu seinen Bestsellern gehören »Raus aus den alten Schuhen!« sowie »Wahre Liebe lässt frei!«, die beide im Integral Verlag (Random House) erschienen sind. Von seinen Vorträgen und Meditationen auf CDs wurden bisher ebenfalls über 100 000 Stück verkauft.

In den Jahren danach entwickelte er aus einer christlich-spirituellen Grundhaltung heraus, die nicht an Kirche und Religion oder an irgendeine andere Glaubensgemeinschaft oder Organisation gebunden ist, unter der Bezeichnung »Transformations-Therapie« einen eigenen Befreiungsweg, dessen Grundlagen er heute in zahlreichen Seminaren und Vorträgen vermittelt. Seit 2002 bildet er jährlich Therapeuten in »Transformations-Therapie« aus.

In seiner Arbeit verbindet Robert Betz auf einzigartige und für alle verstehbare Weise Psychologie und Spiritualität und zeigt auf, wie der Mensch sich wieder an seine wahre göttliche Natur erinnern und die Liebe ins Zentrum seines Lebens stellen kann.

Vor allem im Winterhalbjahr hält er in Deutschland, Österreich und der Schweiz zahlreiche Vorträge, zu denen jedes Jahr über 25 000 Menschen kommen. Seine Seminare besuchen fast 3 000 Menschen pro Jahr.

In den Sommermonaten wohnt er auf der griechischen Insel Lesbos, die für ihn zur zweiten Heimat wurde. Hier nehmen jährlich mehr und mehr Menschen (zurzeit über 500) an den Urlaubsseminaren teil, die er auch für andere Seminarleiter mit verwandten Themen organisiert. Auf Lesbos entsteht unter seiner Leitung zurzeit ein großes Seminar- und Therapiezentrum für Menschen, die ihrem Leben eine neue Richtung geben wollen im Sinne von Freude, Selbstbestimmtheit, Freiheit, Gesundheit, Frieden und kraftvollem Selbstausdruck.

Informationen zum unfangreichen Angebot von Robert Betz finden Sie im Internet unter www.robert-betz.de oder können angefordert werden unter info@robert-betz.de oder über Büro Robert Betz, Sonnenstraße 1, 80331 München.

Rückmeldungen zu seinen Büchern schicken Sie bitte an ihn persönlich unter: robert-betz@robert-betz.de

Über Andrea Schirnack – Übermittlerin der Worte aus der Geistigen Welt

Andrea Schirnack, geboren in Erlangen, Diplomstudium der Journalistik in München, führt Seminare zum Thema Medialität und Kommunikation durch. Nach einer Laufbahn als Journalistin bei Zeitung und Radio und als Nachrichtenmoderatorin beim Fernsehen entdeckte sie für sich den Weg der medial, intuitiv gegebenen Information.

Vor zwölf Jahren begann sie, Menschen in Einzelterminen mithilfe dieser liebenden, wissenden Worte in deren persönlichen Lebensthemen zu beraten. Heute ist es ihr ein Anliegen, dass sich auch andere Menschen das Werkzeug der inneren Worte und Bilder, das jedem gegeben ist, für das eigene Leben und den Beruf nutzbar machen. Hierfür hat sie es sich zur Aufgabe gemacht, die Gesetzmäßigkeiten der Geistigen Ebenen zu verstehen und anzuwenden. Dieses Wissen gibt sie in dem selbst entwickelten Programm »Das Zauberwort« in Schulungen und Ausbildungen weiter.

Seit mehr als zehn Jahren begleitet sie den erfolgreichen Psychologen und spirituellen Lehrer Robert Betz auf seinem Weg. Seit zwei Jahren entwickelt sich daraus eine fruchtbare Zusammenarbeit innerhalb seiner Seminare und Buchprojekte. Seit 2007 selbst Seminarleiterin bietet Andrea Schirnack innerhalb des Urlaubs- und Seminarprogramms von Robert Betz auf der griechischen Insel Lesbos lehrreiche und erholsame Tage an. Sie lebt und arbeitet zusammen mit ihrem Partner im Chiemgau in einem Gemeinschaftshaus.

Ihre sprechende und schreibende mediale Tätigkeit stellt Andrea Schirnack ganz in den Dienst der Aufgaben der nächsten Jahre. Ausgangs- und Endpunkt ist das Grundprinzip »Liebe«, das der Mensch für sich wieder entdeckt und neu versteht. Denn das Leben jedes Einzelnen, so die Worte der Geistigen Lehrer, gestaltet sich allein »nach der Herzen Tat«.

Informationen zu Tagesseminaren mit Andrea Schirnack in Deutschland und den Kursen auf Lesbos erhalten Sie im Büro Robert Betz, Sonnenstraße 1, 80331 München
www.robert-betz.de

Weitere Informationen, Termine und Unterlagen zur Ausbildung erhalten Sie im Büro Prien, Rimstinger Straße 16, 83209 Prien am Chiemsee Tel: 0 80 51 – 9 65 80 58
www.das-zauberwort.de

Bücher von Robert Betz

Wahre Liebe lässt frei!
Wie Frau und Mann zu sich selbst und zu einander finden
Integral 2009

Raus aus den alten Schuhen!
Dem Leben eine neue Richtung geben
Integral 2008

Der kleine Führer zum Erfolg
Roberto & Philippo 2008

Willkommen im Reich der Fülle
Wie du Erfolg, Wohlstand und Lebensglück erschaffst
Koha, 2007

Außerdem liegen von Robert Betz zahlreiche Artikel vor, die der interessierte Leser auf seiner Website www.robert-betz.de findet.

Vorträge und Meditationen von Robert Betz auf CD

LIVE-VORTRÄGE:

Gemeinsam statt einsam
Wie sich Singles und Paare aus der Isolation befreien

Wer liebt, der leidet nicht!
Warum Liebespartner sich das Leben oft so schwer machen

Sex mit Herz
Die Lust am Körperlichen in Liebe feiern lernen

Warum Partner fremdgehen
Über Untreue, Eifersucht, Sex und Liebe

Lust auf Liebe? Lust auf Lust?
Aufruf zu einem lust- und liebevollen Leben

Männer – das schwache Geschlecht?!
Warum Frauen an Männern (fast) verzweifeln

Frauen – das starke Geschlecht?!
Warum Männer Frauen kaum verstehen

Mich selbst lieben lernen
Selbstwertschätzung und Selbstliebe als Grundlage glücklichen Lebens

Die Mutter deiner Kindheit – die größte Tür zu deiner Freiheit!

Der Vater deiner Kindheit – die Tür zu deiner Freiheit!

Glücklich in einem gesunden Körper – ein Leben lang
Deinen Körper ehren, heilen, lieben und genießen

Sei nicht gut – sei wahrhaftig
Einladung zu einem Leben als Original

Willkommen Fülle!
Die Schlüssel zu Erfolg, Wohlstand und Lebensglück

Pinke, Kohle, Mäuse …
Der Weg vom Mangel zur Fülle

Das Ende der Konkurrenz
Von Ich-AG und Egowahn zu einem neuen Gemeinschaftsbewusstsein

Das Herz führt immer zum Erfolg
Wie du Erfolg, Wohlstand und Glück in dein Leben ziehst

Tu das, was du zu tun liebst!
Vom Sinn der Arbeit und vom Unsinn der Freizeit

Ich muss es schaffen!
Über Leistungsdruck, Erfolg und Lebenserfüllung

Ein neues Jahr voller Möglichkeiten
Wie meine Träume wahr werden!

Lass dich tragen vom Fluss des Lebens
Eine Anleitung zu einem Leben in Leichtigkeit

Mit Entschiedenheit in ein neues Jahr
Wie du mit bewussten Entscheidungen dein Lebensglück erschaffst

Bring Ordnung in dein Leben!
Denn Ordnung ist das erste Gesetz des Himmels

Was bringt dein Herz zum Singen?
Ein Kurzlehrgang im Erschaffen von Freude

Kümmer dich endlich um das Wesentliche –
um dich selbst!

Lebe dein Leben – sei du selbst!
Vom Lamm zur Löwennatur erwachen

Willst du normal sein oder glücklich?
Mut schöpfen für deinen ganz eigenen Weg

Leben statt gelebt werden
Warum das wirkliche Leben ab ca. 50 beginnt

Mach endlich was aus deinem Leben!
Wie finde ich Sinn und Erfüllung in meinem Leben?

Das Ende aller Probleme!
Einführung und praktische Anleitung zu »The Work« nach Byron Katie

Erkenne dich in den Spiegeln deines Lebens!
Die Spiegelgesetze verstehen und anwenden lernen

Warum hast du's nicht leicht?
Entdecke die Wahrheit und du bist frei

Mein Leben meistern in unsicherer Zeit
Gedanken zu einer neuen Lebensführung

Echte Freiheit kommt immer von innen
Wie wir uns selbst einsperren und auch befreien können

Angst, Wut, Schmerz in Freude verwandeln
Vom Umgang mit unangenehmen Gefühlen

Die Zeit heilt keine Wunden
Verletzungen verstehen und überwinden

Muss ich mir das bieten lassen?
Vom Umgang mit meinen »Arsch-Engeln«

Fürchtet euch nicht …
Woher Ängste kommen und wie wir sie überwinden

Warum »Spirituelle« später in den Himmel kommen
Über Liebe, Spiritualität und den Weg nach Hause

Umarme das Böse in dir!
Die Trennung in »gut« und »böse« und was die Liebe dazu sagt

Ach, du lieber Gott!
Vom Gott jenseits der Kirchen und Kanzeln

Wo komme ich her, wo gehe ich hin, was soll ich hier?
Über Lebenssinn, Schicksal und Reinkarnation

Ohne deine Vergangenheit bist du sofort frei!
Wie wir das Gestern loslassen können

Kinder, Kinder!
Wonach sich Kinderseelen sehnen

Was will mir mein Körper sagen?
Krankheiten und Körpersymptome als Botschaften der Seele verstehen

Pfundig, Pfundig!
Leicht und schlank nur über die Seele

Wir sind Deutschland!
Es liegt an uns, was draus wird

Was stützt dich von innen, wenn alles andere wegbricht?
Innere Stabilität finden in Zeiten äußeren Umbruchs

GEFÜHRTE MEDITATIONEN:

Befreie und heile das Kind in dir
Geführte Meditation zur Verwandlung deines inneren Kindes

Zeugung, Schwangerschaft und Geburt
Den Beginn deines Lebens durch Liebe wandeln

Mir selbst vergeben, mich selbst annehmen
Begegnung mit mir selbst in meinem inneren Raum

Die Mutter meiner Kindheit
Eine Begegnung mit ihr für Klarheit, Frieden und Freiheit

Der Vater meiner Kindheit
Eine Begegnung mit ihm für Klarheit, Frieden und Freiheit

Ich hatte keinen Vater!
Meditationen, um deinen Erzeuger kennen- und lieben zu lernen

Deine Großeltern und Eltern
Begegnungen für Klarheit, Frieden und Freiheit

Befreiende Begegnung mit Urvätern und Urmüttern
Geführte Meditation zur Heilung von Familienthemen und zur Kraftquelle deiner Ahnen

Frieden mit meinem Bruder oder meiner Schwester
Eine Begegnung für Klarheit, Frieden und Freiheit

Die Beziehung zu Partner und Expartner klären und heilen
Geführte Meditation für glückliche Beziehungen

Abschied nehmen von einem geliebten Menschen
Geführte Meditation zur Bewältigung von Verlusten geliebter Menschen

Der Mann und die Frau in dir
Drei geführte Meditationen zum inneren Wesen deines Männlichen und Weiblichen

Harmonie und Balance in dir
Eine Meditation zur Klärung, Heilung und Integration deiner vier Körper

Eltern helfen ihrem Kind
Geführte Meditation zur Heilung deines Kindes und der Eltern-Kind-Beziehung

Meditationen und Gebete am Morgen
Anleitungen für den bewussten Beginn eines neuen Tages

Meditationen und Gebete am Abend
Anleitungen für einen bewussten Tagesabschluss

Meditationen für den Alltag
Zwei geführte Meditationen für Herzöffnung und spirituelles Wachstum

Meditationsreisen in Baum und Mutter Erde
Zwei geführte Meditationen der Reinigung, Kräftigung und Heilung

Nimm deinen Thron wieder ein
Zwei geführte Meditationen in deine göttliche Größe und Macht

Negative Gefühle in Freude verwandeln
Geführte Meditation zur Befreiung von Angst, Wut, Scham & Co.

Ärger, Wut und Hass in Frieden verwandeln
Wie wir aus unangenehmen Emotionen Kraft und Freude schöpfen können

Schluss mit Hetze, Druck und Stress
Geführte Meditation zur Entlassung deines inneren Antreibers und Kritikers

Mich von Altem, Begrenztem befreien
Zwei geführte Meditationen zur Reinigung von Emotionen und zur Auflösung alter Schwüre

Chakrenreinigung mit den Erzengeln
Geführte Meditation zur Klärung deines Energiesystems

Deinen Körper durch Liebe heilen
Wie unser Körper gesund wird und bleibt

Runter von den Pfunden
Ein Meditationsprogramm für Schwergewichtige

Frieden mit meinen »Arsch-Engeln«
Verstrickte und zerstrittene Beziehungen verstehen und verwandeln

»Wenn ich morgen sterben müsste ...«
Geführte Meditation und Anleitung zur Zwischeninventur deines Lebens

Befreiung von Kirche und Religion
Geführte Meditation zur Lösung aus Angst, Schuld, Scham, Sünde u. a.

Meditationen für Autofahrer
Im Stau und auf dem Weg zum und vom Arbeitsplatz

Alle CDs sind erhältlich über www.robert-betz.de
oder über
Büro Robert Betz, Sonnenstr. 1, 80331 München,
bestellung@robert-betz.de